dtv
premium

Ute Schaeffer

FAKE STATT FAKT

Wie Populisten, Bots und Trolle unsere Demokratie angreifen

dtv

Ausführliche Informationen über unsere Autoren und Bücher
www.dtv.de

Dieses Buch ist auch als eBook erhältlich.

Von Ute Schaeffer ist bei dtv außerdem erschienen:
Einfach nur weg. Die Flucht der Kinder.

MIX
Papier aus verantwortungsvollen Quellen
FSC® C083411
FSC www.fsc.org

Originalausgabe 2018

Umschlaggestaltung: Isabella Grill/dtv
Satz: Fotosatz Amann, Memmingen
Gesetzt aus der Minion Pro 10,25/12˙
Druck und Bindung: CPI, Ebner & Spiegel, Ulm
Gedruckt auf säurefreiem, chlorfrei gebleichtem Papier
Printed in Germany · ISBN 978-3-423-26190-6

Inhalt

TEIL 1

WIR GEGEN DIE ANDEREN – DIE GEGENÖFFENTLICHKEIT IM NETZ

Umzug in die andere Echokammer. Die Recherche

Eilmeldungen erscheinen als Push-Nachrichten direkt auf dem Bildschirm meines Smartphones und lösen einen Signalton aus. Ich teile auf Twitter, was ich lesenswert finde, stehe täglich in Kontakt mit Menschen, die sich für dieselben Themen begeistern wie ich. Über meinen Newsfeed bei Facebook, die vielen Accounts, denen ich auf Twitter folge, und die Kontakte, die ich über das berufliche Netzwerk LinkedIn habe, erreichen mich die Themen, über die ich informiert sein will: internationale Politik, deutsche Außen- und Entwicklungspolitik, Medienentwicklung, Menschenrechte. Viele unterschiedliche Quellen liefern Informationen, Kommentare, Meinungen, die ich parallel lese, höre und sehe. Ich bin gut informiert, ich verpasse nichts. Davon bin ich überzeugt.

Bis zu einem harmlosen Tweet, den ich 2016 teilte – eine Meldung der deutschen Wirtschaft, in der es um die Schwierigkeiten ging, Flüchtlinge im deutschen Arbeitsmarkt zu integrieren. Nach nur wenigen Minuten brachte mir das eine gehässige Rückmeldung ein: »Bist Du Schlampe denn auch bereit, mit irgendwelchen Flüchtlingen Deine Wohnung zu teilen?« Ein anderer warf mir »Gutmenschengesülze« vor.

Ähnliche Reaktionen fing ich mir bei meinem Kommentar für die *Deutsche Welle* ein, der den wachsenden Einfluss von Trollen und Bots in der deutschen Öffentlichkeit beschrieb. Eigentlich ein klares Plädoyer dafür, Themen der Populisten vor der Bundestagswahl genau anzusehen und die dahinter stehenden Ängste und Argumente ernst zu nehmen.

Gleich einen ganzen Schwarm Kommentare zog dieser Artikel nach sich: »(…) so gieße ich lieber und mit Freude Wasser in den Wein und reibe mich an Edel-Journalisten wie Frau Ute Schaeffer. Mit diesem Geiste hätte sie es auch in der DDR weit gebracht. Gelobt sei die Schere im Kopf und die gelebte Selbstzensur. DDR 2.0 lässt grüßen!«

»Ist halt typisch,« schrieb ein anderer. »Nicht ausgewogen und linkslastig. Wen überrascht's? Daher möchte ich sinngemäß Ihre in einem älteren Post geschriebenen Worte verwenden: Die Medienlandschaft und ÖR [öffentlich-rechtliche Sender] hierzulande sind betrübt, dass sie ihr Monopol auf Desinformation zu verlieren beginnen.« Ein Satz, den ich nie geschrieben habe. Und ein Dritter beschimpfte mich persönlich: »Ich dachte, sie verfressen längst Ihren Bonus, den sie in den Zwangsabgaben-Medien erhalten!«

Verpasse ich wirklich nichts? Warum so viel Aggression, wenn ich mich zur Flüchtlingspolitik, zu Presse- und Meinungsfreiheit äußere? Woher diese Wut? Da sprechen Menschen zu mir, die offensichtlich ganz andere Schlagzeilen und Bilder bewegen als mich.

Wenn Journalismus den Job hat, das ganze Bild zu zeichnen, die gesellschaftliche Diskussion in ihrer Breite zu kennen und zu verstehen – fehlt mir dann nicht dieser Teil der Debatten und der politischen Auseinandersetzung? Kenne ich die Themen, die dort diskutiert werden? Mir wurde klar, dass ich den Wandel in unserer Öffentlichkeit nur verstehen werde, wenn ich mich dafür interessiere, woher die aggressive, empörte und hasserfüllte Haltung kommt, die aus dem Netz in unsere Gesellschaft schwappt, sie erfasst und verändert. Mich damit auseinandersetze, welche Themen die Menschen dort bewegen.[1] Deshalb: Raus aus meiner eigenen Informationsblase, die normalerweise am Morgen vom *Deutschlandfunk* oder dem *WDR* gespeist wird, im Laufe des Tages von ein paar Zeitungen und meinen Newsfeeds in Sozialen Medien und am Abend von den *Tagesthemen* oder einem Politikmagazin abgerundet wird.

Für meine Recherche baute ich eine alternative Identität unter Pseudonym im Netz auf, mit der ich die Diskussionen in verschiedenen rechten und populistischen Gruppen bei Facebook und auf Twitter verfolgte. Über knapp zwei Jahre nutzte ich diese Accounts parallel zu meinem gewohnten Newsfeed. Und hatte mit jedem einzelnen Tag klarer vor Augen: Die Themen der einen – das sind nicht die Themen der anderen. Die Neujahrsrede Frauke Petrys beispielsweise wird in keinem meiner Alltagsmedien auch nur erwähnt, auf den rechten Accounts wird sie vielfach geteilt und erzeugt Resonanz. Lange bevor ich in einer Hauptnachrichtensendung erfahre, dass der

Vergewaltiger und Mörder der Studentin Maria L. in Freiburg ein Asylbewerber aus Afghanistan war, schwappen Wut und Hass und jede Menge falscher Meldungen durch die rechten Social-Media-Gruppen. In den Alltagsmedien kommt diese Diskussion erst mit großer Verspätung an. Es ist, als ob die beiden Diskurse nichts miteinander zu tun hätten.

Mitte April 2017 titeln die großen bundesweit erscheinenden Zeitungen auf meinem Schreibtisch: »Schäuble will europäischen Währungsfonds«, »Die Wahl in Frankreich: Leider rechts«[2], »Seehofer wird wohl weitermachen«, »Sicherheitsrat verurteilt Raketentests Nordkoreas«, »Türkei verurteilt Folterbericht des Europarats«. Von diesen Themen findet sich kaum eine Spur auf den Plattformen und in den Netzwerken, um die es bei dieser Recherche geht. Hier regieren andere Themen: Gewalt, die von Flüchtlingen ausgeht, die Erfolge der AfD – und die Präsidentenwahl in Frankreich …[3] Vor der Wahl in Frankreich sind sich die Quellen in meinen Recherche-Accounts sicher, dass Lügenpresse und Systemparteien den Sieg des rechtsextremen Front National verhindern werden, indem sie die Wahl manipulieren. Nachdem der Front National im ersten Wahlgang das beste Ergebnis seiner Parteigeschichte holte, gibt es diverse Glückwunschadressen an Spitzenkandidatin Le Pen – verbunden mit den besten Wünschen an das neue, auf dem Parteitag gerade frisch gewählte Spitzenduo der AfD, Alexander Gauland und Alice Weidel.

Mit der Recherche zu diesem Buch betrat ich einen anderen Informationsraum, den der Rechten, der Autoritären und der Populisten. Mich erreichte nur kurze Zeit nach dem Anschlag auf den Weihnachtsmarkt am Berliner Breitscheidplatz über Twitter die rhetorische Frage von AfD-Politiker Pretzell: »Wann schlägt der deutsche Rechtsstaat zurück? Wann hört diese Heuchelei endlich auf? Es sind Merkels Tote! #Nizza #Berlin.« Und ich lernte bei *Russia Today Deutsch*, dem staatsfinanzierten russischen Auslandssender, dass der starke Mann im Kreml der eigentliche Reformer sei. Lauter Geschichten, Bilder und Begriffe, denen ich in meiner eigenen »Informationsblase« nicht begegne. Und um diese Geschichten geht es in diesem Buch.

Fake statt Fakt – das heißt was?

»Alles Fake!« Das englische Wort findet inzwischen überall Verwendung, um mit einem Schlag die Meinung eines Gegenübers niederzumachen. Donald Trump beschimpft Reporter von *CNN* und anderen Medien[4] als Vertreter der »Fake News«. Obgleich er doch selbst zu denen gehört, die immer wieder falsche Informationen über Twitter verbreiten.

Doch zurück zur eigentlichen Bedeutung: »Fake« heißt Falschinformation. Gemeint ist die gezielte Verbreitung von manipulierten Nachrichten und Falschmeldungen, um die Adressaten zu manipulieren oder einer Gruppe oder einzelnen Individuen zu schaden.[5] Fake hat mehr als eine Gestalt: Manchmal handelt es sich dabei um eine völlig falsche und frei erfundene Information oder um reine Spekulation – wie bei den Verschwörungstheorien zu 9/11. Weit öfter jedoch vermischt Fake tatsächlich zutreffende Fakten, z. B. zu einem Terroranschlag in Europa, mit falschen Informationen zum Täter, zu den Opfern, zum Tathergang. Fake zerlegt Zusammenhänge, indem alte Sachverhalte immer wieder als »aktuell« verbreitet oder Medienbeiträge in einen gänzlich anderen Sinnzusammenhang gestellt werden.

So wird der Begriff in diesem Buch verstanden, das sich ganz überwiegend auf gezielte Falschmeldungen und manipulierte Nachrichten und Berichte beschränkt, welche über entsprechende Portale oder Gruppen im Netz mit dem Ziel maximaler oder sehr gezielter digitaler Verbreitung publiziert werden. Neben dem eher allgemeinen und inzwischen zu breit eingesetzten Begriff Fake werden diese auf den nächsten Seiten auch als »Falschinformation«, »Desinformation« oder eben »gezielte Falschmeldung« bezeichnet. In den Posts und Einträgen, um die es hier geht, werden solche Falschmeldungen oft vermischt mit Hass und Wut, mit Diffamierungen, persönlichen Anfeindungen.

In den Accounts meiner Recherche wird Desinformation von Medienplattformen und einzelnen Nutzern verbreitet. Wer das mit welchem Interesse tut, das wird hier erörtert.

Eines ist schon nach einigen Wochen Selbstversuch offensichtlich: Eigentlich wird mein Bedarf an Informationen allein über meine »neuen« Recherchefeeds gedeckt. Das Gefühl ist: Ich bekomme ja alles über »meine« sozialen Netze, die Freunde, Freunde von Freunden, Gleichgesinnte in den Gruppen, denen ich angehöre.

Der Echokammereffekt stellt sich auch bei mir schnell ein: Wer sich in der einen Informationsblase bewegt, der kennt die Themen und Diskurse der anderen nicht.

Wenn wir aber nicht mehr miteinander diskutieren, sondern uns in diesen Filterblasen aufhalten – wo verständigen wir uns über politische Themen, über die Art und Weise, wie wir gesellschaftliche Beteiligung organisieren, über die Werte, die unser Zusammenleben und unsere Gesellschaft prägen, über den richtigen politischen Weg? Demokratie ist das beständige Aushandeln von Kompromissen – und unsere deutsche Gesellschaft ist in den vergangenen 70 Jahren gut damit gefahren, sich auch bei strittigen Themen miteinander auseinanderzusetzen – ob es um Deutschlands Einsatz im Rahmen der NATO auf dem Balkan ging, um Abrüstung, Atomausstieg oder die Frage, wie wir die Wiedervereinigung organisieren. An vielen Stellen habe ich allerdings heute das Gefühl, dass Parteien wie Medien einen Bogen um strittige Themen machen. Die politischen Debatten halten nicht Schritt mit dem, was uns politisch herausfordert. So versuchten die im Bundestag vertretenen Parteien provokante und hochstrittige Themen aus dem Wahlkampf heraus bzw. klein zu halten. Die Frage der Obergrenze für Flüchtlinge, der Bekämpfung von Kinderarmut, die Forderung nach mehr direkter Beteiligung der Bürger. Und die von vielen Menschen so strittig diskutierte und drängende Frage – ob und wie wir die Integration der Flüchtlinge leisten können – sollte ebenfalls nicht im Mittelpunkt stehen. Komplexe Entscheidungen, welche das Wertegerüst unserer Gesellschaft angehen – wie die Ehe für Alle –, wurden noch vor dem Ende der Legislatur im Eilverfahren, ohne große parlamentarische bzw. gesellschaftliche Diskussion, durchgesetzt. Doch wenn die Diskussion in Parlament und Medien ausbleibt, dann übernehmen sie andere – und das vor allem im Netz.

Warum das Buch zum Thema?

Es ist eine fundamentale Veränderung des öffentlichen Informationsraums und der Meinungsbildung im Gang. Die wird durch die digitale Entwicklung immens beschleunigt, von einzelnen Akteuren gezielt genutzt – und ist alles andere als transparent für uns Nutzer.

Meinungsbildung verändert sich – meine eigene, aber auch die politische Meinungsbildung in Deutschland. Ich will verstehen, wie das geschieht. Deshalb werde ich immer wieder aus meiner »Recherche-Filterblase« berichten und über die Wirkungen, die sie hat, auf mich und die Art und Weise, wie ich Alltagserlebnisse betrachte, mir eine Meinung bilde. Nach diesen persönlichen Erfahrungen bin ich mir sicher: Der digitale Informationsraum mit seinen vielen Echokammern hat Folgen für unsere demokratische Verständigung, politische Kommunikation und journalistische Arbeit. Diese lassen sich im Moment kaum abschätzen. Sie sind eine große Herausforderung für unsere Gesellschaft – vor allem aber auch für den Einzelnen, der sich in diesem digitalen Informationsraum bewegt.

Nie zuvor waren so viele für jedermann zugängliche Falschinformationen im Umlauf, nie zuvor so viel Hass und Verleumdung. Das alles ist öffentlich, steht gleichberechtigt neben Fakten, die im Rauschen des Netzes untergehen. Wir werden diesen Wandel nicht aufhalten – weder durch Gesetze noch durch weitere Redakteure bei Facebook oder Twitter, die problematische Inhalte löschen sollen. Wir können nur versuchen, ihn zu verstehen: Wer will über gezielte Desinformation, das Setzen von Kampfbegriffen, Hetze und Gewalt unsere Demokratie angreifen? Wer setzt auf Fake statt Fakt? Welche Akteure nutzen das Netz für welchen politischen Zweck? Wie erkenne ich Desinformation?

Dieses Buch wirbt dafür, die Zusammenhänge zu sehen: zwischen dem, was an Informationen und Desinformationen verbreitet wird – und dem, was in unserem Land politisch und gesellschaftlich passiert. Es erklärt, warum so viele Türkischstämmige in unserem Land die undemokratischen Verfassungsänderungen von Erdoğan bejahen. Es begründet, warum mitten in unserer Gesellschaft junge Männer zu islamistischen Attentätern werden. Es beschreibt, auf welchen Wegen die AfD ihre Wähler gewann.

Es beantwortet, warum ausgerechnet in den Regionen, in denen es nur wenige Flüchtlinge gibt, Flüchtlingsheime angezündet werden. Das alles sind Ergebnisse einer Meinungsbildung, die vor allem über das Netz erfolgt. Radikale Botschaften, Falschinformationen, Hass und Wut im Netz gingen all diesen Ereignissen voraus und waren der Nährboden dafür.

Was als Tweet oder Post im Netz beginnt, führt oft zu praktischer Gewalt: Morddrohungen gegen Abgeordnete des deutschen Bundestags nach der Armenienresolution. Die gezielten Aggressionen in Dresden bei den Feiern zum Tag der Deutschen Einheit am 3. Oktober 2016, der Brandanschlag auf eine Moschee in Dresden nur eine Woche zuvor. Polizeischutz für Abgeordnete wegen ihrer türkeikritischen Haltung. Der messbare Anstieg politisch motivierter Straftaten: eine Verfünffachung der mehrheitlich rechtsmotivierten Übergriffe auf Asylunterkünfte,[6] als im Jahr 2015 viele Flüchtlinge nach Deutschland kamen.

Bei unseren Nachbarn sind die Effekte von Desinformationskampagnen im Netz noch deutlicher erkennbar als bei uns: das »Ja!« der Briten zum Brexit. Das beste Wahlergebnis für den rechtsextremen Front National bei der ersten Runde der Präsidentenwahl in Frankreich: 11,5 Millionen der 47 Millionen wahlberechtigten Franzosen stimmten für Marine Le Pen. Hier lässt sich erkennen, welche destruktive Kraft digitale Desinformation entfalten kann.

Es ist ein Fehler, dieses antidemokratische, hasserfüllte Rauschen im Netz und die Desinformationen, die dort zirkulieren, auszublenden. Denn es wird bleiben und auch in Deutschland wachsen – und praktische Folgen haben für unser Miteinander, unsere Politik, unsere politische und demokratische Verständigung. Ändern kann sich nur unser Umgang damit. Voraussetzung dafür, sich in diesem Geflecht aus Fake und Fakt, aus Wahr und Unwahr orientieren zu können, ist, dass wir wissen, wie wir das eine vom anderen unterscheiden lernen. Dass wir wissen, wer die Akteure sind und mit welchen Interessen sie Desinformationen verbreiten. Und über welche Storys, Bilder und Begriffe sie das tun.

Dazu will das Buch einen Beitrag leisten.

Radikalisierung über das Netz

Was hat der 17-jährige islamistische Attentäter, der in der Nähe von Würzburg Menschen in einem Regionalzug mit einer Axt angriff,[7] gemeinsam mit den rechtsextremen Demonstranten in Bautzen?[8] Was eint die demonstrierenden Russlanddeutschen bei ihrem Protest um die verschwundene 13-jährige Lisa mit den Anhängern der rechtsextremen Identitären Bewegung, die das Brandenburger Tor erklettern und dort ein Transparent als Protest gegen Zuwanderung ausrollen?

Auf den ersten Blick nicht viel.

Doch sie alle beziehen ihre Informationen aus dem Netz. Sie planen ihre Aktionen und formen ihre politische Haltung dort, auch wenn ihre politischen Positionen und Interessen ganz unterschiedlich sind.

Sie haben sich über das Netz radikalisiert, sind dort mit Akteuren verbunden, die menschenfeindliche und radikale Botschaften verbreiten. Extremisten – wie im Falle der Terrororganisation Islamischer Staat –, welche Gewalt propagieren und hier in Deutschland gewaltbereite junge Männer für Terrorakte wie den in Würzburg, aber auch den Anschlag auf den Weihnachtsmarkt in Berlin rekrutieren. Rechtsextreme Akteure – von der NPD über die Reichsbürger bis zur Identitären Bewegung – und Rechtspopulisten um Pegida und AfD, die Menschen aufgrund ihrer Religion oder Rasse ablehnen und Menschenrechte nicht für alle gleich – nämlich unabhängig von Rasse, Hautfarbe, nationaler oder sozialer Herkunft – gelten lassen wollen. Und Akteure, die Hass schüren und zu blinder Gewalt aufrufen.

Wie Sprache Wirklichkeit verändert

Schafft Sprache Wirklichkeit? Nicht unmittelbar. Aber Sprache verändert unseren Blick auf die Wirklichkeit – und damit unsere Einstellung und Haltung.[9]

Die Informationskrieger, um die es in diesem Buch geht, zielen mit ihrer Kommunikation auf genau diese Wirkung. Für das Netz machen populistische und radikale Akteure aus ihren politischen Positionen emotionale Geschichten. Sie kreieren Helden: Für die einen ist das der Wahlsieger Trump, der auf den Medienplattformen der rechten Populisten in ganz Europa gefeiert wird. Für die anderen sind es die dschihadistischen Attentäter von Paris, die im November 2015 über Stunden mordend durch die französische Hauptstadt ziehen. Die IS-Gewalttäter der drei mit Kalaschnikows und Sprengstoffgürteln bewaffneten Teams zünden Bomben und feuern auf Straßenlokale. 130 Menschen sterben, 89 davon in der Konzerthalle Bataclan. Doch in den im Netz verbreiteten Videos des IS werden die Gewalttäter und Mörder gefeiert.

Es sind Geschichten zum Mitmachen, zum Teilen, Liken, Kommentieren. Und wer mitmacht, ist ein Held, der für eine große Sache streitet: als jemand, der den richtigen Inhalt teilt, der sich als Wortführer einer Gemeinschaft im Netz sieht, als Agendasetter, investigativer Reporter, als Bürger, der der Politik auf die Schliche kommt. Ich bin über das Netz »live«, in Echtzeit dabei. Ein Mitmach- und Erlebnisraum entsteht, an dem jeder Nutzer mit wenig Aufwand teilnehmen kann, in dem jeder wichtig ist!

Das gilt für die Informations- und Desinformationskampagnen der staatlich gelenkten und mit vielen Millionen Euro finanzierten Auslandsmedien Russlands und der Türkei genauso wie für die Extremisten des IS. Sie alle machen im Übrigen auch kein Geheimnis daraus, dass sie einen »Informationskrieg« führen, um ihre Interessen in Deutschland durchzusetzen und Anhänger zu gewinnen. Die deutsche Öffentlichkeit ist eine strategisch wichtige Öffentlichkeit. Mit unseren 80 Millionen Menschen ist Deutschland ein entscheidender Faktor für die Meinungsbildung in ganz Europa. Wer die deutsche Öffentlichkeit durch Desinformation spaltet und polarisiert und gezielt daran arbeitet, die Glaubwürdigkeit unseres demokratischen Systems zu untergraben, der hat gute Aussichten auf eine Spaltung und Destabilisierung Europas. Wir sollten wissen, was ihre Interessen sind und auf welche Weise sie diesen Informationskrieg führen.

Auf politische Einflussnahme zielen aber auch die rechtsextremen und rechtspopulistischen Akteure im Inland, die sich zu einer »Gegenöffentlichkeit« im Netz zusammengeschlossen haben. In ihren digitalen Mitmach- und Erlebnisräumen werden demokratie- und menschenfeindliche Botschaften in Umlauf gebracht und über Medienplattformen geteilt und verstärkt. So entsteht ein Resonanzraum, ein Grundrauschen für ihre Ideen und Begriffe. Wir sollten wissen, welche Narrative sie prägen, über welche Geschichten und mit welchen Begriffen sie das tun.

Das ist kein Randthema, dem wir uns später widmen können. Es ist ein politisches Schlüsselthema unserer Zeit, denn diejenigen, die diese Informationskriege antreiben, zielen auf den Kern unserer politischen Ordnung, auf den gesellschaftlichen Konsens in unserem Land, auf unsere Verständigungsbereitschaft, auf die Glaubwürdigkeit von Politik, Justiz, Medien, Polizei – auf demokratische Prozesse und Institutionen. Dass Fake – manipulierte Nachrichten und gezielte Falschmeldungen – auch in Deutschland direkte und negative Auswirkungen haben, das bilden aktuelle Befragungen sehr genau ab: Nur noch vier von zehn BürgerInnen vertrauen darauf, dass das politische System grundsätzlich funktioniert und Regierung, Medien, Wirtschaft und Nichtregierungsorganisationen ihre Aufgaben weitgehend erfüllen.[10] Das ist nicht banal. Die massenhafte digitale Verbreitung manipulierter Nachrichten zielt auf unsere Demokratie. Dabei fällt auf, dass ausgerechnet die Akteure, die massenhaft Falschinformationen verbreiten, gerne und oft behaupten, dass man in Deutschland seine Meinung nicht mehr frei äußern könne, dass hier Zensur herrsche. Sie sehen sich als »alternative Informationsquelle zum Mainstream«, als Kämpfer für die Meinungsfreiheit. Doch sie verbreiten gezielte Falschmeldungen und erzeugen so beachtliche Reichweiten. Und Falsches wird nicht dadurch richtig, dass es von vielen geteilt wird. Diskussion, Streit und Auseinandersetzung sind wichtig – Hass, Gewalt, Diffamierung und Hetze hingegen verhindern gerade das, wofür sie in ihrem Informationskrieg vorgeben zu kämpfen.

Die Zahl der Menschen in unserem Land, die sich von traditionellen Parteien und Medien abwenden, wird größer. Sie haben einen eigenen Informationsraum. Und dieser Informationsraum wird besetzt und bespielt durch neue Akteure. Mit welcher Wucht sie erzählen, mit welchen Gefühlen, welche Kunst- und Kampfbegriffe entstehen und warum sie sich über das Netz so schnell verbreiten, dem bin ich während meiner Recherche nachgegangen.

Wie sah meine zweite, die Recherche-Identität, aus? Unter Pseudonym wurde ich Mitglied in verschiedenen AfD- und Pegida-Gruppen bei Facebook,[11] ich abonnierte die Seiten von AfD, *Compact*, *Politically Incorrect*. Medienplattformen und Einzelpersonen, deren Inhalte oft in den AfD-Gruppen geteilt werden, packte ich auch in meinen Newsfeed.

So entstand ein Recherche-Newsfeed, der auf den ersten Blick durchaus vielfältig wirkt: die Inhalte des russischen Auslandssenders *Russia Today* gehörten dazu, die vom Kreml finanzierte russische Nachrichtenagentur *Sputnik* mit ihren deutschen Meldungen, aber auch reine Fake Portale wie *anonymousnews.ru.*, ausgesprochen AfD-nahe Medien wie *Compact* und Plattformen, die Verschwörungstheorien und Spekulation mit rassistischen, islamfeindlichen, zum Teil auch rechtsradikalen Beiträgen mischen, wie *PI news*, *Epoch Times*, *Philosophia Perennis*.

In einem zweiten Schritt wurde ich Mitglied in den Facebook-Gruppen, die selbst Inhalte und Kommentare in AfD-Gruppen posten – und die ihrerseits auch oft AfD-Inhalte oder Inhalte der Plattformen kommentieren, teilen oder liken. Diese Gruppen tragen sehr unterschiedliche Namen. Sie teilen nicht nur AfD-Werbung, sondern darüber hinaus eine breite Palette verschwörungstheoretischer Inhalte wie u. a. die Facebook-Gruppen, »Die Welt wird betrogen und verkauft«, »Die Systemkritiker«. In der Facebook-Gruppe »Völker dieser Welt erheben sich!!« werden darüber hinaus regelmäßig den Nationalsozialismus verherrlichende Videos gezeigt und Hitlers Reden in Videos verbreitet. In der geschlossenen Facebook-Gruppe »Dokumentierte Zeitgeschichte« finden sich antisemitische Postings. Auch »Patrioten Deutschlands – die geballte Kraft«, »Politisches Chaos in Deutschland und Europa« gehören zum erweiterten Resonanzraum für AfD-Botschaften im Netz.

Sie alle berichten ununterbrochen über das Versagen von Staat und Regierung. Gemeinsam ist diesen Gruppen, dass sie im Netz in engem Austausch stehen, dass es große Schnittmengen bei den Nutzergruppen gibt und dass sie oft dieselben Beiträge der oben genannten Medienplattformen teilen. Neben meiner Mitgliedschaft in mehreren

Gruppen aus dem Umfeld der AfD habe ich die offiziellen Facebook-Seiten der AfD abonniert – sowohl auf Bundes- wie auf Landesebene. Zweimal am Tag bin ich in diese Recherchefeeds und Gruppen eingetaucht. Mich interessierte, welche Themen überhaupt Diskussionen auslösen und wie sich diese Diskussionen entwickeln. Ich ließ mich nicht ablenken, wenn eine für mich bis zu diesem Zeitpunkt abseitige Diskussion an Fahrt aufnahm. Wenn eine Debatte wütend und aggressiv wurde, dann bin ich den hasserfüllten Kommentaren gefolgt, um nachzuvollziehen, ob sich Diskussionen hochschaukeln oder im Sande verlaufen. Täglich waren es anderthalb bis zwei Stunden, die ich damit verbrachte.

Auf Twitter bin ich den offiziellen Accounts der AfD gefolgt – und den inoffiziellen wie @mundaufmachen, @afdkompakt, @ichwaehleAfD, @mutfuerwahrheit, @AfDTweets, @PinocchioPresse. Alle diese informellen Accounts tauchen als Unterstützer im offiziellen Twitter-Account der Bundespartei @afdkompakt auf. Es gibt eine enge Zusammenarbeit zwischen diesen Accounts, wie *netzpolitik.org* auf Grundlage von Nutzungsdaten bestätigte.[12]

Eine bunte Mischung, mit der ich in etwa dem folge, was datenjournalistische Recherchen über das Nutzungsverhalten von Pegida- und AfD-Anhängern bei Facebook und Twitter ergaben.[13]

Und weil es in diesem Buch auch um die Verbindungen und den Austausch populistischer und extremer Positionen im Ausland geht, gehörten die Facebook-, Twitter- und Youtube-Postings der französischen Rechten, der österreichischen Identitären oder der amerikanischen Alt-Right-Bewegung, von Donald Trump und Marine Le Pen ebenfalls zu meinen Quellen. Ich wollte verstehen, was ihnen gemeinsam ist.

Eine Gegenöffentlichkeit schaffen – Medien der Neuen Rechten im Netz

Politische Kommunikation ist laut. So lassen sich im Wahlkampf und im Wettbewerb der Parteien Punkte machen. So werden Themen gesetzt. Die Populisten und Autoritären schaffen eine Gegenöffentlichkeit: Über eine Vielzahl eigener Medien, Gruppen und Plattformen verschaffen sie sich Resonanz.

»Das muss man sagen dürfen«, tönt es regelmäßig aus den Reihen der AfD. Provokationen und Tabubrüche sind ein wesentlicher Teil ihrer Kommunikation, zentrale Kampfbegriffe wie »Lügenpresse«, »Migranten-Mob«, »Volksverräter« werden im Netz aufgebaut und dann in die politische Diskussion getragen. Die unterschiedlichen Plattformen der Neuen Rechten sowie deren Gruppen bei Facebook stimmen in diesen Sound mit ein. Über das Teilen, Liken und Kommentieren entsteht eine Gegenöffentlichkeit im Netz, in der rechtspopulistische, rechtsextreme und verschwörungstheoretische Medien, Blogs und Gruppen eine Allianz eingehen. Sie verstärken sich gegenseitig: In dieser Gegenöffentlichkeit werden Beiträge von unterschiedlichen Plattformen eingesetzt und auch mehrfach gepostet, sie werden retweetet und geteilt – und erzielen mitunter fünfstellige, manchmal sechsstellige Zugriffsraten. Reichweiten, welche die einzelnen Akteure allein kaum damit erzielen würden.

Das Netz und die Sozialen Medien schaffen dafür die technischen Voraussetzungen. Die Akteure nutzen sie, um ihre politischen Ziele zu erreichen: Einfluss auf die Meinungsbildung in unserem Land zu nehmen, Anhänger für ihre Position zu gewinnen. Das ist insofern gelungen, als dass sich rechtspopulistische Ideen messbar in der bürgerlichen Mitte verbreitet haben.

Die in diesem Kapitel untersuchten (Online-)Medien sind die Stichwortgeber und Agendasetter in diesem Prozess. Sie bezeichnen sich selbst gerne als Gegenöffentlichkeit oder als »alternative Medien«.

Ein Teil von ihnen vertritt Positionen der Neuen Rechten[1] und damit eine stark nationalistisch-völkische Ideologie.[2] »Die Aktivisten der Neuen Rechten beabsichtigen die Beseitigung oder zumindest die Beeinträchtigung des demokratischen Verfassungsstaates und versuchen, zunächst einen bestimmenden kulturellen Einfluss zu erlangen, um letztlich den demokratischen Verfassungsstaat zu delegitimieren und das politische System grundlegend zu verändern.«[3] Treffend beschreibt das Bundesamt für Verfassungsschutz mit diesem Satz die Neue Rechte. Als Bewegung arbeitet sie daran, den Rechtsextremismus intellektuell zu interpretieren und ihn so aufzuwerten und zu legitimieren.

Der überwiegende Teil der Accounts in meinem Recherche-Newsfeed vertritt rechtspopulistische Ideen,[4] Diese digitalen Medienangebote spiegeln damit in Inhalten und Aussagen ein Einstellungsmuster, das von vielen Menschen in Deutschland getragen wird. Jeder fünfte Deutsche vertritt rechtspopulistische Haltungen, zu denen neben menschenfeindlichen auch demokratiefeindliche sowie aggressiv-autoritäre Einstellungen zählen.[5] Der Sozialpsychologe Andreas Zick[6] beschreibt diese wie folgt: 1. Wir werden durch den Islam unterwandert. 2. Die Meinungsfreiheit wird beschnitten. 3. Die regierenden Parteien betrügen das Volk und vertreten dessen Interessen nicht. 4. Die EU schadet uns. Zentrales Element für rechtspopulistische Haltungen – und ihre Narrative – ist eine tiefe Menschenfeindlichkeit, die sich gegen unterschiedliche Gruppen richtet, vor allem gegen Muslime und Flüchtlinge.

In der Auswahl und Gewichtung von Themen sowie in ihrer redaktionellen Haltung sind die Medien, die ich im Rahmen meiner Recherche regelmäßig nutze, von diesen Überzeugungen getragen. Sie lehnen das »Establishment« ab. Sie sind der Auffassung, dass in Deutschland ein Meinungsdiktat oder Zensur herrschten. Dazu gehört der Aufruf zum Widerstand – es ist höchste Zeit, sich gegen die korrupten Eliten zu wehren.[7] Sie vertreten die These, dass der Islam nicht zu Deutschland passe, schlimmer noch: dass die Muslime die deutsche Gesellschaft unterwanderten.[8] Die Ablehnung der Europäischen Union ist ein weiterer bedeutender Baustein in der Berichterstattung: Deutschland wäre ohne die EU besser dran.

Die Attribute, die sich diese Medien selbst zuschreiben, sind andere – sie klingen nach Demokratie und Meinungsfreiheit: patriotisch, national, andersdenkend, unabhängig. Sie stellen sich als Medien des Volkes dar, als Medien der »Andersdenkenden«, der »schweigenden Mehrheit« oder des »Widerstands«. Sie schüren das Gefühl, dass die Bürger durch das politische System – zuallererst die politisch Verantwortlichen, aber auch durch »Systemparteien«, Gerichte, Polizei und Sicherheitsapparat – um ihre Rechte gebracht werden.

Entscheidend für die Berücksichtigung in diesem Kapitel ist jedoch weder, welche Etiketten sich die Medien und ihre Macher geben, noch, welche hochtrabenden Ideen zur journalistischen Unabhängigkeit und Überparteilichkeit von den Verantwortlichen geäußert werden. Es zählt einzig und allein, welche Inhalte dort veröffentlicht werden. Und: mit wem sie sich vernetzen und von wem diese Inhalte geteilt werden.[9]

Die Akteure – von der nationalkonservativen Traditionsmarke bis zum Blog

Die Grenzen zwischen rechtspopulistischen und rechtsextremen Aussagen und Inhalten sind fließend: »Der Rechtspopulismus, wie er sich aktuell zeigt, geht bei Demonstrationen Hand in Hand mit Rechtsextremismus«, stellen Andreas Zick und Beate Küpper fest.[10] Das Gleiche gilt für die Posts und Inhalte in meinem rechten Newsfeed und für die Zusammenarbeit und Vernetzung von Webplattformen und Medien im Netz. Es kennzeichnet die Chats und Kommentarspalten in den AfD-Gruppen, denen ich bei Facebook angehöre. Die »rechte Echokammer«, von der hier die Rede ist, spannt den Bogen von rechtspopulistischen bis zu rechtsextremen Inhalten.[11]

Einige Akteure – wie z. B. die Wochenzeitung *Junge Freiheit*[12], das Magazin *Sezession* oder der Blog *PI news*[13] – verorten sich selbst klar und unmissverständlich rechts. Die größere Zahl jedoch deklariert sich selbst gerne als überparteilich, z. B. *Compact* oder *KenFM*[14], berichtet aber regelmäßig über die AfD oder die Identitären, die Rechtspopulisten in Österreich oder Frankreich. Kurzum: Diese Medien und ihre Macher vertreten Positionen, welche die AfD als Partei repräsentiert. Ihre Vertreter sind als Redner zu Kundgebungen der

Pegida – den »Patriotischen Europäern gegen die Islamisierung des Abendlandes« eingeladen –, wie im Fall von *Compact*-Chefredakteur Elsässer.[15]

Das ist der Informationsraum, in dem die Agenda der Neuen Rechten geformt, geteilt und verstärkt wird. Eine Agenda, die vor allem durch Kampf- und Kunstbegriffe getragen wird sowie durch einprägsame Bilder und einfache, alltagsnahe Geschichten. So erzeugen diese Medien und Gruppen ein Grundrauschen im Netz, das mit wenigen Botschaften und viel Emotionen für die Positionen der Neuen Rechten wirbt.

Sie verbreiten die Botschaft, dass der User bzw. Bürger von allen staatlichen Strukturen im Stich gelassen wird und auf sich alleine gestellt ist – jedenfalls so lange, bis er sich als Mitstreiter zu dieser Gegenöffentlichkeit bekennt und sich aktiv politisch oder auch im Netz beteiligt. Sie transportieren und multiplizieren das Gefühl, dass eine globalisierte Welt eine schwierige, komplexe und überfordernde Welt ist, und verbreiten die Überzeugung, dass wir in einer Art Endzeit leben, die wahlweise dazu führt, dass Deutschland in den Abgrund stürzt oder die Eliten und das System durch mutige Andersdenkende (= mich und meine Mitstreiter) gestürzt werden. Sie vermitteln den Eindruck, dass der Rückzug auf das »Eigene« die einzig richtige Antwort auf die komplexe globale Entwicklung ist. Was dieses »Eigene« ist, wird unterschiedlich ausgelegt – mal nationalistisch, mal ethnisch-rassistisch, mal sozial. Ein weiteres zentrales Narrativ: Wir sind einem Staat und seiner Machtelite ausgeliefert. Einer Elite, die nicht die Interessen des Volkes vertritt.

Falschinformationen sind in dieser Gegenöffentlichkeit weit verbreitet. »Obama hat die Terrororganisation IS gegründet!«, »Die Clintons wollen den dritten Weltkrieg anzetteln!«, »In der Ukraine regieren Nazis!«, »Die Bundesregierung plant die Umvolkung Deutschlands!«, »Afrikaner und Araber kommen nach Europa, um durch das gezielte Schwängern von Frauen den großen Volksaustausch zu befördern!« Das alles sind Schlagzeilen und Falschinformationen, die auf den Plattformen der Neuen Rechten im Netz geteilt, gelikt und getwittert werden und auf diesem Weg schnell Verbreitung finden. Soziale Netzwerke zwingen zur Kürze: Die erlaubten 280 Zeichen bei Twitter sind nicht viel, und auch die Posts bei Facebook müssen kurz sein, wenn sie gelesen werden sollen. Dennoch gilt auch für die kurzen Geschichten im Netz das, was für eine gute Erzählung schon immer galt: Sie haben Hauptfiguren, mit denen man sich gerne identifiziert. Sie machen deutlich, wer gut ist und wer böse; die Rollen sind klar verteilt. Sie zeigen, was auf dem Spiel steht und was passiert, wenn »das Böse« gewinnt.

Auf diese Weise transportieren sie eine Grundstimmung: aufgeregt, empört, wütend, resigniert, besorgt, ängstlich. Die meisten Geschichten, die von Populisten und Extremisten im Netz platziert werden, beherzigen das ABC des erfolgreichen Storytellings: Sie emotionalisieren. Sie aktivieren. Sie begeistern oder erschrecken. Sie erzeugen eine Alarmstimmung. Und deshalb werden sie oft geteilt. Es ist eine Kommunikation, die ihr Ziel erreicht: Menschen für Protestbotschaften zu gewinnen, Gefühle zu erzeugen, die über die Nachricht hinaus bleiben. Und auf diese Weise Protestparteien oder Gruppen stärken.

Protest aus dem Nichts – Emotionen füllen nachrichtenarme Zeiten

Emotionale Geschichten werden häufiger geteilt und prägen sich stärker ein als bloße Fakten. Die Akteure in der rechten Gegenöffentlichkeit wissen: Ihre Botschaften müssen sich unterscheiden, müssen provozieren, Tabus verletzen, wenn sie erfolgreich sein wollen. Nur so lässt sich Aufmerksamkeit erzielen in einem schnellen, hochfrequenten Netz. Wie man auf diese Weise auch in einer an sich nachrichtenarmen Zeit Protest erzeugen kann, zeigt eine Woche im April 2017:[16] In Gruppen wie »AfD Sympathisanten«, »AfD 51 % – das ist unser Ziel« und anderen werden folgende Beiträge geteilt: »Maaß schafft den Rechtsstaat im Internet ab – Abwehrstrategie der Eliten«, »Flüchtlingspolitik der Bundesregierung ist de facto ein Menschenschlepperförderprogramm«[17], »Flutung Deutschlands mit Millionen von Migranten ist geplant, hier die Beweise«[18], »Merkel hofft auf 12 Millionen Einwanderer – die Hegemonialmacht Medien zieht erneut alle Register, um die Partei [AfD] niederzuschreiben.« In der Gruppe »Freunde und Verbündete der AfD« wird ein *Tagesthemen*-Mitschnitt geteilt und mit dem folgenden Kommentar versehen:

»Hetze gegen England (Brexit), (…) Hetze gegen Trump und Putin (…) Hetze gegen Le Pen (…) Hetze gegen die AfD (…) Und Merkel hatte angeblich alles richtig gemacht.« Ein anderer Nutzer reagiert darauf und fragt: »Wundert das wirklich noch jemand? Die öffentlich-rechtlichen Sender haben mit Sicherheit einen Auftrag zu erfüllen. Siehe DDR-Fernsehen.«

In den Kommentaren zu diesem Beitrag schaukeln sich die Gefühle weiter hoch; es wird laut, es wird aggressiv: »Bürgerkriegsähnliche Zustände: Flüchtlingsmob zieht randalierend durch Peine, Medien schweigen«, »Ich bin dafür, der Stasi-Nachgeburt (A. M.) den Prozess zu machen. Aber vor einem Volkstribunal aus Arbeitslosen, Obdachlosen und Hartz IV-Empfängern (nur Deutsche).« Und ich erfahre, dass ich als Frau am »Multikultiwahnsinn« in meinem Land selbst schuld sei: »Jetzt trauen sich deutsche Superweiber nicht mehr auf die Straße. (…) Letztes Wochenende haben 99 % der Wahlberechtigten Saarländerinnen linksrotgrün versifft gewählt. Im Herbst 2016 – also nach Köln – 98 % der Wahlberechtigten Berlinerinnen. Deutsche Frauen wollen genau das! (…) Deutsche Weiber – ihr seid selbst schuld! Kein Mitleid!« Ein Beispiel dafür, wie sich Menschenfeindlichkeit im Laufe von Diskussionen in diesen Echokammern zuspitzt und auf beliebige Gruppen – hier »die Frauen« – übertragen wird.

Tendenzmedien und Politik-PR – verbreitet wird vor allem Werbung

Durch Kampagnenkommunikation im Netz wird geschickt Werbung in eigener Sache gemacht: Einzelne Ereignisse werden in Bildern festgehalten und hochfrequent geteilt. Auf diese Weise werden kleine Akteure und Bewegungen zu Scheinriesen. Zum Beispiel berichtet die Identitäre Bewegung (IB) über Facebook und Twitter darüber, dass am 10. Juni 2017 in Berlin rund 800 Menschen demonstriert hätten. Die Fotos und Videos in meinem Facebook-Newsfeed zeigen eine eng geschlossene Menge Menschen, viele Fahnenträger, viele junge Frauen, die in den ersten Reihen mitlaufen. Es wird eine kraftvolle jugendliche Protestbewegung ins Bild gerückt – mit klaren und ins Auge springenden Symbolen: Gelb-schwarze Fahnen mit dem

Logo der Identitären Bewegung, auf einem Banner steht »Zukunft für Europa«. Kommentare der IB-Deutschland verstärken diesen Eindruck: »Am 17. Juni demonstrierten 850 identitäre Aktivisten in der bundesdeutschen Hauptstadt unter dem Motto ›Zukunft Europa – Bewegen und Verändern‹ und setzten somit im Stadtteil Wedding ein starkes Signal für die patriotische Jugend Europas. Wir stehen in der ersten Reihe und werden unser Recht auf Heimat und Identität auch dort zum Ausdruck bringen, wo der große Austausch und die Islamisierung bereits weit vorangeschritten sind. Denn es bleibt unser Land!«

Die deutlich größere Menge an Gegendemonstranten, welche den Demonstrationszug später aufhalten, wird nicht erwähnt. De facto hat die IB in Deutschland etwa 400 Mitglieder. Und aus den Nachrichtenagenturen ist zu erfahren, dass eine Gegendemonstration mit 1 400 Demonstranten die IB an einer Fortsetzung ihrer Demo hinderte:[19] »Mit einer Sitzblockade stoppten sie den Zug von mehreren Hundert Rechten, die nach gut zwei Stunden ihre Aktion für beendet erklärten.« Hier ist zu erfahren, was in den Posts der IB nicht vorkommt: dass der Demonstrationszug schnell gestoppt wurde.[20]

Dennoch: Der Resonanzraum für neurechte und rechtspopulistische Positionen im Netz wächst. Das zeigt die steigende Zahl rechtspopulistischer Medienplattformen sowie deren Zugriffszahlen. Hier soll es um die gehen, welche nennenswerte Reichweiten vorweisen können, in Facebook-Gruppen der Neuen Rechten und Rechtspopulisten geteilt werden und von AfD- und PEGIDA-Seiten geteilt und in deren Gruppen gelikt und multipliziert werden.[21]

Die Medien der Neuen Rechten

Die Medien, um die es hier geht, stehen politisch und inhaltlich für unterschiedliche Ausprägungen und Positionen der Neuen Rechten. Gemeinsam ist ihnen, dass sie sich selbst als Motor oder Dach einer Widerstandsbewegung sehen. Es ist ihre Absicht, unterschiedliche Positionen des neurechten und rechtspopulistischen Spektrums zusammenzubringen: »Wir vernetzen den Widerstand«, heißt es auf der Website *Einprozent*. Hinter der rechten Lobbyorganisation steht ein Medienmann der Neuen Rechten und ein Netzwerker mit vielen Verbindungen in die Szene: Götz Kubitschek. Erst hat er als Journalist für die *Junge Freiheit* gearbeitet, im Antaios-Verlag rechte Literatur und Zeitschriften verlegt. Der ehemalige Bundeswehroffizier leitet das von ihm begründete »Institut für Staatspolitik«, das als eine Art Thinktank in der neurechten Szene fungiert. Das Institut und der dazugehörige Verlag stehen in engem Kontakt zur rechtsextremen IB, die im Netz sehr präsent ist und ihrerseits gerne auf Kubitscheks Ideen verweist.

Nicht zuletzt ist Kubitschek einer der Vordenker der AfD, obwohl er sich von einzelnen ihrer Führungspersonen distanziert. Er ist ein Freund und politischer Unterstützer Björn Höckes.[22] Er distanziert sich klar vom Nationalsozialismus. Er ruft nicht zu Gewalt auf, sondern zum Widerstand. Er propagiert keine Rassenlehre, keinen Antisemitismus und keine Unterwerfung fremder Völker. Aber er plädiert dafür, einen sehr klaren Unterschied zu machen zwischen Deutschen und Zugewanderten, Deutschen und Flüchtlingen. Kubitschek will, dass Deutschland vor allem den Deutschen gehört. Er lehnt eine Vermischung ethnischer Gruppen ab.[23] Kubitschek ist verantwortlicher Redakteur der schon seit Jahren bestehenden Zeitschrift *Sezession*[24], die seit 2009 einen Autoren-Blog betreibt. *Sezession* sagt von sich selbst, sie sei die »bedeutendste rechtsintellektuelle Zeitschrift in Deutschland« – und macht nur einen Halbsatz später deutlich, dass sie nicht nur journalistisches Produkt, sondern auch politisches Bekenntnis sein will, ein Beitrag zum Widerstand: »*Sezession* ist mehr als eine Zeitschrift. (…) Für die *Sezession* zu arbeiten oder sie zu abonnieren, ist jeweils eine ganz eigentümliche Art, sich zu bekennen. Eine solche Zeitschrift macht oder liest man nicht mal eben so nebenbei. Beides ist auf eine je eigene Art und Weise rücksichtslos.«[25]

Einprozent ist eine neue Initiative von Kubitschek. Die Plattform nennt sich selbst »Deutschlands größtes patriotisches Bürgernetzwerk«. Sie beschreibt ihren Zweck so: »Es ist an der Zeit, dass die Stimme des Volkes wieder Gehör findet.«[26] Auf der Internetplattform können politische Widerstandsprojekte für sich werben, Mitstreiter oder Geldgeber finden. »Früher gab man den Zehnten, um im Einflussbereich eines Herrschers sicher leben zu dürfen. Heute arbeiten wir Jahr für Jahr bis in den September hinein nur für die Steuer – und müssen zusehen, wie die äußere und die innere Sicherheit auf den Hund kommen. Wie wäre es da mit einem Prozent für den Widerstand? Jeder Euro zählt und ist besser angelegt als in der Staatskasse!«

Mitmachen und erleben – jeder kann aktiv werden

Ob Protestkommunikation ihr Ziel erreicht – z. B. Teilnehmer für eine Demonstration zu gewinnen oder zu guten Wahlergebnissen für eine Protestpartei beizutragen –, hängt vor allem davon ab, ob sie Menschen aktivieren kann. Deshalb setzen viele der reichweitenstarken Medien nicht nur auf gedruckte oder geteilte Inhalte, sondern auf Aktionen und Veranstaltungen. Das gilt für *Einprozent*, wo man als Wahlbeobachter mitmachen kann, genauso wie für die Hausbesetzungen oder Flashmobs der IB – und es gilt auch für *Compact*, das als Medienplattform gerade in den Sozialen Medien hohe Reichweiten erzeugt.

Die Medien und die Beiträge der Neuen Rechten bieten mir mehr an als nur das passive Verfolgen von Talksendungen im Fernsehen, das Lesen eines Zeitungskommentars: Ich bin gefordert. Ich kann mitmachen. Ich werde direkt angesprochen, mich zu engagieren. Und zwar nicht nur im Netz, sondern auch ganz praktisch, als Aktivist dieser selbst deklarierten »Widerstandsbewegung«.

Beispiele dafür, dass das funktioniert, gibt es eine Reihe: extreme Rechte konnten über ein Crowdsourcing im Netz in nur wenigen Wochen mehr als 200 000 Euro an Spenden mobilisieren, um Rettungsschiffe auf dem Mittelmeer bei der Rettung von Flüchtlingen zu stören.[27] Während die internationale Organisation für Migration meldete, dass bis Juni 2017 650 Flüchtlinge bei der Überfahrt über das Mittelmeer gestorben seien und 6 453 Flüchtlinge vor der Küste Libyens gerettet werden konnten, sammelten Mitglieder der IB europaweit für Boote, Reisekosten, und Filmmaterial, um die Hilfsorganisationen an genau dieser Rettung zu hindern. Eine andere Möglichkeit mitzumachen habe ich,[28] wenn ich über Facebook von *Einprozent* aufgefordert werde, mich als Wahlbeobachter für die Bundestagswahl zu melden.[29] Der smarte Moderator mit der warmen Werbestimme steht in einem Büro, in dem Wählerstimmen ausgezählt werden. Die »ehrenamtlichen Mitarbeiter sind zuverlässig und hochmotiviert«, erzählt er. Unstimmigkeiten oder gar Wahlfälschungen seien völlig ausgeschlossen. Während ich sehe, wie sich hinter ihm eine Mitarbeiterin des Wahlbüros die Fingernägel lackiert und Mitarbeiter Nummer zwei einen – meinen? – Stimmzettel zum Papierflugzeug umbaut und aus dem Fenster schickt, während Mitarbeiter drei sich mit dem Stimmzettel die Nase putzt. »Vertrauen Sie uns! Wir schaffen das!«, heißt es am Schluss. Der Clip ist ironisch, witzig – er wird oft und über Wochen geteilt.

Bei dieser Kommunikation bin ich nicht passiver Zuschauer oder Zuhörer. Ich bin Teil der Bewegung. Indem ich spende oder mich direkt an einer Aktion beteilige. Oder einfach nur, indem ich die Wut und Empörung, die in den Meldungen im Netz transportiert werden, mit anderen teile. Weil diese Nachricht sonst nicht verbreitet wird, weil die Mainstream-Medien sie zensieren oder unterdrücken.

Medien der Neuen Rechten sind Mitmachräume – ich kann mich einbringen, bin Teil einer (politischen) Gemeinschaft, die sich nicht nur online vernetzt, sondern auch im echten Leben. Aus Nutzern sollen Aktivisten werden, das ist ein wichtiges Ziel der Medienstrategie der Neuen Rechten. Es sollen politische Mitstreiter gewonnen werden – deshalb laden sie über ihre digitale Kommunikation zum Mitmachen ein: Es werden Veranstaltungen im Video gestreamt, Kundgebungen über Facebook beworben und dokumentiert.

Die Zeitschrift *Compact* lese ich über den ganzen Zeitraum meiner Recherche jeden Monat: »Merkels letzter Kampf. Endzeit im Kanzlerbunker«, »Kalifat BRD. Feindliche Übernahme durch Erdoğan und Co.«, »Schwarzbuch Lügenpresse«, »Terrorists welcome. Merkel gibt Mördern Asyl«, »Invasion aus Afrika«, »Die Verlockung des Fremden. Das böse Erwachen der verführten Frau«, »Der Osten leuchtet. Was der Westen lernen kann.« Schon auf dem Papier folgen diese Titel den Regeln der Protestkommunikation: Sie sind einfach, übertragbar, adressatenorientiert. Sie holen ein Publikum ab, das AfD, Pegida, aber auch rechtsextremen Gruppierungen nahesteht. In seinen Meinungsbeiträgen vertritt Chefredakteur Elsässer steile Thesen: »Wenn Wahlen etwas bewirken würden, dann wären sie verboten«, »Wer wird uns retten, wenn Trump gestürzt wird? Die zerstrittene AfD? Putin?«, »Angela Merkel handelt in Schicksalsfragen wie eine Diktatorin, frei nach dem Motto: kein Volk, kein Recht, keine Freiheit.« Jürgen Elsässers[30] Wortwahl ist extrem: »Mein Name ist Jürgen Elsässer. Ich bin Deutscher, und ich werde nicht zulassen, dass dieses Land vor die Hunde geht.« So stellt er sich Anfang 2016 bei einer Demonstration in Zwickau vor. Nicht zulassen wolle er, dass die deutsche Geschichte auf »zwölf dunkle Jahre reduziert« werde. Dass die »skrupellose amerikanische Kanzlerin alles in Schutt und Asche« lege. Dass »testosterongesteuerte Orientalen« ungehindert »grabbeln, grabschen, fummeln und vergewaltigen«. Seit 2010 gibt es die Zeitschrift, nach eigenen Angaben hat sie eine Auflage von 80 000, verkauft werden 40 000 Exemplare.[31] Viel bedeutsamer aber ist, dass *Compact* ausgesprochen aktiv die Social-Media-Kanäle bespielt und sehr häufig von anderen Medienplattformen, vor allem von AfD-nahen Gruppen geteilt wird. Bei Facebook hat die *Compact*-Seite rund 88 000 Likes, bei Twitter knapp 6 500 Follower.[32] *Compact* verbindet journalistische Recherche, Tendenzberichterstattung und Politik-PR für ein breites Spektrum der Neuen Rechten: Das reicht von rechtskonservativen Positionen über AfD- und Pegida-Werbung bis hin zur direkten Platzierung von Beiträgen der IB. *Compact* beschränkt sich nicht aufs Publizieren. Es verbindet, ähnlich wie das Institut für Staatspolitik oder die IB, Publikation mit Aktion. *Compact* setzt darauf, die zentralen Botschaften im Heft zu beschreiben und sie dann über Veranstaltungen in den Köpfen zu verankern. Besonders viele Leser hat die Zeitschrift in Sachsen, Sachsen-Anhalt und Thüringen – und damit in Bundesländern, in denen die AfD hohe Stimmanteile hat und in den Landtagen vertreten ist. Trotzdem will Elsässer sein Blatt nicht als AfD-Blatt verstanden wissen. Wie andere Medien der Neuen Rechten behauptet auch *Compact*, ein Medium des Volkes zu sein, sich an ein breiteres Publikum zu wenden.

Mit markigen Worten kündigt *Compact* selbst seine Berliner Konferenz im November 2016 an: »Wir erleben den Übergang zu einer Diktatur, die an die schlimmsten Phasen der deutschen Geschichte erinnert. Doch *Compact* gibt dem Druck nicht nach! Wir sind das Sturmgeschütz der Demokratie, wir stehen auf dem Posten für die Freiheit in Deutschland. Deshalb haben wir beschlossen, das faktische Verbot unserer Großveranstaltung nicht hinzunehmen, und haben sie neu angesetzt: Als ›*COMPACT*-Konferenz für Meinungsfreiheit‹ findet sie nun am 5. November in Berlin statt.«[33] Die ursprünglich für Köln geplante Konferenz war durch das dortige Hotel abgesagt worden. Deshalb musste *Compact* die Konferenz nach Berlin verlegen.

Vor dem Halong-Hotel in der Leipziger Straße haben sich Demonstranten der Antifa mit kleinem Bus und Lautsprecheranlage aufgebaut. Ihr Empfang ist nicht freundlich: »Arbeiten Sie für *Compact?*«, werde ich von einem der Demonstranten gefragt. »Nein, aber ich möchte mir deren Konferenz anhören!«, antworte ich knapp. »Rassistenpack!«, schallt es mir kurz danach hinterher. Und: »Ihr solltet euch schämen!« Mache ich, später.

Jetzt möchte ich mir erst mal ein eigenes Bild machen. Mich interessiert, wie sich Diskussionen, die ich im Netz verfolge, dort auf der Konferenz entwickeln.

Wer besucht die *Compact*-Konferenz? Wie reagiert das Publikum auf welches Thema? Welche aktuellen Fragen treiben die Vortragenden voran? Ich möchte wissen, welche Gemeinsamkeiten sich heraushören lassen. Welche Mischung ich im Publikum vorfinde – und wie es auf den einen oder den anderen Punkt in den Reden reagiert. Mich interessierte aber auch das Thema: Schließlich sollte es bei der Veranstaltung darum gehen, die Meinungsfreiheit zu verteidigen, eine »Offensive für die Meinungsfreiheit« zu starten.

Und so sitze ich im November 2016 in der drittletzten Reihe bei der *Compact*-Konferenz.[34] Sie lebt von Akklamationen und halblauten »Jawohl!«-Rufen. Ich klatsche an keiner Stelle mit und sinke noch etwas tiefer in meinen Stuhl am äußersten Zipfel des Raums, weil ich das wachsende Misstrauen meiner Umgebung spüre.

Von meinem Platz aus beginne ich, die Menschen um mich herum in Augenschein zu nehmen. Wer wird durch solche Botschaften angezogen? Das Publikum im Saal des Halong-Hotels ist bunt gemischt, zumindest optisch. Junge Leute mit Vollbärten sind dabei, die auch in Berliner Start-ups arbeiten könnten, ein paar Mitglieder der IB mit kurzen Haaren, spanienbraune Berliner Rentnerpärchen in Wochenendstimmung genauso wie einige, die ihre Nähe zur NPD zumindest modisch vermuten lassen. Es sind ganz unterschiedliche Biographien und Milieus vertreten, wobei viele Teilnehmer aus den neuen Bundesländern kommen und weit weniger Frauen als Männer teilnehmen. *Compact* ist das Dach für alle – jedenfalls wird es von den eingeladenen Rednern als das bezeichnet. Ganz offensichtlich ein Forum, das sie zusammenbringt. Das zeigt sich auch an der Mischung der Referenten: *Compact*-Chefredakteur Jürgen Elsässer eröffnet mit dem Thema »Auf dem Weg in die Diktatur«, später folgt Martin Sellner von den Identitären, Lutz Bachmann von Pegida ist dabei, André Poggenburg von der AfD Sachsen-Anhalt wird zu »Hetze und Gewalt gegen die AfD« sprechen.

Ich bin beruflich viel in Ländern unterwegs, in denen Journalisten um ihr Leben fürchten müssen, wo man wegen einer Recherche schon mal Gefahr läuft, erschossen zu werden. Wo ein Post auf Facebook ausreicht, um verhaftet zu werden. In Ländern wie Russland, der Türkei, vielen Staaten Afrikas, in denen der Staat alle Nicht-Internet-Medien zensiert und die Zivilgesellschaft massiv unter Druck setzt. Wenn ich dem Glauben schenke, was auf der *Compact*-Konferenz an diesem Tag ständig wiederholt wird, dann steht es um die Meinungsfreiheit in meinem Land genauso schlecht wie dort. Verantwortlich dafür sei der Staat, die »Merkeldiktatur«, die laut Jürgen Elsässer »Zensurmaßnahmen noch schärfer anwenden« wolle[35]. Dementsprechend heißt es bei der Ankündigung der Konferenz: »Wir erleben den Übergang zu einer Diktatur, die an die schlimmsten Phasen der deutschen Geschichte erinnert.«[36]

Man sei zurück in der Zeit der Berufsverbote, führt Elsässer zu Konferenzbeginn aus. Andersdenkende, welche eine abweichende oder kritische Haltung äußern, würden ausgegrenzt und eingeschüchtert. Auch André Poggenburg, AfD-Landtagsfraktionschef in Sachsen-Anhalt, der auf Elsässer folgt, bilanziert: »Das Grundrecht auf Meinungsfreiheit ist in Deutschland stark eingeschränkt.«[37]

Hetze und Verleumdung z. B. gegen die AfD und ihre Anhänger, Gewalt und Einschüchterung seien Instrumente, um die Meinungsfreiheit einzuschränken und um einzuschüchtern: »Wir haben Leute, die trauen sich nicht mehr, auf Demonstrationen zu gehen. Die trauen sich nicht mehr, ihr verbrieftes Grundrecht auszuüben. Weil ihnen gedroht wird auf der Arbeit, vom Arbeitgeber. Angestellten im öffentlichen Dienst und Beamten wird im Grunde über Rundschreiben mitgeteilt, sie mögen hier und dort nicht an Demonstrationen teilnehmen, die wissen, dass ihnen eine Teilnahme an Demonstrationen erhebliche Nachteile im Beruf und in der Karriere bringen kann. Es geht so weit, dass deren wirtschaftliche Existenz in Gefahr gerät.«[38]

Zu einem Rechtsstaat gehöre das Grundrecht auf freie Meinungsäußerung – und der AfD-Vorsitzende aus Sachsen-Anhalt weist auf dessen Verankerung im Grundgesetz hin. Dennoch werde die Meinungsfreiheit stark eingeschränkt: »Deutschland holt in puncto Zensur sehr stark auf. Wenn man es vergleicht mit anderen europäischen Ländern. (…) Dort herrscht eine gewisse Pluralität, die in Deutschland längst durch die Einparteienherrschaft, das System der Blockparteien, weggespült ist.«[39]

Nach Ansicht der Vortragenden gibt es zwei, die für diese Zensur verantwortlich sind: die Bundesregierung und die Lügenpresse. »Wir haben Extremisten – aber die schlimmsten sitzen in der Regierung«, stellt Elsässer fest, allen voran die »unsägliche Rautenfrau Merkel (…) Mir scheint, die ist die gefährlichste und auch die blödste. Es gibt ja Anhaltspunkte dafür, dass Merkel eine Marionette der US-Amerikaner ist.« Auch der damalige Justizminister Maas steht in der Kritik: »Der will Tabula rasa machen. Der will, nachdem er schon die Presse gleichgeschaltet hat, nun das Internet knebeln.« Gemeint sind die Vorschläge von Maas, die großen Internetkonzerne stärker in die Verantwortung für ihre Inhalte zu nehmen, zum Beispiel auch, indem sie Desinformation kenntlich machen. Elsässer vergleicht mit den Nationalsozialisten, um zu beschreiben, was in diesem Land los sei: »Wir haben (…) die Gleichschaltung der Presse ohne Goebbels – eine freiwillige Gleichschaltung.«[40]

Elsässer wertet Maas' Vorstöße als Zensur: »Was ich mit meinen Freunden am Stammtisch oder am Facebook-Stammtisch rede, das darf nicht sanktioniert werden. Aber in Deutschland unter der Stasi

Kahane [Anmerkung der Autorin: Gemeint ist hier Anetta Kahane, Vorsitzende der Amadeu Antonio Stiftung, die sich gegen Rassismus, Rechtsextremismus und Antisemitismus einsetzt] wird es bestraft mit Gefängnis, während Vergewaltiger und Mörder auf Bewährung und mit Minimalstrafen rauskommen und das ist ein einzigartiger Skandal. Da sind wir, das schlimmste Land in der ganzen europäischen Union.«[41]

Opfer dieser Zensur von links seien die Andersdenkenden, die vom »Linkskonsens« und Mainstream abweichen – diejenigen, die wie *Compact*, die AfD und die Menschen im Saal eine eigene Meinung verträten. »Mit unglaublichem Druck hatten die Extremisten den Vermieter unserer Räumlichkeiten in Köln gezwungen, den Vertrag mit uns zu kündigen. Mit ähnlichen Methoden werden überall im Land Veranstaltungen der AfD und asylkritische Demonstrationen torpediert. Wo verbale Drohungen nicht ausreichen, greift der Mob zu offener Gewalt: Es vergeht keine Woche, ohne dass Andersdenkende verprügelt, AfD-Büros angegriffen, Autos angezündet und selbst Privatwohnungen verwüstet werden.«[42]

Täter sei die »rotlackierte SA«, als die Elsässer die Antifa bezeichnet: »Der heutige Faschismus kommt von links oder ist wenigstens links lackiert. Was da draußen demonstriert. Und was seine Wurmfortsätze in den Redaktionen von *Bild*, *Spiegel* und *Süddeutscher Zeitung* hat, die denken ja, sie sind links, wissen aber von den eigenen Traditionen gar nichts mehr.«

Elsässer hetzt an anderer Stelle weiter und löst im Publikum erneut Applaus aus: »Wir können nicht zulassen, dass diese Stadt in die Hände fällt von rotlackierter SA, die die Meinungsfreiheit einschränken, die Polizei terrorisieren, die Morddrohungen ausstoßen (…) die sich aufspielen, als wollten sie hier die Diktatur des Lumpenproletariats ausrufen. Das werden wir nicht zulassen!« Elsässer hat wenig später auch schon die Lösung parat: Parteiverbote. »Wenn man eine Partei verbieten müsste, die extremistisch ist, dann ist das die Grüne Partei. (…) Die wollen unsere Familie vernichten zugunsten von gender mainstreaming mit 128 Geschlechtern. Dabei ist der besondere Schutz der Familie im Grundgesetz festgeschrieben. Das sind Verfassungsfeinde und wollen aber andere verbieten lassen. Sie selber gehören verboten.«

Das entbehrt nicht einer gewissen Ironie. *Compact* setzt sich nach eigenen Worten für mehr Demokratie ein, u. a. auch mehr direkte Beteiligung über Referenden. Und plädiert zugleich für das Verbot einer gewählten Partei? Um den »linksgrünen Mainstream« aus Politik und Medien herauszudrängen, sind auch Mittel recht und billig, die normalerweise in Diktaturen zum Einsatz kommen.

Ähnlich rigoros sei im Übrigen auch mit den »Zwangsabgaben-Medien«, zu verfahren, den öffentlich-rechtlichen Medien. Denn diese hätten maßgeblich Schuld daran, dass die Meinungsfreiheit in Deutschland eingeschränkt sei. Da sind sich alle Redner an diesem Tag einig: Über vier Stunden lang wird in regelmäßigen kurzen Abständen die Presse beschimpft. Es ist eine skurrile Erfahrung, sich dieser Daueranfeindung meines Berufs auszusetzen, oft begleitet von spontaner Zustimmung und Applaus. Ich fühle mich ziemlich allein angesichts von so viel Einigkeit – Gegenstimmen gibt es keine. Überhaupt gibt es nach den Redebeiträgen keine Diskussion mit dem Publikum, was für eine Veranstaltung, in der es um die Freiheit und Vielfalt von Meinungsäußerungen geht, merkwürdig ist.

Ausgehend von den Diagnosen der Redner, gibt es für Elsässer nur eine politische Lösung: AfD wählen. Er schaltet in den Wahlkampfmodus. Es stehen einige Landtagswahlen an und die Bundestagswahl. »Wir haben gute Aussichten angesichts des guten Wahlergebnisses der AfD in Höhe von 15 % trotz unterdrücktem Wahlkampf (…) der ganze Osten ist AfD Land. In Marzahn und Hellersdorf ist das blaue Wunder passiert, und auf dieser Basis können wir kämpfen, um Straße für Straße, Bezirk für Bezirk, Schule für Schule und Betrieb für Betrieb zurückzuerobern für die Meinungsfreiheit und Pluralität dieser Gesellschaft.«[43]

In ihren Heften und Beiträgen beschreibt und verteidigt die Zeitschrift *Compact*, deren Beiträge in den Sozialen Medien hoch-virulent sind, in der Regel eine im wörtlichen Sinne exklusive Gesellschaft der Volksdeutschen, in der Muslime nichts zu suchen haben und in der Flüchtlinge keine Aufnahme finden. Sie macht dabei auch vor rassistischen und zutiefst menschenfeindlichen Meinungsäußerungen – gegen die »da oben«, gegen die Fremden, gegen die Lügenpresse – nicht halt. Sie nutzt die Meinungsfreiheit in unserem Land, um Hassbotschaften, Wut und Herabsetzung zu verbreiten. Doch wenn man den Ausführungen Elsässers auf der Konferenz folgt, dann streitet *Compact*, das sich selbst als »das Sturmgeschütz der Demokratie« bewirbt, für Meinungsfreiheit und Pluralität.[44] Was hier an einem Tag in konzentrierter Form unter die Leute gebracht wird, zieht sich wie ein roter Faden durch die *Compact*-Hefte und Beiträge. Die Story, dass aufgrund der eingeschränkten Meinungsfreiheit in unserem Land eine Gegenöffentlichkeit bitter nötig sei und dass unsere Gesellschaft dringend Medien brauche, die sich als Sprachrohr der gerne so bezeichneten »Andersdenkenden« oder der »unterdrückten Mehrheit« verstehen, legitimiert nicht nur *Compact*. Sie gehört zur Selbstbeschreibung vieler digitaler Plattformen in der rechten Echokammer, in der sich ein breites Spektrum unterschiedlicher Akteure vernetzt.

Vielfältiges Angebot: vom Verschwörungsportal bis zum anonymen Fake-Blog

Auch *KenFM* gehört zu den oft genutzten und geteilten Inhalten, obwohl sich sein Macher Ken Jebsen immer wieder von neurechten Positionen distanziert, vor allem von der Hetze gegen Muslime und Flüchtlinge. Moderator Ken Jebsen[45] verbreitet neben Meinungsbeiträgen und Kommentaren auch viele Vermutungen und Verschwörungstheorien.[46]

Die Beiträge von *KenFM* werden in den Gruppen der rechten Gegenöffentlichkeit oft geteilt. Wichtige Themen sind: die Manipulation der Bevölkerung, die Lügenpresse, die Bedrohung durch Krieg, globale Verschwörung oder Bedrohung von innen sowie eine generelle Elitenkritik. Erzählungen, die in der Echokammer der Rechtspopulisten weit verbreitet sind. Immerhin hat der Youtube-Kanal von *KenFM* 150 000 Abonnenten, und die Website wird 100 000 Mal am Tag aufgerufen,[47] zwischen April 2016 und Februar 2017 konnte *KenFM* seine Fanzahl auf Facebook um 15 % auf 280 000 erhöhen.[48] Vor *KenFM* hat Jebsen im Jugendprogramm des *RBB (Radio Berlin Brandenburg)* moderiert, bis er dort fristlos gekündigt wurde, weil er journalistische Standards nicht eingehalten habe. Unter anderem schrieb er an einen Hörer per E-Mail: »Ich weiß wer den Holocaust als PR erfunden hat.«[49]

Zur Vorgeschichte der *RBB*-Kündigung gehörten Antisemitismusvorwürfe und eine Sendung über die Anschläge vom 11. September 2001, in der Jebsen den Einsturz der Türme als »warmen Abriss« bezeichnete. Nach John David Seidler gehört Jebsen zur »zweiten Welle« der 9/11-Verschwörungstheoretiker, die zum zehnten Jahrestag der Anschläge aufkam. Nach dem Ende seiner Karriere beim *RBB* veröffentlichte er Beiträge auf seinem Internetportal *KenFM* sowie auf dem dazu gehörenden Youtube-Kanal.[50]

Zu den reichweitenstarken Medien in meinem rechten Recherche-Newsfeed gehört auch die seit langem bestehende Wochenzeitung *Junge Freiheit*, die sich selbst als »national, liberal und konservativ« bezeichnet sowie als »Wochenzeitung für Debatte«. Die Zeitung hält Distanz zu Rechtsradikalen, sie versteht sich als »Werkstatt für rechtskonservative Argumentationsmuster«. Doch ihre Beiträge zum Thema Deutschland, die zu einem großen Teil Beiträge über Flüchtlinge sind, werden in den AfD-Gruppen gerne geteilt und befeuern dort die Diskussionen mit Titeln wie »Afghanischer Vergewaltiger ist dankbar für Verurteilung in Deutschland«, »Asylbewerber machen Urlaub im Heimatland«, »Flüchtlingsorganisationen weisen Betrugsvorwürfe zurück – Flüchtlingshilfsorganisationen haben den deutschen Steuerzahler womöglich um mehrere Hunderttausend Euro geprellt«.

Im Unterschied zur Mehrzahl der Medienplattformen in der rechten Echokammer im Netz startete die *Junge Freiheit* ganz traditionell als gedruckte Zeitung. Anders als viele andere Zeitungen in Deutschland konnte das Blatt in den vergangenen zehn Jahren seine Auflage verdoppeln. Rund 30 000 Printexemplare umfasst sie heute – doch noch mehr Menschen erreicht das Blatt über die regelmäßige Verteilung in den sozialen Netzen.[51] »Wer die AfD verstehen will, muss die *Junge Freiheit* lesen«, sagte Alexander Gauland, heute Vorsitzender der Partei, vor einigen Jahren. Rechte und rechtspopulistische Parteien kamen und gingen – die Republikaner, der Bund Freier Bürger, die Schill Partei oder pro Deutschland – die *Junge Freiheit* aber hielt sich. Gründungs-Chefredakteur Stein räumt ein, dass seine Zeitung kein rein journalistisches, sondern auch ein politisches Projekt sei. Auch die *Junge Freiheit*, die im Mai 1986 als parteilose Schüler- und Studentenzeitung auf eine Auflage von gerade einmal 400 Stück kam, hat heute eine klar auf die virale Verbreitung ausgerichtete Vertriebsstrategie – und findet in den Netzen der Neuen Rechten viel Resonanz.

»Politisch inkorrekt« zu sein – das ist für viele Medien in der rechten Echokammer Teil des redaktionellen Selbstverständnisses. *PI news* macht daraus eine Marke: PI steht für »politically incorrect«. Das sind – nach eigenen Angaben – »aktuelle Infos zu Themen, die in den deutschen Massenmedien nicht oder nur am Rande Erwähnung finden«.[52] Was das bedeutet, erklärt *PI news* so: »News gegen den Mainstream – proamerikanisch-proisraelisch – gegen die Islamisierung Europas, für Grundgesetz und Menschenrechte« und die anonymen Macher kündigen an: »Es scheint uns wichtiger als je zuvor, Tabuthemen aufzugreifen und Informationen zu vermitteln, die dem subtilen Diktat der politischen Korrektheit widersprechen.«

Soweit die Selbstetikettierung – de facto handelt es sich bei *PI news* um »einen der ältesten und meistgelesenen rechtspopulistischen und islamfeindlichen« Blogs.[53]

Vor der Bundestagswahl positionierte er sich AfD-nah – so wurde unter der Rubrik »Wahl 2017« der AfD ein eigener Platz eingeräumt, während alle anderen Parteien unter dem Begriff »Altparteien« abgehakt wurden. Und auch die inhaltliche Schwerpunktsetzung der Seite insgesamt hat klare Schlagseite nach rechts, wenn sie sich auf folgenden Themenmix konzentriert: Einwanderung, Kriminalität, Islam, Linke, Medien und Aktivismus. Die Serie »Warum ich AfD wähle« wechselt sich ab mit Beiträgen, welche die Kandidaten von SPD und CDU schlecht aussehen lassen: »Von der FDJ zur CDU. Warum Merkel nicht in der SPD ist.«[54]

Gerne setzt *PI News* – unter dem Vorwand, der politischen Korrektheit etwas entgegensetzen zu wollen – auch Halbwahrheiten und Diffamierungen in die Welt, zum Beispiel gegen die damalige Integrationsbeauftragte der Bundesregierung: »›Es kann gewichtige Gründe geben, warum ein anerkannter Flüchtling für kurze Zeit in seine Heimat reisen will«, erklärte Aydan Özoguz, die Umvolkungsbeauftragte der Bundesregierung mit radikalislamischem Familienhintergrund kürzlich.«[55] Eine Meldung von *Bild*[56], dass 390 000 syrischen Flüchtlingen 2018 der Nachzug ihrer Familien gestattet werden solle, wird bei *PI news* locker hochgerechnet: Da Deutschland inzwischen ja auch die Polygamie gestatte, würde das bedeuten, dass zwei Millionen Menschen nach Deutschland kommen würden.[57] Und das zu einem Zeitpunkt, wo der Krieg in Syrien beendet sei. »Syrien ist heute ein sicheres Herkunftsland, mindestens so sicher wie die Ukraine oder die Türkei.« Trotzdem organisiere Merkel einen gigantischen »Flüchtlingstreck«, hole Siedler ins Land. »Allerdings sind diese Neuankömmlinge keine fleißigen Deutschen, die die Wolgaprovinzen in blühende Landschaften verwandelten. Was kommt sind zum größten Teil Analphabeten, zu einem guten Teil Arbeitsscheue und zu einem erheblichen Teil schlicht Kriminelle.« Arbeitsscheu, des Lesens und Schreibens nicht fähig und kriminell – so werden Flüchtlinge in fast jedem Beitrag von *PI news* stigmatisiert.

Mit seiner Berichterstattung, die regelmäßig Falschinformationen, Unterstellungen und persönliche Herabsetzungen umfasst, versucht *PI news* vor allem zwei Punkte unter seine Nutzer zu bringen: Der Islam ist mit Deutschland nicht vereinbar. Der Staat, in dem ich lebe, ist ein »Versagerstaat«. Wichtiges Feindbild der Berichterstattung sind für *PI news* die Flüchtlinge, die auf dem Portal islamfeindlicher Hetze und Diskriminierung ausgesetzt sind. Für *PI-news*-Gründer Stefan Herre ist der Islam nicht Religion, sondern »Gewaltideologie«. *PI*-Autor Michael Stürzenberger, der vor vielen Jahren noch Sprecher der CSU München war, wird seit 2013 vom Bayerischen Verfassungsschutz beobachtet, da er im Zusammenhang mit der Ortsgruppe PI München »den Islam pauschal mit islamistischem Terrorismus gleichsetzen«, »Menschenrechte, Diskriminierungsverbot und Religionsfreiheit für Muslime und die islamischen Glaubensgemeinschaften beseitigen« wolle. Er wurde im Sommer 2017 zunächst zu einer Freiheitsstrafe von sechs Monaten auf Bewährung wegen Hetze gegen den Islam und »Verbreiten von Propagandamitteln verfassungswidriger Organisationen« verurteilt.[58] Ein Urteil, das allerdings im Dezember 2017 durch einen Freispruch revidiert wurde, was Stürzenberger als »wichtigen Meilenstein für die Islamkritik in Deutschland« feierte[59]. Nun könne im Rahmen der Meinungsfreiheit gesagt werden, dass es sich beim Islam um eine faschistische Ideologie handle, was durch Fakten auch belegt werden könne.

Auch die Berichterstattung von *PI news* ist emotional und meinungslastig, sie lebt von Desinformation und Hetze – und verbreitet sich im Netz mit großem Erfolg. Dafür sprechen die Zahlen. Die Seite startete 2004 mit nur zehn Besuchern am Tag, 2011 waren es schon 60 000, heute sind es mehr als 400 000. Sie ist im Netz eng verbunden mit anderen islamfeindlichen, rechtsextremen oder rechtspopulistischen Organisationen.

Zu den häufig geteilten Inhalten gehören auch die Beiträge von *anonymousnews.ru*. Als Newsletter erreichen mich diese Berichte mehrfach in der Woche per Mail – die Seite ist im Netz verfügbar und wird häufig in den sozialen Netzen geteilt. Der Name nimmt Bezug auf die Hackergruppe *Anonymous*. Tatsächlich jedoch klärt *anonymousnews.ru* nicht auf, sondern vernebelt mit hochfrequenter Desinformation, mit Spekulationen und aggressiven Meinungsäußerungen den Blick auf das, was faktisch passiert, auch im Deutschen Bundestag. Anlässlich der Wahl von Merkel zur Bundeskanzlerin titelt *Anonymousnews* »Schlepperkönigin Merkel wiedergewählt: Jubelstürme bei Illegalen – in Brüssel knallen die Sektkorken« und bezeichnet Merkel als »eiskalte, machtbesessene, verräterische Psychopathin«. Für die Nichtregierungsorganisation »Mimikama«, die sich mit Fake im Netz beschäftigt, ist die Seite die »Meinungsplattform des wohl berühmtesten Anonymen Menschen des Internets«. Es handle sich um die »Schwesterseite« zu *migrantenschreck.ru*, einer Webplattform, auf der man Waffen kaufen kann.[60] Faktenfrei und demagogisch betreibt *anonymousnews* über seine Titel Desinformation. »Schrieb der Grüne Joschka Fischer Merkel das Drehbuch zum Genozid an den Deutschen?«, »Umgangsrecht: Merkelregime will Kritik an Asylpolitik mit Kindesentzug bestrafen«, »Unsere Gesellschaft zerfällt: die epidemisch sich ausbreitende Kriminalität in Deutschland«.

Häufig tauchen in meinem Newsfeed auch die Meldungen von *Philosophia Perennis* auf, der lateinische Titel markiert den intellektuellen Anspruch. Denn er bezeichnet »philosophische Einsichten, die sich über Zeiten und Kulturen hinweg erhalten«, Aussagen und Prinzipien, »die ewige, unveränderliche und universal gültige Wahrheiten über die Wirklichkeit, speziell den Menschen, die Natur und den

Geist ausdrücken«.[61] Wer seinen Blog so nennt, der beansprucht Deutungshoheit. Und das tut David Berger, Macher der Seite und römisch-katholischer Theologe mit einer publizistischen Karriere in der katholischen Kirche – unter anderem wurde er im Mai 2009 zum Lektor der Päpstlichen Kongregation für die Glaubenslehre bestellt mit der Aufgabe, zwei theologische Zeitschriften zu überwachen. Heute ist Berger aus der römisch-katholischen Kirche ausgetreten, die ihm 2011 die Lehrerlaubnis entzog und ihn im Februar 2015 entließ.

Als schwuler Theologe in der katholischen Kirche hatte sich Berger 2010 sehr kritisch zu den heuchlerischen Debatten im vatikanischen Klerus, z. B. zur Pädosexualität einer Fülle von Priestern, geäußert und seine Kritik in dem Buch ›Der heilige Schein‹ veröffentlicht. Nach dem Entzug seiner Lehrerlaubnis arbeitete Berger als freier Journalist u. a. für die *taz*, *Die Zeit* und die Magazine *Cicero* und *Vice*. Berger war ab 1. Mai 2013 Chefredakteur der deutschsprachigen schwulen Monatszeitschrift *Männer*, die unter seiner Leitung vermehrt rechtspopulistische Positionen vertrat.[62]

Zunächst stoppte die Deutsche AIDS-Hilfe ihre Anzeigenschaltungen, da das Magazin »immer häufiger zur Ausgrenzung und Diskriminierung« beitrage und damit »im Widerspruch zu den Grundsätzen der HIV-Prävention in Deutschland« stehe. Berger provoziere zudem »mit teils rechtspopulistischen Aussagen«.[63] Am 1. Februar 2015 wurde Berger als Chefredakteur von *Männer* fristlos entlassen.[64] In einem Statement auf der Verlagshomepage wurde dieser Schritt damit begründet, dass Berger wenige Tage nach dem 70. Jahrestag der Befreiung von Auschwitz mitverantwortlich für die Veröffentlichung eines antisemitischen und den Holocaust relativierenden Textes gewesen sei.

Die Seite ist – unabhängig von Bergers eigenen Behauptungen – im rechtspopulistischen Umfeld zu verorten, denn es zählt, was *Philosophia Perennis* publiziert und wer die Inhalte teilt. Eindeutig bezog sie vor und auch nach der Bundestagswahl Stellung für die AfD und deren Themen: »Wer Merkel wählt, wählt den endgültigen Selbstmord Deutschlands«, »AfD im Aufwind: Die Alternative zu Merkel & Co steigt bei Insa auf Platz 3«, »Wie Deutschland sich von Merkel befreien und die Gesellschaft geheilt werden kann«[65]. Solche und andere Einträge werden in AfD-Gruppen häufig geteilt. *Philosophia*

Perennis ist deshalb fester Teil meines täglichen Newsfeeds in der rechten Echokammer – und unterstützt und verstärkt andere Akteure. Als der österreichische IB-Sprecher auf Youtube und Facebook gesperrt wurde, gab *Philosophia Perennis* ihm die Gelegenheit zu einem Interview. Schließlich sei all das »dem etablierten Medienkartell natürlich keinen Mucks wert«.[66] Hier wird dann auch Werbung dafür gemacht, dass IB-Sprecher Sellner seine Videos künftig auf einer anderen Plattform im Netz platziert.[67]

Einer der Stars der sogenannten alternativen Medienszene war *Kopp Online*, die Nachrichten-Website des Kopp Verlags, die allerdings Anfang 2017 eingestellt wurde. Bei Kopp fanden auch einige Journalisten eine neue publizistische Heimat, u. a. Eva Herman, Udo Ulfkotte oder jüngst der frühere *Bild*-Co-Chefredakteur Peter Bartels. Gegründet wurde der Kopp Verlag von dem ehemaligen Stuttgarter Polizisten Jochen Kopp, der zunächst vor allem Bücher aus dem Bereich der Esoterik, Ufologie, Astrologie usw. verlegte und vertrieb. Mit der Zeit kamen immer mehr Veröffentlichungen hinzu, die rechtes Gedankengut und Verschwörungstheorien transportieren. Mit *Kopp Exklusiv* vertrieb der Verlag auch eine Print-Zeitschrift, zeitweise gab es auch eine Web-Nachrichtensendung, die von der früheren *Tagesschau*-Sprecherin Eva Herman präsentiert wurde (»Nachrichten, die ihnen die Augen öffnen«).[68]

Überdies gibt es eine Vernetzung und gegenseitige Verstärkung der Medien der Neuen Rechten und Rechtspopulisten mit Konspirations-Plattformen wie *watergate.tv*. Sie teilen Verschwörungstheorien, Vermutungen und Meinungsbeiträge miteinander. Da sich die Diskussionen und Informationen der Rechtspopulisten häufig von dem entfernen, was tatsächlich stattfindet, sind sie auf »post- oder präfaktische« Spekulationen und Vermutungen, wie sie von solchen Konspirationsplattformen verbreitet werden, angewiesen.

Gut frequentiert von jungen Nutzern sind die Seiten der IB, die sich als junge rechte Internetbewegung darstellt. Häufig werden hier die Videoblogs des österreichischen IB-Sprechers Martin Sellner geteilt, die dieser auf seinem Youtube-Kanal und über die sozialen Netze verbreitet. Die IB wird vom Verfassungsschutz beobachtet, weil sie rechtsextreme Inhalte verbreitet. In der rechten Gegenöffentlichkeit ist sie eng verbunden mit AfD-Plattformen sowie anderen rechtsextremen und rechtspopulistischen Medien. Mit ihrer digitalen Medienstrategie und ihrer Ansprache junger Nutzer zeigen die Identitären, welche Richtung die politische Kommunikation der Neuen Rechten zukünftig nehmen kann – ein Punkt, auf den später noch stärker eingegangen wird.

Zur Gegenöffentlichkeit der Neuen Rechten in Deutschland gehören nicht nur deutsche Akteure, sondern auch Medienakteure aus dem Ausland, die sich hier positionieren und nennenswerte Reichweiten erzeugen. Dazu zählt die aus Österreich stammende Website *Unzensuriert.at*, die im Umfeld der rechtspopulistischen österreichischen Partei FPÖ entstand[69] und auch einen Youtube-Kanal unterhält. Auch Posts der Website *Contra* werden häufig geteilt. Hinter dem *Contra*-Magazin steckt wahrscheinlich der rechtsradikalen Kreisen zuzuordnende Österreicher Andreas Keltscha, der zudem FPÖ-Mitglied ist. Er tritt bei *Contra* und auf diversen anderen Websites unter dem Namen Andre Eric Keller auf. Auch *Contra* mixt rechtspopulistischen Fake mit Negativschlagzeilen zu Flüchtlingen.[70]

Weit wichtiger noch ist *Russia Today:* »Unser Ziel ist es, eine Gegenöffentlichkeit herzustellen sowie Medienmanipulationen aufzuzeigen. In diesem Sinne werden wir Stimmen zu Wort kommen lassen, die eine alternative, unkonventionelle Sichtweise präsentieren. Unser Leitbild lautet: ›Wir zeigen den fehlenden Teil zum Gesamtbild. Also genau jenen Part, der sonst verschwiegen oder weggeschnitten wird.‹[71] So heißt es im Leitbild von *Russia Today* (*RT*). Bei diesen Medien geht es nicht zuletzt darum, russlandfreundliche Positionen zu verbreiten – und damit für russische Interessen zu werben. Sowohl *RT Deutsch* als auch die russische Agentur *Sputnik* in deutscher Sprache werden oft geteilt. Und sie positionieren sich selbst auch als Teil der medialen Widerstandsbewegung, der Gegenöffentlichkeit im Netz: »*Sputnik* berichtet über das, worüber andere schweigen«, wirbt die Agentur *Sputnik News*[72], »*Sputnik* füllt eine einzigartige Nische als alternative Nachrichtenquelle und Radiosender.« Welche Interessen Russland mit dieser Medienarbeit verbindet, davon wird in einem eigenen Kapitel die Rede sein.

Gemeinsam sind wir stark: die rechte Filterblase

Die Macher der neurechten und rechtspopulistischen Medien wissen: Resonanz im Netz entsteht über Frequenz und Wiederholung, über das schnelle Teilen und damit Multiplizieren von Inhalten. Gezielt suchen sie die Kooperation, um größere Reichweiten zu erlangen. Sie erhöhen so die virale Verbreitung ihrer Inhalte – insbesondere wenn ein Beitrag über mehrere der relativ reichweitenstarken Portale und deren Social-Media-Kanäle geht. Sie teilen ihre Inhalte gegenseitig – und vergrößern so Stück um Stück ihren Resonanzraum im Netz. *Compact* teilt AfD-Botschaften, publiziert regelmäßig Beiträge der IB, verbreitet Informationen von *Russia Today* oder die Antrittsrede von Donald Trump. Das Gleiche gilt für die offenen und geschlossenen AfD-Gruppen, denen ich während der Recherche angehörte.

Man kann es anhand der Nutzernamen erkennen oder auch daran, welche Plattformen die Beiträge des jeweils anderen teilen und weiterverbreiten: In den Sozialen Medien gibt es zwischen Nutzern und Medienplattformen eine rege Zusammenarbeit. Beiträge von *RT* werden in AfD-Gruppen geteilt. *Islam Kritik* teilt ein Video von *RT*, in dem ein AfD-Vertreter, Dr. Maximilian Krah, Merkels Selbstverständnis erklärt, die sich als Vertreterin des Regierungsbezirks Deutschland fühle. *PI news* zitiert am 7.6.2017 bei Facebook einen *Russia-Today*-Beitrag[73] unter dem Titel »Vater des staubbedeckten Aleppo-Bubs: Es war alles nur Propaganda«. In Artikel und Video erklärt der Vater des Jungen, dass das Foto durch regimefeindliche Rebellengruppen aufgenommen worden sei – zu Propagandazwecken. Ein offensichtlich Assad-freundlicher Bericht aus einem Land, in dem auch Russland an der Seite Assads Krieg führt. Hängen bleibt auf jeden Fall das Gefühl, dass den Bildern und Medienberichten aus Syrien nicht zu trauen ist. Redaktionell gestaltete Beiträge, wie die der hier genannten Medien, werden dabei aufgrund ihrer professionellen Verpackung gerne und öfter geteilt als andere.

Durch das Teilen und Liken von Beiträgen können sie sich gegenseitig verstärken, wie der Politikwissenschaftler und Netzwerkanalyst Josef Holnburger gemeinsam mit Andreas Hartkamp gezeigt hat. In den Datensätzen ihrer Netzwerkanalysen kommen viele der für dieses Buch recherchierten Quellen vor. Rund 26000 Datensätze von

Facebook haben die beiden ausgewertet, die Verschwörungstheorien verbreiten.[74] Fast alle diese Seiten legten zwischen Oktober 2016 und Januar 2017 bei den Zugriffen deutlich zu.[75] Das Fazit der beiden Autoren: Es existiert bei Facebook eine verschwörungstheoretische Gegenöffentlichkeit,[76] und die Medien der Neuen Rechten, aber auch *Russia Today* machen dabei kräftig mit.[77]

Die unmittelbare Wirkung dieser Verflechtungen im Netz ist das Entstehen einer Filterblase für rechtspopulistische und rechtsextremistische Positionen. Eine Filterblase, aus der die meisten Nutzer nicht ausbrechen, auch das zeigen Netzwerkanalysen. Wer rechtspopulistischen oder -extremen Gruppen nahesteht, der nutzt vorrangig, wenn nicht ausschließlich, diese Medien. Pegida-Anhänger informieren sich kaum noch in den klassischen Medien. Zu dem von ihnen regelmäßig genutzten Medienmix gehören die *Junge Freiheit*, *Compact* oder *RT Deutsch, KenFM*[78] und die Medien des Kopp Verlags[79]. Die Datenjournalisten des *Bayerischen Rundfunks*/BR DATA konnten in einer Netzwerkanalyse zur Mediennutzung von Anhängern der Pegida Nürnberg zeigen, dass rund die Hälfte von ihnen auch Follower der offiziellen Bundesseite der AfD sind[80] und dass ein weiterer Teil auch den Informationsangeboten der IB folgt und deren Inhalte teilt. Auch diese Analyse zeigt eine klare Präferenz dieser Nutzer bei den Medienangeboten im Netz für das Wochenmagazin *Junge Freiheit* und zur deutschen Version von *RT*. Zu den beliebtesten Informationsseiten zählen auch hier *Epoch Times*, das *Compact*-Magazin, *Sputnik Deutschland*, der Kopp Verlag[81] sowie *Unzensuriert.at*, die alle Teil meines Recherche-Newsfeeds sind.[82]

Die Strategie

Die selbst ernannten »alternativen Medien« in dieser Gegenöffentlichkeit inszenieren sich als Streiter für Meinungsfreiheit und Meinungsvielfalt und geben sich selbst den Anstrich professioneller journalistischer Produkte. Das Gegenteil ist allerdings der Fall.

Sie setzen manipulative Techniken ein, um ihre Reichweiten zu erhöhen. Inhaltlich verbreiten sie massiv Desinformation.

Jede fünfte Meldung auf Twitter, die sich auf die Wahl beziehe, sei eine Falschinformation – diese Zahl ermittelten Forscher der Universität Oxford vor der Bundestagswahl[83] und zuvor bei der Wahl zum Bundespräsidenten.[84] Der Anteil von Falschinformationen ist damit in deutschsprachigen Twitter-Einträgen um ein Vielfaches kleiner als in den USA oder Großbritannien. Deutschland steht erst am Anfang dieser Entwicklung.

Damit hört die gute Nachricht auch schon auf. Denn in der rechten Echokammer ist der Anteil an Falschinformationen weit höher, wenn ich das an den Inhalten in meinem Newsfeed messe. BuzzFeed sah sich für einen Zeitraum von fünf Jahren die bei Facebook am häufigsten geteilten Meldungen zur Bundeskanzlerin an – sieben der zehn clickstärksten waren Fake![85]

Das Ziel der Medien in der Gegenöffentlichkeit ist es, über einen Anlass und eine dazu passende emotionale Erzählung oder Zuspitzung Gefühle auszulösen. Deshalb ist Desinformation so wichtig für rechtspopulistische Erzählungen – und trägt wesentlich zu deren Reichweite und Resonanz bei. Fake verbreitet sich im Netz messbar schneller als Fakt. Für die Tendenz- und Kampagnenmedien in der rechten Echokammer ist es deshalb ein konstitutives Element.

Dabei machen diese Tendenzmedien auch vor reinen Inszenierungen nicht halt, wie ein Beitrag der IB Hamburg zeigt. Sie spielt in einer Straßenperformance einen Terrorangriff nach – und filmt diese Aktion. Der Titel des Videos ist getextet wie eine schnelle Nachrichtenmeldung, die als Breaking News über den Nachrichtenticker geht: » +++Amokfahrt in der Mönckebergstraße – Video zur Aktion+++«. Nutzer könnten meinen, es handle sich um einen realen Terrorakt. Der Beitrag wird mit dem zynischem Kommentar »Es kann jeden treffen, zu jeder Zeit und an jedem Ort! Die Anschläge in Stockholm, Berlin, Nizza und Paris haben es gezeigt: Offene Grenzen, eine Anbiederung an den Islam, dessen fundamentalistische Milieus in den Parallelgesellschaften und einigen Moscheen stetig anwachsen, tragen den Terror in unsere Städte« geteilt. Es folgt der sachdienliche Hinweis, der aber nur diejenigen erreicht, die wirklich bis zu dieser Stelle lesen: »Was hier nur eine aufrüttelnde Inszenierung der Identitären Bewegung war, könnte bald bittere Realität werden.«

Journalismus ist das nicht. Die sogenannten »Medien« der rechten Echokammern und ihre Akteure missachten an vielen Stellen journalistische Regeln, verletzen Sorgfaltspflichten und Persönlichkeitsrechte. Sie missachten aber auch Grundrechte, die in unserer Verfassung festgeschrieben sind, indem sie ganze Menschengruppen aufgrund ihrer Religion oder Hautfarbe, Zuwanderer aufgrund ihrer ethnischen Zugehörigkeit diskriminieren. Sie verbreiten menschenfeindliche Bilder und Meinungen, verbreiten Wut und Hass gegen andere – wahlweise das »Establishment«, das »links-grün versiffte Multikultitum« oder die »Invasoren«. Sie kreieren Feindbilder und Hass-Subjekte und tragen so zur Polarisierung unserer Gesellschaft bei.

Reichweite erhöhen: Social Bots in der digitalen Gegenöffentlichkeit

Die Medien der Neuen Rechten setzen Social Bots ein, um größere Reichweiten zu erlangen. Dafür sprechen hohe Zugriffsraten für einzelne Beiträge, die Frequenz von Postings – oder auch, dass manche Youtube-Videos bis zu sechsstellige Zugriffszahlen erreichen. Social Bots sind automatisierte Profile in sozialen Netzwerken. Sie tarnen sich als menschliche Nutzer. Bots können auf bestimmte Stichworte reagieren und automatisiert Inhalte versenden, z. B. für Kommentarspalten. Wenn ein Twitter- oder Facebook-Account mehr als 50 Mal tagsüber wie nachts Beiträge postet, handelt es sich sehr wahrscheinlich um einen solchen Bot. Durch Bots kann man die Frequenz bei der Verteilung von Information und Desinformation massiv erhöhen. So lassen sich große Mengen politischer Falschinformationen über Soziale Netzwerke verbreiten. Die Kombination aus Automatisierung und Propaganda birgt die große Gefahr, politische Krisen, Wahlen und öffentliche Debatten nachhaltig zu beeinflussen. Welche Effekte das hat, lässt sich zum Beispiel in den USA zeigen.

Bisher gehen Wissenschaftler davon aus, dass Social Bots von vielen Akteuren der politischen Meinungsbildung in Deutschland nicht eingesetzt werden.[86] SPD, CDU, Grüne und Linke haben sich darauf verständigt, diese im Wahlkampf nicht zu verwenden. Die AfD ist in dieser Frage weit weniger eindeutig. Davon wird später noch die Rede sein.

Durch entsprechende Datenanalysen lässt sich nachweisen, dass

Akteure der Neuen Rechten und Rechtspopulisten auf Twitter aktiver sind als andere. So kamen News zum AfD-Kandidaten Glaser bei der Bundespräsidentenwahl 2017 auf immerhin 41 % der Meldungen, die Mitte Februar 2017 auf Twitter geteilt wurden[87] – trotz einer vergleichsweise geringen Wähler-Unterstützung. Zum Vergleich: Wahlsieger Steinmeier kam auf 54 %.[88] Bots können solche Trends nicht nur verstärken, sie können sie auch umdrehen. Und sie können durch massenhafte aggressive Posts jede Diskussion im Netz zum Erliegen bringen. Sie sind wichtiges technisches Mittel für digitale Desinformation.

Inhaltliche Schlagseite – Fake als redaktionelles Mittel

Die Medien in dieser rechten Gegenöffentlichkeit behaupten, sie seien professioneller, weniger einseitig als die »regierungstreuen Hofberichterstatter« der »Lügenpresse und Systemmedien«. Da ist nichts dran, wenn man ihrer Berichterstattung folgt.

Das, was sie den traditionellen Medien vorwerfen – diese seien tendenziös und von politischen Interessen geleitet –, prägt vielmehr die Inhalte der rechtspopulistischen Infoblase. Es handelt sich um Tendenzmedien, die in erster Linie politische Botschaften und Haltungen verbreiten. Sie sind, wie es ihrem Selbstverständnis als Medien der Gegenöffentlichkeit entspricht, vor allem eins: dagegen. Gegen Medien, gegen Eliten, gegen staatliche Akteure, gegen Grüne oder Linksliberale.

Gleichzeitig lassen sie eine Menge Ereignisse und Informationen bei ihrer Berichterstattung einfach weg: das Gipfeltreffen von Macron und Putin, Macrons offene Kritik an *Russia Today* und *Sputnik* und deren Einflussnahme im französischen Wahlkampf. Die Tatsache, dass die Arbeitslosenzahl in Deutschland unter drei Millionen sinkt. Die Pläne der Bundesregierung nach dem G7-Gipfel 2017, wie Europapolitik neu gestaltet werden soll. Vor allem aber bringen sie eigentlich nie eigene Vorschläge zur politischen und gesellschaftlichen (Um-)Gestaltung.

Die Medien und die Gruppen der Neuen Rechten geben vor, für die Wahrheit zu streiten. Dabei missachten sie die erste Grundregel, die beachtet werden sollte, wenn man auf der Suche nach der »Wahrheit« – nach dem Faktischen – ist: die journalistische Sorgfaltspflicht, die bedeutet, »dass alle Nachrichten vor ihrer Veröffentlichung auf Herkunft, Inhalt und Wahrheitsgehalt überprüft werden müssen und nicht sinnverzerrt oder verfälscht dargestellt werden dürfen. Die Kennzeichnung von Gerüchten, unbestätigten Meldungen und Symbolfotos ist verpflichtend.«[89]

Für die Medien der Neuen Rechten ist Desinformation gewissermaßen redaktionelles Mittel, um Emotionen zu schüren und zu aktivieren, zentrale rechtspopulistische Thesen zu stützen. Da werden Äußerungen und Zitate mit Sachverhalten und reinen Spekulationen verbunden, auch Ende Mai 2017: »Während deutsche Politiker und Medien keine Gelegenheit auslassen, uns weiterhin die neue bunte Welt von Multikulti schmackhaft zu machen, warnt der ungarische Geheimdienstmitarbeiter Lazlo Földi zur besten Sendezeit im staatlichen ungarischen Fernsehen vor zehntausenden Migranten, die – finanziert mit Öl-Geld – einen Bürgerkrieg in Deutschland vorbereiten. Sie werden aus den sogenannten ›No-Go-Areas‹ heraus zuschlagen und ihr Kampfgebiet sukzessive erweitern. Gleichzeitig werden islamische Parteien gegründet, die dann auch politisch die Macht in Deutschland übernehmen.«[90] Einen Bericht zum gleichen Thema bringen später auch *PI news* sowie eine Reihe von Blogs im Netz.

Falschinformation heißt nicht zwingend, dass alles frei erfunden ist. Das zeigt dieses Beispiel. Falschinformation beginnt schon damit, eine Information zu entkoppeln, nicht mehr deutlich zu machen, wann etwas wo geschehen ist oder gesagt wurde und – wie es hier passiert – Fakten mit Spekulationen zu vermischen und die Information in einen völlig neuen Kontext zu stellen.

Auf den Medienplattformen der Neuen Rechten wird Fake eben nicht von Fakt unterschieden. Mit fataler Wirkung: Nach den Anschlägen von Manchester und London im Mai und Juni 2017 oder dem Anschlag auf dem Berliner Breitscheidplatz verbreiten sich so in Windeseile in die Irre führende Gerüchte und Spekulationen, die Anschläge seien inszeniert, sie würden nicht wirklich aufgeklärt – oder seien möglicherweise veranlasst durch die Verschwörung westlicher Geheimdienste. So wird Verunsicherung und Angst verbreitet – es verbreitet sich das Gefühl, dass auch staatliche Sicherheitsorgane die Katastrophensituation nicht im Griff haben. Selbst bei Themen wie dem Anschlag auf dem Berliner Weihnachtsmarkt schreckten viele Plattformen der Neuen Rechten vor Falschinformationen nicht zurück: »Berlin Terror: offizielle Theorie widerlegt – Polizei beim Legen falscher Spuren gefilmt« –*anonymousnews.ru* nimmt in diesem Artikel vom 15. Januar 2017 Bezug auf Videomaterial, das *Russia Today* in Umlauf gebracht hat, versehen mit der Interpretation, auf den Bildern seien deutsche Polizisten zu erkennen, die am Tatort nachträglich falsche Spuren legen. Eine klare Fehlinformation.

Der Beitrag erzielt die gewünschte Wirkung und löst unmittelbar Wut unter den Kommentatoren aus – und die richtet sich gegen die Regierung: »Die Schuldigen dieses Attentats sitzen in den Regierungen und Ämtern. Bestimmt wird wieder alles so hingestellt, dass keiner etwas von anderen wusste und es eine Verkettung unglücklicher Umstände gewesen ist. Die Aufarbeitung wird dann zielgerichtet bis nach der Wahl 2017 hinausgezögert.« Ein Beispiel dafür, wie Protestkommunikation durch Fake entsteht.

Auch an einem anderen »Mut zum Widerstand«-Beitrag lässt sich diese Wirkung zeigen. Dort wird darüber berichtet, es habe sich beim Anschlag auf der London Bridge (3. 6. 2017) um einen inszenierten Anschlag gehandelt.[91] Er wird in der Gruppe »Merkel muss weg« geteilt und mit der entsprechenden Falschinformation und Verschwörungsannahme kommentiert: »Wir bedanken uns bei den Londoner Polizeidarstellern, die uns bereits sämtliche Arbeit abgenommen haben! Der Zeitpunkt, wo die EU-Föderalisten im Sinne von Fake-Terror ihre Maske, und Krisendarsteller, die ein Anti-Terror-Kommando mimen, ihre Hosen, fallen lassen, ist gekommen!«

Auf eine solche Empörung zielen die Medienplattformen. So entsteht Protestkommunikation. Sorgfältig journalistisch zu arbeiten würde bedeuten, Falsches richtigzustellen, Meinung von Bericht zu trennen, Quellen ordentlich auszuweisen. Es würde bedeuten, klar zu sagen, wann was passiert ist. Doch in den Medienbeiträgen dieser Gegenöffentlichkeit geschieht das nicht. Da werden Titel von Medienbeiträgen geändert, andere Fotos eingesetzt oder alte Beiträge erneut geteilt, obwohl der Nachrichtenanlass gar nicht da ist. Beispiel ist ein Beitrag, den der Nutzer »G. G.« in der Gruppe »Die Systemkritiker« im Mai 2017 geteilt hat. Sein markanter Titel: »Merkel: Rente reicht nicht für alle.« Der verlinkte Beitrag stammt allerdings bereits vom 2. Dezember 2014 aus der *Mittelbayerischen Zeitung* und ist keine neue Information. Damals stellte die Kanzlerin in ihrer Rede zum 125. Geburtstag der gesetzlichen Rentenversicherung noch einmal klar, was alle wissen: dass die gesetzliche Rentensicherung alleine für viele nicht reicht.[92] Informationen werden aus ihrem zeitlichen oder örtlichen Kontext gerissen, sie tarnen sich als frische Nachrichten, obwohl sie mitunter schon Jahre alt sind. In der Gruppe »Politisches Chaos in Deutschland und Europa« wird Anfang Juni 2017 das vier Monate zuvor (9. 2. 2017) von »Deutschland, Augen auf« in Umlauf gebrachte Video geteilt, das den Reichsbürger Adrian Ursache im Streit mit der Polizei zeigt. Bei der Räumung seines Hauses im August 2016 wurde er angeschossen.[93] Es gibt keinen Hinweis darauf, wann dieses Video überhaupt gedreht wurde. Das Video ist zu diesem Zeitpunkt bereits mehr als 355 000 Mal angesehen worden.

Wer soll bei dem Tempo im Netz und der hohen Anzahl solcher Schlagzeilen noch prüfen können, was Fakt ist und was Fake? Es ist nicht zu schaffen. »Asylbewerber bedroht Heimmitarbeiter, weil das WLAN nicht funktioniert«, »Geheimdienste erwarten Bürgerkrieg in Deutschland.« Ich ahne als Nutzer, dass die Headlines nicht stimmen können. Doch die Kampagnenmedien der Neuen Rechten überfluten das Netz mit solchen Meldungen und überlassen die Suche nach den Fakten dem Leser. Ein einfaches Beispiel: In meinem Facebook-Newsfeed treffe ich auf ein Video, das die Seite *Volksnews* geteilt hat, Titel: »Afrikaner greift an.« Das Video zeigt aber, wie ein Afrikaner angegriffen wird. Lesen und genaues Hinschauen hilft.

Desinformation entsteht auch durch die Collage von Nachrichten, die nichts miteinander zu tun haben. So titelt *anonymousnews.ru*: »Geheimdienstbericht: CIA-Chef Michael Hayden erwartet Bürgerkrieg in Deutschland.«[94] Gut, wenn der Leser weiß, dass Hayden zwischen 1999 und 2005 Chef von NSA und CIA gewesen ist – aber es ist kaum anzunehmen, dass das viele nachrecherchieren. Im Mai 2017 wird also Bezug genommen auf eine Geschichte, die neun Jahre zurückliegt! – Und auf eine im Jahr 2008 veröffentlichte Studie der CIA, nach der spätestens um das Jahr 2020 in vielen europäischen Ballungsgebieten ein Bürgerkrieg zu erwarten sei. Der Post mischt Zitate einer Rede Haydens an der Kansas-State-Universität, welche von der *Washington Post*[95] zitiert wurde, und angebliche Thesen der Studie von 2008, aus der unter anderem hervorgehe, dass bestimmte Regionen Deutschlands (u. a. das Ruhrgebiet und einige Stadtteile Stuttgarts) nicht mehr begehbar sein könnten, mit einem Bericht des ungarischen Geheimdienstes von Januar 2017: »Ungarischer Geheimdienst: Tausende Migranten bereiten Bürgerkrieg in Deutschland vor.«[96]

Schlüsselthemen: Flüchtlinge und Terror

Die Medienstrategie der Gegenöffentlichkeit setzt auf wenige Themen mit hoher Frequenz.

Die wohl protestfähigsten Themen sind das der Flüchtlinge und das des Terrors, die zudem als Projektionsfläche für andere Kernbotschaften der Rechtspopulisten und der Neuen Rechten dienen. Mit Posts, Videos und Beiträgen, die geteilt werden – »viral wirken« –, halten sie diese Themen am Laufen. Ein Weckrufprinzip, das auf fast jeden Anlass und jedes Ereignis passt – ebenso einfach wie wirkungsvoll.

Die Facebook-Nachrichtenseite *Kein Einzelfall*[97] oder die Seite *Und täglich grüßt der Einzelfall*[98] arbeiten so – hier werden so gut wie ausschließlich Verbrechen und Straftaten, die durch Migranten verübt worden sein sollen, dokumentiert. Im März wurde die Facebook-Seite *XY Einzelfall* eingestellt, was erneut Anlass gab, über die in Deutschland herrschende Zensur zu diskutieren.[99] Die *Refugee and Migrant Crime Map*[100] funktioniert nach einem ähnlichen Prinzip: Hier werden auf Grundlage von Google Maps Straftaten dokumentiert. Eine ganze Deutschlandkarte, dicht an dicht überzogen von bunten Punkten, die für mehr als 30 000 Straftaten stehen sollen. Es lohnt, sich den einen oder anderen Punkt genauer anzusehen: »Migrationshintergrund (Herkunft unbekannt)«, »bestätigter Migrant (kein Flüchtling)«, oder »wahrscheinlich Flüchtling« steht da z. B., wenn es um die Verursacher geht. Südländisches Aussehen, gebrochenes Deutsch: alles Kriterien dafür, dass es sich um »Flüchtlingskriminalität« handelt. Jedenfalls für die *Crime Map*. Eine ganze

Gruppe unter Generalverdacht. Was nicht passt, wird passend gemacht – auch wenn es vielleicht Menschen trifft, die einen deutschen Pass haben oder seit Jahrzehnten hier leben. Und eine Unterscheidung von Tatverdächtigen und Schuldigen? Fehlanzeige.

Zum gleichen Thema flutet die Facebook-Seite *Die nackte Wahrheit* die Nutzer: Hier werden brutale Schlägereien und Gewaltszenen aus aller Welt gezeigt, in der Regel prügelnde Migranten. Dabei irritiert, dass in dem einen oder anderen Video mitunter Russisch zu hören ist. Täglich, wenn ich will auch stündlich, werde ich daran erinnert, dass es in Deutschland Straftaten und Gewalt gibt und dass es in der Regel Migranten sind, von denen diese Gewalt ausgeht. Zu Recht schaffen es diese nicht verifizierten Inhalte nicht in überregionale Nachrichtensendungen oder Zeitungen. Doch wer solche Inhalte regelmäßig nutzt, den beschleicht das Gefühl, dass die großen Medien dieses Thema verschweigen oder unter den Teppich kehren wollen.

Das Thema »Migrantengewalt« trifft einen Nerv – und es erzeugt, wo immer solche Inhalte geteilt werden, stets zuverlässig hohe Resonanz. Mehr als 125 000 Mal wird das Video der Facebook-Gruppen »Erfurt sagt Nein« und »Thügida« bis zum 6. 6. 17 angesehen, das eine Schlägerei unter Migranten zeigt. Die Kommentare, mit denen solche Inhalte beim Teilen versehen werden, verstärken das Gefühl der zunehmenden Unsicherheit in unserem Land, führen zu Verunsicherung und Empörung beim Nutzer.

»Ecker« kommentiert: »Klappt doch prima. ZWEI MIO ILLEGALE, MEIST OHNE PASS, turnen schon hier rum. Wenn Familiennachzug kommt sind's dann im Schnitt 8 Mio Gesamtzahl. 5 Mio sind schon hier, simmer bei 13 Mio, wozu noch Bürgerkrieg? Die überrennen ohne Waffen die Barrikaten. Merkel wird ihre Königin. Die Deutsche schwachmaten wählen die Mutti.« »Schildmaid« kommentiert: »nachdem uns schon zwei Weltkriege nicht klein gekriegt haben, müssen Sie uns nun mit Gesindel fluten, bis wir zusammenbrechen wie ein Geisterreich, der von tausenden Zecken ausgesaugt wurde.«

»Dariusz« geht sogar noch einen Schritt weiter, macht die Regierung dafür verantwortlich und ruft offen zur Gewalt auf: »Ist von euch schon mal jemand auf den gedanken gekommen, diejenigen zur rechenschaft zu ziehen, die diese ganze multiethnische katastrophe zu verantworten haben? Sollten wir nicht langsam dazu übergehen, parteifunktionäre und aparatschiks zu erschießen? Bin ich der einzige, dem der Gedanke unerträglich ist, dass diese kreaturen irgendwann, mit fürstlichen pensionen ausgestattet, ihren lebensabend auf der Terasse einer finka verbringen? Zeit, dass das Volk die immunitäten dieser Verbrecher aufhebt. Unbürokratisch und nachhaltig.«[101]

Das Thema Flüchtlinge lässt sich leicht mit dem ganzen Set rechtspopulistischer Einstellungen verbinden – in diesem Fall mit der grundsätzlichen Kritik an den Eliten, welche die Interessen des Volks verraten. Die Anlässe für diese Erzählung sind beliebig – sie reichen vom Asylchaos bis zur Bedrohung durch einen Bürgerkrieg.

Terroranschläge haben das gleiche emotionale Potenzial – sie lösen Angst und Schrecken aus, die in den Sozialen Medien lange Widerhall finden. Und werden durch die Akteure in der rechten Echokammer auch entsprechend genutzt: durch Zuschreibungen und Zuspitzungen, durch emotionales Erzählen in Ton und Sprache. Jeder Terrorakt und jede Gewalttat eines Flüchtlings bieten Anlass für das immer gleiche Set der Argumente: Der Islam ist gewaltbereit, die Einwanderung muss gestoppt werden, die Regierung hat es nicht im Griff. So zum Beispiel am Tag nach dem Terroranschlag von Manchester (23. 5. 17). Auf dem Videoblog der IB (»Vlog Identitär«) bei Youtube[102] warnt mich Martin Sellner eindringlich, dass auch ich das Opfer hätte werden können. »Diesmal hat es Manchester getroffen, aber es hätte genauso gut dein Heimatort sein können. Diesmal hat es Kinder getroffen und es hätten genauso gut deine Kinder sein können.« Zurückzuführen seien Anschläge wie der von Manchester auf eine »Haltung der Feigheit«, die Sellner bei den »Multikultis«, den »Linksliberalen« feststellt: »die bei uns alle Medien in der Hand haben, alle Kommunikationsmittel in der Hand haben.« Dass die Eliten die Islamisierung leugnen, das habe einen guten Grund: »Denn wenn sie zugeben, dass es stattfindet, dann geben sie zu, dass sie (…) selbst mit schuld sind an diesen zerfetzten Kindern, an den Kinder Leichen von Nizza bis Manchester.«

»Längst hat mein Staat versagt.« »Vielleicht droht bald ein Bürgerkrieg?« »Ich werde im Stich gelassen, bin bedroht durch die Gewalt der Fremden in meinem Land, meine Interessen werden durch die Regierung verraten.« Das lese ich täglich in meinem Recherche-Newsfeed. Es sind viele kleine Einträge, Bilder, Videos, die stetig von einer anhaltenden Katastrophe berichten. Sie machen mich ängstlich, misstrauisch, manchmal wütend. Titel und Bilder sind emotional: »Plant das Merkel Regime einen Angriffskrieg?«, »Vergewaltigungs-Terror in Deutschland«, »Deutsche verlassen in Scharen das Land«, »Migranten plündern Sozialsysteme«.[103]

Diese Gefühle stellen sich auch ein, weil ich diesen Meldungen, die in hoher Frequenz über meinen Newsfeed auf mich einprasseln, ausgesetzt bin – ohne dass ich die Zeit habe, oder sie mir nehme, ihre Zusammenhänge oder den Wahrheitsgehalt gegenzuprüfen. Es fällt mir sehr schwer, die Orientierung zu behalten, darüber, was denn nun wirklich passiert. Wem soll ich glauben angesichts so vieler bedrohlicher Meldungen, wenn ich mich weder auf die Medien noch auf staatliche Institutionen verlassen kann?

Das ist nicht bloß virales Geplapper. Längst sind die Geschichten vom Staat, der seine Bürger nicht schützt und deren Interessen nicht vertritt, Thema praktischer Auseinandersetzungen, haben sich vom Netz auf die Straße verlagert und sind inzwischen auch im Bundestag angekommen. Im Wortlaut nachzuvollziehen in der aufgeregten Schimpftirade eines Demonstranten im erzgebirgischen Annaberg-Buchholz bei einer Wahlkampfveranstaltung der Kanzlerin, bei der es zu lautstarken Gegenprotesten kommt. Die Videos dieser Begegnung laufen in meinem Newsfeed mit einem Kommentar ein, der die Polizei als Schutzmacht des Establishments darstellt, die gegen friedliche Bürger mit Gewalt vorgehe: »Am Rande Merkels Wahlkampfveranstaltung gestern in Annaberg Buchholz wurden mehrere Bürger wegen ihres grundgesetzlich erlaubten Protestes verhaftet. Wir appellieren nochmals an die Polizisten nachzudenken, was hier geschieht! Ihr seid auch BÜRGER UNSERES LANDES!! Noch steht die Bevölkerung zu Teilen hinter Euch, verliert sie nicht mit solchen Aktionen.«

Stetig wird im Strom der Meldungen in der rechten Echokammer gehetzt. Hass gegen Menschen verbreitet. Diese vergiftete Emotion und tiefe Menschenfeindlichkeit prägt die Erzählungen, welche sich aus der rechten Echokammer heraus verbreiten und über Begriffe und Bilder ihren Weg in die Alltagssprache, die politische Auseinandersetzung und die Medien finden.

Die Grenze des Sagbaren verschieben

Die Medien der Neuen Rechten verschieben bewusst die Grenze dessen, was gesagt werden darf. »Das wird man ja wohl sagen dürfen!« Dieser Markenkern der AfD trifft auch auf den größeren Kreis der Medien und Gruppen in der rechten Echokammer zu. Und wenn es viele sagen, dann muss doch etwas dran sein – auch dieser Effekt stellt sich ein.

In den Beiträgen der Medienplattformen in dieser Gegenöffentlichkeit werden strafrechtlich relevante Ausdrücke oder Thesen vermieden. Doch die Kommentare und Diskussionen, die auf die redaktionellen Beiträge folgen, sind ein klarer Hinweis darauf, was die neuen rechten Medien auslösen und verstärken: Hier wird bereitwillig und gedankenlos geäußert und geteilt, was verfassungsfeindlich, antisemitisch oder ausländerfeindlich ist: Hetze, Diffamierung, Hass. Grundlage dafür ist die Emotions- und Meinungslastigkeit der Beiträge selbst, sind die Erzählungen, die von der Neuen Rechten in Umlauf gebracht werden. Um diese Erzählungen – um ihre Drehbücher und Rollen – soll es hier gehen.

Der große Rahmen, die Bühne für all diese Erzählungen, ist der Niedergang Deutschlands. Zensur, Einschränkung der Bürgerrechte und Verfolgung Andersdenkender sind, wenn ich dem Strom der Meldungen in meinem rechten Newsfeed folge, an der Tagesordnung in Deutschland. Menschenrechte, Pressefreiheit, Demokratie gelten in unserem Land wenig. Denn sie werden mutwillig und absichtsvoll eingeschränkt – und zwar nicht durch irgendwen, sondern durch die Regierung und das liberale Establishment. Auf dieser Bühne spielen sich Dramen ab: Es gibt brutale Diktatoren und ein unterdrücktes Volk. Täter und Opfer. Fremde Horden. Und aufrechte Retter der Meinungsfreiheit. Komplotte und Verschwörungen sind an der Tagesordnung. Die Rollen sind klar verteilt. Das erzeugt Spannung, das wird gerne geteilt.

Es sind Erzählungen, die von Katastrophen berichten. Und es geht in diesen Erzählungen durchaus um große Themen: Es geht um unsere Existenz, den Frieden in unserem Land und um Identität. »Der Staat versagt, verhängt den Ausnahmezustand über Deutschland.« »Es herrscht Kriegsrecht.« Begriffe, denen ich täglich mehrmals in meiner Recherche begegne. *Compact* beschreibt, was das bedeutet – und knüpft an eine Erzählung an, die wohl jedem aus Berichten von Eltern oder Großeltern vertraut ist: »Unsere Großeltern kannten das noch: die Geschäfte sind leergefegt, die Lebensmittel nur über Bezugsscheine erhältlich. Der Strom wird immer wieder abgeschaltet, trotzdem bricht das Netz irgendwann ganz zusammen. Das Militär beschlagnahmt Busse und Züge. (...) Die Vorräte werden knapp – wohl dem, der sich rechtzeitig durch Hamsterkäufe eingedeckt hat.«[1] – »Merkels Kriegsrecht« lautet der Titel des Artikels von *Compact*-Chefredakteur Jürgen Elsässer. Untergangsstimmung, die nicht mal annähernd der Realität entspricht.

In den Erzählungen geht es um die »Kanzlerdiktatur«, den »Staatsterror« oder den »Ausnahmezustand«. Es ist von einem scheiternden schwachen Staat die Rede, in dem die »Feinde des Volkes«, »Volksverräter« oder »System-Parteien« das Volk diktatorisch regieren.

Ein anderer Erzählrahmen ist der des Bürgerkriegs, der durch eine fremde Horde in das Land getragen wird. Die Geschichte von der großen Invasion, in der »Rapefugees« und »Asylforderer« Deutschland mit Gewalt und Terror überziehen, den »Sex-Dschihad« nach Deutschland tragen.

Die rechte Brille, mit der ich die Welt betrachte

In diesem Handlungsrahmen lässt sich viel unterbringen: aktuelle Ereignisse, Verschwörungstheorien, viele Emotionen und immer neue Kampf- und Kunstbegriffe, die hängen bleiben und ihren Weg vom Netz auf die Straße finden. So funktioniert Agendasetting – und die Medien der Neuen Rechten und Rechtspopulisten sind damit durchaus erfolgreich. »Mainstreammedien«, »Rautenfrau«, »Migrantendesaster«, »Altparteien« – alles Begriffe, die mit großer Selbstverständlichkeit fallen, wenn man im Supermarkt um die Ecke oder in der

U-Bahn die Ohren offen hält, wenn man mit Nachbarn oder Bekannten spricht – und sie stammen aus diesen Diskursen im Netz. Begriffe, die stellvertretend für die Agenda der Gruppierungen der Neuen Rechten stehen. Begriffe, die das Funktionieren und die Stabilität des demokratischen Systems infrage stellen.

Bei Twitter werden daraus Hashtags wie #stopinvasion, #remigration, #refugeesNotwelcome, #MerkelhatBlutandenHaenden, #KanzlerinderSchande.

Erfolgreiches Agendasetting bedeutet: Kern- und Kampfbegriffe in die Köpfe zu bringen, so dass sie sich festsetzen und leicht zu aktivieren sind. Ganz unverblümt bringt das Martin Sellner zu Papier, Sprecher der IB in Österreich und Deutschland: »Die Herrschaft über die Begriffe bedeutet die Beherrschung der Perspektive. Jede politische Bewegung, jede Partei, jede Interessengruppe muss versuchen, ihre zentralen Ideen und ihre Sicht der Dinge in solche Sammelbegriffe zu gießen, die verknappt und vereinfacht die ganze Fülle ihrer Weltanschauung enthalten. Ein guter metapolitischer Begriff (...) muss die richtigen Bilder induzieren, eine klare Erklärung des Geschehens und das richtige Feindbild vermitteln.«[2]

Genau diese Funktion haben die Begriffe in den Medien der Neuen Rechten: Sie bewirken, *wie* ich über ein Thema denke. Es sind keine neutralen Begriffe – sie alle bewerten. Sie werten etwas auf (Widerstandskämpfer = Mitglieder der AfD oder der IB) – oder sie werten etwas ab (Systemparteien, gleichgeschaltete Presse). Durch diese Wertung verbinden sie ein Thema mit einer Deutung. Es lässt sich leicht überprüfen, mit welchen Bildern einzelne Begriffe verknüpft sind. Es reicht, sie in die Google-Bildsuche einzugeben: »Asylforderer«, »Sex-Dschihad«, »Flüchtlingsinvasion« lösen dort eine Flut von Bildern gewalttätiger Migranten aus. Bilder der den Grenzzaun von Ceuta stürmenden Afrikaner, überfüllte Flüchtlingsboote, Bilder aus der Silvesternacht in Köln 2015/16, als nordafrikanisch aussehende Männer den Bahnhofsvorplatz fluteten und massenhaft Frauen sexuell bedrängten und bedrohten. Die Suche legt offen, welche Bilder im Netz besonders häufig geteilt werden, und gibt Hinweise darauf, welche Bilder sich in den Köpfen der Nutzer festsetzen.

Begriffe, die solche Bilder hervorrufen, haben großen Einfluss auf die Meinungsbildung. Sie schaffen Deutungsmuster. Wenn ich das nächste Mal mit einem Ereignis in einem entsprechenden Kontext konfrontiert bin – sei es eine Diskussion zwischen zwei jungen arabischsprachigen Männern in der U-Bahn oder eine Gruppe verschleierter Mädchen –, dann kommen mir diese Bilder und Begriffe gleich in den Sinn.

Die Überprüfung der Kampfbegriffe der Neuen Rechten in der Websuche zeigt, dass diese sehr treffsicher funktionieren: Der Begriff »Schlepperkönigin« führt unmittelbar und nahezu ausschließlich zu Bildern der Kanzlerin. Der Begriff »Volksverräter« führt zu Bildern von Regierungsmitgliedern, von der Kanzlerin bis zum Justizminister, vom Innenminister bis zur Verteidigungsministerin. Bis hin zu dem Bild, auf dem die Köpfe der genannten Personen vor einem Galgen abgebildet sind. Die Bildüberschrift lautet: »Bitte nicht drängeln. Jeder kommt dran.«

Die Medien der Neuen Rechten im Netz schaffen Deutungsrahmen, indem sie Entwicklungen bewerten und Haltungen vermitteln.[3] Sie bieten ihren Nutzern eine »Brille«, um die Welt und die aktuelle Politik besser verstehen zu können. Eine ganze Reihe von Medienangeboten tut das mit Wochenrückblicken oder längeren Meinungsbeiträgen, die aktuelle Politik und Nachrichten einordnen. So zum Beispiel im Wochenrückblick von AfD-Mitglied Nikolaus Fest[4], früher stellvertretender Chefredakteur der *Bild am Sonntag*, der in einem Video auf Facebook den Nutzern seine Sicht der Dinge darlegt. Innerhalb weniger Tage wird dieses Video 70 000 Mal aufgerufen. Für ihn gibt es Ende Mai 2017 drei Themen: 1. den »Wahlbetrug« in Nordrhein-Westfalen – »wenn es um die AfD geht, ist auch offener Wahlbetrug voll o. k.«. 2. sechs Millionen Flüchtlinge stehen vor Europas Tür, 3. der Anschlag von Manchester geht auf die ungesteuerte Zuwanderung zurück, und wer diesen Zusammenhang leugne, der sei »Mittäter durch Beschwichtigung« oder ein »Feind der Wahrheit«. Für die Zeit des nationalsozialistischen Deutschland habe man den Begriff »Schreibtischtäter« genutzt – »heute haben wir den Latte Macchiato-Täter: Er ist wortgewandt, smart, Teil des Establishment. Er wohnt in München am Gärtnerplatz oder in Schwabing, (…) In Berlin in Prenzlberg oder Dahlem. (…) Alle diese Käseglocke-Existenzen, die von Buntheit schwärmen, weil sie mit ihr nie in Berührung kommen. Die immer großzügig sein können, weil andere die Kosten tragen.«[5]

Es gibt zwei Themen, die wie Brandbeschleuniger in den Newsfeeds meiner Recherche wirken: Terrorakte und Migranten. Der verheerende Anschlag auf den Weihnachtsmarkt am Berliner Breitscheidplatz vom 19. 12. 2016 wird von vielen Medienplattformen der Neuen Rechten genutzt, so auch von *Epoch Times*: »Und wieder haben Sie alle mit gemordet. Politik, Medien, Justiz, Polizei, Gutmenschen – alle, die solche Zustände herbeigeführt und befürwortet haben.« Die IB twittert: »Man muss es in aller Deutlichkeit aussprechen: #Breitscheidplatz passierte, weil Merkel und ihre Bande die Täter ins Land gelassen haben.«[6]

Über die Themen Flüchtlinge und Terror wird regelmäßig transportiert, die Institutionen in unserem Land hätten die Situation nicht im Griff, und die Regierung trage dafür die Verantwortung, wie die Kommentare der *Epoch-Times*-Leser belegen: »(…) Das Problem und die Ursache ist die amtierende Clique, ein Hochverrat am deutschen Volk (…).«[7]

Die »Patriotische Plattform«[8], eine der AfD nahestehende Facebook-Gruppe, postet eine Fotomontage, die Angela Merkel neben dem Berliner Attentäter Amri im Lastwagen sitzend abbildet. Die Headline: »Die Asylpolitik fuhr mit!« Eine geschmacklose Satire – würde es nicht um einen fürchterlichen Terroranschlag gehen, der zwölf Menschen das Leben gekostet hat.

Die Grenze zwischen Meinungsäußerungen und falschen Behauptungen verschwimmt, genauso wie die Grenze zwischen Fake und Fakt.

In verschiedenen Facebook-Gruppen werden die Statements von Frauke Petry geteilt – so wie der Eintrag unmittelbar nach dem Anschlag auf dem Breitscheidplatz auf der offiziellen Facebook-Seite der damaligen AfD-Vorsitzenden: »Merkel und Co. stehen für ›grenzenlose Freiheit‹, die offenbar von vielen Kriminellen und auch Terroristen gerne genutzt wird. Der Ablauf des tragischen Vorfalls in Berlin heute Abend erinnert sehr an einen geplanten Terroranschlag.« Ein später geteilter Medienbeitrag zur Feierstunde für die Opfer des Anschlags auf dem Breitscheidplatz im Bundestag Ende Januar 2017 löst Empörung unter den Gruppenmitgliedern aus, denn dieses Gedenken sei viel zu spät: »Wäre der öffentliche Druck nicht da gewesen, hätte sich keiner dieser Damen und Herren dazu bewegen lassen. Einfach schlimm.« Und weit aggressiver, verbunden mit Aufrufen zur Gewalt an den vermeintlich politisch Verantwortlichen in Berlin: »Das ist ja wohl das allerletzte, was sich die Damen und Herren da jetzt leisten (…) von mir aus sollten die alle selber von einem LKW überrollt und getötet werden und ich komme dann auch einen Monat später und spucke auf ihr Grab.« Und in einer anderen Gruppe heißt es in einem Kommentar: »Der Handlanger der Mörderin und deren Vollstrecker machen sich auch noch lustig über den Mord an unseren christlichen Leuten. (…) Wir bekommen euch früher oder später zu fassen (…) ihr verfluchten Schweine aus dem Kanzleramt (…).« »Genau genommen ist es doch, was Merkel und Co. machen, Beihilfe zum Mord oder?«

Die Erzählungen in der rechten Echokammer

Wer eine neue politische Bewegung begründen will, der ist auf Erzählungen angewiesen. Das gilt für die Neue Rechte in Deutschland, der ich mich zwei Jahre lang ausgesetzt habe, genauso wie für die Ideologie des starken Staates des russischen Präsidenten Putin oder des türkischen Präsidenten Erdoğan. Und es gilt auch für Dschihadisten und die Art und Weise, wie sie Menschen in Deutschland radikalisieren. Es gibt keine Ideologie ohne die dazugehörige Erzählung. In den Beiträgen der Neuen Rechten und Rechtspopulisten im Netz tauchen bestimmte »große Erzählungen«[9] mit besonderer Häufigkeit auf. Sie werden je nach Anlass und Thema angereichert und interpretiert, doch sie lassen sich auf eine Reihe von Kernerzählungen zurückführen, die den Nutzern stets eine emotionale Deutung des Themas mitgeben.[10]

I Deutschland steht am Abgrund

Die Erzählung: Deutschland steht vor einer fundamentalen Umwälzung. Das Leben, wie wir es hier kennen, wird bald zu Ende sein. Das neoliberale System hat sich überlebt und wird in sich zusammenfallen. Die Anzeichen dafür mehren sich.

Woran ich merke, dass Deutschland am Abgrund steht? Das kann ich bei *Watergate.tv* nachlesen,[11] geteilt in Facebook-Gruppen der AfD und auf anderen Plattformen: »Watergate.tv. Die Jagd nach der Wahrheit«, so wirbt das Portal für sich selbst. Dabei geht das Allermeiste in diesem Verschwörungsportal an der Wahrheit vorbei. *Watergate.tv* nennt die Gründe für den nahen Untergang: Die Staatsschulden seien viel höher als die offiziell verkündeten 2,2 Billionen Euro. Deutschland habe bereits die höchsten Schulden in der EU, und das, obwohl es der größte Geber sei. Die Gründe: Der »Gier-Staat« nehme den Bürgern fast 53 % ihres Einkommens durch Steuern und Abgaben weg, und in den »EU-Pleite-Ländern« Spanien und Griechenland würden weniger Steuern bezahlt. Kurzum: Die EU koste Deutschland viel mehr, als sie uns bringe. Gleichzeitig sei das Wirtschaftswachstum viel zu niedrig. Denn das deutsche Wirtschaftswachstum liege im Durchschnitt bei nur 0,9 %, was im Vergleich zu den Sechzigerjahren ein Rückgang um 3,5 % sei und zu den Siebzigerjahren um 2 %. Das aber habe für viele Deutsche gravierende Folgen: Die Verarmung der Bevölkerung nehme immer mehr zu. Rund 12,5 Millionen Menschen lebten unterhalb der Armutsgrenze, und jedes fünfte Kind unter 15 Jahren sei von Armut betroffen. Die Flüchtlinge seien Teil des Problems, denn die Flüchtlingskosten explodierten, vor allem weil sich die Integration in den Arbeitsmarkt nicht wie gewünscht umsetzen lasse. *Watergate.tv* spekuliert, dass aufgrund des schlechten Gesundheitszustands vieler Flüchtlinge die Kosten für deren Betreuung weit über den geschätzten 20 000 Euro für das erste Jahr lägen. Und nicht zuletzt: Deutschland werde immer unsicherer. Die Aufklärungsrate für Straftaten liege gerade einmal bei etwas über der Hälfte.[12]

Ein düsteres Bild, das in vielen Punkten, von vielen Akteuren der Gegenöffentlichkeit aufgenommen und verstärkt wird.

Fakt ist, unser Land ist ein gutes Stück vom »Abgrund« entfernt, den der Beitrag heraufbeschwört. Immerhin ist unser Bruttoinlandsprodukt 2017 um 2,2 % auf 3,263 Billionen Euro gewachsen, das achte Mal in Folge. Es gibt eine gute Konjunktur. Bund, Länder und Kommunen, aber auch Sozialversicherungen verzeichneten Rekordüberschüsse von mehr 38 Milliarden Euro. Mit durchschnittlich 44,3 % Erwerbstätigen erreichte die Beschäftigung 2017 den höchsten Stand seit der Wiedervereinigung.[13] Wir haben fast Vollbeschäftigung mit einer Arbeitslosenquote von nur etwa 5 %[14]. Es gibt ein im europäischen Vergleich beispielhaftes Gesundheitssystem und ein Sozialsystem, das viele Härten mildert. Und kein anderes Land in Europa, dem es wirtschaftlich so gut geht.

Dass eine wachsende Zahl von Menschen allerdings den Eindruck hat, an diesen Erfolgen nicht teilzuhaben, ist ebenfalls wahr, und das erklärt (auch) den Wahlerfolg der AfD. Die digitale Medienstrategie der AfD und die Vervielfältigung von AfD-Inhalten durch die Tendenzmedien in der rechten Gegenöffentlichkeit ist ein weiterer Grund für die Verbreitung dieser Haltung. Denn die beschwören und aktivieren eine solche Verlierer- oder Opfer-Perzeption. Wie das gemacht wird, das lässt sich anhand des *Watergate.tv*-Beitrags gut nachvollziehen.

»Kaum ein anderer Industriestaat hat sich mit Blick auf die eigene Zukunftsfähigkeit in den vergangenen zehn Jahren so positiv entwickelt.« Das ist das Fazit einer Studie der Bertelsmann-Stiftung,[15] die die Regierungsführung in den entwickelten Industrieländern bewertet. Auf diese Studie nimmt der Beitrag von *Watergate.tv* Bezug, ohne allerdings die positive Gesamteinschätzung zu transportieren. Stattdessen werden falsche Informationen zum schwachen Wirtschaftswachstum mit reinen Spekulationen kombiniert und ein Schreckensbild gezeichnet, das hochemotional wirkt, mit der Realität aber wenig zu tun hat. Fake statt Fakt.

Dass Deutschland am Abgrund steht, habe viel damit zu tun, dass der Staat versage – so lautet eine Erzählung in der rechten Echokammer. In der Flüchtlingspolitik vor allem, aber auch bei Fragen der inneren Sicherheit, der Bildungs- und Sozialpolitik. »Staatsversagen« diagnostizieren die Medien der Neuen Rechten mit großer Regelmäßigkeit. Als Anlass für diese Diagnose dient nahezu jedes Thema, wie eine Twitter-Suche belegt: Unter dem Hashtag #Staatsversagen finden sich die unterschiedlichsten Beiträge, vom »Abschiebedesaster«, weil abgelehnte Asylbewerber vor ihrem Rücktransport nach Afghanistan fliehen, bis zu den No-Go-Areas in deutschen Städten oder von zu milden Gerichtsurteilen für straffällige Migranten bis hin zu 20 000 fehlenden Justiz- und Polizeibeamten.

Dass dieser Staat bald untergehe, ist auch Anlass für den offenen Brief des Bundeswehr-Generals a. D. Reinhard Uhle-Wettler, der unter dem Titel »Der letzte Akt« erscheint.[16] Er verbreitet sich seit März 2017 im Netz und wird über viele Monate in AfD-Gruppen geteilt, wandert auch über verwandte Plattformen und Gruppen, wie den Newsletter von *anonymousnews.ru*.[17] Uhle-Wettler spricht von einer Tragödie, deren letzter Akt angebrochen sei – ausgelöst durch die vielen Flüchtlinge, die nach Deutschland gekommen sind: »Die von Außen in Gang gesetzte Masseneinwanderung nach Deutschland führt durch seine grenzenlose Vermischung zu einer ethnischen, kulturellen und religiösen Auflösung von Volk, Nation und Kultur, die bald unumkehrbar ist.« Der General a. D. konstatiert mangelnde nationalistische Grundhaltung in der Politik und kritisiert die falsche Stigmatisierung kritischer Stimmen als Rechtspopulisten. »Volk und Nation fanden als herausgehobene Werte keine Beachtung mehr. Wer solches vertrat, wurde und wird bis zum heutigen Tag regelmäßig als rechter, rechtsextremer (Verfassungsfeind!), oder gar als Neonazi ausgegrenzt und verfolgt. Gern wird auch unangepaßten Bürgern die unbestimmbare Narrenkappe des Rechtspopulisten aufgesetzt.«

Früher war alles besser – aus dieser Haltung ist der Brief des Generals a. D. geschrieben –, die Medien der Neuen Rechten bemühen oft historische Vergleiche. So teilt z. B. Thügida am 2. 6. 2017 bei Facebook ein Video, das den nahenden Untergang in einen größeren historischen Kontext stellt. Das Video zeigt historische Schwarz-Weiß-Aufnahmen und erklärt im Kommentartext: »In über 1 000 Jahren deutscher Geschichte haben sich unsere Vorfahren durch Kriege, Seuchen, Elend und Hunger gekämpft. Jede Generation hatte dabei das Leitbild, dass es ihren Kindern und Kindeskindern einmal besser gehen sollte als ihnen selbst. Nur deshalb zogen sie in der größten Not ihre Kinder auf, bildeten sie, starben für sie. Ob während des schwarzen Todes oder des Steckrüben-Winters, stets galt dieser eine Satz. Wir sterben, damit ihr Leben könnt! (…) Stets sah man sich in einem Kontinuum aus der Vergangenheit, Gegenwart und Zukunft. Und stets sah man sich verpflichtet, das Erbe der Vorfahren zu bewahren.«

Zeitsprung ins Hier und Jetzt: Es folgen Bilder und kurze Videoschnitte unterschiedlicher Situationen – aus der Berliner U-Bahn mit betrunkenen Deutschen, von der Love Parade, der Kunst- bzw. Comedyfigur Cindy aus Marzahn, Bilder von Flüchtlingen oder Zuwanderern. Der Ton des Kommentators wird vorwurfsvoll. Er wendet sich direkt an die im Bild gezeigten Menschen, die sich so offensichtlich über alle Werte und Regeln des Anstands hinwegsetzen: »Ihr habt das Erbe eurer Vorfahren auf den Müll geworfen und es der grenzenlosen Beliebigkeit preisgegeben. (…) Ihr fühlt euch weder euren Vorfahren noch euren Nachkommen gegenüber verpflichtet. Euren Nachkommen hinterlasst ihr ein kulturelles Trümmerfeld. Ihr habt es also vollbracht, innerhalb einer Generation die Kultur eines jahrtausendealten Volkes absterben zu lassen. (…) Ihr seid nicht Deutschland! Wir sind Deutschland!«[18]

Ihr seid nicht Deutschland! Wir sind Deutschland – die Guten und die Bösen, wir und ihr. Hier das Volk – dort die Feinde des Volkes. Auch in dieser Erzählung werden Fronten zwischen einzelnen Gruppen eröffnet. Wer solche Geschichten erzählt, der sollte sich über die zum Teil Tage später erfolgten Kommentare nicht wundern: der Nutzer »MF« schreibt – tatsächlich auch genau so: »DAFÜR HABEN EUEREN FOHRFAREN GEKEMPFT! DAS IHR JETZT DEN SCWANZ EINZIHT? VON EIN HANDVOHL MÜSSLIS? UND ISLAMISTEN ERLAUBT IN EUEREN D EN HEIMAT ALLES TUHN UND LASSEN WAS DIE WOLLEN? CHRISTLICHE KULTUR WIRD ABGESCHAUFT? (…)« und »MW« meint: »Irgendwann explodiert das und wir befinden uns wieder im Mittelalter, Jeder gegen Jeden!!!«

Täglich erreichen mich erschreckende Meldungen, die vom Untergang und der Krise meines Landes künden, die meisten sind viel kürzer als die weiter oben angeführten. Sie versetzen mich in eine regelrechte Katastrophenstimmung. Gefühlt kommen die Einschläge immer näher. Ich bin alarmiert angesichts so vieler apokalyptischer Meldungen.

Und schon beim nächsten Aufruf meines Newsfeeds bei Facebook werde ich genau bei diesem Gefühl abgeholt. Es erreicht mich ein dringender Appell: »Der nächste Krisenfall steht bereits bevor. Sie müssen sich jetzt vorbereiten, um nicht mit dem Land unterzugehen. Dafür erhalten Sie heute eine kostenlose Checkliste. Eine Checkliste mit 10 Dingen, die SIE noch heute bunkern müssen, um auf die kommende Katastrophe vorbereitet zu sein!«[19]

II Rapefugees, Asylforderer – Flüchtlinge bringen Gewalt und Terror in unser Land

Erzählung: Die meisten Flüchtlinge sind nur Scheinflüchtlinge, die unser Sozialsystem ausbeuten wollen. Diese »Merkelinvasoren« sind kriminell und gewaltbereit. Das ist durch ihre Herkunft und Religion so und wird sich nicht ändern lassen. Sie bringen Terror und den Sex-Dschihad in unser Land.

Im Januar 2017 tauchen in meinem alternativen Newsfeed viele Medienberichte, Bilder und Videos auf, die Flüchtlinge zeigen, die in den Balkanländern gestrandet waren, in Eiseskälte ausharrend. Diese Bilder würden Lügen verbreiten, so kann ich in den Kommentaren lesen. »Lügner! Wo sind die Kinder? Wo sind die Frauen? Wo sind die Alten?«, schrieb dort zum Beispiel »RJ«. »Die sind alle in Afrika im Nahen Osten, in ihrer Heimat, ihr Verräter, ihr Verbrecher, ihr Mörder. Möge der Winter Euch bestrafen!«

Das Thema Flüchtlinge und Migration ist ein Katalysator und Trägerthema für viele andere Aspekte.[20] Die Erzählung von der fremden Horde, die Deutschland überrennt, funktioniert im Sinne der Neuen Rechten vielleicht am effektivsten: Sie weckt unmittelbar Ängste, lässt sich leicht auf viele Erlebnisse und aktuelle Ereignisse übertragen. Die Grundhaltung, mit der das Thema erzählt wird, lautet: Die Aufnahme der Flüchtlinge ist ein politisches Instrument, es sind »Merkels Flüchtlinge«, ein staatliches Schlepperwesen sei entstanden. In meinen Recherche-Accounts existiert ein Grundrauschen für das Thema. Bereits mit den ersten Klicks in meinem Newsfeed erhalte ich Negativschlagzeilen zur Migrantengewalt: Videos von Prügelszenen, die von Amateuren aufgenommen wurden – auf Schulhöfen, Bahnhöfen, zwischen Jugendlichen oder der Polizei und

Migranten, aber auch kommentierte Medienbeiträge. Das Thema dominiert den Strom der Meldungen. Flüchtlinge = Gewalttäter und Kriminelle. So einfach ist diese Gleichung, die bei jedem großen wie kleinen Anlass neu belebt wird.

Das Thema hat eine starke emotionale Wirkung, deshalb verbreiten sich auch Falschinformationen in großem Tempo. Manchmal auch in traditionellen Medien, so zum Beispiel im Falle des »Einwandermobs von Schorndorf«: der Geschichte von angeblich 1 000 Jugendlichen, welche bei einem Volksfest in dem kleinen Städtchen randaliert und sexuelle Übergriffe auf Mädchen verübt hätten.[21] Zündstoff für die Sozialen Medien. Die Kette der Reaktionen zeigt, wie schnell sich der Deutungsrahmen »randalierende und prügelnde Asylbewerberhorde« aktivieren lässt.

Nach dem Weckruf-Prinzip wird das Bild der fremden Horde, die unser Land mit Gewalt überzieht, von den Medien der Neuen Rechten immer wieder in Erinnerung gerufen. *Compact* postet zu Neujahr 2017: »Unschöne Szenen hunderter wilder Rapefugees, die jungen Frauen in deutschen Großstädten zu Silvester ihre Griffel in die Intimzonen schieben, musste das Merkel-Regime in der Nacht auf Neujahr unbedingt verhindern. Nur gezieltes polizeiliches Selektieren, Kontrollieren und zeitweiliges Einkesseln von rund 1 000 Nordafrikanern (Nafris) hatten am Kölner HBF ein Ficki-Ficki-Silvester 2.0 verhindert. 1 500 Beamte der Landespolizei, 600 städtische Ordnungskräfte sowie Einheiten der Bundespolizei am Hauptbahnhof waren dafür im Einsatz. Als 300 Nafris am Deutzer Bahnhof Richtung Rheinufer marschierten, wurden sie von Polizisten begleitet. Babysitter für Merkels garstige Hausgäste. (…) Der Merkelsprech hat Neujahr 2017 eine neue Vokabelphrase erhalten: ›Alles friedlich verlaufen‹ entspricht in etwa: ›unter maximaler Anstrengung das Schlimmste verhindert.‹«[22] – »VS« kommentiert daraufhin: »Lange werden die Parteiengecken die Scheinflüchtlinge wohl nicht mehr bändigen können. (…) gegenwärtig sollen tagtäglich 10 000 weitere fremdländische Eindringlinge in den deutschen Rumpfstaat einfallen, was aufs Jahr hochgerechnet 3,6 Millionen Delinquenten ergibt. (…) so glauben diese doch den weiten Weg in ein Schlaraffenland gemacht zu haben und da sie dieses nicht gefunden haben, werden sie wohl zumindest die einheimische Bevölkerung niedermetzeln, um sich deren Besitztümer und Ländereien anzueignen. In gewisser Weise hat dies schon begonnen, denn rund um die Asylzwingburgen nehmen Raubüberfälle, Vergewaltigungen und Einbrüche stark zu.«[23] Da gibt es einige Accounts, Facebook-Seiten und -Gruppen, die ausschließlich Posts zum Thema »gewalttätige Flüchtlinge« verbreiten: Die bereits erwähnte *Refugee and Migrant Crime Map*[24] ist nicht nur bei Facebook, sondern auch auf Twitter zu finden.[25] Für die Darstellung auf einer Landkarte können Nutzer gewaltsame Übergriffe melden, die von Migranten verübt wurden. Die Seite unterhält eine Art Nachrichtenticker für gewaltsame Übergriffe von Migrantinnen und Migranten. Am 19. Mai die Nachricht aus Frankfurt am Main: »Zwei Männer (ca. 25–35, vermutlich osteuropäischer Herkunft), stoßen nach einer Auseinandersetzung einen betrunkenen Mann (21) ins Gleisbett und lassen ihn dort schwer verletzt hilflos liegen. Ein Zeuge zieht ihn rechtzeitig aus dem Gleisbett. Die Mordkommission ermittelt.« Tags zuvor erfahre ich: »Südländer (ca. 30–40) schlägt Beifahrerscheibe eines Rettungswagens ein und entwendet eine rote Geldkassette mit Medikamenten, sowie eine gelbe Kunstledertasche mit Wertsachen.« Und noch einen Tag zuvor kam es zu einer Schlägerei in Bernau am Chiemsee: »Familienstreit einer bosnischen Familie artet in eine Schlägerei zwischen zwei Männern aus. Die Ehefrau eilt ihrem Mann zur Hilfe und schlägt auf den Cousin mit einem 25 cm langen Werkzeug ein. Alle Beteiligten verletzen sich wechselseitig.« Ich kann weder sehen, wie die Ermittlungen ausgehen, noch, ob die mutmaßliche Tat wirklich so begangen wurde. Doch jeden Tag erhält die Bilderschleife in meinem Kopf, in der Ausländer kriminell und gewalttätig sind, neue Nahrung. Über Hashtags wie #asylchaos, #asylmissbrauch, #schauhin werden Informationen zu Gewalttaten, die angeblich durch Migranten verübten wurden, durch das Netz getrieben.

Überprüfbar sind diese Meldungen nicht. Sie dokumentieren nicht, in welchen Fällen jemand wirklich schuldig ist oder zu Unrecht verdächtigt wurde, wann jemand von einem Gericht verurteilt oder freigesprochen wurde. Mitunter ist nicht einmal die Herkunft der »mutmaßlichen Täter« wirklich klar. Ich erfahre nichts Genaues über den Fall, über den Einzelnen, stets wird über ihn nur als Teil einer blindwütigen Welle fremder Krimineller berichtet. Sie bleiben eine anonyme Gefährdung, bringen den Bürgerkrieg nach Deutschland, sind eine Gefahr für Wirtschaft und Sozialsysteme und – wegen ihrer Religion – eine Gefahr für die deutsche Kultur und Gesellschaft. Es ist das alte Bild der fremden Horden, die unser Land mit Gewalt überziehen. Trotz der Schnelllebigkeit des Netzes entstehen so Symbolbilder für das Thema Flüchtlingsgewalt, die fast jeder im Kopf hat.

Dabei wäre es wichtig, den Fakten nachzugehen. Konkret. Denn es stimmt, dass die polizeiliche Kriminalitätsstatistik für das Jahr 2016 ein Drittel aller Tatverdächtigen als nicht deutsch ausweist[26] – deutlich mehr als 2015. Gewaltdelikte haben zugenommen, das betrifft Straftaten gegen das Asyl- und Aufenthaltsrecht, aber auch Tötungsdelikte, Vergewaltigung und sexuelle Nötigung sowie gefährliche und schwere Körperverletzung.[27] Das Problem ist also auch de facto groß genug, ganz ohne dass falsche Informationen, Vermutungen und Hetze es dramatisieren, wie es in meinen rechten Newsfeed geschieht. Doch dort geht es nicht um Fakten, sondern darum, eine ganze Gruppe aufgrund von Hautfarbe, Religion und Herkunft als »Verbrecher« und »Gewalttäter« zu stigmatisieren. Mir wird suggeriert, dass der Kriminalstatistik und den offiziellen Darstellungen nicht zu trauen sein, weil sie geschönt berichten würden. »Deutschland bleibt nicht Deutschland. Deutschland verändert sich und zwar genau so dramatisch wie die Asylantianträge gezählt und die Kriminalstatistik zurecht gebogen werden können.«[28] So beschreibt das *Philosophia Perennis* in einem Wochenrückblick im Mai 2017.

Dass die Flüchtlinge den »Sex-Dschihad« nach Deutschland tragen, gilt in den Medien der Neuen Rechten seit der Silvesternacht 2015/16 in Köln als sicher. Die Bilder von »Machetenmännern«, die Frauen begrapschen und belästigen, das Bild einer überforderten Polizei – und die Tatsache, dass Landesregierung wie Medien erst mit Verspätung und wenig entschlossen über die Ereignisse berichteten –, all das ergibt eine große Projektionsfläche: für Vermutungen, rassistische und antimuslimische Thesen. Die Silvesternacht von Köln wird auch deshalb in den Medien der Neuen Rechten immer wieder herangezogen, weil sie zwei für sie wichtige Aspekte verbindet: 1. Von Flüchtlingen geht ein Sicherheitsrisiko aus, und 2. Der Staat und seine Organe sind überfordert damit, diesem angemessen zu begegnen, und können die Sicherheit der Bürger nicht mehr garantieren.[29]

Die Bilder verbreiteten sich rasch – in den Kommentaren ergibt ein Wort das andere –, um mit den menschenverachtendsten anzufangen: »unterm adolf hättens das nur einmal gemacht«; »Der Schwarze schnackselt nun gerne. Und bis jetzt haben die nur Ziegen und Schafe gepoppt. Sind jetzt alle überrascht und geschockt? Es wird noch schlimmer kommen! Schon was von Schweden gehört?«[30] Eine rassistische Erklärung hat auch ein anderer Nutzer parat, als er ein Video teilt, das von »Ruptly« ins Netz gestellt wurde: Sexuelle Gewalt sei Teil der Kultur der Flüchtlinge, meint er: »Dieses asoziale Pack ist von Natur so wie es ist. Das was wir als asozial bewerten ist deren normale Erziehung und Kultur. Eigentlich können sie nichts dafür. Die Einzigen die Schuld haben sind unsere Kanzlerin und der Rest der Linken menschenverachtenden Klicke um Eckhadr-Göhring, Fette Klaudia Roth … Rache wem Rache gebührt.«

Vor allem aber: alle abschieben! – Dafür spricht sich »AB« aus: »Alle Asylanten und Flüchtlinge sofort abschieben alle Moslems, Araber und Neger sofort abschieben alle Ausländer die Staatliche Hilfe beziehen abschieben ich bin gerne ein Rassist, ich habe mehr rassistische Gene im Blut.« Und »Sh.« fragt: »Man stelle sich vor es wären die Dunkeldeutschen gewesen die das gemacht hätten. Ob das auch 4 Tage gedauert hätte, bis man in den Mainstream Medien davon erfährt?«

Die Fehler der Polizei in der Silvesternacht 2015 sind unbestritten. Der Untersuchungsausschuss im nordrhein-westfälischen Landtag kommt im März 2017 zu einem klaren Urteil:[31] »Die Übergriffe der Silvesternacht 2015/2016 hätten, zumindest weitgehend, verhindert werden können, wenn schon bei den ersten Straftaten frühzeitig und entschlossen durchgegriffen worden wäre.« Für ein solches Vorgehen fehlten jedoch der Überblick und die nötigen Kräfte, heißt es.[32]

Ähnlich wie die Silvesternacht 2015 gibt es auch andere Ereignisse, die als Katalysatoren für das Thema funktionieren. Besonders intensiv mitgeteilte Geschichten, die eine unmittelbare virale Wirkung haben, werden dabei immer wieder aufgenommen.

Ein Beispiel ist der Fall der 19-jährigen Studentin Maria L., die am 16. Oktober 2016 in Freiburg vergewaltigt und anschließend getötet wurde. Der inzwischen verurteilte Täter, Hussein K., hat Maria L. abgepasst, bewusstlos geschlagen, vergewaltigt und im Niedrigwasser des Flusses abgelegt. Die 19-jährige Studentin starb durch Ertrinken. Hussein K. war nach Angaben deutscher Behörden im November 2015 ohne Papiere nach Deutschland gekommen und gab an, aus Afghanistan zu stammen. Daher stand er als unbegleiteter minderjähriger Flüchtling in der Obhut des Jugendamtes und lebte in Freiburg bei einer Pflegefamilie. Nachweise zu Alter und Herkunft hatte er nicht vorlegen können.[33] Zuvor war er bereits in Griechenland wegen einer Gewalttat an einer jungen Frau zu zehn Jahren Haft verurteilt worden, jedoch untergetaucht und nach Deutschland gereist. Diese kriminelle Vorgeschichte war den deutschen Behörden unbekannt, weil Griechenland ihn nicht zur internationalen Fahndung ausgeschrieben hatte.[34]

Die Diskussion um den Vergewaltigungsfall zog große Kreise. Über Stunden konnte ich in meinen Recherche-Accounts verfolgen, wie sie sich hochschaukelte.[35] *Compact* meldete: »Ein junges Mädchen wurde ermordet. Wieder einmal. Wieder einmal ein Fall für die Kriminalstatistik, für eine, die es offiziell gar nicht gibt und nicht geben wird, denn der Täterkreis wird von den Eliten geradezu komplizenhaft geschützt und als sakrosankt gehandhabt. Es ist ihr ›eigener‹, selbst-heran-gezogener Täterkreis: Denn der Mörder ist, wieder einmal, ein Merkelgast, ein ›Flüchtling‹ (…)«[36] In den Kommentaren in der Gruppe »Politisches Chaos in Deutschland und Europa« wird über die Familie hergezogen: »Das ist die Todesanzeige der getöteten Studentin in Freiburg. Während der Beerdigung haben die Eltern sogar Geld für die Flüchtlingshilfe gesammelt.« – Ohne jeden Respekt, menschenverachtend und hämisch wird die Familie beschimpft: »Der Herr Papa Arbeitet bei der Versagertruppe, die die Grenzen nicht schützen können/wollen.«[37] – »Da merkt man schon, dass die Eltern ihre Tochter in diesen Mist reingedrängt haben.«

Im »Interventionskommando gegen die Lügenpresse« wird ein offener Brief an Angela Merkel geteilt: »Frau Merkel, der Mord an der Medizinstudentin Maria L in Freiburg und die jetzt erfolgte Festnahme eines siebzehnjährigen Flüchtlings aus Afghanistan, der 2015 nach Deutschland kam (…) ist unbestritten eine Folge ihrer Politik und somit sind sie dafür mitverantwortlich. (…) Meinetwegen können sie jeden Afghanen einzeln umarmen, oder in Ihre private

Kuschelecke einladen, aber wie ignorant und machtgeil müssen sie sein, um nicht zu erkennen[, was] sie da angerichtet haben. Es gibt nur eine Lösung, Rücktritt und eine Entschuldigung an die Opfer dieser fehlgeleiteten Politik. (…)«

Während ich in meinem Newsfeeds verfolge, wie sich am Tag der Festnahme die Diskussion hochschaukelt, taucht das Thema in der *ARD-Tagesschau* nicht auf. Die Begründung der Redaktion: Es handle sich um einen Fall mit »regionaler Bedeutung«.[38] Doch diese Rechtfertigung können viele User nicht nachvollziehen. Auf der Facebook-Seite der »Tagesschau« kommen vor allem kritische Kommentare an. Nutzer bezeichnen die Nicht-Berichterstattung als »fatales Eigentor«. Es sei nicht sachdienlich, eine solche Information zurückzuhalten. Es ist Wasser auf die Mühlen der Fremdenfeindlichkeit, heißt es unter anderem.[39] Und einige weisen darauf hin, dass sich die *ARD* bei den Vorfällen der Kölner Silvesternacht genauso verhalten habe wie jetzt: Sie habe erst auf Druck der Öffentlichkeit berichtet.

Wird ein Thema in den Sozialen Medien mit dieser Intensität diskutiert, so ist das ein Hinweis auf seine Relevanz. Auch hier bin ich überzeugt: Der wütenden Diskussion des Falls in den Sozialen Medien hätten zeitnahe, gut recherchierte Informationen gutgetan.[40]

Dass die *Tagesschau*-Redaktion am Abend nicht über die Festnahme berichtet, wird in den Sozialen Medien heftig kritisiert, so unter anderem bei *XY Einzelfall*: »Tagesschau berichtet nicht über den Mord an der Studentin in Freiburg. (…)« Stattdessen bringe die »Tagesschau lieber einen Beitrag über ein paar Indianer am anderen Ende der Welt, die gegen Ölbohrungen demonstrieren. Wäre die Täter Opfer Konstellation andersherum, wäre der Täter ein Deutscher und das Opfer eine Flüchtlingsfrau, wäre das dann auch nur von regionalem Interesse gewesen? Ganz sicher nicht.«

Bestimmt ein Drittel der Inhalte, die mich jeden Tag erreichen, hat einen Bezug zu Gewalttaten, die durch Ausländer verübt werden. Oft ist nicht einmal klar, wo das Ereignis stattgefunden hat, ob es aus Deutschland stammt. Manche Beiträge sind offensichtlich Fake, wirken wie auf Bestellung produziert, wie das Video, das u. a. in der prorussischen Plattform »Pro Putin Partei – Gründungsprojekt« geteilt wird – und auf 200 000 Abrufe kommt: Ein Mann mit dunkler Hautfarbe verbreitet in fließendem Deutsch, dass man erst kürzlich ein

Mädchen vom Fahrrad getreten habe – ähnliche Gewaltakte gebe es überall im Land, und ebenso hochnäsig wie gleichmütig wendet er sich an die deutschen Nutzer: »Da könnt ihr gar nichts machen!«, sagt er mehrfach. Und die Polizei könne auch nichts machen.[41]

Beide Ereignisse, die Silvesternacht von 2015/16 in Köln sowie der Fall Maria L., zeigen, welche Folgen es hat, wenn traditionelle Medien nicht rechtzeitig und umfassend recherchieren und berichten. Denn damit wird das Thema von Beginn an den Deutungen im Netz und einem Sturm an Meinungen, Spekulationen, Aggression und Gewalt überlassen.

III Der große Austausch: Unsere Identität und Kultur sind durch den Islam bedroht

Erzählung: Durch die politisch geförderte Masseneinwanderung muslimischer Migranten droht die Auslöschung des deutschen Volkes. Wir werden vom Islam unterwandert. »Der große Austausch« – »die Ersetzung der autochthonen deutschen Bevölkerung durch kulturfremde Siedler«[42] – ist politisch geplant, von unserer Regierung und der EU, aber auch von muslimischen Nationen.

»Ein schreckliches Szenario zeichnet sich ab: Westeuropa versinkt unter dem Druck seiner immer schneller wachsenden islamischen Minderheiten, flankiert von deren zunehmendem Terror, in Anarchie und Chaos – oder gibt klein bei und übernimmt die Scharia«, meldet *Compact*. Auch die Seite *Freie Zeiten* zeigt sich am 11. 6. 2016 auf Facebook überzeugt: »Das alles entspricht einem großen politischen Plan, durch den das deutsche Volk durch Migranten wieder aufgefüllt werden soll: Auf jeden neugeborenen Deutschen kommen fünf neue Migranten.«[43] Im Vorspann zum Artikel heißt es: »Die Einwanderungspolitik der Bundesregierung wird drastische Folgen auf die zukünftige Zusammensetzung der deutschen Bevölkerung haben.« Der Austausch der Deutschen gegen Fremde entspringt politischem Kalkül. Der große Austausch kommt nicht zufällig – es handelt sich um einen großen politischen Plan, ein Komplott gegen die Bürger.«

Am 8. 9. 2016 berichtet *anonymousnews.ru* über ein angebliches Geheimpapier im Kanzleramt unter dem Titel »Aus Flüchtlingen werden Siedler – UN Dokument enthüllt Merkel Plan«. Aus diesem Strategiepapier gehe hervor, dass die Flüchtlinge und Schutzsuchenden, die Deutschland zurzeit aufnehme, »in Wirklichkeit von vornherein als Siedler hierher geschickt wurden. Die Neubesiedler Europas sollen also ihre Frauen und Kinder ebenfalls hierher gebracht bekommen und mit ihrer Geburtenfreude die europäischen Völker ersetzen, d. h. die europäischen Völker eliminieren. So etwas ist laut den Statuten der UNO Völkermord. (…) Die Vermutung, dass das alles absichtlich so geplant ist, liegt nahe.«

Die Masseneinwanderung in Deutschland sei »Teil eines globalen Zerstörungsfeldzugs gegen alle Völker und Kulturen«.[44] Dieser Zerstörungsfeldzug werde nicht nur von der Bundesregierung betrieben. »Der große Austausch« sei auch Ziel muslimischer Regierungen. »Nachrichten für Deutschland« teilt auf Facebook (6. 6. 2017) einen Beitrag von *truth 24*: »Jordanisches Fernsehen: Sie diskutieren ganz offen, wie sie Deutschland dem Islam unterwerfen wollen und welche Steuern dann fällig werden.«[45] Im Text heißt es weiter: »Dabei wird Deutschland bereits jetzt aktiv islamisiert. (…) Ganze Muslimhorden ziehen durch Deutschland und terrorisieren viele Städte, (…). Deutsche werden ermordet, vergewaltigt und gedemütigt. (…) Wer sich dagegen wehrt und sich ernsthaft fragt, wieso man für seinen eigenen Henker auch noch bezahlen soll, wird von der linken Regierung in Deutschland fertig gemacht und ins politische Abseits der Rechtsradikalen katapultiert.«[46]

In meiner rechten Echokammer taucht das apokalyptische Bild »des großen Austauschs« als Erzählung sehr regelmäßig auf: unmerklich schleichen sich Massen von Fremden ein, unterwandern ein Volk, besetzen ein Land, um dort eines Tages die Macht zu übernehmen. Das ursprüngliche Volk wird einer fremden Kultur unterworfen.

Das ist nicht nur eine Verschwörungstheorie: »Der große Austausch« ist mehr. Er entspringt einer völkischen und rassistischen Sicht, geht von der Vorstellung eines geschlossenen Kulturraums aus, in dem durch Abstammung entstandene Völker leben. Und er ist fester Bestandteil des ideologischen Gerüsts der Neuen Rechten, wird sowohl von rechtsextremen Gruppen wie von vielen Rechtspopulisten benutzt.

Ursprünglich in Umlauf gebracht wurde er vom Vordenker des Front National, Renaud Camus, dessen Buch dazu 2011 in Frankreich und im Verlag Antaios in deutscher Sprache erschien. Ein Verlag, der wie die *Sezession* und das Portal *Ein Prozent* von Götz Kubitschek verantwortet wird. Für den Import der Ideen nach Deutschland und die Verbreitung unter Jüngeren sorgt vor allem auch die IB, die diese Erzählung immer wieder in ihren Posts und Videos ausführt.

Begriffe wie »Umvolkung« oder »der weiße Genozid« beschreiben dasselbe. Auch »der große Austausch« ist eine Erzählung, die auf aktuelle Ereignisse übertragen und mit anderen Erzählungen kombiniert wird. Zum Beispiel mit der des sexuell übergriffigen muslimischen Flüchtlings, wie im *Compact*-Beitrag der Autorin Katja Wolters, der sich auf die Ereignisse der Silvesternacht von Köln 2015/16 bezieht. Dort kann ich lesen, dass fluchtwillige Männer über Pornoseiten auf europäische Frauen angesetzt werden: »Sexbilder mit Botschaften, die einen weißen Genozid ankündigen, gibt es hundertfach. (…) Neben Standbildern aus gemischtrassischen Pornofilmen findet man Fotos von jungen Frauen, die im vergangenen Sommer leicht beschürzt ›Refugees welcome‹ jubelten. (…) Zum einen versprechen diese Seiten muslimischen Männern, Europas Frauen erwarteten sie heißblütig und es sei nur eine Frage der Zeit, bis der ›weiße, rassistische, christliche Abschaum‹ (…) vom Islam unterworfen sein würde.«[47]

Rassistische Diskriminierung *aller* Muslime und *aller* Flüchtlinge sind in meiner rechten Echokammer überall abrufbar. Die Ablehnung richtet sich gegen alle Muslime, denn diese seien durch ihren Glauben grundsätzlich potenzielle Terroristen. Deshalb kann es nur einen Weg für Deutschland geben: diese Menschen wieder loszuwerden. In der Gruppe »AfD 51 % – das ist unser Ziel« heißt es im Beitrag des »Schlüsselkindblogs« dazu: »Die Einwanderung aller Muslime stoppen. (…) Alle Moscheen schließen und die Ausübung des Islams verbieten. (…) Wenn die Muslime den Islam nicht widerrufen, dann müssen sie ausgewiesen werden. Alle Muslime glauben an einen terroristischen Glauben und einen terroristischen Propheten. Alle sind potenzielle Terroristen, insbesondere ihre Kinder.«[48] Dieses Konzept eines ethnisch und religiös geschlossenen Volkes steht im Widerspruch zu unserer Verfassung. Und zur gesellschaftlichen Realität. Die Erzählungen vom »großen Austausch« sind ein prägnantes Beispiel, wie die Grenzen des Sagbaren verschoben werden. Antisemitische, diskriminierende, rassistische, den Nationalsozialismus verherrlichende Inhalte sind verboten. Doch in der rechten Echokammer werden sie gepflegt: »Die Zerstörung des arischen Kulturerbes ist die Begleitmusik zur Auslöschung des deutschen Volkes, und zwar hauptsächlich mit dem Mittel der Rassenmischung und der Abkehr vom Natürlichen bei gleichzeitiger Verpflichtung zum Perversen. (…) Nicht nur, dass man z. B. im ehemals germanischen Deutschland systematisch die deutsche Sprache verhunzt, die deutsche Geschichte kriminalisiert und die Deutschen als Kreaturen mit Killer-Gen jedwedem Weltenmob zur Sonderbehandlung preisgibt, zerstört man auch noch ganz gezielt die kulturellen Wurzeln der arisch-germanischen Deutschen.« In diesem Beitrag von ›Mut zur Wahrheit‹ werden dann »Adolf Hitlers Politik der kulturellen Wiedererweckung« und die Bedrohung durch das Weltjudentum beschrieben. Der »große Austausch« – das ist nicht nur die Ablehnung der Muslime, sondern auch die Ablehnung von Juden.

IV Fremd im eigenen Land: Wir, das Volk, sind Bürger zweiter Klasse

Erzählung: Wir sind als Volk im eigenen Land nur noch Bürger zweiter Klasse. Die Flüchtlinge drängen die Deutschen im eigenen Land ins Abseits. Ihnen wird gegeben, was Obdachlose, Arbeitslose, Alleinerziehende oder arme Deutsche nicht bekommen: finanzielle Unterstützung, politisches Interesse. Während wir, das Volk, von der »Machthaberclique« an der Spitze, der »Kriecherpresse« und dem Establishment als »Pack«, als »Schmarotzer« oder »Parasiten« diffamiert werden, bekommen Flüchtlinge alles hinterhergeworfen.

Anonymousnews.ru nennt Beispiele, an denen das festzumachen ist: »Die Diskriminierung von Deutschen im eigenen Land erreicht einen neuen widerlichen Höhepunkt. Das Leben eines Hartz-IV-Empfängers ist deutlich weniger wert als das eines illegal ins Land gereisten Migranten. Ein Asylforderer erhält durchschnittlich das Dreifache, bar auf die Kralle, ohne lästige Auflagen.« Staat und Kommunen brächten gewaltige Milliardenbeträge für den Unterhalt der »Merkel-Invasoren« auf, dafür aber ließen sie die Infrastruktur Deutschlands verkommen, würden soziale Leistungen kürzen oder werden sie in Zukunft kürzen. Sie behandelten »Altersarmut wie ein Naturereignis«.[49]

Und bei *PI news* heißt es: »Es ist eine der unverschämtesten Lügen der politischen Klasse und ihrer medialen Stiefelknechte, wegen der Kosten für die ›Geflüchteten‹ würde keiner der ›hier schon länger Lebenden‹ Einbußen erleiden. Niemand hat das Berliner Parteienkartell bei der Bundestagswahl 2013 ermächtigt, die hart erarbeiteten Steuereinnahmen in so hohem Maße für die Alimentierung von Menschen aus aller Welt zu verwenden, deren größter Teil ›integrationsresistente Ballastexistenzen‹ sind und bleiben.«[50]

Reaktionen darauf lassen nicht lange auf sich warten – wütend heißt es in den Kommentarspalten: »(…) viele Menschen leben unter der Armutsgrenze (…) Und den Asylschmarotzern wird alles in den Arsch geschoben.« Der Nutzer »WE« kommentiert: »Das Wetter wird im Mittelmeerraum besser, so dass heute 4 500 Asylschmarotzer überwiegenden Neger, vor der libyschen Küste aufgesammelt werden konnten. (…) Diese Kreaturen sind nicht zum Arbeiten hergekommen, sondern zum schmarotzen. (…) Und ab und zu eine weiße vernaschen (wenn nicht willig dann mit Gewalt) wie blöd sind wir eigentlich, wir sollten Sie zum Teufel jagen einschließlich unserer bescheuerten Regierung!!!«

Besonders häufig wird dabei der direkte Vergleich zwischen deutschen Obdachlosen und der Versorgung von Flüchtlingen herangezogen, auch bei *Journalistenwatch*[51], das über die Vertreibung von Obdachlosen unter einer Brücke in Hamburg berichtet, während in der Stadt Millionen über Millionen ausgegeben würden, »um Flüchtlinge mit fabrikneuen Häusern zu beglücken, ihnen Möbel und Haushaltelektronik, Fahrräder und Anziehsachen, Bettwäsche und Kücheneinrichtungen kostenlos zu überlassen. Doch nicht dass Ihr, liebe Leser, jetzt glaubt, dass die Nächstenliebe der Hamburger grenzenlos ist. (…) Wir leben hier in Deutschland. Und hier wird nichts für die eigenen Obdachlosen getan. Schließlich sind sie keine Flüchtlinge. Nein. Die Stadt Hamburg hat das Geld in die Hand genommen, und zwar wirklich mehrere hunderttausend Euros, um den Obdachlosen den Schlafplatz zu zerstören. (…).«[52]

Solche Maßnahmen zeigten, dass die Elite gegenüber den Belangen des Volkes ignorant und arrogant sei: »Volk zu sein ist in diesen Tagen nicht leicht«, heißt es in einem Beitrag von *Russia Today*. »Beschimpfung durch Politik und Medien sind längst Alltag: Ganze Gruppierungen gelten als »Pack«, als »Dunkeldeutschland« oder laut Bundespräsident Gauck gleich komplett als »Problem« (im Gegensatz zu den Eliten). (...) Welche braune Visagen sich doch hinter den linksliberalen Masken des Establishments verstecken. Was sie in schmutzigen Phantasien jenen wünschen, die den Marktgesetzen nicht mehr Folge leisten können, lässt sich zusammenfassen: Ein Vegetieren zwischen Hundescheiße und Tod. Natürlich kam niemand dieser Volksverhetzer vor Gericht.«[53]

V In Deutschland herrscht Bürgerkrieg

Erzählung: In unserem Land herrscht Bürgerkrieg. Dieser wird durch gewaltbereite Migranten, aber auch durch linke Extremisten in unser Land getragen und bedroht die Sicherheit der Bürger.

»G20 Gipfel: War die Eskalation der Randale im Schanzenviertel inszeniert, vielleicht sogar als Übung? Wollte man die Bevölkerung politisch ausrichten und auf weitere geplante Repressionen einstellen?«[54], fragt *Russia Today* knapp zwei Wochen nach dem G20-Gipfel in Hamburg, der durch die Bilder der Gewalt zwischen Polizei und gewaltbereiten Demonstranten Schlagzeilen machte. »Bürgerkriegsähnliche Zustände«, davon sprachen angesichts der Hamburger Ereignisse auch Politiker der Regierungskoalition und viele Medien. *Russia Today*[55] stellt im Artikel eigentlich nur Fragen, reiht Vermutung an Vermutung, um die These zu stützen, dass das Ganze ein inszenierter Bürgerkrieg gewesen sei, mit dem Ziel, die Öffentlichkeit und die Sicherheitsbehörden auf entsprechend hartes Vorgehen bei sozialen Protesten vor der Bundestagswahl vorzubereiten: »für eine Inszenierung spricht ferner die seit langem bekannte Strategie staatlicher Exekutivorgane, (...). Polizeiliche Provokateure, in Demonstrationen einzuschleusen. (...) Ob zuerst ein Stein aus dem schwarzen Block flog oder die Polizei ganz unabhängig davon den Demozug stürmte, wird man nicht genau herausfinden können. Fakt ist: Knüppel, Stiefel, Pfefferspray und Tränengas trafen massenhaft Protestierende, die niemals einen Stein in die Hand genommen hätten.« *Russia Today* weist auf andere Ungereimtheiten hin, u. a. die maßlos übertriebenen Verletztenzahlen auf Seiten der Polizei.

Spätestens nach der Hälfte des Textes verliere ich als Leser die Orientierung: Von wem ging denn nun eigentlich die Gewalt aus? Wer hat welches Interesse daran, solche Proteste loszutreten? Auf diese Fragen bekomme ich zwar keine Antwort, aber meine Verunsicherung wächst. Offensichtlich kann ich keiner Darstellung trauen. Weder der Darstellung der G20-Kritiker noch den Informationen der Polizei und der Sicherheitsbehörden oder der »Mainstreammedien«. Und genau diese Verunsicherung sei Teil einer Taktik der Parteien, die in Regierung und Bundestag vertreten seien, vermutet *Russia Today* zum Schluss des Artikels: »CDU, CSU, SPD, Grüne, FDP und AfD dürfen sich jetzt auf regen Zuspruch im Wahlkampf freuen, während sich die Linkspartei verzweifelt distanziert. Wird die aufgeheizte Masse jetzt weiterer Überwachung und einer Einschränkung des Demonstrationsrechts zustimmen? Diese Absicht hinter dem Szenario darf man zumindest vermuten.«

Russia Today »vermutet« – und weicht so sprachlich einer Tatsachenbehauptung aus. Beim Nutzer bleibt die Aussage des Artikels dennoch hängen: Die »bürgerkriegsähnlichen Zustände« in Hamburg durch Parteien, gar den Staat inszeniert? Teil eines großen Komplotts, um Wahlentscheidungen zu manipulieren? Der Beitrag wird in meinen Recherchefeeds häufig geteilt.

Auch *Watergate.tv* verbreitet die Erzählung vom Bürgerkrieg in Deutschland (z. B. 8. 7. 17) und geht wie *Russia Today* davon aus, dass dieser Bürgerkrieg möglicherweise politisch motiviert ist: »Dies ist der Boden, auf dem auch unliebsame Gesetze und Verhaltensnormen durchgesetzt werden können.«[56] Auch *Watergate.tv* stützt den Gedanken, dass Hamburg eine Art Testfall gewesen sei, um im ganzen Land Unruhen auszulösen: »Schon jetzt sehen wir, wie es ist, wenn bürgerkriegsähnliche Stimmung herrscht, Läden geschlossen werden oder schon vorab gar nicht geöffnet sind, Plünderungen stattfinden, die Bewegungsfreiheit von Bewohnern sowohl von Randalierer-Seite als auch von staatlicher Seite eingeschränkt wird. Das ist – praktizierter – Bürgerkrieg. Die entscheidende Frage: Wem nutzt er mehr? Den »nützlichen Idioten«, die auf jeden Fall gestoppt werden müssen – kein Staat kann sich solchen Terror gefallen lassen. Oder den Scharfmachern, die genau das für härtere Gesetze nutzen werden?«

Unter den russlandfreundlichen Gruppen[57] in meinem Newsfeed, die zum Teil im engen Austausch mit AfD-Gruppen und -Accounts stehen, werden Beiträge geteilt, die vermuten, es hätte sich bei den Gewaltprotesten um eine durch den Staat ausgelöste Provokation gehandelt – eine Inszenierung, um die Stärke des Staates zu markieren. Das Bild, das hier gezeichnet wird, ist das des Staates, der bewusst Unsicherheit und Gewalt in Kauf nimmt und der seine Bürger im Stich lässt. In der geschlossenen Facebook Gruppe »Die Welt wird belogen und verkauft« kommentiert A R am 8. 7. 17: »Linksterroristen zerlegen vor laufenden Kameras die Stadt und die Polizei schaut zu – Unglaublich dieses Staatsversagen. Plünderungen, Verwüstung und Brandschatzen in Hamburg. Deutschland blamiert sich weltweit bis auf die Knochen und Merkels Beliebtheit steigt auf 110 %. Nebenbei wollen uns doch tatsächlich diese Linken Parteien (Grüne, SPD und Linke) erklären Marokko oder Afghanistan wären keine sicheren Herkunftsländer.«

Erzählungen wie diese berichten von einer fundamentalen Verschlechterung der Sicherheitslage. Dass früher alles besser war, wird auch auf Veranstaltungen von Pegida und AfD und in deren digitaler Kommunikation beschworen: »Über Jahrzehnte hinweg lebten wir in einem relativ friedlichen Land. Der Schutzmann sorgte für Ruhe und Ordnung. Ein barbarisches Recht des Stärkeren gab es nicht, das Machtmonopol des Staates wurde respektiert. Kurz: es waren zivilisierte Verhältnisse.« Doch durch die Invasion der Migranten habe sich das fundamental geändert: » Es ist doch gar nicht mehr möglich, dass ein Mann einen Antänzer bittet, seine Frau nicht zu belästigen, ohne dass er damit sein Leben riskiert. Streit um einen Parkplatz? Vorsicht Lebensgefahr! Kurz: jede noch so kleine Auseinandersetzung kann sich von einem Augenblick zum anderen in einen Kampf um Leben und Tod verwandeln.«[58]

Erzählung: In Deutschland herrscht eine Diktatur – getragen vom Establishment: einer korrupten Machtelite aus Systemparteien, Mainstream-Medien und Wirtschaftsbossen. Diese Elite manipuliert das Volk. Sie arbeiten mit Methoden, die wir aus der DDR oder der Zeit des Nationalsozialismus kennen.

»1933 war ein Scheiß dagegen, gegenüber den Zuständen in Merkels 4ten Reich im Jahr 2017!«, postet der Nutzer »MV« in der Facebook-Gruppe »Patrioten Deutschlands – geballte Kraft« (8.6.2017). *Ohne Zensur*[59] teilt einen Beitrag der *Jungen Freiheit*: [60] »Alles wie damals 1933–1945. Wann werden die ersten Bücher verbrannt?« Zu einem schiefen Vergleich holt das Magazin *Compact* aus, das Merkels Politik mit der Endphase der nationalsozialistischen Diktatur vergleicht, wobei Autor Elsässer sich vage von einer Gleichstellung distanziert. Lesen kann ich Folgendes: »(…) Merkels Hitler-Farce begann exakt am 4. September 2015, als sie in einer einsamen Entscheidung das Asylgesetz sowie die Verfassung brach und die Grenzkontrollen aussetzte. (…) Damit hat sie den Übergang zur totalen Macht aus der Frühphase der NS Herrschaft geprobt. (…) Die strukturelle Ähnlichkeit zum Hitlerismus kann das Merkel-Regime verbergen, weil es die weltanschaulichen Prämissen von damals einer simplen Spiegelung unterzieht, die aber an deren menschenfeindlichem Kern nichts ändert. Statt nationaler Sozialismus wird heute antinationaler Sozialismus praktiziert, der die Reichtümer Deutschlands an die ganze Welt verteilt. (…) Der aktuelle Rassismus richtet sich nicht mehr, wie damals, gegen Fremde – sondern gegen die eigene Nation.«[61]

Dabei stünden die »FDJ-Agitatorin Angela Merkel« und der »Rostocker Pfarrer Joachim Gauch (…) für den Durchmarsch der Wendehälse an die Spitze des neuen Staates, für die Verbindung der schlechtesten Elemente beider Systeme«.[62] Mit solchen Verbindungen – die als Meinungsäußerung daherkommen – wird die Botschaft transportiert, Regierung, Politik, Medien, kurz: die »herrschende Elite«, der es gelänge »die Massen (…) für die eigenen Ziel arbeiten zu lassen«, nutze alle Mittel, um das Volk zu manipulieren und dadurch dieses Machtmonopol zu erhalten. Bei *KenFM* erfahre ich, dass es gelingt, weil »(…) diese Eliten die Techniken der Gehirnwäsche auf allen Ebenen konsequent zur Anwendung bringen. (…) Der Grad der Manipulation ist viel größer, als die meisten von uns auch nur ahnen. (…) sie beleidigt den Menschen an sich, der nicht wahrhaben will, dass er wie Vieh zur Schlachtbank geführt werden kann und wird. Indem man ihn mit den pervertierten Techniken der Demokratie davon abhält zu sehen, in welcher Situation er sich tatsächlich befindet.«[63]

Mittel der Manipulation und Volksverdummung sind nach *KenFM* die Massenmedien als eines der wichtigsten Werkzeuge, um die Realität zu verschleiern und unsichtbar zu machen. »Wer drauf aufmerksam macht, wird vom System gnadenlos attackiert, lächerlich gemacht und ausgegrenzt. Das finale Ziel ist immer die Vernichtung derer, die die Tarnung der Eliten auffliegen lassen.«[64] Im Klartext transportiert dieser Beitrag folgende Botschaften: Die Eliten wollen ein ungerechtes System erhalten – zu Lasten der deutschen Mehrheitsgesellschaft. Wahlen sind nicht demokratisch, sondern dienen nur dem Machterhalt. Auch hier wird die Erzählung von der Diktatur mit anderen Erzählungen verbunden.

So sei der »große Austausch« – der Ersatz des deutschen Volkes durch Zuwanderer – ein Mittel der totalitären Machtausübung. Wie das zusammenhängt, erläutert Jürgen Elsässer im Sonderheft ›Invasion aus Afrika‹ (10/2016): »Wesentliches Element dieses neuen Totalitarismus ist der große Austausch: das Volk soll in der Art durchmischt und mit rohen Kulturfremden durchsetzt werden, dass es in endlosen Streitereien auseinanderfällt und als Subjekt der Demokratie verschwindet.« [65]

Was die Erzählung von der Diktatur und die Vergleiche mit den beiden historischen Diktaturen in Deutschland, dem Nationalsozialismus und der DDR, auslösen, lässt sich in vielen Gruppendiskussionen nachvollziehen. Als Beispiel ein Eintrag des Nutzers »ME« aus der Gruppe »Dr. Frauke Petry FanCLUB«: »Wahnsinn! Bald haben wir keine Rechte mehr. Das Volk wird wo es nur geht entmündigt. Bei der Kindererziehung, Meinungszensur, tausende von Gesetzen und Verordnungen was wir alles nicht dürfen. Die Pflichten werden immer mehr. Also Freiheit stelle ich mir anders vor.«

VII Wir werden betrogen – Volksverräter und Feinde der Demokratie regieren unser Land

Erzählung: Wir sind nicht nur umzingelt von Feinden – diese sitzen sogar an den Schalthebeln der Macht, sie regieren uns. Wichtigstes Instrument dieser »Volksverräter« und »Feinde der Demokratie« an der Spitze sind die »Marionetten« der Regierung in Bürokratie, Presse und Wirtschaft, die mit ihr unter einer Decke stecken.

#MerktEuchdieNamen – mit diesem Hashtag bei Twitter listete Pegida Hamburg die Feinde der Demokratie auf. Beschimpfungen und Diffamierungen von Personen sind inflationär in den Sozialen Medien: #Merkelgate, #maaslos. Gerade die Kanzlerin wird mit Beschimpfungen überflutet: »Schlepperkönigin«, »Merkel schafft die Demokratie ab«, »Merkel gibt Mördern Asyl«, »Führerin«, »Marionette der Amerikaner«, »Täterin«, »Kopf einer Politik, die Deutschland an die Osmanen ausliefert«[66]. »Angela Merkel, das Schlimmste, das Deutschland und Europa jemals passieren konnte.« Auch an anderen Regierungsmitgliedern arbeiten sich die rechten Netze ab: »Sigmar Gabriel, ein Schilfröhrchen, das heute sich nach links biegt und morgen nach rechts, allerdings ohne einen einzigen winzigen Windhauch. Heiko Maas, ein Mann, der das Internet zensieren will. (...)«[67]

Oft wird die gesamte Bundesregierung als »Volksverräter« bezeichnet. Eine Art Sammelbeschimpfung – wie es ein Retweet eines AfD-Vertreters zeigt: »Es sind keine #Volksvertreter sondern #Volksverräter. Alle zusammen.« »Volksverräter« wurde 2016 zum Unwort des Jahres. Der Duden definiert, was es bedeutet: eine Abwertung für »jemand[en], der das eigene Volk verrät, hintergeht, betrügt«.

Doch der Begriff hat eine Geschichte. Er wurde nach dem Ersten Weltkrieg im Sprachgebrauch der Rechtsextremen für die demokratisch geprägten Anhänger der Weimarer Republik eingesetzt – für die »Novemberverbrecher«, die Volk und Vaterland verraten und dem unbesiegten Heer einen »Dolchstoß von hinten« beigebracht hätten. Im Nationalsozialismus wurde er gegen Andersdenkende und Widerstandskämpfer eingesetzt und fand 1933 Eingang in das Strafrecht.

Niemand sollte so tun, als ob es sich um eine neutrale Klassifizierung oder auch nur um ein beliebiges Schimpfwort handelt. Wer es nutzt und überträgt, so wie es in der rechten Echokammer geschieht, der legt dadurch eine antidemokratische und geschichtsvergessene Haltung offen.[68] Was aber gefährlicher ist: Mit solchen Begriffen arbeiten die Akteure in der rechten Echokammer daran, die Grenze des Sagbaren zu verschieben.

»Maas marschiert? Razzia bei AfD-Vize«[69] – »Polizeistaatsmethoden vor der Bundestagswahl! Hier sehen wir die Konsequenzen maasloser Willkür gegen den politischen Gegner. Eine Schande für Rechtsstaat und Demokratie«, lautet der Einstieg. Es steht zwar ein Fragezeichen hinter dem ersten Satz, dennoch weckt die Formulierung Assoziationen zu nationalsozialistischen Reden – und der Beitrag wird mit entsprechenden Diffamierungen weiter geteilt, zum Beispiel in der Gruppe »Erfurt sagt nein«: »1933 ist zurück – Dank Joseph Maas, diesem saarländischen ›Nazi‹.«[70]

»Merkels letzter Kampf – Endzeit im Kanzlerbunker«, titelt *Compact* in seiner Ausgabe 1/2017 – und der Einstiegssatz zum Editorial von Chefredakteur Jürgen Elsässer lautet: »Angela Merkel tanzt den Adolf Hitler. Nicht weil sie ein Nazi ist. Sie ist nicht sein Wiedergänger, sondern seine spiegelbildliche Karikatur. (…) Nach dem GröFaZ [Anmerkung der Autorin: dem größten Führer aller Zeiten] kommt die GröMaZ – die größte Mutti aller Zeiten. So wie er im Frühjahr 1945 in seinem Luftschutzraum weiter auf ein Wunder hoffte, so hat sie sich jetzt im Kanzlerbunker verschanzt und kaut Fingernägel. Ihre Uhr tickt – im Herbst sind Bundestagswahlen.«

Akrobatisch eiert dieser Meinungsbeitrag um die Gleichsetzung der Kanzlerin mit Hitler herum. Doch der Leser oder die Leserin wird sich vor allem die Schlüsselwörter Adolf Hitler, Kanzlerbunker, Merkelregime merken – oder das Bild auf der Titelseite der Zeitschrift, das in einer Fotomontage die Kanzlerin mit Hitlerbart zeigt. Denn das prägt sich leicht ein. Und längst finden sich solche Bilder und Begriffe auch in den Protesten auf der Straße.

Der Dauervorwurf, Deutschland werde undemokratisch regiert, kommt manchmal auch etwas neutraler daher – wie in diesem Post der IB auf Facebook (9. 11. 2016): »Merkel und das deutsche Establishment, bestehend aus Politik und Medien, sind in einem ideologischen

Wahnsinn gefangen, der die Grundfesten unseres Staates und des gesellschaftlichen Friedens erschüttert. Es wird Zeit, dass auch Merkel geht, der korrupte Sumpf des Establishment ausgetrocknet wird und wieder demokratische Prinzipien die Geschicke unseres Landes leiten.«[71]

Russia Today ist ein nützlicher Verstärker solcher Diffamierungen: »Keiner der aktuellen Repräsentanten deutscher Politik fühlt sich dem Souverän verpflichtet. Weder Gabriel noch Merkel, noch Gauck, Schäuble oder von der Leyen. Gabriel findet die Deutschen reich und hysterisch, (…) Merkel will TTIP gegen die Interessen der Bürger Deutschlands, Europas und der USA noch in diesem Jahr abschließen. Es ist ihr ganz besonderer Politikstil, unentwegt ein doppeltes Spiel zu betreiben. Die deutsche Politik wird von einem unglaublichen Zynismus getragen (…).«[72] Und dieser miserable und »dekadente« westliche Politikstil sei ein sicheres Zeichen dafür, dass ein »Putsch von oben« im Gange sei: »Das, was im Westen gerade vonstatten geht, ist wohl der größte Putsch der Weltgeschichte. Die völlige Enteignung und Entrechtung der Mehrheit der Bevölkerung, vollzogen von einer korrupten Elite in Politik, Wirtschaft und Medien, die sich offensichtlich Vernunft und Verantwortung nicht verpflichtet fühlt.« – »Es geht ganz schlicht um den Erhalt von Macht. Es geht um die völlige Durchökonomisierung der Welt. Alles, was sich dem auch nur in Ansätzen entgegenstellt, wird diffamiert, angefeindet und bekriegt.«[73]

VIII Wir werden belogen und manipuliert – die Lügenpresse

Erzählung: Die Meinungsfreiheit ist in Gefahr, denn die Medien sind gleichgeschaltet. Medien – vor allem auch der über eine Zwangsabgabe finanzierte öffentlich-rechtliche Rundfunk – sind Mittel der herrschenden Diktatur zur Kontrolle und Unterdrückung oppositioneller und kritischer Stimmen und abweichender Meinung. Sie sollen die Wahrheit in unserem Land verschweigen und unterdrücken. Und die Regierung will nun auch die unabhängigen »alternativen« Stimmen im Internet mundtot machen.

Die Facebook-Seite *Der Punkt – Medien Manipulation* erklärt, die über die sogenannten »Staatsmedien« verbreitete Propaganda und Falschinformation sei ein wichtiges Instrument, um die Menschen in unserem Land zu verdammen und sie im Stadium des Angepassten zu halten. In meinen Recherche-Newsfeeds ist das Konsens, und auch dieses Thema taucht jeden Tag auf. Es macht sich daran fest, dass die »Mainstreammedien« ausschließlich die Regierungslinie vertreten würden – so auch beim Thema Flüchtlinge. Das sei Staatspropaganda: »Das unfassbare Ausmaß, in dem die Asylbewerber (…) krimineller sind als Deutsche, wird den Menschen durch die gängigen Medien systematisch vorenthalten. Es wird deutlich, dass die Menschen nicht informiert sondern manipuliert werden, um sie nur auf dem von Kanzlerin Merkel und der Bundesregierung vorgegebenen ›Refugee-Welcome‹-Pfad zu halten. Dabei werden nicht nur Halbwahrheiten durch das Weglassen wichtiger Informationen verbreitet, sondern oft echte Lügen.«[74] Und auch die ehemalige TV-Moderatorin Eva Herman[75] lässt sich in einem Video bei Youtube darüber aus: »Medien sind in unserem Land gleichgeschaltet.«[76]

Auch das Wort »Lügenpresse« schaffte es 2014 zum Unwort des Jahres. Doch es hat eine lange Geschichte und wurde immer wieder genutzt. Im Nationalsozialismus als Begriff, um die Steuerung der Presse durch ein »Weltjudentum« zu beschreiben. In mehreren Reden von Joseph Goebbels aus der ersten Hälfte des Jahres 1939 kommt der Begriff »Lügenpresse« als Charakterisierung der Medien des Auslands vor, besonders der späteren Kriegsgegner USA, Frankreich und Großbritannien. Zu diesem Zeitpunkt ist die deutsche Inlandspresse »gleichgeschaltet«, eine von den Nationalsozialisten als Lügenpresse bezeichnete Inlandspresse existiert nicht mehr.[77] Der Begriff hat eine starke Wirkung – und die lässt sich sogar messen: Nach einer Studie des Instituts für Demoskopie Allensbach waren Ende 2015 beachtliche 39 % der Erwachsenen in Deutschland der Meinung, an dem von Pegida propagierten Vorwurf der »Lügenpresse« sei etwas dran. So würden Medien Sachverhalte verdrehen und wesentliche Informationen verheimlichen. In Ostdeutschland hielten 44 % diesen Vorwurf für zutreffend. Gleichwohl hielten mehr als zwei Drittel der Bevölkerung die Berichterstattung des öffentlich-rechtlichen Fernsehens und der Tagespresse im Allgemeinen für zuverlässig.[78]

Zum Wortführer beim Zensur- und Einschüchterungsvorwurf schwingt sich regelmäßig auch *Compact* auf: »Noch reicht der lange Arm der Zensoren, der Facebook durchkämmt, nicht an den Kiosk, wo *Compact* überall erhältlich ist oder zumindest bestellt werden kann. Und wer ganz auf Nummer sicher gehen will, abonniert *Compact* – da kommen die Schergen des Systems nie dazwischen.«[79] Die Schergen – Wikipedia übersetzt den Begriff als Henkersknechte, Büttel, käufliche Verräter oder generell Personen, die einem Schurken dienstbar sind und seine Befehle ausführen – sind in diesem Fall der Justizminister, der Hasseinträge in sozialen Netzen per Gesetz begrenzen will, aber u. a. auch die Justiz, die Andersdenkende, die ihre Meinung im Netz äußern, verfolge.

In der Tat ist es weltweit um die Pressefreiheit und Meinungsvielfalt schlecht bestellt. Nur jeder sechste Mensch lebt in einer freien Medienlandschaft. Dazu gehören die Deutschen: Deutschland hält sich auf der Rangliste von Reporter ohne Grenzen auch im Jahr 2017 stabil auf Position 16 von 180 Ländern – und damit im Mittelfeld der europäischen Länder.[80] Repression, Zensur und starken Druck spüren Journalisten dagegen in der Türkei seit dem Putsch 2016, aber auch nach wie vor in Russland, das auf Platz 148 von 180 steht.[81] Beide Länder nehmen aktiv Einfluss auf die politische Meinungsbildung in unserem Land und arbeiten aktiv daran mit, unter deutschen Nutzerinnen und Nutzern das Bild von den angeblich vom Staat manipulierten Medien zu verbreiten. Ausgerechnet bei *Russia Today* – dem Auslandsfernsehen Russlands, dessen Regierung im eigenen Land so gut wie alle unabhängigen Stimmen in den Medien zum Schweigen gebracht hat – sind Kampagnen gegen deutsche Medien regelmäßig Teil des Programms: »Mainstream Presse auf Talfahrt: Verkaufszahlen brechen weiter ein.«[82] Oder: »Internet setzt dem Mainstream zu: CDU will Gegenöffentlichkeit torpedieren«[83], »Postfaktische Jubelberichterstattung: der Held der russischen Opposition Alexej Nawalny«[84], »Die Fakenews Kampagne: Plumpe Stimmungsmache für die Zensur«[85], so die Titel von Beiträgen. Die Website diagnostiziert: »Die Medien des Westens – und im speziellen der deutsche Journalismus – stecken in einer schweren Sinn- und Glaubwürdigkeitskrise.«[86]

Dazu leistet *Russia Today* durch seine Berichterstattung selbst einen Beitrag, indem es regelmäßig westlichen Medien mangelnde Glaubwürdigkeit, Einseitigkeit, das Verbreiten von Falschinformationen und Propaganda unterstellt – und dem ehemaligen deutschen Justizminister, dass er die Freiheit im Netz zensieren wolle. Wörtlich heißt es: »Vor dem Hintergrund des zunehmenden Vertrauensverlustes für die traditionellen Medien und der steigenden Bedeutung von Onlineplattformen und Sozialen Medien scheinen Bemühungen der Politik, das Betreiben von Onlineangeboten gesetzlich stärker zu regeln nicht völlig uneigennütziger Natur zu sein.«[87] Denn die Sozialen Medien seien weit weniger abhängig von der Politik.

»Genau das scheint der politischen Klasse in Deutschland und der EU ein Dorn im Auge zu sein. Die Sozialen Medien haben (...) geholfen, das langjährige faktische Informationsmonopol der Mainstream Medien aufzubrechen.«[88] Beiträge wie diese verbreiten sich im Netz schnell. Deshalb wird das Netzwerkdurchsetzungsgesetz des Bundesjustizministers auch als Angriff auf die Pressefreiheit gesehen. »(...) die goldenen Zeiten der Redefreiheit scheinen vorbei, seit sich auch in den westlichen Demokratien die Meinung der Bevölkerung in den Sozialen Medien manifestiert: Ob durch gesperrte Accounts oder Werbeverbote für unliebsame politische Gegner. Die Internetgiganten werden ihren großen Idealen nicht mehr gerecht. Und die Politik übt weiter Druck aus, um die Grenzen der Redefreiheit ihren Wünschen gemäß zu gestalten.«[89]

Gesetzesinitiativen, die darauf zielten, Meinungsäußerungen im Netz stärker zu kontrollieren, seien Zensur, so der Tenor. Zum Beispiel bei *Journalistenwatch*: »Das kommt davon, wenn der Hass der Vater des Gedanken ist und zu viel ›nordkoreanisches Blut‹ in den Schädel steigt, da ist man nicht mehr in der Lage, vernünftig zu denken. Für Heiko Maas sind die Tage gezählt und wir zählen fleißig mit.« *Journalistenwatch* fragt: »Ist Maas ein Verfassungsfeind?«[90]

Am 30. Juni 2017 verabschiedete der Bundestag mit den Stimmen der Regierungsparteien ein Gesetz, das die Betreiber von sozialen Netzwerken verpflichtet, mit Beginn des Jahres 2018 offensichtlich strafbare Inhalte binnen 24 Stunden nach Eingang einer Beschwerde zu löschen oder zu sperren. Sonstige rechtswidrige Inhalte müssen »in der Regel« binnen sieben Tagen gelöscht oder gesperrt werden. Die Netzwerk-Betreiber werden verpflichtet, den Nutzern dazu ein leicht erkennbares, unmittelbar erreichbares und ständig verfügbares Verfahren zur Übermittlung von Beschwerden anzubieten. Kommen die Unternehmen dem nicht nach, droht ihnen eine Geldbuße von bis zu 50 Millionen Euro. Internetplattformen wie Facebook und Twitter müssen konsequenter gegen Hasskommentare und Falschnachrichten vorgehen. Die Haltung der neuen rechten Medien dazu ist, Maas versuche so, den letzten Raum für unabhängige Stimmen zu vernichten. Der Grund für diese Form von Zensur sei einfach: Es gehe um den Machterhalt, so wird es u. a. vom *contra-magazin.com* erklärt.[91] »(…) die Meinungsfreiheit und -vielfalt immer weiter einschränkende Gesetzgebung und der wachsende politische Druck auf die Betreiber der ›social media‹ ist hierbei nichts weiter als ein ›Bailout der Mainstreammedien‹, die sich von den alternativen Medien zunehmend unter Druck gesetzt sehen. (…) Da ist es einleuchtend, dass die ›kommunizierenden Gefäße‹ Politik und Mainstreammedien entsprechend darauf reagieren. Die Leidtragenden hierbei sind nicht nur die alternativen Medien selbst, die durch solche Maßnahmen an Reichweite einbüßen, sondern auch die Bürger, denen es damit immer schwerer fällt, auch Ansichten und Meinungen jenseits des Mainstreams zu finden. Die alternativen Medien – insbesondere im deutschsprachigen Raum – sehen sich ohnehin schon einem feindseligen Umfeld gegenüber.«[92]

Eng zur Erzählung von der »Lügenpresse« gehört die gerne verbreitete These, dass Andersdenkende in Deutschland verfolgt würden. Immer wieder würden vor allem die »Systemmedien« die Lüge vom Populismus und Rechtspopulismus verbreiten. Das erkläre ihre abwertende und falsche Berichterstattung zur AfD. Diese Position ist zum Beispiel aus einem Video von *watergate.tv* herauszuhören: »Kein Wunder, dass die Etablierten gerade vor den kommenden Bundestagswahlen Angst haben. Da ist die Angst vor einem Rechtsruck. Und zugleich die Angst um den eigenen Machtposten. Wir sollen dem Establishment nicht von der Schippe springen. Und stattdessen brav wie gewohnt und eben nicht das Extrem wählen. (…) So läuft nun fröhlich eine Kampagne gegen den sogenannten Populismus, um unbequeme Wähler wieder umzudrehen. Denn hält man ihnen nur lange genug vor, dass es sich bei den unbequemen Parteien und deren Wählern um Populisten oder gar Rechtspopulisten handelt, dann –

so hofft das Establishment – werden die Schäfchen schon tun, was der Schäfer sagt.«[93]

Nur ein Politikwechsel werde die Missstände und Ungerechtigkeiten ändern, beschwören die Medien der Neuen Rechten, und dafür sei das Jahr 2017 mit der Bundestagswahl ein entscheidendes Jahr: »2017 wird für die freiheitlich-patriotischen (›rechtspopulistischen‹) Kräfte in Deutschland ein herausforderndes, wahrscheinlich sogar schicksalhaftes Jahr.«[94] *PI news* meint, dass der Kampf an vier Fronten zu führen sei: als Wahlkampf, als Verfassungskampf, als Klassenkampf und Kulturkampf. Für die Bundestagswahl 2017 sieht *PI news* »für die freiheitlich-patriotischen Kräfte keine Alternative zur AfD«. Mit dem »Verfassungskampf«, müsse man das Grundgesetz verteidigen und damit die »bedrohten Grundrechte auf Meinungsfreiheit und Versammlungsfreiheit« schützen. Denn diese seien unter Beschuss geraten durch »Wächter der Politischen Korrektheit«, welche versuchen, die Sozialen Medien, »insbesondere die massendemokratischen Möglichkeiten im Freiheitsraum Internet, unter Kontrolle zu bekommen«. Außerdem gehe es um einen »neuen Klassenkampf (…). Die Frontlinie verläuft dabei auf der einen Seite zwischen der mächtigen Minderheit, die von der Globalisierung, der astronomischen Staatsverschuldung (…) und nicht zuletzt der politisch gewollten ›Flüchtlings‹-Invasion direkt und indirekt profitiert – und den Abermillionen, die Tag für Tag arbeiten müssen, um den gesellschaftlichen Wohlstand zu ermöglichen, aber kaum noch Rücklagen bilden können (…) und denjenigen, die in prekären Arbeitsverhältnissen gerade so über die Runden kommen.«[95]

IX Früher war alles besser – vom Versuch, die Geschichte umzuschreiben

Es war einmal eine Zeit, in der Deutschland sicher war und die Deutschen unter sich blieben. In der Männer noch Männer und Frauen noch Frauen waren. In der die Menschen stolz darauf waren, deutsch zu sein. Und Politiker diese nationalen Interessen selbstbewusst vertraten.

An vielen Stellen greifen die Erzählungen in der rechten Echokammer auf das Motiv der guten alten Zeit zurück. Zwar wird die Regierung Merkel in den Kommentaren der AfD-Gruppen mit totalitären Regimen wie dem Nationalsozialismus gleichgesetzt – andererseits wird dieses in einer Reihe von Einträgen relativiert. Wie im Post »Leben in Hitler-Deutschland« – der als »Brief von Hans Schmidt«[96] am 21. Juli 2016 über die Gruppe »Politisches Chaos in Deutschland und Europa« in meinen Facebook-Newsfeed lief. So erfahre ich unter anderem: »In Hitlers Deutschland waren Bettler und Obdachlose unbekannt. Und da Gewohnheitsverbrecher in Konzentrationslagern festgehalten wurden, existierte auch so gut wie keinerlei Kriminalität. Dies war auch allen durch die Presse hinlänglich bekannt. Die damalige deutsche Presselandschaft war mit weniger Tabus behaftet als die amerikanische heutzutage.«

Ein Eintrag, der ganz unverhohlen den Nationalsozialismus, die rassistische Vernichtungspolitik und den Holocaust der Nationalsozialisten als »best practice« darstellt. Solche Beiträge, in denen die deutsche Geschichte umgeschrieben oder auch relativiert wird, gibt es viele. In den Kommentarspalten und Diskussionen, die sie nach sich ziehen, wird deutlich, dass die Meinung verbreitet ist, der Nationalsozialismus nehme zu breiten Raum in der deutschen Erinnerungskultur ein. Hier finden Argumente von AfD-Vertretern ihr Echo. Wie das Statement des thüringischen AfD-Chefs Björn Höcke, der davon sprach, dass die »dämliche Bewältigungspolitik« die Gesellschaft lähme, der deutsche Gemütszustand sei der »eines brutal besiegten Volkes«. Er forderte bei einer Veranstaltung der »Jungen Alternative« in Dresden eine »erinnerungspolitische Wende um 180 Grad«. Mit Blick auf das Holocaust-Mahnmal in Berlin sagte Höcke: »Wir Deutschen sind das einzige Volk der Welt, das sich ein Denkmal der Schande in das Herz seiner Hauptstadt gepflanzt hat.« Es ist offensichtlich, dass die AfD solche geschichtsrevisionistischen Erzählungen maßgeblich stützt, wenn sie das Holocaust-Denkmal in Berlin als »Schandmal« kritisiert.

Es sei Zeit, Deutschlands Interessen deutlicher zu vertreten. Den politisch Verantwortlichen wird im Gegensatz dazu unterstellt, einem »Schuldkult« oder einer »Bußkultur« zu unterliegen: »Die über viele Jahrhunderte gewachsene Wertewelt, die Traditionen und Verhaltensnormen wurden planvoll abgebaut und durch eine Bußkultur in Verbindung mit kultureller Kollaboration ersetzt, die weder Würde noch Stolz noch Selbstbewusstsein aufkommen ließen. Nationale Interessen und Staatsraison galten in der Politik nicht, wie sonst üblich, als maßgebliche Größen.«[97] Dabei geht es mitunter darum, die Geschichte zu revidieren: »Deutschland sei auch Opfer gewesen«, so wird gerne mit Blick auf den Zweiten Weltkrieg betont. Zu Beginn eines längeren Artikels »Die Dresden-Lügen« in *Compact* heißt es: »Die Opfer des angloamerikanischen Bombenterrors vom Februar 1945 werden seit der Wiedervereinigung systematisch verhöhnt. Staat und angeschlossene Medien übertreffen sich in einem unwürdigen Gefeilsche, um die Zahl der Toten kleinzurechnen.« Seit der Wiedervereinigung 1990 herrsche in der Politik »das bizarre Bestreben, die Deutschen als beispiellos ruchloses Tätervolk zu brandmarken und im Gegenzug etwaige deutsche Opfer entweder zu bestreiten oder ihre Zahl so gering wie möglich zu halten.«[98]

Besonders aggressiv ist die Diskussion anlässlich des Besuchs von Bundespräsident Steinmeier in Yad Vashem. In der Gruppe »AfD 51 % – das ist unser Ziel« entzündet sich in den Kommentaren eine regelrechte Schimpftirade, die auch offen antisemitische Einstellungen und Aufrufe zur Gewalt umfasst. »J. S.« hat dort einen Link mit dem Kommentar geteilt: »Ein devoter und domestizierter Mann schlimmster Art. Herr Steinmeier: ich bin nach 1945 geboren. Ich bin weder rechtlich noch moralisch zu irgendetwas verpflichtet. Maßen Sie sich nicht gottgleich an im Namen der Deutschen zu sprechen. Wenn Sie sich Ihre Knie wund scheuern wollen, so ist Ihnen dies unbenommen. Ich kann gerade und aufrecht stehen und sogar in einen Spiegel schauen ohne mich zu schämen. Sie wurden nicht vom Volk gewählt, sondern von einer ganz kleinen Clique ausgewählter Systemlinge und Eigenbereicherer. Also unterlassen Sie es im Namen des Volkes zu sprechen.«[99]

Bis zu antisemitischen Äußerungen ist es da nur ein kleiner Schritt, wie in diesem von *Compact* veröffentlichten Beitrag deutlich wird, der sich im Übrigen nicht nur gegen Juden, sondern auch gegen Muslime in Deutschland wendet und hetzt: »Merkel, die kinderlose Halbjüdin ist die perfekte Besetzung zur Vollendung des 100jährigen Plans«, heißt es dort. Der Vorsitzende des Zentralrats der Juden wird aufs Gröbste angegriffen: »Islam Kritik ist kein Rassismus, Herr Mazyek! Jeden Tag werden von ihren Brüdern Deutsche vergewaltigt, ausgeraubt und aus ihren Lebensräumen verdrängt. Glauben Sie etwa noch, dass wir Deutschen uns dass gefallen lassen und brav Männchen machen werden??? Merkel ist die Hauptschuldige dieser Masseninvasion mit dem Ziel, Deutschland mittelfristig zu islamisieren. DAS Herr Mazyek werden WIR Deutschen UNS NICHT gefallen lassen!!!«

»Volksverräter!«, schallt es aus anderen Kommentaren. Und »K. H.« meint: »Irgendwann muss das Kapitel auch mal abgeschlossen werden. Der Krieg ist seit 72 Jahren beendet und wir sollen immer noch gesenkten Hauptes durch die Gegend kriechen? Ein ganz klares Nein von mir!« »M. P. A.« vertritt eine ähnliche Meinung: »Ich kann nur hoffen das die AFD und Marie Le penn demnächst zu sagen haben damit dieses Pack aus Berlin verhaftet und ewig eingespart wird, es ist zum Kotzen diese Hetzer zu sehen und zu hören, es ist nicht zu ertragen dass der Jude immer noch Hetzt und die Angeblichen Deutschen Politiker ihren dummen senf abgeben,!! Nicht in meinem Nanen Herr Arschloch von Stallmeier!!«

Die historische Verantwortung Deutschlands gehört zum Grundkonsens unseres Landes – doch in der rechten Echokammer wird eine solche historische Verantwortung abgelehnt. Und manchmal der Mord an sechs Millionen Juden gar ganz geleugnet, wie hier (R. S.): »Wenn man eine große Lüge erzählt & sie oft genug wiederholt, dann werden die Leite sie am Ende glauben.«

X Unsere kleine Welt – Erzählungen zu internationalen Entwicklungen

Erzählung: Durch unsere Bindung an westliche Bündnisse, sei es die NATO oder die Europäische Union, geben wir unsere Unabhängigkeit auf. Beide sind Teile einer globalen Diktatur. Bürokratiemonster, die es vor allem auf die Steuergelder des kleinen Mannes abgesehen haben. Ein Europa der Vaterländer sollte das Ziel sein, keine politische Union, die uns bevormundet und Deutschland nur zum Zahlmeister macht. Außenpolitisch sollten wir einen stärkeren Zusammenschluss mit Russland suchen.

Eigentlich lassen sich weder das Flüchtlingsthema noch die wirtschaftliche Entwicklung in Deutschland ohne einen internationalen Bezug erklären. Doch die komplexen internationalen Entwicklungen schrumpfen in den Erzählungen in der rechten Echokammer auf Liliput-Format. Da geht es um Abschiebungen nach Afghanistan, oder es werden Hochrechnungen zur Zahl auf Koffern sitzender AfrikanerInnen angestellt. Da wird gezeigt, wie effektiv Ungarn seine Grenzen schützt oder wie kraftvoll Viktor Orbán Flüchtlinge abweist. Da werden die Wahlerfolge Trumps oder Le Pens gefeiert – und als Rückenwind für die AfD gewertet. Und jeder Terrorakt im Ausland ist ein gern genutzter Anlass, um erneut über die Sicherheitsrisiken in Deutschland zu spekulieren.

Berichte über internationale Entwicklungen werden dann gebracht, wenn sie die zentralen Erzählungen der Neuen Rechten und Rechtspopulisten stützen – wie die von der Lügenpresse, die nur einseitig berichtet: »Myanmar am Pranger: der wehrhafte Staat als Zielscheibe der Journalisten«. So wird die gewaltsame Vertreibung von mehr als 600 000 Angehörigen der muslimischen Minderheit durch Militärs beschrieben.[100] Die UN spricht von einem drohenden Genozid, der offensichtlich unter Beteiligung des Militärs geschieht – und in meiner rechten Echokammer wird dieser repressive Staat, der vor kurzem noch eine Militärdiktatur war, zum »wehrhaften Staat«.[101]

Weit häufiger als internationale Themen sind europakritische Einträge. Denn ein zentrales Argument ist die Entrechtung und Entmündigung oder die Bedrohung des deutschen Volkes durch die EU, das »Brüsseler Bürokratiemonster«: »Europa ist dem Untergang geweiht – Brüssel fordert: Keine Grenzkontrollen mehr!«, meldet *Journalistenwatch*[102]. »Es ist beschlossene Sache: Die EU-Diktatoren wollen Europa endgültig dem Islam unterwerfen: Brüssel hat die europäischen Länder aufgefordert, die wegen der sogenannten Flüchtlingskrise eingeführten Grenzkontrollen innerhalb von sechs Monaten einzustellen, das berichtet der Express.« Von Lutz Bachmann am 3. 5. 2017 geteilt mit dem Kommentar: »Die Invasion ist beschlossene Sache.«

Weiter heißt es bei *Journalistenwatch*: »Jeder weiß, dass Frontex nichts anderes tut, als die sogenannten Flüchtlinge am libyschen Ufer abzufangen und direkt an den europäischen Strand zu verfrachten.« Dass es den EU-Bonzen nur darum geht, die Islamisierung Europas voranzutreiben, erfahren wir dann noch aus einer anderen Meldung des *Express*: »In diesem Jahr haben bereits 4 575 Migranten aus Bangladesch Europa erreicht, sie sind inzwischen die zweitgrößte Gruppe nach den Nigerianern. (…) Was also wollen diese Menschen aus solch fernen Ländern in Italien und Deutschland, wenn nicht mit Hilfe der europäischen Steuerzahler versorgt zu werden und mit ihrer Anwesenheit zur Islamisierung dieses einst so bunten, vielfältigen und kulturell so reichen Kontinents beizutragen?«[103] Andrea B@Titania0001 retweetet den Beitrag und kommentiert: »Für ein Europa der Vaterländer, in der ein Land noch eine Nation bleiben darf! #ichwaehleAfD! Du auch? #MigrationistVölkermord«. »Wenn unsere Politiker ›Europa‹ sagen, meinen sie das Europäische Reich mit Brüsseler Zentraldiktatur«, heißt es in einem anderen Tweet.

Und *Watergate.tv* teilt auf Facebook in einem Beitrag, dass in Brüssel der Plan ausgeheckt werde, eine Inflation in Gang zu setzen: »ENTHÜLLT: EU-Juncker und die EZB BEREITEN EINE MEGA-INFLATION vor. (…) Ganz OFFIZIELL – und KEINER MERKT es. Der DEUTSCHE MICHEL lässt sich ALLES BIETEN – bis zur totalen Verarmung.« In Deutschland herrsche Inflation, schuld daran seien gefälschte Statistiken, die den Bürgern etwas vorgaukelten: »Die große Inflationslüge wird uns allen aufgetischt Einkäufe im Supermarkt werden immer teurer. Dabei hört man überhaupt nichts von einer Inflation. Politik und Medien schweigen darüber. Schließlich veröffentlicht das Statistische Bundesamt jeden Monat eine aktuelle, offizielle Inflationsquote. Doch diese ist schlicht und ergreifend getürkt. (…) Und der Grund dafür ist ebenso einfach: je höher die Inflation, desto prekärer die Situation für die betroffene Regierung. (…)«[104]

Diese durch die EU zentralisierte Politik schade vor allem den Steuerzahlern in Deutschland, so wird argumentiert. Zum Beispiel den deutschen Sparern, durch die Niedrigzinspolitik der europäischen Zentralbank. »Seit Beginn der Finanzkrise greifen Bankster und Politik immer unverschämter auf unsere Rücklagen zu. Das dicke Ende kommt, wenn die Oma ihr klein Häuschen versetzen muss, um die Pleite-Banken des Euroraumes zu retten.« Zinsklau, Rentendiebstahl, Bargeldverbot, die Schrottbankenrettung – »erstes Opfer der Entwicklung ist der kleine Mann«.[105] Da ist es wieder, das bürgerferne

Monster Europäische Union, das es auf die Steuergelder des kleinen Mannes abgesehen hat.

Zu den eher komischen Momenten meiner Recherche gehörte eine Falschmeldung, über die ich im Juni 2017 in meinem Newsfeed stolperte: »Polen tritt mit sofortiger Wirkung aus der EU aus«, titelte *Nachrichten365.com*. Die Meldung lautete: »Sie ist erst seit wenigen Monaten im Amt und sorgt schon für den ersten Eklat. Polens neue Regierungschefin Beata Szydlo hat bei einer Pressekonferenz EU-Flaggen entfernen lassen. Statt wie sonst üblich vor polnischen und EU-Fahnen aufzutreten, wollte sie ausschließlich vor polnischen Fahnen abgebildet werden. Szydlo begründete die Entscheidung damit, dass es bei der Pressekonferenz um polnische Themen gehe, und erklärte den sofortigen Austritt Polens aus der EU und der Zollunion. Polen wolle ab sofort mit Großbritannien zusammen die EU-Austrittverhandlungen organisieren und eng mit der amerikanischen Trump-Regierung zusammen arbeiten!«[106]

Es reicht eigentlich ein einziger Klick, um festzustellen, dass an der Nachricht, dass Polen aus der EU austreten wolle, nichts wahr ist. Dennoch wird sie bereits schwungvoll geteilt. »W. B.« hatte den Link in der Gruppe »Politisches Chaos in Deutschland und Europa« geteilt und kommentiert (16. 6. 2017): »Damit war zu rechnen! Diese EU, gegründet von der CIA, war eigentlich nur das Werkzeug, die europäischen Länder diktatorisch nach den Wünschen der USA und der NATO zu lenken, siehe Truppenaufmarsch gegen Russland, oder die feindliche Übernahme der Ukraine, die vorangegangene NATO-Osterweiterung, die Embargos gegen Syrien und Russland und die Übernahme der Asylanten aus den freigeräumten Ölländern Irak und Syrien. (…)«

Und auch wenn es um internationale Politik geht, wird zwischen den Guten und den Bösen unterschieden. Als personifizierte Alternative zur als »Linkskonsens-Regierung« bezeichneten Regierung in Deutschland gilt den Akteuren in der rechten Echokammer der russische Präsident Putin. Es gibt viele Posts, die sich für einen Stopp der Sanktionen gegen Russland aussprechen und die die russische Annexion der Krim gutheißen. Gut aus Sicht der rechtspopulistischen Akteure sind in Europa diejenigen, die auf mehr Nationalismus setzen: Polen, Ungarn. Diese wolle Berlin unter Druck setzen, um sie politisch zu beeinflussen, so behaupten sie. »Berlin will die Ausscherer aus der Globalistenfront ab 2020 also über Finanzhilfen zu mehr Disziplin zwingen.« Das lerne ich in einem Beitrag von *Compact*[107], der dann »Patrioten aller Länder« aufruft: »(...), vereinigt euch gegen globale Diktatur!« Diese globale Diktatur sei a) linkslastig, b) turbokapitalistisch und dominiert durch das jüdische Finanzkapital und schade c) durch Freihandel und Öffnung der Grenzen vor allem den Bürgern.

Alles darf gesagt werden – ?

Die Medien in dieser Echokammer treten an gegen eine aus ihrer Sicht falsche »politische Korrektheit« im Land. Sie ersetzen diese durch reine Vermutungen und Falschmeldungen, durch üble Nachrede, Verleumdung, Beschimpfung, Hetze. Alles darf gesagt werden.

Meinung wird geteilt – nicht diskutiert. Das hat einen hohen Preis: Diskussionen sind unmöglich, denn wer sich anders äußert als die Mehrzahl in diesen Gruppen, wird niedergebrüllt. Man verschanzt sich in der Festung, zusammen mit den anderen »Andersdenkenden«.

Es ist erhellend, die Erzählungen, Botschaften und Begriffe der Neuen Rechten in ihren Auswirkungen auf unsere Gesellschaft und Politik zu Ende zu denken. Was propagieren sie? Eine Gesellschaft ohne Zuwanderung, ohne öffentlich-rechtliche Sender und freie Presse. Ein Deutschland, in dem soziale Leistungen und staatliche Fürsorge vorrangig, teilweise ausschließlich »Volksdeutschen« zur Verfügung stehen. Ein Land, in dem das soziale Ansehen von Menschen von ihrer ethnischen Herkunft, oder auch der Herkunft ihrer Eltern und Großeltern, abhängt. Mit einer Regierung, die ihr außen- und entwicklungspolitisches Engagement deutlich reduziert, weniger multilaterale Initiativen unterstützt und stattdessen vor allem nationalen Interessen folgt. Ein Land. das möglicherweise aus der NATO aussteigt, den Euro abschafft und Europa bestenfalls als lose Union von Nationalstaaten bestehen lässt.

Das mag eine Zuspitzung sein und realpolitisch kaum durchsetzbar – und ganz sicher ist es nicht mehrheitsfähig in unserem Land.

Doch die Medien der Neuen Rechten bewerben ein solches Gesellschafts- und Politikmodell.

Die Meinungsfreiheit ist ein hohes Gut in Deutschland. Und sehr viele Beiträge und Posts, die in diesem Kapitel zitiert wurden, sind Meinungsäußerungen. Sie sind – trotz ihrer rassistischen und menschenfeindlichen, zersetzenden Sprache in aller Regel durch den Artikel 5 unseres Grundgesetzes geschützt.

Die Meinungsfreiheit hat ihre Grenzen bei den Rechten und Grundrechten eines jeden. Diese Grenze wird von vielen Akteuren der rechten Echokammer bewusst und absichtsvoll übertreten, wenn zum Beispiel ganze Bevölkerungsgruppen stigmatisiert werden oder ihnen Gewalt angedroht wird. Das aber trifft unseren gesellschaftlichen Grundkonsens im Kern: dass die Würde des Menschen unantastbar ist und der Staat eine dienende, demokratisch organisierte und die Rechte jedes Einzelnen schützende Grundordnung darstellt. Die Erzählungen der Neuen Rechten stellen diese Rechte nicht nur in Frage, sie bestreiten sie.

Mit der menschenfeindlichen Propaganda, die sie verbreiten, negieren sie Menschenrechte, die mit gutem Grund Eingang in das deutsche Grundgesetz gefunden haben: Nach ihrer Lesart haben nicht alle Menschen die gleichen Rechte. Für Flüchtlinge, auch für Zuwanderer und deren Kinder, für Muslime und manchmal auch für Juden sollten diese nicht oder nur eingeschränkt gelten. Sie stellen das Recht auf einen humanitären Flüchtlingsschutz in Abrede und das Recht auf Asyl. Der Schutz vor Diskriminierung wird durch eine Flut von Stigmatisierungen – von Muslimen, von Flüchtlingen – ins Gegenteil verkehrt, und das Recht auf Glaubensfreiheit auch. Sie ignorieren die historische Verantwortung Deutschlands für den Mord an sechs Millionen Juden, und sie stellen die Gleichstellung von Mann und Frau in Frage. Das aber macht den Weg frei für Gewalt in Wort – und auch in Tat. Es schürt blinden Rassismus, Islamfeindlichkeit, Homophobie – kurz: Menschenfeindlichkeit. Davon zeugen viele Diskussionen, die sich an den Beiträgen entzünden. So wird die Grenze des Sagbaren Stück für Stück verschoben.

Die Gesellschaft, welche die Rechtspopulisten propagieren, ist eine misstrauische und intolerante Gesellschaft. Eine menschenfeindliche Gesellschaft. Und zudem so rückwärtsgewandt, dass sie weder den aktuellen noch den zukünftigen Herausforderungen gewachsen ist. Wenn ich mir überlege, was in den zwei Jahren meiner Recherche alles international passiert ist, ohne dass ich davon etwas in meinen Recherchefeeds gehört habe, dann wird klar, wie eng, wie unvollständig und wie ausschließlich das Weltbild ist, das dort verbreitet wird. Die neurechten Erzählungen reduzieren die Komplexität der Welt und lassen Wesentliches weg: Ich bekomme zwar Schreckensbilder und Katastrophenmeldungen, doch keine Erklärung zu den Hintergründen. Ich sehe, dass Millionen Menschen nach Europa wollen – und erfahre nichts über deren Herkunftsländer. Es gibt keine Berichte über die schwierigen innenpolitischen Diskussionen in Großbritannien nach dem Brexit – oder auch nur einen Blick darauf, was aus der ehemaligen Vorzeigemitstreiterin Marine Le Pen eigentlich geworden ist. Ich höre nichts Inhaltliches zu den Ergebnissen des G20-Gipfels von Hamburg, sondern sehe nur Bilder der Straßenschlachten.

In den Erzählungen der Neuen Rechten schrumpft die Welt. Und je länger ich all das lese, was in meinen Newsfeed hineinläuft – desto weniger traue ich mich aus dieser kleinen Welt hinaus.

Die »Wir-gegen-die!«-Kommunikation der AfD: Provokation und Protest statt Programm und Problemlösung

Keine Partei ist in den Sozialen Medien so aktiv und reichweitenstark wie die AfD[1]. Dabei wird sie unterstützt von vielen Medien der rechten Echokammer – und auch von Aktivisten, die aus ihren rechtsextremen Positionen kein Geheimnis machen.

Der Wahlerfolg der AfD, die mit 12,6 % der Wähler das selbst gesetzte zweistellige Ziel erreichte, ist maßgeblich auf ihre Medienstrategie und ihre digitalen Kampagnen zurückzuführen. Die AfD nutzte Soziale Medien, bevor sie als Partei existierte: Am 14. September 2012 ging ein Twitter-Account unter dem Namen »Alternative für Deutschland« online. Bis zur offiziellen Gründung der Partei im Februar 2013 vergingen fünf Monate.

Auf Facebook erreicht die AfD weit mehr Fans als alle anderen Parteien. Zum Stichtag der Bundestagswahl bindet die AfD über ihre offiziellen Partei-Accounts 385 783 Fans. Eine solche Reichweite erzielen CDU (169 913), SPD (172 936), FDP (158 252) und Grüne (172 936) bei weitem nicht. Zweitstärkste Partei, was die Reichweite bei Facebook angeht, ist Die Linke (243 798).[2] Beiträge der AfD werden zudem sehr viel intensiver geteilt als die anderer Parteien. Durch die unterschiedlichen Akteure in der rechten Gegenöffentlichkeit, in geschlossenen und öffentlichen Facebook-Gruppen. Viele AfD-Facebook-Fans sehen sich offensichtlich als Multiplikatoren für die politischen Kampagnen der Partei in den sozialen Netzen. Netzwerkanalysen haben die Zahl der Interaktionen zu AfD-Posts auf Facebook in den letzten drei Monaten vor der Bundestagswahl untersucht, mit einem klaren Ergebnis: AfD-Inhalte wurden auf Facebook weit öfter geteilt als die aller anderen Parteien. Die Mobilisierung von AfD-Anhängern über Soziale Medien ist offensichtlich. Dabei ist Facebook wichtiger als Twitter. Der Politikwissenschaftler Josef Holnburger hat für dieses Buch eine Reihe von Netzwerkanalysen durchgeführt, die diese Zusammenhänge deutlich zeigen. Häufig wurden über AfD-Accounts und -Gruppen Beiträge geteilt, welche das Narrativ »Deutschland am Abgrund«, das des »Staatsversagens«, des »Kampfes des Volkes gegen das Establishment« und die kulturelle Bedrohung durch den Islam dokumentieren und belegen sollten.

Auf Twitter weitete die AfD erst zu Beginn des Wahljahres 2017 ihre Präsenz deutlich aus – dann allerdings in hohem Tempo. Sie konnte die Zahl ihrer Einträge bis zur Bundestagswahl verachtfachen. In den letzten Wochen vor der Bundestagswahl hatte fast ein Drittel der deutschsprachigen Twitter-Einträge zur aktuellen Politik einen Bezug zur AfD bzw. zu ihren Spitzenkandidaten.[3] Es gab auf Twitter mehr Einträge zur AfD und ihren Spitzenkandidaten als zur Bundestagswahl allgemein!

Die Partei hat offizielle Accounts auf Ebene der Bundespartei und der Landesverbände. Dem der Bundespartei @afd folgen mehr als 85 000 Follower zum Zeitpunkt der Bundestagswahl, schon Mitte 2017 waren es 54 000 Menschen;[4] für eine Partei, die zum damaligen Zeitpunkt nicht im Bundestag vertreten war, eine hohe Zahl. Zum Vergleich: Am 1. 5. 2017 waren es bei »SPD im Bundestag« 69 700 Follower.

In den Wochen vor der Wahl tauchten in den Trends bei Twitter täglich Hashtags mit AfD-Bezug auf: #merkelmussweg, #nichtmeinekanzlerin, #afdwählen, #traudichDeutschland, #rundfunkbeitrag, #afdProgramm, #noch15tage, #noch14tage …[5] Diese Hashtags zeigen, worum es der AfD in ihrem Wahlkampf geht: Sie will aus der Bundestagswahl ein »Plebiszit gegen Angela Merkel« machen.[6] Sie bindet unterschiedliche Wählermotivationen und politische Positionen über sehr einfache Protestbotschaften und Emotionen. Und Soziale Medien sind ein einfacher und effizienter Weg, um das zu erreichen.

Dass AfD-Themen so oft Trend-Themen sind, hat einige Gründe. Es hat mit der hohen Zahl offizieller, vor allem aber auch nicht offizieller parteinaher Accounts zu tun – und deren Vernetzung untereinander. Mit »AfD-Trollen«, die gezielt Twitter-Kampagnen in Gang setzen. Es geht auf die hohe Frequenz zurück, mit der die AfD Kernbegriffe über Twitter in Umlauf bringt. Und nicht zuletzt wohl auch auf automatisierte Roboter-Accounts, sogenannte Social Bots, ohne dass die AfD offiziell einräumt, diese einzusetzen.

Wie keine andere Partei nutzt die AfD alle technischen und kommunikativen Mittel, um in den Sozialen Medien große Reichweiten und die Deutungshoheit bei bestimmten Themen zu erlangen. Damit nimmt sie im digitalen Informationsraum starken Einfluss auf die politische Meinungsbildung. Und an dieser digitalen Kommunikationsstrategie wird sie auch nach ihrem Einzug in den Bundestag festhalten. So hat sie angekündigt, ihre Kommunikation über Soziale Medien aus einem eigenen Newsroom zu steuern.[7]

Der direkte Draht zum Volk – Soziale Medien als ideales Medium der Populisten

Seit ihrer Parteigründung sieht die AfD die Sozialen Medien als strategische Plattform an für den Ausbau ihrer Basis und als Resonanzraum für ihre Botschaften. Sie hat früh erkannt, dass sie ein aktiver Part in der digitalen »Gegenöffentlichkeit« sein muss, wenn sie mit ihren Protestbotschaften eine wachsende Zahl von Menschen erreichen will. Im Wahljahr 2017 galt das ganz besonders: »Die direkte Ansprache des eigenen Potentials hat Vorrang vor dem Applaus von Spezialisten, Medien und Interessengruppen.« So steht es im Strategiepapier der AfD für den Bundestagswahlkampf,[8] das Mitte Dezember 2016 vom Parteivorstand angenommen wurde.

Und diese direkte Ansprache geschah neben klassischen Wahlkampfveranstaltungen vor allem über Soziale Medien. Damit steht die AfD nicht allein – ein Blick auf Frankreich, die Niederlande und die USA zeigt: Populisten in aller Welt nutzen Soziale Medien als direkten Zugang zum »Volk«, dessen Interessen zu vertreten sie vorgeben. »Die Sozialen Medien haben dazu geführt, dass die klassischen Medien an Bedeutung verlieren …«, betonte Frauke Petry in einem Interview, als sie noch Vorsitzende der Partei war. »Die Sozialen Medien haben für uns den großen Vorteil, dass kein Filter zwischen uns als politischem Sender und dem Bürger oder auch der Konkurrenz als Empfänger der Botschaft vorhanden ist. (…) Ich glaube, die Sozialen Medien tragen zu einem breiten Diskurs in Deutschland bei.«[9]

Von großer Bedeutung für die Kommunikation einer neuen Protestpartei ist, dass die Sozialen Medien einen relativ abgeschlossenen Raum des Protestes schaffen, in dem sich dieser ungestört verbreiten und verstärken kann. Hier bleiben die Wutbürger unter sich – hier gibt es keine Gegendemonstrationen, keine Beschimpfungen durch lokale Antifa-Gruppen, kein Hinterfragen, keine Zweifel. Soziale Medien sind der ideale Verstärker für Protest: Auf wütende Einträge folgen wütende Kommentare. Auf Empörung wird mit noch mehr Empörung reagiert.

Zwei von drei AfD-Wählern gaben nach der Wahl an, dass sie aus Enttäuschung AfD gewählt hätten. Mit ihren Botschaften in den Sozialen Medien gab die Partei diesem Gefühl permanent Nahrung. Ein Echoraum der Wut und Enttäuschung als Brutstätte einer Partei, die auf viele konkrete politische Fragen zu diesem Zeitpunkt keine konkreten Antworten hat.

Diese Inkubatorwirkung lässt sich an vielen Beispielen zeigen: In den Sozialen Medien lösen Provokationen von AfD-Spitzenpolitikern oft einen Strudel menschenverachtender Kommentare aus. Aus diesen wut- und hasserfüllten Resonanzräumen der AfD sickern verquere Hetze und Desinformationen, Kampfbegriffe und destruktive Narrative in unsere Medien und unmerklich auch in unsere Alltagssprache und vergiften unsere Debatten. Hier versammeln und verstärken sich Haltungen, welche an vielen Stellen nicht mehr mit dem Grundgesetz vereinbar sind, die sich für autoritäre Gesellschafts- und Politikmodelle einsetzen, die nicht nur verbal, sondern auch ganz praktisch denen mit Gewalt drohen, die anderer Meinung sind – oder vermeintlich nicht zum »deutschen Volk« passen.

Tabubruch durch Spitzenpolitiker

Das Muster dieser auf Protest zielenden digitalen Kommunikation der AfD ist fast immer das gleiche. Schritt eins: Tabubruch durch Spitzenpolitiker – Schritt zwei: Multiplikation und Eskalation, ungefilterte Wut und Empörung in den Sozialen Medien. So z. B. bei AfD-Spitzenkandidat Gauland, der sich auf einer Wahlkampfveranstaltung zur damaligen Integrationsbeauftragten des Bundes, Aydan Özoguz, äußerte, die in Deutschland geboren ist: »Ladet sie mal ins Eichsfeld ein und sagt ihr dann, was spezifisch deutsche Kultur ist. Danach kommt sie nie wieder hierher, und wir werden sie dann auch, Gott sei Dank, in Anatolien entsorgen können.«[10] Den Rassismus seiner Äußerung korrigierte Gauland anschließend nicht – er relativierte ihn lediglich: »Ich bleibe dabei, wer solche Ansichten vertritt, hat in diesem Land nichts verloren.« Das Wort »entsorgen« würde er so nicht wiederholen, schob Gauland hinterher.[11] Dieses Vorgehen ist exemplarisch für die Kommunikation der AfD: etwas zuspitzen – nur relativieren und nicht zurücknehmen. So bleiben der Begriff und die dazugehörige Deutung stehen, werden in die Sozialen Medien getragen, dort geteilt und finden so den Weg in die Öffentlichkeit – mitsamt ihrer rassistischen, menschenfeindlichen und giftigen Bedeutung!

Solche Provokationen sind ein wichtiger Hebel, um die Grenze des Sagbaren zu verschieben und Menschen zu radikalisieren. Was Gaulands Äußerung bei den Anhängern der AfD auslöste, ließ sich in einer Reihe von Gruppen nachvollziehen. Hier ein Kommentar des Nutzers »EM« in der Gruppe »AfD 51 % – das ist unser Ziel«: »Diese Missgeburt von einer Migranten Kuh (…) erdreistet sich Deutschland ihre Kultur abzusprechen. (…) Diese Migrantin wird bei der SPD Integration Ministerin ist selbst nicht integriert und soll Integration fördern. (…). Sind die bei der SPD alle vollkommen verblödet? Wieso lassen sie so eine Abart der Menschliche Kultur freien Lauf? Man sieht hier die Destruktive, Inflationäre Kultur unserer Medien, sie stürzen sich auf einen Gauland AFD und entrüsten sich über ihre eigene Intoleranz ihre tägliche Dummheit. (…) In der AFD steckt mehr Demokratische Partei wie bei euch Medienganoven die Wort Meinungswahrheit und Meinungsfreiheit.« – Und »G. W.« reagiert ebenfalls: »Was will die Ötzi, sie kann froh sein das sie in deutschland leben darf, in der Türkei wäre sie im knast verrottet, aber hier ansprüche stellen, die dumme nuss.«

Es wird oft behauptet, die Anhänger der AfD blieben im Netz unter sich. Es handle sich um geschlossene Echoräume rechter Populisten und Extremisten. Spätestens durch das Ergebnis der Bundestagswahl sollten uns da Zweifel kommen, denn der reale Zuwachs an Wählerstimmen der AfD wäre sonst kaum zu erklären.

Es geht der AfD gerade in ihrer digitalen Kommunikation darum, eine breite Gruppe von Menschen, Nichtwähler und potenzielle Wechselwähler, anzusprechen. Und aufgrund meiner Recherche komme ich zu dem Ergebnis, dass die Grenze zu anderen Echoräumen durchaus durchlässig ist. Auf den offiziellen AfD-Seiten werden viele Beiträge aus *ARD* und *ZDF*, aus Nachrichtenmagazinen wie dem *Focus* oder aus politisch so unterschiedlichen Zeitungen wie der *Bild*, der *Zeit*, der *Welt*, der *Jungen Freiheit* geteilt und verlinkt. Diese werden in der Regel in einen anderen Kontext gestellt und sollen politische Positionen der AfD stützen. So werden sie in Sinn und Aussage verdreht. Auf diese Weise wird ein breiterer Nutzerkreis angesprochen, der bisher bzw. parallel noch die Angebote nutzte, die von der AfD als »Lügenpresse«- oder »Mainstream-Medien« bezeichnet werden. Die AfD konnte aus allen Lagern Stimmen einsammeln, und zwar auf Grundlage der bewusst breit angelegten digitalen Kommunikation von einfachen und sich ständig wiederholenden Botschaften. Das Ergebnis war eine dramatische Wählerwanderung zur AfD: Mehr als eine Million ehemalige CDU/CSU-Wähler gaben ihre Stimme der AfD, eine weitere halbe Million kam von ehemaligen SPD-Wählern und 400 000 Wähler von den Linken.[12] 1,2 Millionen ehemalige Nichtwähler stimmten für die AfD.

Eskalation zur besten Sendezeit: die AfD und die »Systemmedien«

Trotz ihrer erklärten Ablehnung und Diskreditierung öffentlich-rechtlicher Sender, überregionaler Zeitungen und Nachrichtenmagazine geht es der AfD sehr wohl darum, in den klassischen linearen Medien und TV-Talk-Formaten präsent zu sein – und das gelang im Vorfeld der Bundestagswahl. Dennoch stellt sich die AfD gerne als Opfer einer regelrechten »Hexenjagd« durch die Medien dar. Dafür wurden entsprechende Aufmerksamkeitsmomente geschaffen – vorzugsweise zur besten Sendezeit in den gerne beschimpften »Zwangsabgaben-Medien«. So zum Beispiel, als Alice Weidel die *ZDF*-Sendung »Wie geht's, Deutschland?«[13] mit Moderatorin Marietta Slomka nach einer hitzigen Debatte mit CSU-Generalsekretär Andreas Scheuer einfach verließ. Der CSU-Generalsekretär hatte Weidel aufgefordert, sich vom Co-Spitzenkandidaten Alexander

Gauland und dem thüringischen AfD-Landesvorsitzenden Björn Höcke zu distanzieren.

Scheuer hatte Höcke, der zum rechten AfD-Flügel gehört, als »Rechtsradikalen« bezeichnet,[14] woraufhin Weidel die Runde verließ. Es dauerte keine halbe Stunde, da veröffentlichte die AfD-Pressestelle ein Statement. Wirklich zufällig oder ungeplant wirkte das Ganze nicht. Und sicher wird sich das Bild einer Spitzenkandidatin, die das Studio einer Live-Sendung verlässt, weit stärker einprägen als die Argumente, die zuvor ausgetauscht wurden.

Eine solche Inszenierung stützt die Argumentation der AfD, sie sei Opfer einseitig berichtender Medien, und löst in den AfD-Gruppen ein entsprechendes Echo aus, in Deutschland sei man als Andersdenkender und Anhänger der AfD nicht mehr sicher vor Übergriffen. In der Stellungnahme Weidels auf ihrer Facebook-Seite, die noch über Tage in AfD-Gruppen geteilt wurde, erhebt sie Vorwürfe gegen Slomka: Diese habe sich als »vollkommen unprofessionell« geoutet«[15].

Die Protestkommunikation der AfD lebt davon, ihre Anhänger über Soziale Medien möglichst schnell nach aktuellen Ereignissen mit einer Botschaft zu versorgen, die AfD-Positionen stützt. Das gelang auch in diesem Fall, wie die Frequenz entsprechender Hashtags bei Twitter zeigte: #scheuer #weidel, #weideleavingthings.

Passende Deutungen ergänzen auch in diesem Fall andere Medienplattformen der neurechten Gegenöffentlichkeit, welche die AfD unterstützen. So war bei *Compact* nachzulesen: »Weidel ließ sechs Marionetten und eine Hofberichterstatterin kalt stehen. Sie weigerte sich, der widerlichen, einschläfernden Nullrunde im Staatsfernsehen länger zur Verfügung zu stehen. Damit drehte sie vor laufenden Kameras dem ganzen #BRD System den Rücken zu.«

Dieses Ereignis nutzte die AfD übrigens auch, um dem *ZDF* zu unterstellen, den Begriff »Rechtsradikalismus« zu verharmlosen. Was keiner getan hat. Doch mit solchen Vorhalten untermauert die AfD ihre Position, die Begriffe »Rechtsradikalismus« und »Rechtspopulismus« würden von den »Altparteien« nur eingesetzt, um die AfD zu stigmatisieren. So wird davon abgelenkt und verzerrt dargestellt, was eigentlich passiert: dass Björn Höcke das Holocaust-Denkmal als »Denkmal der Schande« bezeichnet oder eine erinnerungspolitische

»Wende um 180°« fordert und damit nicht nur revisionistisch argumentiert, sondern eine rechtsradikale Auffassung vertritt.

Deutungshoheit durch hohe Frequenz

Deutungshoheit erlangen – das ist das Ziel der AfD. Was oft geteilt wird, das erweckt in den Sozialen Medien den Eindruck von Relevanz. Deshalb hat die AfD die Frequenz ihrer Botschaften in den Wochen vor der Wahl enorm ausgebaut.

Mit messbarer Wirkung: zum Beispiel nach dem Kanzlerduell, als bei Twitter u. a. die AfD-nahen Hashtags #verraeterduell, #fragdieAfD, #Bullshitduell unter den Top-Trends zu finden waren. Gezielt betrieben »AfD-Trolle« die Verbreitung dieser Hashtags. Diese Online-Wahlkämpfer organisierten sich über das Netz in geschlossenen Gemeinschaften. Eine Idee und Organisationsform, die aus den USA stammt.[16]

Für einige Zeit war ich während der Recherche zu diesem Buch unter Pseudonym Mitglied der Chat-Aktvisten auf dem geheimen Discord-Server »Reconquista Germania«, der aus dem gleichnamigen Youtube-Kanal hervorging. Mich interessierte, wie von dort Kampagnen auf den Sozialen Medien vor der Wahl initiiert wurden. Zu den Aktivisten, die sich hier in einer Art militärisch organisierter Kommunikationstruppe zusammenschlossen, gehörten anfangs vor allem die 33 000 Abonnenten des gleichnamigen Youtube-Kanals »Reconquista Germania«[17]. Sie wurden von dessen unter Pseudonym agierendem Macher »Nicolai Alexander« auf den Discord-Server[18] eingeladen, für den man sich zunächst als »Rekrut« bewerben musste, um später je nach Bewährung im Kampf um die »Reconquista« über den »Gefreiten« zum »Offizier« aufzusteigen. Später wurden auf dem Server nur Teilnehmer auf Vorschlag von Mitgliedern zugelassen. »Wir wollen den größten patriotischen Discord-Server Deutschlands aufbauen«[19] – so das erklärte Ziel dieses »virtuellen Hauptquartiers«, denn »offizielle Soziale Medien funktionieren nicht zu unserem Zweck«. Dort gebe es Hunderte von kleineren Gruppen, die aber nicht wirklich vernetzt seien. Der Discord-Server soll diese dezentrale und wenig abgestimmte Kommunikation in Kampagnen bündeln. Mit einem klaren Ziel, wie direkt zu Beginn zu erfahren ist: »Ziel der ersten Kampagne ist es, die AfD so stark wie möglich in den Bundestag zu hieven.« Deshalb werde man Anfang September 2017 den »Memekrieg, besser Blitzkrieg (...) gegen die Köterrasse im Bundestag eröffnen«, heißt es in diesem Youtube-Video. Es geht den »Reconquista«-Aktivisten nicht um die AfD, sondern um einen weit darüber hinausgehenden politischen Rechtsruck, den sie durch ihre Kommunikation erreichen wollen. Und daraus machen sie auch kein Geheimnis, wenn sie ankündigen, nach der Bundestagswahl »Durchfall-Konservative wie [Markus] Pretzell und andere Heuchler in Angriff nehmen und den Höcke-Flügel stärken« zu wollen.

Es ist offensichtlich, dass ein großer Teil der dort Aktiven politisch rechts der AfD steht. Unter der Rubrik »politisch nicht korrekt« finden sich auf dem Server auch antisemitische Inhalte, der Holocaust wird geleugnet, es wird zu Gewalt aufgerufen.

Die radikalen Nerds um die »Reconquista« wollen vor der Wahl die Sozialen Medien mit Pro-AfD-Inhalten und Anti-Merkel/Antisystemparteien-Inhalten fluten. Der Ton ist militärisch, offensichtlich sieht man sich in einem Informationskrieg – und den will man bei Twitter darüber gewinnen, eigene Stichwörter in die Top-Trends zu bringen und auf diese Weise Themen auf die Agenda zu setzen: »Unsere Strategie hier noch einmal in schriftlicher Form: 1. Macht euch so viele Twitter Accounts wie möglich. 2. Die tweets, die wir gleich veröffentlichen, so oft wie möglich retweeten. 3. Eigene Tweets erstellen mit den Hashtags Merkel und Schulz, #TV-duell, #Kanzlerduell, #btw17, #verraeterduell, #reconquista, #Teamafd. Dadurch wollen wir einerseits die trendenden Hasthags kapern aber andererseits unsere eigenen Indietrends bringen. 4. die Meme in der #memewerkstatt auf Twitter posten und hashtags hinzufügen.«[20]

Das gelingt. So kann ich verfolgen, wie zunächst »in der Werkstatt« auf dem Discord-Server Inhalte entstehen, diskutiert werden und dann allen anderen zur Verfügung gestellt werden. Und wie sich diese dann in den Stunden danach bei Twitter massenhaft verbreiten. Täglich werden neue Hashtags geteilt, die es in vielen Fällen in die Trends schaffen.

Hier entstanden im Vorfeld des TV-Duells Meme, die als Kampagnenbilder gezielt über Soziale Medien in Umlauf gebracht werden sollten, wie das vom »Endkampf« zwischen Merkel und dem Ritter Höcke mit silbergrauen Locken. Oder das gefälschte CDU-Wahlplakat mit dem bekannten Slogan »Für ein Deutschland, in dem wir gerne leben« – wobei das dazugehörige Bild gegen eines vom Anschlag auf dem Berliner Breitscheidplatz ausgetauscht wurde. Oder eine Bildmontage aus einem alten Foto der Angeklagten in den Nürnberger Prozessen – deren Köpfe allerdings ausgetauscht sind durch Porträts der Kanzlerin, des SPD-Spitzenkandidaten, der Verteidigungsministerin und des Justizministers.

Es ist der 9. September, noch 15 Tage bis zur Wahl. »Reconquista« ruft seine Mitglieder zur Aktion auf: »Werte Mitstreiter, heute Abend werden @plattfuss und @jeanne D'Arc den Angriff anführen. Und wenn ich Angriff sage, dann meine ich demokratischen Diskurs. (…) Findet euch also bitte um 19:00 Uhr in der Haupthalle ein.« Um 20 Uhr lässt sich in den Twitter-Trends bereits die Wirkung dieser Kampagne sehen: Meme, die zuvor im Discord-Server waren, wandern in die Sozialen Medien. #noch15Tage, #nichtmeineKanzlerin und #reconquista gehören zu den Hashtags, die besonders häufig geteilt werden. Inhalte, die an diesem Abend durch die »Reconquista«-Mitglieder vorbereitet und dann bei Facebook und bei Twitter geteilt werden, verbreiten sich anschließend noch über Tage in den offenen und geschlossenen AfD-Facebook-Gruppen weiter.

Die Discord-Gemeinschaft der »Reconquista Germania« mit ihren mehr als 1500 rechten Nerds mischt pseudo-militärischen Drill mit Hacker-Ambitionen, ab und zu rutscht ein düsterer oder dozierender Verschwörungston mit hinein. Der Bezug zur AfD ist da: Nutzernamen, die auf dem Discord-Server aktiv sind, tauchen auch als Mitglieder in den unterschiedlichsten AfD-Gruppen auf.

Die AfD distanziert sich an keiner Stelle von solch manipulativen Kampagnen – und sie distanziert sich auch nicht von deren rechtsextremen Inhalten. Im Gegenteil: Sie macht indirekt Werbung dafür – indem der Link in ihren Facebook-Gruppen geteilt wird. Oder indem *AfD-TV* den Videoblog des österreichischen Identitären Martin Sellner teilt, der seinerseits über Verlinkung den Chat bewirbt.

Viele der Meme, Tweets und Videos, die hier produziert werden, sind rassistisch, völkisch, menschenfeindlich und stehen für die rechtsextremen Haltungen, welche die AfD mit vertritt. »So geht

Halal!« heißt es auf einem Meme: die Karrikatur eines aufrecht stehenden »animierten« Schweins schächtet (!), einen arabisch aussehenden Mann, der kopfüber an einem Strick aufgehängt ist! Ein anderes Meme zeigt einen Benzinkanister, auf dem zu lesen ist: »Es ist kein Waterboarding, wenn Du Benzin nutzt!«. Ein drittes zeigt den Justizminister in nationalsozialistischer Uniform als »Reichspropagandaminister«.

»Für menschenfeindliche Gesinnung ist in der AfD kein Platz«, beteuert deren Vorsitzender Jörg Meuthen.[21] Doch sie distanziert sich nicht von solchen Äußerungen. Es ist nicht so, wie von ihr selbst gerne behauptet, dass die AfD Inhalte, welche den Schutz der Menschenwürde, die Religionsfreiheit oder die Nichtdiskriminierung von Gruppen unserer Gesellschaft negieren, nur in Kauf nähme oder toleriere. Sie setzt sie gezielt als Brandbeschleuniger im Netz ein! Die Inhalte des geheimen rechten Discord-Servers werden in den AfD-Gruppen und bei Twitter geteilt. Die AfD distanziert sich an keiner Stelle – weder von den Inhalten noch vom Absender und dessen intransparenter Manipulation.

Zielgruppengerechte Ansprache: Emotionen schaffen, um sie zu bedienen

Zwei von drei AfD-Wählern erklärten nach der Wahl, nicht aus Überzeugung, sondern aus Enttäuschung ihr Kreuz bei der Partei gemacht zu haben. Und 90 % der AfD-Wähler brachten ihre Sorge um die deutsche Kultur zum Ausdruck.[22]

Solche Zahlen belegen, dass die AfD mit ihren Erzählungen – Deutschland am Abgrund, der Islam ist unvereinbar mit der deutschen Kultur, die Flüchtlinge bedrohen unsere Sicherheit, der Staat schützt seine Bürger nicht – Gehör fand. Sie belegen aber auch, dass es der AfD ganz offensichtlich gelungen ist, über ihre Kommunikation zunächst Gefühle wie Verunsicherung, Sorge und Wut hervorzurufen – um diese dann politisch zu füttern. Sie setzt auf wenige Themen – auch weil sie für viele praktische Fragen keine Antwort hat.

Soziale Medien verbinden die unterschiedlichen Milieus der AfD – hier tauschen sich Menschen aus, die sich möglicherweise im richtigen Leben nie begegnen würden, die aber auch von der AfD selbst als potenzielle Zielgruppen definiert wurden: »Wähler aus allen sozialen Schichten, Altersgruppen und Teilen Deutschlands, die (…) keinen europäischen Superstaat wollen«, »bürgerliche Wähler mit liberal-konservativer Werteorientierung«, »Protestwähler, die (…) mit Inhalt und Stil der politischen Debatte unzufrieden sind, und sich gegen die Selbstbedienungsmentalität der Altparteien wenden«, »Nichtwähler, die zwar weiterhin das politische Geschehen verfolgen (…), aber unter den Altparteien nirgendwo ein akzeptables Angebot finden«. »Bürger mit unterdurchschnittlichem Einkommen (kleine Leute), die (…) sich zu konservativen Werten wie Leistungsbereitschaft, Ordnung, Sicherheit und Patriotismus bekennen, (…) sich (…) als Verlierer der Globalisierung fühlen. In dieser Gruppe finden sich viele Arbeiter und Arbeitslose.«[23]

Wer so unterschiedliche Zielgruppen hinter einer Partei versammeln will, der ist auf die Kommunikation in Sozialen Medien angewiesen. Über eine differenzierte digitale Kommunikation lassen sich diese Zielgruppen mit spezifischen Botschaften ansprechen und insbesondere jüngere Wählergruppen gewinnen. Bei der Landtagswahl in Sachsen-Anhalt im März 2016 wurde die AfD zweitstärkste Kraft, auch weil jeder vierte Wähler unter 25 für sie stimmte. Und auch wenn die Nachwuchsorganisation bisher nur 1 280 Mitglieder hat, so ist sie eine wichtige Plattform, um junge Leute anzulocken: Auf Facebook hat die Junge Alternative rund 20 000 Fans[24]. Keine Partei-Jugend nutzt die soziale Plattform so intensiv wie die Junge Alternative.[25]

Die potenziellen Wählergruppen der AfD haben ganz unterschiedliche Erwartungen an eine Partei, die ihre Interessen vertritt, insbesondere in der Wirtschafts- und Sozialpolitik. Deshalb verzichtete die Partei konsequent auf Themen wie diese. Laut Strategiepapier sei es das oberste Ziel, im Wahljahr mit Themen zu werben, »die innerhalb der AfD-Wählerschaft nicht zur Spaltung führen«. Differenzen befürchtet die Partei vor allem bei den Themen Steuergerechtigkeit, Rentenhöhe, Kassenbeiträge, Mietpreisbremse oder Arbeitslosenversicherung.[26] Wichtigstes Ziel aber muss für den Wahlkampf sein: »etwaige Differenzen möglichst im Hintergrund zu lassen und das gemeinsame der AfD-Wählerschaft zu betonen«.[27]

Deshalb konzentriert sich die Partei auf die Themen, bei denen Konsens zwischen den unterschiedlichen Wählergruppen besteht. Und das sind laut internem Strategiepapier: Europa und der Euro, Sicherheit, Migration und Islam, die Demokratie und ihre Defizite, Fragen der nationalen Identität.

Entsprechend die Themenmischung auf AfD-Kanälen und in AfD-nahen Medien, zum Beispiel der Wochenzeitung *Deutschland-Kurier*, die seit Sommer 2016 in Ballungsräumen wie Berlin, Stuttgart oder dem Ruhrgebiet abonniert werden kann. Chefredakteur David Bendels – früher Mitglied der CSU, heute parteilos – erklärte im Gespräch mit dem *Deutschlandfunk*, der *Deutschland-Kurier* sei »eine Zeitung von Bürgern für Bürger«. Sie berichte über Themen, die in der Berichterstattung nicht präsent genug seien. Dazu gehören laut Bendels die »Masseneinwanderungskrise«, die »Innere Sicherheit« und die »Islamisierung« Deutschlands.[28] Herausgeber des *Deutschland-Kuriers* ist ein Trägerverein, deren Vorsitzender Bendels ist: die »Vereinigung zur Erhaltung der Rechtsstaatlichkeit und bürgerlichen Freiheiten«. Der Verein mit Sitz in Stuttgart unterstützt die AfD schon seit 2016 und finanzierte bei Landtagswahlen die Verteilung der kostenlosen AfD-Zeitschrift *Extrablatt*.[29] Zu den Landtagswahlen in Nordrhein-Westfalen, Schleswig-Holstein und im Saarland erstellte der Verein Plakate, mit denen dazu aufgerufen wurde, die AfD zu wählen.[30]

Im Interview mit dem *Deutschlandfunk* streitet Bendels eine Nähe zur AfD ab. »Es gibt keine Verbindungen zwischen dem *Deutschland-Kurier* und der AfD.« Der Trägerverein sei »politisch ungebunden«. Ein offensichtlicher Widerspruch zu dem, was er kurz danach sagt: Man nehme sich nämlich dennoch heraus, »Wahlempfehlungen über Großplakate« auszusprechen.

Es ist das Muster, das an vielen Stellen die rechte Gegenöffentlichkeit und die politische Kommunikation der AfD kennzeichnet: Politische Verbindungen werden abgestritten, der Leser, der User wird im Unklaren gelassen über Akteure und Finanzquellen. Doch es ist auffällig, dass für den *Deutschland-Kurier* regelmäßig AfD-Politiker »Gastkommentare« und Beiträge schreiben – und er konsequent auf AfD-nahe Themen setzt. »Muss Merkel hinter Gitter?«, titelt das Blatt und fragt weiter:« Wieso wurde Angela Merkel bislang nicht wegen

Verletzung ihres Amtseides belangt? Müsste sie – eigentlich – nicht längst im Gefängnis einsitzen? Hat sie doch vor der höchsten Instanz überhaupt – der Vertretung des deutschen Volkes! – feierlich geschworen: ›So wahr mir Gott helfe.‹ Fakt ist: Jeder, der vor einem Untersuchungsausschuss des Deutschen Bundestages oder eines Landtages falsch aussagt, ob eidlich oder uneidlich, macht sich strafbar.«[31]

Quer durch alle Parteien geht der Rundumschlag. Es ist Wahlkampf, und unter »kurz und bündig« erfahre ich, dass Seehofer schwach sei, weil er sich nicht gegen Merkels Flüchtlingspolitik durchsetzen könne. Dass die SPD unnötig dramatisiere, dass Männer und Frauen unterschiedlich verdienten. Und ich kann lesen: »Merkel fordert noch mehr Flüchtlinge«. Unter dem Stichwort »Immer mehr Afghanen« bringt der *Deutschland-Kurier* im August 2017 die alte Meldung, dass sich seit 2010 die Zahl der Afghanen in Deutschland verfünffacht habe. Auch Justiz und europäische Finanzpolitik sind nun ein Thema: Die »Kuscheljustiz« sorge dafür, dass nicht genügend Menschen abgeschoben werden, die über sichere Drittstaaten nach Deutschland einreisen. Die Niedrigzinspolitik der europäischen Zentralbank sei vielleicht »rechtswidrig«. Und sonst? Erika Steinbach erklärt »Warum ich AfD wählen werde«, ein Beitrag berichtet über »das Kalifat an Rhein und Ruhr«, ein anderer über die Luxusspesen von Europa-Politikern »Privatjet Juncker und die EU Spesenritter«. In der Ausgabe zuvor (9. 8. 2017) ist die Mischung ähnlich. Schlagzeilen, die zwei Gefühle auslösen: Wut und Angst.

Protest braucht Feinde

Das Flüchtlingsthema war der eigentliche Treiber des AfD-Wahlkampfes.

Die »gefährlichen Fremden« sind eine Projektionsfläche, die sich für fast alle anderen AfD-Themen eignet: das Staatsversagen, die Ungleichbehandlung der Deutschen, soziale Defizite, falsch verstandene Toleranz. Der Flüchtling als Personifikation der Probleme in unserem Land, ein Feindbild und ein Sündenbock.

Eine simple Zuspitzungstaktik, die der Partei in den sozialen Netzen viel Reichweite und Interaktion beschert:

So z. B. mit den Vorfällen in der Silvesternacht 2015/2016 in Köln. Zwischen Januar und März 2016 gewann die AfD mehr als 80 000 Facebook-Fans dazu, weil sie dieses Thema und die Empörungswellen im Netz massiv mitbetrieb. Zu jenem Zeitpunkt wurde besonders kontrovers über eine angeblich erhöhte Straffälligkeit von Migranten diskutiert, Rückenwind für die zentrale Botschaft der AfD![32]

Politische Erfolge konnte die AfD immer dann für sich verbuchen, wenn die Realität ihre Position zu bestätigen schien – die steigende Zahl der Flüchtlinge 2015 korrespondiert mit der These von Überfremdung und Überforderung Deutschlands. Auch deshalb war die AfD am 13. März 2016 bei drei Landtagswahlen erfolgreich. In Sachsen-Anhalt erzielten die Rechtspopulisten ein Rekordergebnis von 24,3 % und wurden zweitstärkste Kraft. Auch in Rheinland-Pfalz und Baden-Württemberg zog die AfD mit zweistelligen Ergebnissen in die Landtage ein. Als im Juli 2016 mehrere Gewalttaten Süddeutschland erschütterten, und drei der Täter zuvor als Flüchtlinge eingereist waren, gab auch das der AfD Rückenwind: In Würzburg geht am 18. Juli ein 17-Jähriger mit Axt und Messer auf Fahrgäste einer Regionalbahn los. Fünf Menschen werden verletzt. Polizisten erschießen den Attentäter. Am 24. Juli tötet ein 21-Jähriger in Reutlingen seine Freundin mit einem Dönermesser. Noch am selben Abend sprengt sich in Ansbach vor einem Konzert ein 27-Jähriger in die Luft, 15 Menschen werden verletzt. Die Anschläge von Würzburg und Ansbach lösen eine Sicherheitsdebatte aus.

Fremde als Feindbild und Sündenbock sind leicht zu vermitteln – und davon ausgehend lassen sich Querverbindungen zu anderen Themen herstellen.[33]

Es entstand ein stabiler Deutungsrahmen, der auf beliebige Zusammenhänge übertragen wurde: So erläuterte die AfD-Spitzenkandidatin für den Bundestagswahlkampf, Alice Weidel, in einer Talkshow, die Gefährdung habe durch diese Zuwanderung in absoluten Zahlen zugenommen. Und schlussfolgerte: Deshalb sei Kanzlerin Angela Merkel als Befürworterin der Flüchtlingspolitik von 2015 immer dann mitschuldig, wenn einer dieser Menschen eine Straftat begehe.

So nutzt die Partei jeden Anschlag als Verstärker für ihre Botschaft. Zudem werden alle Nachrichten über Straftaten von Zugewanderten und Flüchtlingen massenhaft in den AfD-nahen Gruppen und Kommentaren geteilt. Und aktivieren auf diese Weise immer wieder die Deutungen: Flüchtlinge sind Terroristen! Schuld am Terror ist die Bundesregierung mit ihrer Flüchtlingspolitik!

Wir gegen die – nach diesem Muster sind diese und viele andere AfD-Narrative gestrickt. Ein »ausgrenzender Kollektivismus« sei das, der alle erdenklichen Gruppen treffen kann«, urteilt die *Spiegel*-Kollegin Melanie Amman, welche die AfD seit Jahren beobachtet.[34] Er trifft vor allem Flüchtlinge, Muslime sowie Vertreter des »Establisments« und der »links-grün versifften Elite«. Über die Verteilung in den sozialen Netzen entsteht ein großer Resonanzraum für die Vorstellung, dass die Welt sich in die Guten – das Volk – und die Bösen – die Eliten – aufspaltet.

Die Erzählungen der AfD verbreiten Misstrauen und Enttäuschung und säen Zweifel. Sie haben durch die gruppenbezogene Menschenfeindlichkeit nicht nur das Potenzial, unsere Diskurse zu vergiften, sondern auch unser soziales Miteinander. Es trifft sogar Wohlfahrtsorganisationen und Institutionen der Zivilgesellschaft oder Ehrenamtliche. Ausgangspunkt sind die Gelder, die für die Versorgung der Flüchtlinge in Deutschland aufgewendet werden. Da gäbe es Profiteure: »Der Löwenanteil geht an ein Netzwerk von Asylprofiteuren: Unterkunftsbetreiber, Sozialdienste, Betreuer, Caterer, Sicherheitspersonal, Rechtsanwälte, Dolmetscher, Bauunternehmen, Handwerker, Lieferanten von Material und Einrichtung usw. Das Geld, das den Bürgern dafür entzogen wird, fehlt an anderer Stelle. (…) Die großen Wohlfahrtsverbände (…) üben (…) Druck auf Politik und Gesellschaft aus, damit ihre lukrative Klientel weiter wächst und nicht durch Abschiebungen oder restriktivere Asylpolitik kleiner wird.«[35]

Zwei Drittel der AfD-Wähler sind Modernisierungsskeptiker, stellte die Bertelsmann Stiftung fest.[36] Hier habe die Partei ein Alleinstellungsmerkmal. In der digitalen Echokammer rund um die Partei – aber auch in den Einträgen der entsprechenden Facebook-Gruppen wird das mehr als deutlich. Hier wird jeder Nachrichtenanlass zur Projektionsfläche für Negativ-Botschaften, die erst einmal alles Neue, aber auch alles Fremde ablehnen.

Mit wenigen Themen punkten

Es lässt sich über Netzwerkanalysen messen, welche Themen auf AfD-Seiten und von AfD-nahen-Twitter-Accounts eingesetzt wurden. Welche Narrative kamen besonders häufig vor und wurden vor der Wahl entsprechend aktiviert durch Einträge auf Twitter und Facebook? Die Frage stand im Zentrum einer von mir für dieses Buch beauftragten Netzwerkanalyse[37], bei der der Politikwissenschaftler Josef Holnburger rund 5 000 Beiträge der offiziellen AfD-Seiten, die zwischen Anfang Juni und September 2017 gepostet wurden, untersuchte.

Die bereits seit längerer Zeit durch die AfD zirkulierenden apokalyptischen Erzählungen von »Deutschland am Abgrund«, vom »Staatsversagen« und einem »Establishment, das gegen das Volk arbeitet«, sind besonders virulent. Das zweite hochfrequente Thema war das der Flüchtlinge und der ungesteuerten Migration – mit dem dazugehörenden Narrativ, dass Flüchtlinge Straftäter und Gewaltverbrecher seien, der Islam eine mit uns und unserem Land unvereinbare Gewaltideologie. Und unmittelbar vor der Wahl wurden sehr viele Geschichten dazu gepostet, dass es in Deutschland zu Wahlfälschungen komme, dass die AfD das Opfer von linksextremen Gewalttaten sei, von den Medien unfair attackiert werde, um ihren politischen Erfolg zu verhindern. »Gerade AfD-Unterstützer sind durch seine (gemeint ist hier der ehemalige Justizminister Maas) Hetze gegen politisch Andersdenkende ein bevorzugtes Angriffsziel der sogenannten Antifa geworden.« Dieser Post von Frauke Petry am 3. Juli auf Facebook ist nur ein Beispiel für das Narrativ der »AfD als Opfer«. Sie fordert ein paar Zeilen später den Justizminister auf: »Googlen sie doch einfach mal nach dem Begriff ›Demokratie‹.« Dass der AfD die Mobilisierung ihrer Wähler über wenige Protesterzählungen und Themen gelang, das bestätigte auch die Netzwerkanalyse.

Mit ihren Zuspitzungen will die Partei Tabus brechen und provozieren. Dazu gehört es auch, sich von der Kommunikation der anderen Parteien abzusetzen.

Entsprechend sehen die Wahlplakate aus: Da ist ein bärtiger Hipster mit folgendem Schriftzug abgebildet: »Mein marokkanischer Dealer kriegt sein Leben komplett vom Staat finanziert. Irgendwas ist in Deutschland oberfaul und deshalb wähle ich die Alternative.« Ziel ist, der political correctness und der Multikulti-Ideologie etwas entgegenzusetzen. Im Konzept für den Bundestagswahlkampf 2017 werden die AfD-Funktionäre aufgefordert, andere Parteien ungeachtet der Sinnhaftigkeit ihrer Politik anzugreifen. Die Taktik ist einfach: Ganz gleich, was die von der AfD sogenannten »Altparteien« tun, die AfD-Funktionäre wollen widersprechen und radikaler sein. »Als wirksame Maßnahme« habe sich unter anderem »die Eskalation der Konflikte« erwiesen. Gemeint ist damit die »Verschärfung der inhaltlichen Positionierung der AfD, sobald die Altparteien sich bewegen. Die AfD muss ihnen immer einen Schritt voraus sein, was inhaltlich nicht schwerfällt, sofern man konfliktbereit ist.«[38] Wie diese gezielte Eskalation, ohne Blick auf die tatsächliche Umsetzbarkeit politischer Forderungen, vereinbar ist mit der an anderer Stelle des Papiers beteuerten »inhaltlichen Kompetenz«, wird nicht erläutert.[39]

Provokation statt Problemlösung – das kennzeichnete die Kommunikation der AfD im Wahlkampf. »Konzentration auf Eingängiges geht vor Vollständigkeit, harte und provokante Slogans sind wichtiger als lange, um Differenzierung bemühte Sätze, die es allen recht machen wollen.«[40]

Nicht nur das schaute sich die AfD von den Wahlkampf-Kampagnen anderer Populisten ab – für die Bundestagswahl gewann die AfD die amerikanische Werbeagentur Harris Media, die weltweit rechte Parteien zu ihren Kunden zählt,[41] unter anderem die europafeindliche britische UKIP, die israelische Likud-Partei sowie Donald Trump. Harris Media hat schon mit zahlreichen Fake-Storys erfolgreich Stimmen gesammelt. Dazu gehörte das Video »Welcome to the Islamic State of Germany«[42] – eine Satire auf Rekrutierungsvideos des Islamischen Staats. Es geht um Dschihadisten, die Deutschland erobern, um auf dem Oktoberfest ihre Töchter zu verheiraten, aus dem Kölner Dom eine Moschee zu machen und denen in Deutschland aller Luxus geboten wird. Zielgruppe des Videos sind konservative Wähler in den USA. Es richtet sich gegen eine liberale Einwanderungspolitik der Demokratischen Partei und gegen deren Spitzenkandidatin Hillary Clinton, über die Donald Trump im Wahlkampf gesagt hat, sie wolle Amerikas Angela Merkel werden, »und ihr wisst, was für eine Katastrophe diese massive Einwanderung für Deutschland und die Menschen Deutschlands ist«.[43] Das Video zeige eine Zukunft, die verhindert werden könne, wenn der Westen gegen den radikalen Islam zusammenstehe, so Agenturchef Vincent Harris gegenüber der *Berliner Morgenpost*.[44] Das Video wurde unter anderem auch von der rechtsextremen amerikanischem Webplattform *Breitbart* und der russischen Nachrichtenagentur *Sputnik* verbreitet.

Für eine Kommunikation des Tabubruchs und der Provokationen sind Soziale Medien wie gemacht. Kurze Botschaften, Schlagworte, Protest und Kommentar – das sind die Elemente, die auf Sozialen Medien gut laufen: »Die AfD lebt gut von ihrem Ruf als Tabubrecherin und Protestpartei. Sie braucht sich dessen nicht zu schämen, sondern muss sich selbstbewusst zu ihrer Aufgabe bekennen, dem Protest in Deutschland eine politische Richtung und ein Gesicht zu geben.«[45] Die Reaktionen der »Altparteien« kalkuliert die AfD dabei gezielt ein: »Je nervöser und je unfairer die Altparteien auf Provokationen reagieren, desto besser. Je mehr sie versuchen, die AfD wegen provokanter Worte oder Aktionen zu stigmatisieren, desto positiver ist das für das Profil der AfD.« Negative Reaktionen müssten daher »ganz bewusst« einkalkuliert werden.[46]

Diesem Muster folgend, verbreitete Parteichefin Frauke Petry eine Twitter-Meldung mit der Forderung, dass Polizisten, um illegale Grenzübertritte zu verhindern, in letzter Konsequenz auch auf Flüchtlinge schießen müssten. Oder sie dachte öffentlich darüber nach, ob man den Begriff »völkisch« nicht auch positiv besetzen könne. Alexander Gauland ließ sich darüber aus, ob Nationalspieler Jérôme Boateng ein willkommener Nachbar sei. Negative Reaktionen löste nach dem Anschlag auf den Weihnachtsmarkt an der Berliner Gedächtniskirche auch der Tweet von Sven Tritschler, dem Chef der AfD-Nachwuchsorganisation Junge Alternative, aus, als er dem SPD-

Vize Ralf Stegner auf Twitter »Bekanntschaft mit einem Lkw-Reifen« wünschte.[47] Stegner hatte geschrieben, dass es absolute Sicherheit in einer freiheitlichen Demokratie nicht gebe. André Poggenburg, damaliger Fraktionschef in Sachsen-Anhalt vom rechten Rand der AfD, twitterte: »Das Gutmenschengejaule zu Terror in Berlin wird gleich einsetzen.«

Solche unangemessenen Posts lösen viele Reaktionen aus. Das gilt aber auch für Zuspitzungen im Wahlkampf zur Bundestagswahl: zum Beispiel im Video von Beatrix von Storch. Die Flüchtlingspolitik der Kanzlerin sei ein klarer Rechtsbruch, deshalb müsse Merkel juristisch zur Verantwortung gezogen werden – vor einem Untersuchungsausschuss, sobald die AfD im Bundestag sei: »Bundeskanzlerin Merkel hat im vergangenen Jahr faktisch unsere Grenzen eingerissen. Es ist der größte politische Skandal der Nachkriegsgeschichte – Watergate war nichts dagegen«, erklärt sie in einem Youtube-Clip.[48]

Auch Desinformationen werden von der AfD eingesetzt: So die Bildmontage zum Buch von Justizminister Heiko Maas, »Eine Strategie gegen rechts«, das im Fake-Post der AfD-Thüringen zur »Strategie gegen das Recht« wird. Versehen mit einer Attacke gegen die Zensurmaßnahmen, welche die Bundesregierung über das Netzdurchsuchungsgesetz durchsetzen wolle. »Im Endspurt vor der Bundestagswahl fallen bei den Blockparteien die letzten Hemmungen«, schreibt dazu AfD-Fraktionschef Björn Höcke. »Wie bei Totalitären verschwimmen die Grenzen der Gewaltenteilung: Vizeminister missbraucht sein Amt, um Druck auf Unternehmen wie Facebook auszuüben, damit diese rechtzeitig vor der Wahl die freie Meinungsäußerung beschneiden.« Im Nachhinein bezeichnete die AfD diese Falschmeldung als Satire. Doch die Wirkung ist in der Zwischenzeit längst entstanden, in rasendem Tempo verbreitet sich die Falschmeldung. Zuspitzungen, Hetze, Beleidigungen und Beschimpfungen, Vergleiche mit »Totalitären«, mit »Systemparteien« rufen sofort und zuverlässig weitere Hassreaktionen hervor. Kommentare auf diesen Fake-Post waren unter anderem: »Volksverräter wir wählen Euch ab!« oder »Die Altparteien Politiker sind der letzte Müllhaufen von Deutschland. Unwählbar. Volksverräter. Zu DDR-Zeiten hätten die sie alle eingesperrt wegen Volksverrat. Widerliche Knallköpfe.«[49]

Wenn es der Mobilisierung für die AfD und ihren Parteizielen dient, dann wird auch bei Gewalttaten nicht vor Falschinformationen haltgemacht. Wie durch Parteisprecher Christian Lüth, der nach dem Anschlag in München im Juli 2016 twitterte: »#AfD wählen! Schüsse am Olympia Einkaufszentrum: Tote in München – Polizei spricht von akuter Terrorlage.« Später stellte sich heraus, dass dieses Blutbad nicht von einer Terrororganisation verübt worden war, sondern von einem einsamen Amokschützen.

Oft wiederholt in den unterschiedlichsten Versionen werden auch Beiträge zu angeblich gefälschten Meinungsumfragen und einer mutmaßlich gefälschten Bundestagswahl. So zum Beispiel in einem ominösen Zeitungsartikel eines bis dahin völlig unbekannten *Kölner Abendblatts* (9. 9. 17): »Skandal, Bundestagswahl Ergebnisse stehen bereits fest« – mit dieser Headline werde ich angesprochen. Und erfahre: »Altparteien manipulieren zulasten der AfD das Bundestagswahl Ergebnis.« Unter anderem solle die AfD an der Fünf-Prozent-Hürde scheitern. Der falsche Artikel beruft sich auf »russische Geheimdienste« und die ebenfalls nicht existente Presseagentur »AFAP« als Quellen.

In allen diesen Fällen gab es keine Richtigstellung oder Distanzierung seitens der AfD.

Die Echokammern der AfD: Einladung für rechtsextreme Positionen

Die AfD distanziert sich nicht von rechtsextremen Inhalten, sondern nutzt sie zur Wählerbindung und Eigenwerbung. Denn sie weiß sehr wohl, dass auch diese Teile ihres »Echoraums« und ihrer Basis sind. Untersuchungen zeigen: In AfD-Milieus sind rechtsextremistische Einstellungen ausgeprägter als in anderen Wählerkreisen. Das belegt etwa eine Umfrage von Infratest dimap aus dem Jahr 2016. Im Rahmen einer Befragung wurden damals AfD-Anhängern Aussagen vorgelegt wie: »Auch heute ist der Einfluss der Juden noch zu groß« oder »Es gibt wertvolles und unwertes Leben«. Aussagen, die gruppenbezogene Fremdenfeindlichkeit, Antisemitismus, Sozialdarwinismus, Chauvinismus und eine Verharmlosung des Nationalsozialismus ausdrückten und denen 28 % der Befragten zustimmten.[50] Durch die

Kommunikation in den Gruppen der Gleichgesinnten verstärken sich solche Haltungen.

Offiziell distanziert sich die AfD durchaus von rechtsextremen Positionen.[51] Eine Aufnahme von früheren NPD- und DVU-Mitgliedern sei tabu, heißt es in der AfD-Satzung. Mitglieder anderer Organisationen, welche durch deutsche Sicherheitsorgane als extremistisch eingestuft werden, dürfen laut Satzung erst nach einem Gespräch aufgenommen werden. Für den Wahlkampf zur Bundestagswahl wird diese Regel flexibler ausgelegt: So heißt es zwar im Strategiepapier zum Bundestagswahlkampf 2017, die AfD solle »Abstand zu Gruppierungen haben, die in den Augen der Mainstream-Medien als rechtsextrem gelten.« Aber: »Es muss (...) nicht jedes Mitwirken individueller AfD-Mitglieder bei in den Mainstream-Medien suspekten Gruppen thematisiert und geahndet werden.«[52]

De facto hat die AfD Anhänger anderer rechter Splitterparteien eingesammelt. Schon kurz nach ihrer Gründung verzeichnete die AfD Zulauf aus rechten Gruppen wie der islamfeindlichen Partei »Die Freiheit«[53], die sich Ende 2016 zugunsten der AfD auflöste, weil diese ihre Ziele, vor allem die Agitation gegen den Islam, »überzeugend« fortsetze.[54] Auch aus den vor allem regional verankerten Protestparteien wie PRO-NRW oder der Partei der Republikaner wanderten viele zur AfD.[55]

Mangelnde Distanz zu rechtsextremen Akteuren lässt sich an vielen Stellen erkennen, nicht nur an gemeinsamen Auftritten mit der IB. Die AfD verzeichnet auch Neuzugänge aus den Kreisen rechtskonservativer Burschenschaften wie der Münchner Danubia, der Hamburger Germania oder der Alten Breslauer Burschenschaft der Raczeks zu Bonn.[56] Vor der Landtagswahl in Mecklenburg-Vorpommern äußerten Spitzenleute der AfD, dass sie sich bei einem Wahlerfolg der NPD vorstellen könnten, Anträge der rechtsextremen Partei im Landtag zu unterstützen.[57] »Man muss in einem Parlament in der Sache abstimmen«, sagte Bundeschef Jörg Meuthen dem *Mannheimer Morgen*. »Wenn die NPD vernünftige Vorschläge macht, würden wir genauso wenig gegen sie stimmen, wie wenn das bei den Linken der Fall wäre.« Ähnlich äußerte sich der AfD-Spitzenkandidat für die Landtagswahl, Leif-Erik Holm.

Die offen rassistischen, homophoben oder frauenfeindlichen

Kommentare und Diskussionsbeiträge in den AfD-Gruppen zeugen von der Nähe zu rechtsextremen Positionen. Entgleisungen von AfD-Amtsträgern, wie die Behauptungen, es sei ein »schleichender Genozid« an den Deutschen im Gang oder Musliminnen seien »Frauen in Müllsäcken«[58], rufen zwangsläufig rassistische und gewaltverherrlichende oder völkische Hetze in den Kommentaren hervor. Das lässt sich beispielsweise bei der »Patriotischen Plattform« verfolgen, einer Gruppierung, die der AfD nahesteht und im Netz stark präsent ist. Vorstand der Gruppe ist der Islamwissenschaftler Hans-Thomas Tillschneider, der auch AfD-Landtagsabgeordneter in Sachsen-Anhalt ist und als intellektueller Kopf der Rechten in der Partei gilt. Die »Patriotische Plattform« steht hinter AfD-Rechtsaußen Björn Höcke, der regelmäßig mit völkischen Thesen Schlagzeilen macht.

Menschenrechte? Ja, aber nicht für alle!

Die AfD nimmt in ihrem Wahlkampfprogramm immer wieder Bezug auf Menschenrechte und Werte, die in Europa und in Deutschland gelten. Sie gibt vor, diese schützen zu wollen. Dabei greift sie zu einer Ja-aber-Taktik! Grundsätzlich ja – aber nicht für alle. Sie macht eine Zweiklassengesellschaft für Grundrechte auf – selbstverständlich für Deutsche, doch nur unter Auflagen für Zugewanderte.

Sie fordert die Überarbeitung der veralteten Genfer Flüchtlingskonvention und plant das Grundgesetz mit Blick auf die Asylregelungen zu ändern. Sie will die Grenzen umgehend schließen, Asylanträge sind »außerhalb Europas zu stellen«[59]. Aus dem Recht auf Asyl wird in den Vorschlägen der AfD ein »Gnadenrecht«.[60] Die im Grundgesetz verankerte individuelle Prüfung von Asylgesuchen stellt sie in Frage, will das Grundgesetz beim Asylrecht »anpassen«, also das in Artikel 16a des Grundgesetzes verbriefte Grundrecht, dass politisch Verfolgte Asylrecht genießen. Reine Provokation, denn hier gilt die sogenannte Ewigkeitsklausel in der Verfassung.

Das gilt auch für das Thema Gleichstellung, das in der AfD-Sprache gerne als »Genderwahnsinn« bezeichnet wird. Im Programm beruft sich die AfD auf Art. 3 des Grundgesetzes, nach dem Männer und Frauen gleichberechtigt sind, und lehnt unter Berufung darauf jede Quotenregelung als gesetzlich vorgeschriebene Ungleichbehandlung ab.

Sie stellt somit Grundwerte und Grundlagen unserer Gesellschaft und unserer Verfassung zur Diskussion und sät gezielt Zweifel daran. Es ist nicht verwunderlich, dass dies in vielen Kommentarforen der AfD-Gruppen zu radikalen, demokratie- und menschenfeindlichen Reaktionen führt.

Die Partei lehnt die Ehe für alle ab: »Aus einer Homo-Ehe entstehen keine Kinder, die wir dringend für den sozialen Frieden in Deutschland brauchen: Unsere Renten- und Sozialsysteme sind auf Nachwuchs angewiesen. Unsere Kultur sowieso. Je mehr Multikulti wir in Deutschland haben, desto absonderlicher werden auch die ›unterstützenswerten‹ Familienmodelle: Auch Kinder-Ehen und Vielweiberei werden bald von den etablierten Parteien unterstützt. Leider gibt es nur eine Partei, der die Zukunft unseres Landes am Herzen liegt: Einzig die Alternative für Deutschland setzt sich für die traditionelle Familie ein.«[61] Und nur die AfD lehnt die Gleichstellung und Gleichbehandlung von Menschen ungeachtet ihrer sexuellen Orientierung ab mit dem Verweis: »Gender-Ideologie ist verfassungsfeindlich.«[62]

»Der Erhalt des Staatsvolks ist vorrangige Aufgabe der Politik und jeder Regierung.«[63] Dabei wird auch beschrieben, wer nicht dazugehört: »Der Islam gehört nicht zu Deutschland. In der Ausbreitung und Präsenz von über 5 Millionen Muslimen, deren Zahl ständig wächst, sieht die AfD eine große Gefahr für unseren Staat, unsere Gesellschaft und unsere Werte-Ordnung.«[64] Zwar weist die AfD hier darauf hin, dass sie die Glaubens-, Gewissens- und Bekenntnisfreiheit uneingeschränkt anerkenne. Der seien jedoch Schranken zu setzen durch staatliche Gesetze.[65] Einer liberalen und toleranten Gesellschaftsordnung begegnet die Partei am Ende ihres Wahlkampfprogramms mit einem klaren Bekenntnis zu einer Gesellschaft, in der nicht alle dieselben Rechte genießen, in der Toleranz klare Grenzen hat: »Die AfD wird nicht zulassen, dass Deutschland aus falsch verstandener Toleranz sein kulturelles Gesicht verliert.«

Die Twitterstrategie der AfD

In einer intensiven datenjournalistischen Analyse haben *Tagesspiegel* und *netzpolitik.org* seit Dezember 2016 die Twitter-Kommunikation der AfD unter die Lupe genommen.[66] Auf Twitter setzt die AfD nicht nur auf die offiziellen Partei-Accounts, sondern auf weitere inoffizielle reichweitenstarke Kanäle, die als AfD-Werbekanäle funktionieren. Deren Betreiber sind in der Regel anonym. Das gilt zum Beispiel auch für einen der erfolgreichsten namens »Team Balleryna«. *Netzpolitik.org* hat untersucht, wer »Team Balleryna« folgt – ein Account, der Anfang Mai 2017 auf rund 292 000 Follower kam. Die Selbstbeschreibung von »Team Balleryna« ist eine klare Wahlempfehlung – und ein Appell, sich stärker in der Gegenöffentlichkeit und über Twitter zu vernetzen: »2017 wird unser Jahr. Erobern wir gemeinsam unser Heimatland zurück! Guter Vorsatz: Einander besser vernetzen, zurückfolgen, retweeten+herzen! #AfD @AfDKompakt.« Neben den Bezügen zu den offiziellen Twitter-Accounts der AfD @afdkompakt und @afd führt Balleryna eine Liste weiterer Unterstützer auf: @ichwaehleAfD, @2017_afdwaehlen, @afdsupport, @afdunterstuetze, @afd_Tweets, @MutfuerWahrheit[67]. Diese werden auch im offiziellen Twitter-Kanal von @afdkompakt als Unterstützer benannt. Die nicht offiziellen Pro-AfD-Accounts folgen sich gegenseitig: @mundaufmachen, @ichwaehleAfD, @mutfuerwahrheit, @AfDTweets, @PinocchioPresse.[68]

Sie agieren vernetzt, teilen und multiplizieren oft die gleichen oder sehr ähnliche Inhalte.[69] So verstärken sie das Grundrauschen der AfD in den Sozialen Medien, sie sind der Echoraum für die Botschaften der Partei auf Bundes- und Landesebene, der Orts- und Kreisverbände und die Botschaften des Spitzenpersonals.

Das Profilbild zum Account @balleryna zeigte seit dessen Start vor sechs Jahren eine blonde Frau mit Pferdeschwanz und großen Ohrringen. Im Biographie-Text nennt Balleryna sich damals »Irina«. Im ersten Tweet gibt sich Balleryna als 17-jährige Deutsch-Russin aus.[70] Netzpolitik geht auf Grundlage der Auswertung von zahlreichen Tweets, Foren- und Medienberichten, Netzwerkanalysen und Aussagen mehrerer Informanten jedoch davon aus, dass hinter »Team Balleryna« AfD-nahe Akteure stehen.[71] »Team Balleryna« twittert fleißig – insgesamt rund 86 000 Tweets zählte *Netzpolitik*, 40 pro Tag –, außerdem verteilt der Account etwa 60 Likes am Tag. Besonders häufig retweetet Balleryna AfD-Größen wie Beatrix von Storch oder Jörg Meuthen sowie die Tweets der Kreis- und Landesverbände der Partei und des Accounts der Bundespartei @afd oder @afd_kompakt. Daneben werden Inhalte inoffizieller Unterstützer-Accounts wie @mundaufmachen häufig weiterverteilt. Es finden sich aber auch die Fake-Meldungen der fremdenfeindlichen Website *XY Einzelfall*.[72]

Nur ein Teil der fast 300 000 Accounts, die »Team Balleryna« folgen, und damit einem Account, der deutsche Inhalte verbreitet, sprechen oder schreiben deutsch. Es sind maximal 3 %, also etwa 10 000 Nutzer. Alle anderen sprechen bzw. twittern in Englisch, Spanisch, Arabisch, Portugiesisch und anderen Sprachen. Manche dieser Follower sind wohl Bots, also Roboter, automatisierte Accounts. Balleryna selbst ist nicht automatisiert, hinter dem Account steht nach Einschätzung von *Netzpolitik* ein Autorenteam.[73]

Auf diese Weise lässt sich den Nutzern suggerieren, dass es sich hier um einen reichweitenstarken und einflussreichen Account handelt – so weist Balleryna zwar 300 000 Follower aus –, de facto folgen wahrscheinlich nur 10 000 dem Account. Ein Riesenunterschied!

Durch Automatisierungen lässt sich Kommunikation massenhaft und für die Nutzer fast unmerklich vervielfältigen. Ziel ist, dieses Grundrauschen für die AfD auf Twitter entstehen zu lassen.

Umstritten bleibt, inwieweit die Partei Social Bots einsetzt, um ihre Reichweiten in den Sozialen Medien zu erhöhen.[74] Ein solcher Social Bot ist eigentlich ein Roboter – aber er ist im Netz kaum von einem menschlichen Nutzer zu unterscheiden.

Die AfD hat sich im Wahlkampf von Social Bots verschiedentlich distanziert und ihren Einsatz abgelehnt. Ein Interview zum Thema will sie dennoch nicht geben. »Die AfD lehnt den Einsatz von sogenannten Social Bots ab«, schreibt ein Sprecher per E-Mail auf Nachfragen der *Deutschlandfunk*-Kollegin Jeanette Seiffert. Beim AfD-Landesverband Berlin erhält sie über dessen Vorstandsmitglied Ronald Gläser die Auskunft, im zurückliegenden Berliner Landtags-Wahlkampf habe man keine Social Bots eingesetzt. Aber: »Wenn es möglich ist, werden wir uns dem technischen Fortschritt natürlich nicht verschließen.«[75]

Insgesamt kommen Bots im Vergleich zu den USA, aber auch zu Nachbarländern wie Frankreich, in Deutschland noch vergleichsweise wenig zum Einsatz, betont Lisa-Maria Neudert, die für die Oxford University den Einsatz von Algorithmen und Automatisierung bei der Verbreitung von Desinformation u. a. auch in den USA, Russland, der Ukraine und China untersucht hat.[76] »Wir haben in unseren Analysen zur Bundespräsidentenwahl 2017 wenige Bots auf Twitter gefunden. Die Mehrzahl der Bots, die wir gefunden haben, sind aber eher aus dem rechten Spektrum und sie sind tatsächlich oft sehr AfD-nahe.«[77] Für die NRW-Wahl haben die Forscher ermittelt, dass zwischen 4 und 12 % der Informationen durch automatisierte Accounts in Umlauf gebracht wurden.[78] Bei der Bundestagswahl seien nur 7,4 % aller auf Twitter geteilten Informationen automatisiert gewesen – eine im Vergleich zu anderen Ländern geringe Zahl.[79]

»Es ist nicht mehr das, was man von früher kennt, dass man große koordinierte Akteure hatte, dass es vor allen Dingen Staaten waren, die Propaganda verbreitet haben«, fasst Neudert die neue Entwicklung zusammen. Die Propaganda habe sich im Internet »demokratisiert«: »Jeder, der einen Bot bauen möchte, kann sich da entsprechende Tutorials herunterladen und in 20 Minuten seinen eigenen Social Bot erstellen und darüber Propaganda verbreiten.«[80] Außerdem gibt es viele Dienstleister, die das für wenig Geld anbieten, um auf Social Media die Zugriffszahlen zu vervielfachen: Für 20 000 Views bei Youtube zahlt man knapp 90 Euro.[81]

Reichweite über Contentsharing

Reichweite erzeugt die AfD auch über den Aufbau eigener digitaler Medien. Seit Juli 2016 strahlt *AfD-TV* im Internet regelmäßig und unkommentiert Interviews, Konferenzen und Demonstrationen mit einer Reichweite von bis zu 800 000 Klicks aus.[82] Die Konferenz der europäischen Rechtsparteien in Koblenz im Januar 2017 wurde von *AfD-TV* sowie von der russischen Agentur *Sputnik* im Livestream wiedergegeben. *AfD-TV*–Chef Joachim Paul kündigte Anfang 2017 an,[83] die AfD wolle künftig mit eigenem TV-Studio, Radiosender und eigener Presse den Leitmedien eine »Gegenmacht entgegensetzen«.

Auch andere Akteure und Medienplattformen der rechten Gegenöffentlichkeit im Netz sorgten für die digitale Verbreitung und Rechtfertigung der AfD-Botschaften. So zum Beispiel mit Blick auf die von Björn Höcke getätigten Äußerungen zum Holocaust-Denkmal. Der rechte Publizist Götz Kubitschek führte auf der Seite der Zeitschrift *Sezession* aus, worum es Höcke ging: »›Denkmal der Schande‹ bedeutet nicht, es sei eine Schande, dass es dieses Denkmal gebe, sondern ist schlicht die Beschreibung dafür, dass die Schandtat Deutschlands in einem Denkmal dauerpräsent sei. Denn dies ist wiederum einmalig: Keine andere Nation hat dem negativen Anteil seiner Geschichte im Herzen seiner Hauptstadt den zentralen Erinnerungsort zugeteilt.«[84]

Und auf dem von Kubitschek initiierten Webportal *Ein Prozent* (im Übrigen oft geteilt in AfD-Gruppen) ist nachzulesen, dass es vor allem darum gehe, gegenüber den Kritikern der Mainstream-Medien, die über Höcke hergefallen wären, geschlossen aufzutreten: »Worum es allen Patrioten gehen sollte, ist die Überzeugung, dass man nicht mit dem Chor des Mainstreams grölt. Wenn der Einheitsblock der Medien gegen einen ›von uns‹ agitiert, einem von uns Wörter im Munde umdreht: da macht man nicht mit. (…) wer öffentlich ausgerechnet linksliberale Presseorgane als ›Anti-Höcke-Rammböcke‹ nutzt, (…), muß sich fragen lassen, ob ihm persönliche Befindlichkeiten oder Seilschaften wichtiger sind als der politische Kampf gegen ein polit-mediales System, das nonkonforme Kräfte diffamiert und sozial vernichten will. Die Bürgerinitiative Ein Prozent ruft das demokratisch-patriotische Lager daher zur Einheit und Gelassenheit auf. Denn das Jahr 2017 wird das ›Wendejahr‹.«[85]

Auch *Russia Today* unterstützt die AfD mit regelmäßiger Berichterstattung – und gehört daneben zu den häufig genutzten Informationsquellen für AfD-WählerInnen.[86] Darüber hinaus pflegen dem Kreml nahestehende Organisationen die Verbindung zu AfD-Vertretern.[87] Dazu später mehr.

Parolen statt Programm

Für die Kommunikation der AfD gilt: Sie muss einfach sein! Dafür bieten sich die kurzen Botschaften in Sozialen Medien an. Die Kommunikationsstrategen der Partei wissen sehr wohl, dass der Erfolg der AfD als Protestpartei auch nach dem Einzug in den Bundestag davon abhängt, ob weiterhin Verunsicherung, Wut und Angst unter vielen Deutschen herrschen, ob es im Land eine Proteststimmung gibt. Und deshalb wird die AfD genau diese Kommunikation weiter am Laufen halten. Dem sollten wir uns stellen. Wir müssen die Ängste und Sorgen ihrer Anhänger zur Kenntnis nehmen – und politisch lösen.

Die AfD bietet bei fast keinem Thema politische Lösungen an, sondern agiert vor allem über Parolen, Vorurteile und Emotionen. Wir können diese Strategie, die digital gut aufgeht und eine große Zahl von Menschen erreicht, nur stören, wenn wir immer wieder in klaren Worten benennen, wofür die AfD wirbt, wenn sie diese Kampfbegriffe, Stichworte und Kampagnen lanciert. Es gilt umso mehr, dass wir mit unserer Sprache sorgfältig umgehen – uns nicht anstecken lassen von der in AfD-Gruppen virulenten Wut. Wir dürfen unsere Sprache nicht vergiften lassen durch die Hassreden der Wutbürger. Denn genau das will die AfD provozieren. Auch bei den zentralen Themen setzt die AfD nicht auf »differenzierte Ausarbeitungen und technisch anspruchsvolle Lösungsmodelle«, die nur »Spezialisten aus der politischen Klasse interessieren«.[88]

Es ist keine schlechte Nachricht: Jetzt sind sie selbst Teil der von ihnen bisher so gerne beschimpften »politischen Klasse«. Im Bundestag und im politischen Alltag dürften Parolen, Feindbilder, Geschichten von Opfern und Tätern oder Desinformationen für den langfristigen politischen Erfolg nicht reichen. Vorausgesetzt, alle anderen politischen, medialen, gesellschaftlichen Akteure und wir selbst gehen damit souverän um. In der politischen Auseinandersetzung mit den Rechtspopulisten muss es darum gehen, ihnen politische Vorschläge und Antworten auf die realen Probleme in unserem Land abzuverlangen. Ihre Desinformation und Propaganda zu entlarven, indem man sie mit den Fakten konfrontiert. Fakt statt Fake! Daran sollten alle demokratischen Kräfte arbeiten.

Rechtsextremer Flashmob – die Identitäre Bewegung

»Junge Männer und Frauen besiegen jeden Tag aufs Neue die Resignation und Bequemlichkeit eines konformistischen Zeitgeistes, dessen stickiges Meinungsklima die freie Rede verhindert. Patrioten entlarven die Lügen der multikulturellen Gesellschaft und leisten unermüdlich Aufklärungsarbeit. Identitäre Aktivisten nehmen die Konsequenzen von Repression, Diffamierung und Hetze in Kauf, weil es ihnen allen um ein Ziel geht: Die Verteidigung Europas!«

So beschreibt sich die Identitäre Bewegung (IB) auf Facebook[1] selbst. Das klingt nach jugendlichem Widerstand, einer revolutionären Volksbewegung. Dabei war die IB zunächst in erster Linie eine Bewegung im Netz: Sie startete in Deutschland 2012 als Facebook-Gruppe.[2] Und der rechtsextremen Gruppierung, die vom Verfassungsschutz beobachtet wird,[3] weil sie »Bestrebungen gegen die freiheitliche demokratische Grundordnung« erkennen lasse, gehören in Deutschland etwa 400 Mitglieder an.

In Österreich und Deutschland zusammen sind es etwa 1 000.[4]

Intensiver als viele andere Akteure der Neuen Rechten setzen die Identitären auf direkte Kommunikation im Netz. Und sie teilen dort nicht nur antimuslimische, rassistische oder völkische Positionen, sondern auch deren Kritik an Eliten und Medien, denn Letztere seien Vertreter der »geistigen Meinungsdiktatur« im Land.[5]

Ihre Kommunikation im Netz sorgt dafür, dass die relativ kleine Gruppe zum virtuellen Scheinriesen wird. Die von ihnen produzierten Inhalte werden von anderen Medien in der rechten Echokammer oft geteilt, denn sie sind technisch vergleichsweise aufwendig produziert, beinhalten viele Videos und werden insbesondere von jungen Zielgruppen genutzt. Die IB spitzt zu. Sie produziert und platziert Beiträge mit rassistischen, fremdenfeindlichen, frauenfeindlichen und demokratiefeindlichen Positionen.[6] Mit ihren kulturrassistischen Thesen erweitert sie die »Grenze des Sagbaren«.

Es geht ihr darum, mit einer effizienten Kommunikation und gezielten Spracharbeit die öffentliche Meinung zu beeinflussen: »Wir wirken meinungsbildend im öffentlichen Raum, wo gesellschaftliche Debatten und Diskussionen stattfinden. Wir agieren auf dem kulturpolitischen Feld, und wir setzen Begriffe und inhaltliche Botschaften, die den gesamtgesellschaftlichen Diskursraum umfassen.«[7] Auf diese Weise verfolge man das Ziel, die »Meinungshoheit« zu brechen, die Festung der political correctness einzureißen. So ist es auf der Website der IB Deutschland nachzulesen. Die IB ist ein europäisches Phänomen. Die Bewegung nahm um die Jahrtausendwende in Frankreich ihren Ausgangspunkt, bevor sie über diese ideologischen Vorbilder zu uns kam: Die deutsche IB entstand als Ableger der Organisation »Génération identitaire«, die in Frankreich als Jugendgruppe des »Bloc Identitaire« existierte.[8] Ein Auslöser für das Entstehen der Identitären Bewegung in Deutschland war das von Thilo Sarrazin in Umlauf gebrachte Buch »Deutschland schafft sich ab«, das im Netz zu größeren kulturrassistischen Diskussionen führte.

Martin Sellner, Student, Co-»Leiter« der Identitären Bewegung Österreich und ihr Wortführer, hat auf Twitter mehr als 12 000 Follower,[9] mehr als 21 000 Usern gefällt seine Facebook-Seite. Dem Account der IB Deutschland folgen auf Twitter 11 000 Nutzer, auf Facebook liken die Seite mehr als 60 000. Und weit mehr Menschen erreichen die Identitären darüber, dass ihre Inhalte von Dritten gelikt oder vom AfD-nahen Magazin *Compact* gedruckt werden. Sie ist gut vernetzt und bei den Veranstaltungen anderer Akteure der Neuen Rechten präsent. In geschlossenen und offenen Gruppen bei Facebook werden die Botschaften der Identitären von Anhängern der AfD oder Pegida geteilt. Auch die AfD sucht die Zusammenarbeit, wenn der Vorsitzende der Patriotischen Plattform, dem rechtsnationalen Flügel der AfD, fordert: »Wir wünschen uns eine engere Zusammenarbeit zwischen Identitärer Bewegung und AfD, denn auch die AfD ist eine identitäre Bewegung und auch die Identitäre Bewegung ist eine Alternative für Deutschland.«[10]

Über die Accounts und Gruppen der IB vernetzen sich hier online Milieus und Generationen der Neuen Rechten, die im Alltag möglicherweise kaum Berührungspunkte haben. Das ist ein Grund, warum die IB trotz ihrer überschaubaren Mitgliederzahl in der rechten Echokammer eine wichtige Rolle spielt. Sie sorgt dafür, dass sich neurechte Ideen bei jungen Menschen platzieren und verfestigen.[11] Denn sie hat ihre Kommunikation von Anfang an auf die Bedürfnisse der sogenannten Digital Natives abgestellt, also auf Jugendliche und junge Erwachsene, die bereits unter den Bedingungen einer digitalen Welt groß geworden sind. Schnell, bunt und animierend kommunizieren sie über Videos von Demonstrationen, Spontanaktionen, Denkmal-Besetzungen oder Sitzblockaden, Bilder und Beiträge, die vor allem einen Appell transportieren: »Wir tun was – Mach mit!« »Je suis Bautzen«, twitterte der Führer der IB nach einer Hetzjagd auf Flüchtlinge in der sächsischen Stadt Bautzen im Sommer 2016 – offenbar in bewusster Anlehnung an das Solidaritätsmotto »Je suis Charlie« nach dem islamistischen Anschlag auf die Redaktion der Satirezeitung Charlie Hebdo in Paris.[12] »Sichere Grenzen – sichere Zukunft« heißt es auf einem langen Transparent, das Aktivisten der IB Ende August 2016 (29.8.) am Brandenburger Tor entrollen – das Foto verbreitet sich im Nu in den sozialen Netzwerken. Die Aktionen sind für die Verbreitung im Netz geplant und entsprechend inszeniert. Ihre Wirkung entfalten sie nicht über die wenigen Augenzeugen vor Ort, sondern durch das Teilen und Liken von Posts, Fotos und Videos durch viele Nutzer und über einen Zeitraum, der weit über das eigentliche Ereignis hinausgeht.

Die Identitären sind ein Beispiel dafür, wie sich politische Kommunikation durch das Netz verändert und mit welchen Inhalten und welcher Strategie über das Netz Meinung gebildet wird. Sie sind mit ihren Reaktionen bei Facebook und Twitter auf politische Entwicklungen sehr oft deutlich schneller als die Parteien oder deren Jugendorganisationen wie Jusos oder Grüne Jugend.

Ihre rechten und zum Teil rechtsextremen politischen Botschaften dringen über Soziale Medien in breitere soziale und politische Gruppen und Milieus ein und erreichen so weit breitere Zielgruppen, als es mit einer konventionellen politischen Kommunikation möglich ist. Die virale Verbreitung der Netzpropaganda der IB ist für mich ein Beispiel dafür, wie sich Desinformation auch in Deutschland gezielt verbreiten lässt. [13]

Die Kommunikation der Identitären Bewegung verbindet Sprache und Aktion. Sponti-Aktionen prägen das Bild, das die IB von sich selbst zeichnet, über das Netz wird es vervielfätigt.

Ein Beispiel dafür ist die Kampagne #DefendEurope, die im Sommer 2017 über Wochen die Twitter-Accounts und Facebook-Seiten der IB in ganz Europa füllt und die Botschaften der Identitären stützen soll: Flüchtlinge müssen in ihre Heimatländer zurückkehren und: Nichtregierungs- und Seenotrettungsorganisationen kooperieren mit den Schleusern, die Flüchtlinge in Booten auf das Mittelmeer schicken. Mit #DefendEurope wollten die Identitären das verhindern und die Seenotrettung stören. Über das Netz wurde bei Anhängern und Sympathisanten das nötige Geld organisiert. Rund 200 000 Euro kamen zusammen. Mit dem Geld charterten die Identitäten das Schiff C-Star, das vor der libyschen Küste die Seenotrettung von afrikanischen Flüchtlingen verhindern soll. Bei Twitter ließ sich die Aktion über Hasthags wie #CStar und #DefendEurope verfolgen. Videos und Bilder bei Facebook simulierten, dass die Nutzer live dabei sind, wenn die C-Star vor der Küste kreuzt. Auf seinem Twitter-Account beschreibt @simon_waldquell, was er von der C-Star aus angeblich beobachtet, etwa gerettete Flüchtlinge, die in Zelten am Land Erste Hilfe erhalten. Er berichtet über »ominöse Busse«, die Flüchtlinge über ganz Sizilien »verströmen« würden, dass auf diese Weise die »Massenmigration vertuscht« werde.

Es sind Berichte vom Hörensagen, gespickt mit Vermutungen und Behauptungen und den immer gleichen Bewertungen, dass nämlich Nichtregierungs- und Rettungsorganisationen – von der IB als »Schlepper-NGOs« bezeichnet – mit den Schleusern zusammenarbeiten würden und so die Zahl der Flüchtlinge weiter nach oben trieben. Die Kampagne stößt auf große Resonanz im Netz. Sie erreicht, was die IB mit ihrer Kommunikation erreichen will: Aufmerksamkeit bei vielen Nutzen, schnelle virale Verbreitung auch außerhalb der IB-Accounts und -Gruppen – vor allem aber: Berichterstattung in den traditionellen Medien über die Aktion.

Das Internet ist ein einfacher technischer Verstärker für diese Aktionen, die sonst kaum größere Wahrnehmung erreichen würden. Die politische Kommunikation der IB setzt vor allem auf die virale Verbreitung solcher Störaktionen.[14] In Halle mauerten die IB-Aktivisten im März 2016 den Eingang des Hauses des Landesnetzwerks der Migrantenorganisationen zu. Eigentlich sollten hier Ausländer, die bereits länger in Sachsen-Anhalt wohnen, die Möglichkeit bekommen, sich mit dem politischen System Deutschlands vertraut zu machen, indem sie an einer »Probewahl« zum Landtag teilnehmen.[15] Anschließend schrieben sie »NO WAY« auf die Mauersteine im Eingang. Eine Aktion, die als regionales Ereignis überregional nicht wahrgenommen würde, die die IB aber anschließend über ihre Facebook-Seite weiter verbreitet[16], um so Resonanz bei anderen Akteuren in der rechten Echokammer zu erzeugen, so u.a. bei *PI news*, das dazu schreibt, die »Probewahl« sei wohl eine »Vorbereitung auf zukünftige Umstände, wo, geht es nach den linken Spinnern, von der ganzen Welt entschieden werden soll, was in Deutschland zu geschehen habe. Das ist nicht nur staatsgefährdend, sondern wäre in der Tat eine Zersetzung des deutschen Souveräns.«[17]

Diese Formulierung transportiert eine Kernbotschaft der IB, den »großen Austausch«: die Vernichtung des deutschen Volkes durch muslimische Zuwanderer. Eine Botschaft, die sich wie ein roter Faden durch die digitale Propaganda der IB zieht – gleichlautend heißt es etwa auf der Facebook-Seite der IB: »Die Deutschen sollen als Souverän ausgetauscht werden, das politische Establishment importiert sich ein neues Wahlvolk. Was hier noch gespielt wird, könnte bei der nächsten Bundestagswahl bereits bittere Realität sein.« Die »Probewahl« sei ein »weiterer Schritt in Richtung Unterwerfung unter diejenigen, die Tag für Tag illegal über unsere Grenzen strömen und immer dreistere Ansprüche auf unser Land erheben«.[18]

Auf die Hauswand einer Flüchtlingsunterkunft schrieben sie auf Arabisch »Geht nach Hause!«. In Berlin marschierten Identitäre in Stasi-Uniform vor der Amadeu Antonio Stiftung auf, die über Rechtsextremismus aufklärt. Eine »satirische Intervention« sei das gewesen, erklären sie später. Aktionen wie diese sind aus dem linken Protestrepertoire entlehnt, mit dem seit den Siebzigerjahren gezielt die öffentliche Ordnung gestört und so Aufmerksamkeit erreicht werden sollte. Auch die Umweltschützer von Greenpeace standen schon auf dem Brandenburger Tor und entrollten dort ein Banner gegen Atomkraft. Auch Greenpeace nutzte Schiffe, um gegen Walfang oder Atomtests zu protestieren. Die rechtsextremen Identitären machen es ihnen nach.

»Wir sind das Greenpeace der patriotischen und identitären Rechten«, so Aurélien Verhassel, Vertreter der Identitären in Frankreich, am 4. 10. 2016 in Lille.[19] »Eine politische Jugendbewegung, die Jugendliche zwischen 15 und 25 versammelt, und die darauf zielt, unsere dreifache Identität (triple identité) zu verteidigen, fleischlich mit Flandern, historisch mit Frankreich und zivilisatorisch mit Europa. Die Bewegung kämpft gegen die Einwanderung und deren logische Folge, die Islamisierung.«

Netz-Avantgarde und Widerstandsgruppe

Wortführer der Identitären im deutschsprachigen Raum ist deren österreichischer Co-Chef Martin Sellner[20], der für diesen Job sein Jura- und Philosophiestudium abgebrochen hat. Die öffentliche Aufmerksamkeit, die auf solche Aktionen folgt, ist sein Bestreben. »Wir sind eine einzige Provokation für diese Leute«, betont Martin Sellner auf der *Compact*-Konferenz im November 2016 in Berlin. »Diese Leute«, damit meint er die globalen Eliten. Diese, so Sellner, »… sitzen heute von Hillary Clinton bis Angela Merkel, der Club der alten Tanten, in ihren Refugien, in Silicon Valley, in den Rotweingürteln, und dort geht es ihnen gut. Dort lebt eine kleine auserwählte Elite von Leuten, die lebt von der Globalisierung. Aber die Mehrheit der Menschen hüben wie drüben leidet darunter.«[21]

Von Provokationen leben auch seine Auftritte in den Medien der Neuen Rechten, sei es bei *Compact*, auf seinem eigenen Youtube-Kanal oder in den Posts und Videos auf seiner eigenen Facebook-Seite[22] oder auf den Websites der Identitären. Mal schlagfertig, mal zornig oder empört bis hin zu kühlen Diffamierungen, dann wieder betont relaxt und dialogisch: Sellner ist rhetorisch wendig. Kein abgehobener Politiker, sondern jemand, der sich im Netz und bei Medienauftritten professionell bewegt und die Sprache seiner Zielgruppe spricht: »Es bringt uns in erster Linie in die Medien und damit ins Gespräch. Wenn ich mit zehn Aktivisten einen ganzen Tag lang Flugzettel verteile, bekommen wir vielleicht ein paar tausend Stück los. Mit einer spektakulären Aktion erreichen wir auf einen Schlag Millionen. (…) Die Identitäre Bewegung ist die lautstarke und aktivistische Avantgarde der schweigenden kritischen Masse.«[23]

Für die Jugendlichen und jungen Erwachsenen dieser »schweigenden kritischen Masse« wollen die Identitären sprechen. Eine coole rechte Jugendbewegung, die sich gemeinsam mit anderen nunmehr gegen die Eliten und den linksliberalen »Multikultiwahnsinn« erhebt.

»Action!« – das ist das Signal, das von den erzeugten Bildern ausgeht, »Mach mit!« – der Appell an ihre Follower, Fans und »Freunde« im Netz. Es entsteht ein kommunikativer Raum, der nicht nur Informationen und Botschaften verbreitet, sondern in dem jedem Gelegenheit gegeben wird, aktiv am Geschehen teilzunehmen, Mitstreiter dieser revolutionären Avantgarde und intellektuellen Widerstandstruppe zu werden. »Werde Teil einer großen Bewegung! Unsere Heimat befindet sich in einer schweren Krise und viele machen sich Sorgen um unsere Zukunft. Wir alle wissen: Es muss etwas geschehen. Aber damit etwas geschieht, muss es jemand tun! (…)Wir brauchen heute jeden aufrechten Patrioten, gleich ob jung oder alt, Mann oder Frau. Die Identitäre Bewegung braucht genau Dich!«[24] Parallel zu den Netzaktionen bietet die Organisation auch noch das traditionelle Veranstaltungsrepertoire der alten Rechten mit Sommersonnenwendfeiern, Volksliederabenden und Kampfsport. Doch viel cooler, hipper und zeitgemäß sind die neuen Aktionen – und sie sind wie gemacht für das Netz.

Die Identitäre Bewegung macht für sich selbst Werbung als volksnahe Revolution von rechts, die eine Kulturrevolution, eine »Kontrarevolution« betreibe. Damit sich diese relativ komplexe Idee transportieren lässt, ist die IB auf passende und verständliche Erzählungen angewiesen.

Diese Erzählungen orientieren sich am Erfolgsrezept guter Geschichten: Sie berichten von revolutionären kraftvollen Widerstandskämpfern (= die IB und ihre Mitstreiter) und von Opfern – dem entmündigten Bürger, dem um seine Identität gebrachten Volk. Der Feind, gegen den sich der Widerstand der Helden richtet, ist eine arrogante und korrupte Elite, welche sämtliche Bereiche des Staates im eigenen Interesse steuere und dabei das Volk belüge.[25]

Das Land sei in zwei Lager gespalten. »Das eine Lager, unser Lager, will die offene und freie Debatte, eine Unruhe hineinbringen in diese Totenstille, diese Grabesruhe«, so IB-Sprecher Martin Sellner 2016 auf einer *Compact*-Konferenz. »Und das andere Lager verweigert sich der Debatte, will uns auslöschen, uns zum Schweigen bringen, zieht sich zurück, läuft uns davon, stellt sich nicht in Debatten und Diskussionen. (…) Aber ich sage Ihnen: WENN sie nicht mit uns ins Gespräch kommen, dann wird das Gespräch zu ihnen kommen.«[26]

Die Kriegserklärung: die IB als europäische Marke

Als sich Ende 2012 Identitäre aus Frankreich, Österreich und Deutschland zusammenschlossen, taten sie das mit einer klaren Kommunikations- und Marketingstrategie. Sie traten als europäische Marke auf: Mit einem Logo, denselben Kernbotschaften – mit vergleichbaren Erzählungen und digitalen Inhalten.

Medialer Startschuss dafür war 2012 ein Video, das die französischen Identitären produzierten. Sein Titel ist Programm: »Die Kriegserklärung«. Es wurde stilistisch von anderen Gruppen in europäischen Nachbarländern kopiert.[27] Das Video zeichnet das Bild einer jungen kampfbereiten Jugend – strenge frontale Schwarz-weiß-Porträts junger Männer und Frauen, die Satz für Satz aufsagen, warum sie Teil der IB sind. Diese »Identitäre Generation« sei das Opfer einer gestrigen und fehlgeleiteten Politik: »Wir sind die Generation des ethnischen Zerbrechens, des totalen Scheiterns des gemeinsamen Zusammenlebens, der erzwungenen Durchmischung der Rassen. (…) Wir sind die Generation, die das Opfer des Mai 1968 ist. (…) Opfer derer, welche vorgaben, uns vom Gewicht der Tradition befreien zu wollen, vom Wissen, von der Autorität der Schule – doch die sich vor allem der eigenen Verantwortung entledigt haben. (…) Wir stehen für 25 % Arbeitslosigkeit, für den herrschenden Rassismus gegen die Weißen, für Familien, die zerbrechen, für die hohe soziale Verschuldung unserer Gesellschaft (...) für einen jungen französischen Soldaten, der in Afghanistan stirbt.«

Bereits dieses frühe Video war offenbar für eine internationale Vernetzung gedacht. Seine Untertitel wurden in mehrere Sprachen übersetzt und der Clip im Netz über Facebook-Gruppen und die Youtube-Kanäle der Identitären sowie über deren Websites geteilt.

In dieser »Kriegserklärung« finden sich zentrale Merkmale der Erzählungen der IB: das Bild einer kämpfenden, widerständigen Jugend, die im »Krieg« steht gegen die Eliten. Eine Jugend, die nicht mehr länger Opfer sein will – nicht das Opfer von Migrantengewalt, von Globalisierung, staatlich organisierter sozialer Ungerechtigkeit. »Mit Deinem Engagement bei den Identitären brichst Du aus der Opferrolle aus und wirst zum Widerstandskämpfer«, so lautet eine der Botschaften der französischen »Kriegserklärung«: »Wir haben Eure Geschichtsbücher geschlossen, um unsere Erinnerung wiederzuerlangen. Das einzige Erbe sind unser Land, unser Blut, unsere Identität.« Neben dem Kampf gegen die Eliten ist hier die zweite große Erzählung der Identitären Bewegung erkennbar: Sie wendet sich gegen eine vermeintliche Überfremdung und Islamisierung Europas. Und sie tut das auf der Grundlage eines völkischen Konzepts, denn die Identitären unterscheiden Menschen nach Religionszugehörigkeit und kulturellen Wurzeln. Das Etikett, mit dem sie dieses kulturrassistische Konzept verkleiden und beschönigen, ist »Ethnopluralismus«. Das klingt nach Vielfalt und tolerantem Miteinander. Es ist aber das Gegenteil gemeint. Denn »Ethnopluralismus« bedeutet im Klartext: Muslime und Christen sind durch ihre Abstammung und Kultur miteinander unvereinbar. Daraus resultiert, dass sie nicht zusammenleben können, genauso wenig wie Afrikaner und Europäer. Alle Kulturen und Völker sollten in ihren Ursprungsgebieten bleiben – und Migranten sollten entsprechend in ihre Heimatregionen abgeschoben werden.

Solche neuen Begriffskreationen sind Teil des Marketings der IB: Diese »politisch-korrekten« Verfremdungen sind Teil der IB-Werbesprache, in der negative und ausgrenzende Begriffe, wie z. B. Rassismus, in aller Regel ersetzt werden durch beschönigende, positive Umschreibungen. Sie sind aber auch ein wichtiges inhaltliches Stilelement in der politischen Kommunikation und konstitutiv für die politische Überzeugungsarbeit, welche die IB leisten will.

Mit diesen Begriffen verschiebt die IB absichtsvoll die Grenze des Sagbaren. Sie verändert nicht nur Sprache, sondern über die Sprache die Wahrnehmung eines Themas. So wird »Abschiebung« im Wortgebrauch der Identitären zur »Remigration«.

Ein anderes Element der Markenbildung der IB sind vergleichbare Inhalte und Erzählungen: Das bereits erwähnte Video der französischen Identitären mit seiner Inszenierung einzelner Mitstreiter als »stolze Helden« – eine Bildsprache, die ausschließlich mit monumentalen, schwarz-weißen Frontal-Porträts arbeitet, untermalt von dramatischer, langsam anschwellender Musik – findet im Netz auch bei anderen nationalen Gruppen Nachahmer. Wie in einem Youtube-Video der IB Bayern:[28] Unter dem Hashtag #zeiggesicht offenbaren acht Aktivisten der Identitären Bewegung Bayerns, wofür sie streiten: »Ich stehe zu meiner Meinung!«, »Ich gebe meine Heimat nicht auf«, »Ich kämpfe für ein blühendes Europa«, »Ich fordere eine sichere Zukunft«, »Ich kämpfe gegen die Islamisierung«, »Ich fordere Heimatrecht für alle Völker«, »Ich bin Teil des identitären Widerstands«. Klare Botschaften – die im entsprechenden Vorgänger-Video der französischen IB in eine Kriegserklärung münden: »Wir werden keinem Kampf ausweichen, keiner Herausforderung. Versteht: das ist kein Manifest. Das ist eine Kriegserklärung!«[29]

Logo der europäischen Marke IB ist das Lambda, elfter Buchstabe des griechischen Alphabets, ein auf den Kopf gestelltes »V«. Symbol der »stolzen Spartaner«, mit denen sich Vertreter der Identitären Bewegung gerne vergleichen. Wofür es steht, wird im Internetwerbeartikel-Shop der Identitären erklärt, es stehe für »den heutigen Kampf um Heimat – Freiheit und Tradition. Wir fordern unser Recht auf Identität und Selbstbestimmung. Das Lambda ist der symbolische Akzent der Verteidigung und des Mutes für seine Rechte einzustehen.«[30]

Das Lambda spielt eine zentrale Rolle im Animationsfilm ›300‹, einem der erfolgreichsten Filme aus dem Jahr 2007. Es geht um eine fiktive Erzählung der legendären Schlacht der Spartaner gegen die Perser bei den Thermopylen. Überliefert ist diese Schlacht durch den antiken Historiker Herodot. Darin stellen sich 300 Spartaner gegen die Übermacht der persischen Armee, des größten und modernsten Heeres seiner Zeit. Auf den Schildern der furchtlosen Spartaner prangte das Lambda.

Dass die Identitären dieses Symbol zum Markenzeichen wählen, zeigt, wie sie sich selbst präsentieren wollen – als Nachfolger und Erben dieser Spartaner. So wird die Arbeit der IB werbewirksam legitimiert, denn die Spartaner verstanden sich als direkte Nachfahren von Herkules und galten als herausragende Soldaten, die zu großen Opfern bereit gewesen seien.

Sie wurden durch eine strikte militärische Erziehung, die Agoge, geformt: Es schloss ein, dass Jungen mit ihrem siebten Geburtstag von ihren Familien getrennt wurden, um dann in einem Militärlager eine unerbittliche, von Schikanen und Folter geprägte militärische Ausbildung zu durchlaufen. So entstand ein Männerbund rücksichtsloser und opferbereiter Kämpfer, in dem der Einzelne nichts zählt, die Gemeinschaft alles ist.

Diese Erzählung der unerschrockenen Kämpfer ist wie gemacht für die jungen Zielgruppen der Identitären. Sie wird in vielen Formen durch das Netz getrieben und auf beliebige aktuelle Fragen übertragen und entsprechend interpretiert. Auf der *Compact*-Konferenz im November 2016 in Berlin bezeichnete Martin Sellner Deutschland als »geistige[n] Gulag«[31] – und spinnt das Bild weiter: »Der Raum des Sagbaren und Machbaren ist zu einer engen Zelle geworden. Sogar im Internet, wie wir gehört haben, wird man immer enger überwacht. Man wird auch von den anderen überwacht. Jeder achtet peinlich genau darauf, was der andere sagt. Jeden Abend trotten diese Leute alle gemeinsam, aber im Endeffekt alle isoliert in die Gefängniskantine und schlingen dort den Einheits-Fraß der Einheits-Medien hinunter. Wer es wagt, auch nur an einen Ausbruch oder eine Alternative zu denken oder davon zu reden, wird isoliert. Er verliert alle Vergünstigungen, er wird geschlagen, er kommt in die Isolationshaft.«[32]

Um diesen geistigen Gulag und die herrschende Diktatur zu durchdringen, brauche man gerade einmal 3 % der Bevölkerung, die kritisch denkt und das auch äußert, so betont Sellner. Und von diesen müssten einige wenige »Bekennermut aufbringen« und »die öffentlichen Diskursregeln brechen«. Wenn sich die anderen der 3 % mit ihnen solidarisieren, dann »können wir es schaffen, diesen sanften

Totalitarismus zu brechen«.[33] Deshalb schließt die Erzählung mit dem Aufruf zur Gefängnisrevolte. »Zurück zu unserem Bild des Gefängnisses: Ein Gefangener tritt am Abend hervor wirft die Schüssel auf den Boden des Speisesaals und sagt: Er weigert sich weiter diesen Fraß zu essen. Das ist genau der Geist des Bekenntnisses. Der mutige Geist. Ein Geist der Aufopferung, den wir heute brauchen. Wir brauchen keine Gewalt auch keine verbale Gewalt. Mutiges Auftreten mit freiem Gesicht und offenem Visier, Eintreten für unsere Werte. Das ist der Geist, der Imperien zu Fall bringen kann.«

Das ist ein klarer Apell, auf der Seite des Widerstands mitzukämpfen. Gesucht werden »Mutige«, »Bekenner«, »Menschen, die Regeln brechen«, »Kämpfer«: »Um die Festung Europa aufzubauen, müssen wir erst die Festung der political correctness einreißen und zwar Stein für Stein.«[34]

Für alle, die es bis dahin noch nicht verstanden haben, schafft Sellner weitere Bezüge, etwa zur Geschichte der Christenverfolgung im alten Rom und zur Reformation: »Es war nicht das Schwert von Petrus, sondern es war das Opfer der Christen in der Arena, die das Römische Reich zu Fall gebracht haben. Es war nicht der politische Aufstand und Krawall, sondern es waren die Thesenanschläge von Luther, die eine weitere Veränderung gebracht haben.«

Der rote Faden identitärer Erzählungen

Auch wenn die Anlässe oder konkreten Kampagnen variieren, der »rote Faden« der identitären Erzählungen bleibt vergleichbar und ist überschaubar. Es ist die Geschichte eines Widerstands, eine Heldengeschichte. Und die geht in etwa so:

Die Identitären verstehen sich als »außerparlamentarische« und »patriotische« Jugendopposition,[35] deren vorrangigstes Ziel der »Erhalt unserer ethnischen und kulturellen Identität« ist. Sie ist in vielen europäischen Ländern präsent und arbeitet europaweit in Aktionen und Kampagnen zusammen. Dabei ist Europa – »unser Kontinent aus einer beeindruckenden und erhaltenswerten Völkerfamilie und Ausdruck eines gemeinsamen abendländischen Wertekanons« wichtige Triebfeder: »Wir wollen eine Zukunft für uns, unser Land und

Europa und klagen daher jene Politik an, die geleitet von falschen ideologischen Vorstellungen die Völker und Kulturen Europas zerstört.«[36]

Diese schweigende Mehrheit, insbesondere kritische Dissidenten wie die IB, sei umzingelt und verfolgt vom »Feind im eigenen Land«, der herrschenden »nie gewählten und volksfeindlichen« Elite, die eine »Atmosphäre des Schweigens und der Angst« verbreite.[37] Beherrscht werde dieser Staat durch ein nicht legitimiertes, antidemokratisches und volksfeindliches »geschlossenes« System.[38]

In einem internen IB-Papier zum Thema »Umgang mit Polizei und Geheimdiensten« wird deshalb zur Gegenwehr aufgerufen: »Weil der Feind die nationalistische Oppostion (…) verfolgt, muss bei jeder Gelegenheit von den Oppositionsgruppen abgewogen werden, ob von unserer Seite aus Maßnahmen eingeleitet werden sollen, die geeignet sind das Regime zu destabilisieren.«[39]

Mutige und kritische Dissidenten und patriotische Aktivisten, wie die Identitäre Bewegung, seien Hass und Gewalt durch politische Eliten und Medien« ausgesetzt.[40]

Die Gesellschaft sei gespalten: »Wir haben heute eine unglaubliche Polarisierung der Gesellschaft wie noch nie zuvor. (…) Jeder einzelne Deutsche, vom Currywurstverkäufer bis zum Manager hinauf, hat eine Meinung zur Masseneinwanderung, zu refugees welcome. Und diese Meinung ist entweder kritisch oder sie ist systemhörig. Das Land ist in zwei Lager gespalten.«[41]

Dabei verortet sich die IB klar auf der Seite des Widerstands, der »schweigenden Mehrheit«[42]: »(…) jetzt steht diese schweigende Mehrheit (…) in der ganzen Welt (…) auf. Und wird sich ihre eigenen Länder und vor allem das freie Wort zurückholen.«

Die vielen Protestaktionen der IB seien Teil der Widerstandsbewegung. Dieser Widerstandskampf werde fortgesetzt, bis das System vernichtet sei: »Der stickige Dogmatismus, die neurotischen Sprech- und Denkverbote der Etablierten haben uns erschaffen – und wir werden sie abschaffen.«[43]

Begriffe sind der Schlüssel in der Kommunikation der Identitären. Von zwei sehr zentralen Begriffen – Ethnopluralismus und Remigration – war bereits die Rede.

Jeder Anlass – von Debatten zur inneren Sicherheit bis zur Verhaftung von Asylbewerbern – taugt, um über kurze und zugespitzte Botschaften in den Sozialen Medien diese Begriffe einzusetzen.

Die »Wortschmiede« ist zentraler Bestandteil der Philosophie der Identitären. Es geht darum, die Grenze des Sagbaren zu verschieben, neue Begriffe zu schaffen und in die politische Diskussion bzw. Diskussionen im Netz zu bringen. Es gibt eine eigene Serie von Videoblogs auf dem Youtube-Kanal von Martin Sellner, in der er den Nutzern erklärt, wie die Begriffe der IB verstanden werden sollen.[44] Und die Sozialen Medien machen die Verbreitung ihrer Sprachkreationen in hoher Frequenz möglich. Massenhaft geteilt und gelikt, vervielfältigt das Netz die Wirkung der identitären Kunst- und Kampfbegriffe. Durch ständiges Wiederholen verändern sich der Deutungsrahmen und die Wahrnehmung der sozialen, politischen Realität. Ziel ist, auch über Sprache die Grenzen zwischen Rechtsextremismus und demokratischen Meinungen aufzuweichen.[45]

Martin Sellner hat klare Vorstellungen, wie über Kampfbegriffe erfolgreiche Kampagnen entstehen: »Wir neigen, teils aus intellektueller Redlichkeit, teils aus akademischer Eitelkeit, zu überkomplexen Erklärungen, die kein Mann von der Straße mehr versteht«, diagnostiziert er.[46] »Gute Info-Arbeit ist kein eigenwilliges in den Raum stellen von bisher unbekannten Begriffen.«[47]

Stattdessen werden bekannte Begriffe miteinander kombiniert und so neue Deutungen und Zusammenhänge kreiert. »Ethnomasochismus« bedeutet: Wer sich für ethnische Vielfalt oder Zuwanderer einsetzt, beschädigt die eigenen Interessen. »Genderwahn« bedeutet nach Lesart der Identitären: Wer sich für berufliche und gesellschaftliche Gleichberechtigung und Gleichbehandlung von Frauen einsetzt, ist verbohrt und wahnsinnig. »Weißer Rassismus« meint: Weiße Europäer werden in ihren Ländern gedemütigt, drangsaliert und an den Rand gedrängt. »Schuldkult« oder »Schuldreligion« bedeutet: Schuldbewusstsein wird fälschlich und übertrieben kultiviert. Das schließt die Erinnerung an historisches Unrecht wie den Holocaust mit ein. »Rapefugees« zeichnet das Bild, Flüchtlinge würden regelmäßig Frauen vergewaltigen. Konsequent und so gut wie immer werden Flüchtlinge durch Abwertungen beschrieben, als »Bereicherer«, als »Asylforderer«, als »Invasoren«. Bestehende Begriffe wie »Demokratie«, »Schuld«, »Identität« werden als Schimpfwort eingesetzt und auf diese Weise in ihrer Bedeutung verdreht. Einmal durch die sogenannte »Wortschmiede« der Identitären durchgegangen, beschreibt Sprache nicht mehr das, was ist, sondern bekleidet und beschreibt eine rassistische und völkische Ideologie.

Das gilt auch für den Begriff »Rassismus«. Sie seien nicht rassistisch, sondern »ethnopluralistisch« – Kulturen sollen friedlich und abgegrenzt nebeneinander leben und sich bloß nicht durch Migration vermischen und schwächen.

Rassismus heute hingegen richte sich gegen die europäischen Ursprungsvölker – und gehe von der rasch wachsenden muslimischen Bevölkerung aus.

So drehen sie die Bedeutung des Wortes um: Rassistisch sei es, so folgern sie, wenn man Menschen anderer Völker zu Assimilation und überhaupt zum Verlassen ihrer Heimatländer »zwinge«. Martin Sellner beteuert gern, mit Rassismus »haben wir Identitären nichts zu tun, im Gegenteil. Wir sind die Gruppe, die am offensten, am klarsten und am ehrlichsten gegen diese Ideologie des Rassismus kämpft.«[48]

Das Gegenteil ist richtig. Denn in einer Reihe von Beiträgen vertritt er die These, dass am »Phänotyp«, der »Abstammungslinie«, die ethnische Herkunft eines Menschen abgelesen werden könne. Zu behaupten, dass diese völkisch-kulturalistische Definition lediglich eine »Einordnung« sei – keine Aggression und Herabwürdigung einschließe –, steht dazu in klarem Widerspruch.

Wenn etwa Martin Sellner in seinem Videoblog »Vlog Identitär« die Frage »Warum sich diese Leute nicht integrieren?« stellt und sie durch folgende These beantwortet: Der Islam sei als Religion dominant und aggressiv. Die Integration – für Sellner »Assimilation« – sei deswegen und wegen des schnellen demographischen Wachstums unter Zuwanderern gescheitert. Und dann entwirft er folgendes dämonisches Zukunftsbild: Im Jahr 2050 werde die Mehrheit der österreichischen Jugendlichen muslimisch sein. »Dann wird es keine Debatten mehr über ein Burkaverbot geben. (...)« Dann werde vielmehr darüber diskutiert, ob die Kreuze auf den Kirchen »die religiösen Gefühle der Mehrheit verletzen«.[49] Um dieses Szenario abzuwenden, müssen zwei Dinge greifen: »Eine Politik der Islamisierung und Leitkultur kann nur mit einem Zuwanderungsstopp und Remigration verhindern, dass in wenigen Jahrzehnten der Islam DIE dominierende gesellschaftliche Kraft sein wird.«[50]

Mit dieser Kommunikation zielen die Identitären auf das Agenda-Setting auf politischer Ebene, erklärt Martin Sellner auf der *Compact*-Konferenz Anfang November 2016: »Wir haben eines geschafft: Wir haben neue Begriffe, neue Gedanken und neue Ideen in die Politik gebracht. Wenn Angela Merkel jetzt spricht von Rückführungen – im Geheimen natürlich. Wenn der Außenminister in Österreich ein australisches Modell will und immer mehr Leute auch eine ›Remigration‹, die neueste politische Waffe aus der Identitären-Wortschmiede aufgreifen, fordern und verlangen – eine Remigration der Illegalen –, dann sind das unsere Erfolge.«[51]

Mit »Remigration« ist eigentlich die Abschiebung von Flüchtlingen gemeint. Remigration klingt nur viel humaner. Und zugleich transportiert der Begriff das Grundverständnis der IB, nach dem Europa durch muslimische und fremde Siedler kolonialisiert worden sei. Diese erzwungene Mischung der Rassen – der »große Austausch«[52] – müsse beendet werden. Das passiere durch rasche Rückführung der ethnischen Gruppen in ihre Herkunftsgebiete, die sogenannte »Remigration«.[53] Ein Sammelbegriff, der viele identitäre Botschaften zusammenpackt, so Sellner: »Bis dahin hatten wir vor allem eine positive Zielbestimmung, den Erhalt der ethnokulturellen Identität, verfolgt. Unsere Feindbegriffe zergliederten sich in Masseneinwanderung, Islamisierung, Demographiekollaps und viele andere negative Erscheinungen, die wir als Bedrohung unserer Identität erkannten. Uns fehlte jedoch der entscheidende Sammelbegriff, der diese vielen Aspekte vereinen konnte.«[54]

Projektionsfläche und Feind der identitären Volksgemeinschaft seien die muslimischen Zuwanderer. Die Masseneinwanderung sei »Teil eines globalen Zerstörungsfeldzugs gegen alle Völker und Kulturen«.[55] Es gingen immense Gefahren von den Migranten aus, nämlich der Verlust von Heimat, Sicherheit und Zukunft. Durch massenhafte Zuwanderung würden die Deutschen oder die Österreicher zur Minderheit. Auf der Website der IB Deutschland heißt es: »In westdeutschen Ballungsgebieten und vielen europäischen Großstädten wie London, Stockholm oder Paris können wir bereits No-Go-Areas für einheimische Europäer registrieren. Der Staat hat in diesen Gegenden bereits sein Gewaltmonopol verloren.«[56]

Das habe fatale Auswirkungen – nicht nur für Deutschland: »Europa verwandelt sich in ein Pulverfass! Momentan strömen zig tausende junge Männer ohne Kontrollen über die Grenze nach Österreich. Damit ist kriminellen Banden Tür und Tor geöffnet – und es ist bekannt, dass auf diese Weise bereits Terroristen ins Land geschleust wurden. Tickende Zeitbomben! Nur sichere Grenzen sorgen dafür, dass es wieder Sicherheit in Österreich gibt.«[57]

Zum Stichwort Heimat hieß es auf der Grenzhelfer-Website: »Heimat heißt Geborgenheit, heißt in einem Land zu leben, in dem man sich nicht erklären muss. Doch in ein paar Jahren werden die Österreicher durch unkontrollierte Massenzuwanderung eine Minderheit im eigenen Land sein.«[58]

Zum Stichwort Zukunft: »Auswanderung tötet Afrika, Einwanderung tötet Europa. Die Zukunft Afrikas kann nicht darin bestehen, nach Europa zu kommen, die Zukunft Europas kann nicht darin bestehen, Afrika zu werden. Durch illegale Migration steht Afrika vor dem wirtschaftlichen Ruin. Nur sichere Grenzen können beide Kontinente, deren Zukunft eng miteinander verknüpft ist, stabilisieren.«[59]

Genderwahn bei der IB

Schon der bereits erwähnte konstruierte »Gründungsmythos«, dass die IB in der Tradition der Spartaner, also einer eingeschworenen männlichen Kampftruppe stehe, gibt einen Hinweis darauf, welchen Platz die IB den Frauen einräumt: Gleichberechtigt im Sinne der Identitären ist eine Frau, wenn sie gemäß ihrer geschlechtsspezifischen Eigenschaften handeln könne, also Mutter werde.[60] Frauen, die das anders sehen oder anders leben, werden leicht zur Zielscheibe und sind dann auch vor entsprechender Hetze nicht sicher. Dabei gibt es ein klares Feindbild, an dem sich Martin Sellner abarbeitet: die »typischen linksfeministischen, emanzipierten Frauen mit den hässlichen Kurzhaarschnitten, die in ihren Aussagen das personifizieren, was wir mit Ethnomasochismus und Selbstzerstörung, mit Multikulti meinen«.[61] Und an die Frauen speziell richtet Martin Sellner am Ende seines Videos einige Fragen und offenbart dabei seine frauenfeindliche Grundhaltung: »Was zur Hölle läuft falsch mit euch? Was ist los mit euch? Warum wählt ihr Parteien, die den Islam verharmlosen, eine Religion, die euch am Ende degradiert zu einer Ware. (…) Warum erzieht ihr eure Söhne in diesem Ungeist, dieser Toleranz, so dass sie euch nicht mehr verteidigen können? (…)«[62]

In den Videos und Posts der IB werden allerdings durchaus weibliche Vorzeige-Identitäre platziert. Doch allen sprachlichen Drechseleien und Verschleierungen zum Trotz: Gerade beim Thema Frauen sind Ton und Aussagen Sellners zynisch und voller Verachtung. Nach einer angeblichen Attacke auf die Wohnung eines IB-Aktivisten geht es um die Planung einer Gegenaktion. Soll ein linkes Kulturzentrum durch die IB »besucht« werden – oder ein Frauenhaus, um die linke Multikulti-Szene zu treffen? Über soziale Medien wird diese geplante Gegenaktion öffentlich diskutiert, unter entsprechenden Hashtags bei Twitter.

»Frauenhaus. Bester Aufrissplatz. Eine ist immer da.«, »Bordellschutzhaus«, »Comedy Abend im Frauenhaus«.[63] Ein Video von Martin Sellner wird gepostet, in dem er einen kurzen Austausch dazu mit drei anderen IBlern aufzeichnet: Martin Sellner: »Einen letzten Kommentar, bevor wir ins Frauenhaus Graz gehen?« Patrick Lenart (Leiter der IB Steiermark): »Du hast mir versprochen, dass man sich dort die Frauen aussuchen kann.« Martin Sellner: »Luca, kommst mit Frauenhaus?« Luca Kerbl (Ex-FPÖ-Obmann Graz): »Das ist sowieso klar, deshalb bin ich hergekommen.« Auf Twitter hatte Sellner zuvor gefragt, ob es irgendwo in Graz ein Frauenhaus gebe. In Folge setzte er weitere Tweets dazu ab.[64]

Die virtuelle Ankündigung der Identitären versetzte die Sozialeinrichtungen der steirischen Landeshauptstadt in Alarmbereitschaft. Der Verfassungsschutz wurde benachrichtigt.[65]

»Bilder und Worte, die das Volk versteht«, stehen im Mittelpunkt der digitalen Kommunikation der IB.[66] Ein solcher Begriff ist der des »großen Austauschs«, der ab Herbst 2015, als auch nach Österreich Zehntausende Flüchtlinge strömten, aktiviert und häufiger eingesetzt wurde. In einer Kampagne gegen Flüchtlinge wurde das Bild immer wieder beschworen und prophezeit, dass durch die ungehinderte Zuwanderung die Österreicher zur Minderheit im eigenen Land würden: »Wir alle sehen, hören und spüren es. Wir werden fremd im eigenen Wohnhaus, der eigenen Straße und der eigenen Stadt. Wir werden Fremde im eigenen Land. Doch keine Zeitung, kein Politiker und kein ›Experte‹ spricht diese Wahrheit klar aus. Im Gegenteil! Alles wird getan, um den großen Austausch zu verschleiern.«[67] Eine Mafia aus Gutmenschen, Linken, Grünen, Künstlern und Kabarettisten geile sich daran auf, die Österreicher zur Minderheit im eigenen Land zu machen aus »ethnomasochistischem Hass auf ihre Heimat. Auf sie geht der »große Austausch« zurück – denn: »Das sind keine Asylanten, das sind Siedler und wir werden hier gerade besiedelt als schrumpfende Minderheit indigener Europäer«.[68] 2015 beginne die »finale Phase des großen Austausches: die Asylkrise. Die verantwortungslose Politik hat uns sehenden Auges in die Katastrophe geführt.«[69]

Anlass für die IB, entsprechende bildstarke Aktionen zu starten, wie die Kampagne »Grenzhelfer.in« (als Anspielung auf die Fluchthilfeorganisation Fluchthelfer.in).[70] Eine eigene Website[71] warb um Mitstreiter für die im Herbst 2016 in Österreich und Deutschland von Identitären gestartete Aktion,[72] bei der Aktivisten die österreichisch-ungarische Grenze mit dem Bau eines Maschendrahtzauns verstärkten. »Schützen wir unsere Grenze! Werde Grenzhelfer.in!« fordert die IB Österreichs im Herbst 2015 ihre Anhänger und Sympathisanten auf der Website auf.

Die Identitären als Grenzschutz, als Hüter von Recht und Ordnung – und damit als aufrechte Vertreter (und Verteidiger) des Volkes. Ganz im Sinne der identitären Heldengeschichte soll die Aktion verstanden werden: »Wir nehmen unsere Rechte als freie Bürger dieses Landes wahr, in Krisenzeiten aktiv zu werden. Dies gilt umso mehr, wenn von der Regierung Gesetze nicht nur ignoriert, sondern bewusst gebrochen werden. Polizei und Armee sind die Hände gebunden, daher muss das Volk vortreten. Wir bringen den patriotischen Unmut aus dem Internet auf die Straße. Statt nur zu jammern, tun wir etwas und schöpfen dabei alle legalen Mittel aus. Wir fahren zu den Krisenorten und unterstützen unsere Exekutive. Wir decken die Schlepper auf. Wir bauen unsere eigene Grenze. Mach mit!«[73]

Die Kommunikation der Identitären setzt nicht nur auf das Lesen, das Zuhören oder bloße Teilen –, sie will Aktivisten gewinnen, die mitmachen, von der Spende bis zum Zaunbau oder zur Sitzblockade. Menschen in Bewegung zu setzen ist die beste Voraussetzung dafür, dass sich eine Marke, eine Botschaft positiv einprägt. Marketingprofis wissen das und haben diesen Mechanismus aus der Neurowissenschaft oft beschrieben. Wenn wir Menschen für eine Sache, eine Bewegung, ein Produkt in physische Bewegung bringen, dann prägen sich diese stärker in das Langzeitgedächtnis ein, als wenn sie nur gesehen oder verstanden werden. Das gilt auch für die politische Werbung und Kommunikation.[74]

Es sieht zur Zeit nicht danach aus, als ob die Identitären die Zahl ihrer Mitglieder in Deutschland deutlich erhöhen könnten. Doch die vergleichsweise hohen Zugriffs- und Nutzungszahlen im Netz auf ihre Beiträge zeigen, dass sie über den Kreis ihrer Mitglieder hinaus, insbesondere unter jüngeren Nutzern, ihre rechten und rassistischen Ideen durch ihre Storys von fremden Tätern, gewissenlosen Politikern, unglaubwürdigen Medien wirkungsvoll verbreiten. Sie tragen so zur Diskreditierung staatlicher Strukturen bei und stützen die Positionen der AfD oder der Pegida, denen sie junge Wähler zuführen.

Aus Sicht von Sellner wird in Deutschland ein Prozess der Polarisierung und Zuspitzung einsetzen. Dazu leistet die IB in der Tat schon heute einen Beitrag. Während in Österreich die »Chance einer Orbanisierung« bestehe, was einen sanften Übergang »aus dem Multikulti-Wahn zurück in die patriotische Normalität, wie er in Ungarn durch die Wahlsiege Viktor Orbáns und seiner Fidesz-Partei angestoßen und durchgesetzt wurde«, bedeute, steuere Deutschland »eher auf eine weitere Zuspitzung zu, die wohl nicht allein mit dem Stimmzettel entschieden werden kann. (...)«.[75]

Bericht aus der Echokammer – Erfahrungen nach zwei Jahren Selbstversuch

Juli 2017. Durch meinen Newsfeed bei Facebook und auch bei Twitter fluten tagelang Bilder der Gewalt und der Straßenschlachten vom G20-Gipfel in Hamburg. Manche Videos sehe ich immer wieder, sie sind mehr als 200 000 Mal abgerufen, zum Beispiel das eine, als sich der Schwarze Block einem Linienbus nähert und an dem filmenden Fahrgast vorbeizieht. Immer wieder werden Brandsätze in die Luft geworfen, die parkenden Autos brennen. Ein Tor wird von nicht weiter identifizierbaren maskierten Demonstranten eingetreten. Ein anderes Video, in dem ein Demonstrant mit blutverschmiertem Gesicht auf dem Boden liegt, von Polizisten hochgehoben und dann noch einmal zu Boden geworfen wird. Bilder von sinnloser Zerstörung, entgleisender Gewalt, hartem Durchgreifen der Polizei und eskalierender Konfrontation zwischen Polizei und Demonstranten. Begleitet werden die Bilder von einem dumpfen Sound aus Kommentaren und Empörung: »Selten war der Unterschied zwischen denen ›da oben‹ und uns ›da unten‹ so deutlich wie gestern in Hamburg«, heißt es zum Beispiel bei *Russia Today*.[1]

Es ist Samstag, der 8. Juli. In Hamburg ist eine Nacht der Gewalt zu Ende gegangen. Linksextreme Gewalttäter und Hooligans, die extra nach Hamburg gereist waren, um dort Gewalt zu verüben, haben Brandsätze gelegt, Steine geworfen, ganze Stadtviertel verwüstet. Doch jetzt am Vormittag sei es ruhig, melden die Nachrichtenagenturen. Es gebe keine Auseinandersetzungen mehr.

In meinem Recherche-Newsfeed ist das anders: Dort reißt der Strom der Gewalt nicht ab. Er wird weiterhin geflutet von Videos, die zeigen, wie schwarz vermummte Polizisten friedliche Demonstrantinnen in bunten Jacken abführen, wie sie einzelne Demonstranten mit Gewalt auf dem Boden festhalten. Es sind oft Augenzeugenberichte und -videos. Ich kann miterleben, wie sich ein bedrohlicher

Block uniformierter Polizisten auf mich zubewegt. Und nur wenige Minuten später, in einem anderen Video, ist es der Schwarze Block der Demonstranten, der mir immer näher kommt. Das ist bedrohlich – aus der Perspektive der Filmenden, die ich als Betrachterin teile, stellt sich auch bei mir das Gefühl ein, in die Enge getrieben zu werden. Diese Perspektive bietet ein fast physisches Miterleben – und damit etwas ganz anderes als das Schauen von Fernsehbeiträgen. Kein Wunder, denn dort bleibe ich als Zuschauer meist Beobachter. Ich schaue von außen auf die Szene, denn es wird aus der Perspektive journalistischer Beobachter und Reporter berichtet, die Beiträge werden anmoderiert und natürlich geschnitten – damit in einem kurzen Beitrag alle wesentlichen Aspekte dargestellt werden können. Und oft werden Szenen großer Gewalt gar nicht gezeigt, um Opfer und Betroffene und deren Persönlichkeitsrechte zu schützen.

Ich komme nicht richtig los von den Bildern, die unaufhörlich durch meinen Newsfeed laufen – und muss immer mal wieder in die Nachrichtenagenturen schauen, um mich rückzuversichern, dass es in Wirklichkeit in Hamburg gerade ruhig ist.

Persönlichkeitsspaltung zu Recherchezwecken

Die Sogwirkung ist ein Effekt, den meine Recherchen in der rechten Echokammer haben: Ich will sehen, wie die Geschichten in meinem Feed weiter gehen, die Bilder und Kommentare wollen mir nicht aus dem Kopf. Meine »virale Persönlichkeitsspaltung« kostet nicht nur Zeit, sondern auch Kraft und Aufmerksamkeit: Eintauchen in die rechte Echokammer über zwei Stunden am Tag und mehrfach täglich mit meinem normalen Newsfeed abgleichen, die Diskussionen in den Facebook-Gruppen verfolgen und über Posts und Inhalte stolpern – und dann immer wieder nachschauen, was eigentlich Fakt ist. Das Muster hinter den Geschichten in meiner rechten Echokammer zu ergründen und mich deshalb über längere Zeit darauf einzulassen, das bedeutet, sich einer Atmosphäre von Wut und Hass auszusetzen. Und es hat mit dem, was faktisch und nachrichtlich tatsächlich geschieht, oft wenig zu tun. Anders gesagt: Wer damit viel Zeit verbringt, bekommt eine ganze Menge von dem, was wirklich passiert, nicht mit.

Es ist ein ständiger Perspektivwechsel und Abgleich nötig: Wo ist der faktische Kern einer Geschichte, der Nachrichtenanlass? Wo beginnt die Desinformation und auf welchem Weg, mit welchen Mitteln? Zur Verschwörungstheoretikerin bin ich im Laufe der Recherche nicht geworden. Doch die schiere Menge der Informationen in meinem Newsfeed lädt dazu ein, sich mit den »richtigen« Informationen »ausreichend« versorgt zu fühlen. Wie groß die Zahl der Halbwahrheiten, Vermutungen und Verschwörungstheorien ist, das kann ich nicht sagen, wenn ich mich primär auf »meine« Sozialen Medien verlasse. Für einen Perspektivwechsel fehlen die Zeit und die Energie.

Jeder zweite Amerikaner nutzt regelmäßig Soziale Medien, um sich zu informieren.[2] In Deutschland sind es nicht so viele: Nur jeder dritte Befragte bezieht seine oder ihre Nachrichten über Soziale Medien, und nur 1,6 % sagen, Soziale Medien seien ihre wichtigste Nachrichtenquelle.[3] Dabei spielen Soziale Medien für jüngere Nutzer eine größere Rolle: Immerhin jeder fünfte zwischen 18 und 24 Jahren nutzt Soziale Medien und Blogs als Nachrichtenquelle, jedoch nur 2,6 % als die ausschließliche. Die meisten von uns kombinieren also Quellen und beziehen Informationen aus unterschiedlichen Quellen. Und das ist auch gut so. Doch der Einfluss Sozialer Medien wächst unaufhaltsam und ihre Bedeutung auf die politische Meinungsbildung auch.

Nach zwei Jahren, in denen ich mich täglich dem Strom der Meldungen in der rechten Echokammer stellte, kann ich sagen: Ihr Einfluss ist groß. Ihre Wirkung ist verstörend, sie nimmt mir an vielen Stellen die klare Sicht auf die Wirklichkeit, sie filtert den Blick und lenkt ihn ab durch Hetze und Empörung. Sie nimmt mir auch die Neugier auf Unbekanntes, denn ich bin mit der Verarbeitung ständig neuer Katastrophenmeldungen zu beschäftigt. Das aber ist in vielerlei Hinsicht geradezu vergiftend. Es verändert meine Wahrnehmung der Welt und der Dinge, die um mich herum geschehen.

Das liegt auch daran, dass ich für traditionelle Nachrichtenkanäle eigentlich keine Zeit mehr habe. Meine neuen Kanäle sind schnell und zeitintensiv, sie halten mich in Diskussionen, ich bin aufgefordert, mit zu diskutieren, mitzumachen.

Die Sozialen Medien sind nutzerfreundlich, ich kann sie ganz auf meinen Bedarf zuschneiden. Im Unterschied zu journalistischen

»Fertiprodukten« wie moderierten TV-Magazinen, Nachrichtensendungen, einer Zeitung entscheide ich, was ich für meinen Nachrichtenfluss haben möchte – es sind »meine« Informationsquellen. Niemand setzt sie mir vor, niemand entscheidet für mich, welche Quellen dazugehören. Das gilt für meine Twitter-Kontakte, Tweets, Feeds. Ich habe mir das alles selbst so zusammengestellt und abonniert. Das ist immer glaubwürdiger als das fertige Menü eines Senders oder einer Zeitung – und es erklärt, warum die Bedeutung Sozialer Medien für die Information wächst – nicht nur in der rechten Echokammer.

In meiner rechten Echokammer reiht sich eins nahtlos ans andere. Da meldet die IB, dass sie NGOs, die im Mittelmeer Flüchtlinge retten, zum Rückzug gezwungen habe, und andere Medienplattformen, denen ich folge, gratulieren zum Erfolg. Keine Spur vom tatsächlichen Sachverhalt: dass es die libysche Küstensicherung war, welche die europäischen NGOs zum Rückzug zwang, weil die Sicherheit ihrer Teams nicht mehr gewährleistet werden konnte. Ich sehe, wie Flüchtlinge in Luxushotels mit historischer Fassade untergebracht werden, auch dieser Beitrag wird wiederholt geteilt. Es geht um das Bonotel in Köln – und ein Blick in die Bildersuche bei Google oder einfaches Vorbeifahren zeigt: das abgebildete Foto mit der Palastfassade einer Luxusherberge zeigt gar nicht das Bonotel in Köln, in dem die Flüchtlinge untergebracht wurden – eine gesichtslose und etwas trostlose Hotelanlage, wie sie in den Achtzigerjahren gebaut wurden. Und ich erfahre zwar, dass bei der Bundesanwaltschaft in Karlsruhe mehr als 1 000 Klagen wegen Hochverrat gegen die Bundeskanzlerin eingereicht wurden. Aber nicht, dass diese überwiegend von AfD-Anhängern stammten und sämtlich abgewiesen wurden.

Die Begriffe, auf die ich in meinen Recherchefeeds stoße, begleiten mich im Alltag, sie lassen mich nicht mehr los: »rapefugees«, »Remigration«, »Invasoren«, »Merkels gewalttätige Fachkräfte«. Wann immer ich Meldungen über Flüchtlinge lese, tauchen diese Begriffe in meinem Kopf auf. Meine Sprache und mein Denken verändern sich – denn die neuen Begriffe sind schnell abrufbar. Wie ein paralleles Lexikon springen sie mir im Alltag bei entsprechenden Situationen durch den Kopf, wie ein ständiger Kommentar zu dem, was ich sehe, lese, erlebe. Reichskanzlerin, Volksverräter, Merkel-Junta. Wenn ich Bilder unserer Regierung sehe, rufen diese Wörter mein Misstrauen hervor und das Gefühl, dass in diesem Land keiner meine Interessen vertritt. Jetzt, wo ich sie jeden Tag lese, nehme ich sie auch öfter im Alltag wahr – im Bus oder in der U-Bahn, beim Bäcker, in der Kneipe. Unvermittelt finden sie sich in Alltagsunterhaltung, aber auch in den traditionellen Medien wieder: Gutmenschen, Flüchtlingsinvasion, Mainstream-Medien, Zensur – das alles sind Begriffe, die ihren Ausgangspunkt als Provokationen in den rechten Diskursen und Erzählungen im Netz haben – und die es alle in den normalen Sprachgebrauch geschafft haben. Das Gefährliche daran ist, es sind keine neutralen Begriffe: Sie bewerten, sie kriminalisieren, stigmatisieren, setzen herab, sind menschenfeindlich. Sie lösen Gefühle aus: Misstrauen, wenn ich Flüchtlingen begegne – Wut mit Blick auf politisch Verantwortliche.

Sprache prägt den Blick auf die Wirklichkeit. Das lässt sich sogar messen. Die Neurolinguistin Elisabeth Wehling nennt das einen Deutungsrahmen (Frame). Über die Wiederholung dieser Begriffe festigt sich eine Idee. Der Begriff setzt sich im Kopf fest. Und durch diesen Deutungsrahmen betrachte ich ab sofort die Realität – gleichgültig, ob ich eine Nachrichtensendung schaue oder in der Silvesternacht am Kölner Bahnhof aus dem Zug steige. Und dieser Rahmen wird umgehend zur »Grundlage für Entscheidungen«.[4] Die Deutungen schleichen sich bei mir ein. Das alles geschieht unbewusst, denn nur 2 % unseres Denkens, so Wehling, erfolge bewusst. So schafft Sprache Wirklichkeit – meine Wirklichkeit!

Keine Ideologie ohne Erzählung

Mitte Januar 2017 gab es in meinem Stream und meinen Gruppen folgende drei Meldungen: »Flüchtlingsfamilie erhält mehr als 4 000 € an Hartz IV«, »um die Flüchtlinge kümmert sich jeder, um die frierenden Obdachlosen keiner« sowie Hassmeldungen zu den Flüchtlingen, welche in den Balkanländern in Eiseskälte ausharren. Was außerhalb Deutschlands passiert, kommt in meinen Recherchenetzen nur vor, wenn es zu der Erzählung von Opfern und Tätern passt.

Die Welt schnurrt zusammen, wenn ich mich in der rechten Echokammer bewege. Ich betrachte sie durch das kleine Guckloch, das mir meine Sorgen, mein Ärger und meine Angst lassen.

Das hat auch angenehme Nebenwirkungen. Denn in meinem Recherche-Newsfeed ist die Welt eine einfache: Es gibt Gute und Böse, die da oben und die da unten. In der rechten Echokammer werden komplexe Probleme ganz einfach gelöst: Gegen Migranten hilft es, die Grenzen zu schließen! Flüchtlinge sollen einfach nach Libyen zurückgebracht werden, die finden dann ihren Weg nach Hause schon selbst!

Phasenweise nimmt mich die apokalyptische Erzählschleife in meinem Recherche-Newsfeed wirklich mit. Der Islam ist eine Gewaltideologie, und Muslime lassen sich nicht ändern! Eine Frau aus dem Ruhrgebiet erzählt mir von ihren Ängsten, abends alleine auf die Straße zu gehen, eine andere berichtet davon, wie sie durch Migranten verprügelt wird. Die russlandfreundliche Gruppe »Pro Putin Partei – Gründungsprojekt« teilt die »möglicherweise letzte Videobotschaft« von Sven Liebich, in der dieser davon berichtet, dass hinter ihm ein »staatliches Hinrichtungskommando« her sei.[5] Diese Wut, die Empörung und manchmal auch Angst in den Beiträgen und den Kommentaren – so viel negative Gefühle, das färbt ab: Zuversicht und Mut gehen mir angesichts des dauernden Untergangs verloren. Ich werde misstrauisch.

Das kommt nicht von ungefähr. Denn Bilder von optimistischen und neugierigen Menschen sind rar in dieser Welt. Es gibt ernste Welterklärer, erboste Wutbürger, rechtsextreme Hipster. Wo sind die anderen?

Hinzu kommen sehr, sehr viele Bilder gewalttätiger Fremder. Junge arabische Männer, die mich belehren, dass im »Scheißstaat Deutschland« bald ihre Regeln herrschen, prügelnde Afrikaner, kriminelle Migrantengangs – und immer wieder Berichte über sexuelle Übergriffe durch Muslime.

Vor meiner Recherche zu diesem Buch war für mich undenkbar, dass eine solche Masse menschenfeindlicher Erzählungen kursiert. Von Menschen gemacht, von Menschen geteilt, gelikt, getwittert. Ganze Gruppen werden gebrandmarkt, zur Schau gestellt, diffamiert. Wie im Mittelalter – nur multipliziert im Netz. Öffentlich. Und das geht an keinem vorbei, der diese Echokammern betritt und sich ihren Erzählungen aussetzt, auch an mir nicht.

Wie das funktioniert, ist mir klar – theoretisch zumindest. Ich weiß, dass Gefühle überzeugen. Dass sie ein zentraler Faktor für den Erfolg von Erzählungen sind. Ich weiß, dass sich Emotionen besser verkaufen als Fakten. Und ich weiß auch: Das ist kein Phänomen, das erst durch das Internet entstand, sondern es gilt, seitdem es menschliche Kommunikation gibt, es gilt seit jeher für die Meinungsbildung.

Und es ist auch kein Ergebnis digitaler Kommunikation, dass sich bei Menschen jene Informationen stärker einprägen, die Emotionen transportieren und auslösen. Ob sich bei mir die Vorstellung, Ausländer sind grundsätzlich gewalttätig, als Deutungsmuster festigt, hat allerdings ursächlich damit zu tun, wie oft ich Informationen konsumiere, die genau das transportieren. Häufigkeit ist entscheidend dafür, ob sich Deutungen festsetzen. Die hochfrequenten Berichte vom scheiternden Staat, fremden Horden, prügelnden Ausländern in meinem Recherche-Newsfeed sorgen dafür, dass sich das Gefühl einstellt, der Staat habe die Situation nicht mehr im Griff, der Islam sei mit meiner Kultur unvereinbar.

Um diese messbaren Wirkungen weiß ich – theoretisch[6]. Doch zu spüren, dass sich auch meine Wahrnehmung dadurch verändert, ist etwas anderes. Und das Netz bietet die technischen Voraussetzungen für hochfrequente, einseitige, manipulative und falsche Informationen. Deshalb haben die digitalen Echokammern einen so starken Effekt auf die Meinungsbildung.

Einheitsmeinung statt Meinungsvielfalt

Kann ich mich mit den anderen in meinen Sozialen Medien noch sachlich auseinandersetzen oder verständigen, wenn Debatten so durchsetzt sind von Hass und Häme, von Wut und Ärger? Kaum. Wer sich dem Strom der Meinungen in einer AfD-Gruppe entgegenstellt, der bekommt als »linker Troll« zu spüren, was ein Shitstorm ist. In diesen Echokammern herrscht nur eine Meinung – getragen von den Bildern und Begriffen, den Deutungen und Emotionen, die dazu gehören. Wer dort vertritt, dass Flüchtlingsschutz nötig und machbar ist, der wird als »Gutmensch« und »linksversiffter Pädophiler« niedergebrüllt. Wer tut sich das an. Es entstehen keine Debatten – sondern eine Bestätigungskommunikation. Die selbst ernannten Streiter für die Meinungsfreiheit in diesem Land vertreten eine Einheitsmeinung. Aus dem Echoraum schallt nur zurück, was ich hineinrufe. In diesen Kommunikationsräumen bleiben Gleichgesinnte unter sich. Wenn sich meine Meinung vor allem auf diesem Weg bildet – dann vergleiche ich nicht mehr, dann erreichen mich Fakten nicht mehr und auch keine politische Kommunikation. So verfestigen sich politische Haltungen, bauen sich Empörung und Hass auf.

Der Angriff auf die Demokratie beginnt mit dem Angriff auf die demokratische Verständigung. In vielen Erzählungen und Kommentaren in dieser Szene ist vom Staatsversagen die Rede, von »Systemparteien«, einer »Extremismuskanzlerin«, von »deutscher Unrechtsjustiz«. Begriffe wie diese feinden nicht nur Personen oder eine vermeintliche »Elite« an. Sie säen Zweifel an unseren Verfahren zur Gesetzgebung, an der Unabhängigkeit von Justiz oder Polizei, an der Professionalität von Journalisten. Sie diskreditieren praktisch alle Institutionen in unserer parlamentarischen Demokratie – und attackieren Vertreter von Regierung und Opposition durch persönliche Beschimpfungen. Die Erzählungen der Rechtspopulisten und der Neuen Rechten verbreiten Skepsis, ob mein Staat wirklich funktioniert, ob die Demokratie, in der ich lebe, wirklich meine Grundrechte garantiert, mich gleichberechtigt teilhaben lässt, und ob die gewählten Volksvertreter dem Gemeinwohl der Bürger wirklich dienen. So untergraben sie deren Glaubwürdigkeit.

Das ist bewusste politische Meinungsbildung und entspricht der politischen Position der Akteure. Auch der Position der AfD, die in ihrem Grundsatzprogramm schreibt: »Die Allmacht der Parteien und deren Ausbeutung des Staates gefährden unsere Demokratie«. Nach der AfD wählt das Volk zwar den Bundestag als Legislative. Gesetze seien aber jederzeit durch Volksentscheide revidierbar.

Wie groß und wie gefährlich ist dieser virale Angriff einer Gegenöffentlichkeit, die aus unterschiedlichen Richtungen unser politisches und gesellschaftliches System kritisiert und beschimpft?

Nach zwei Jahren Recherche steht für mich außer Frage: Die Begriffe und Erzählungen in der rechten Echokammer sind ein Angriff auf unsere demokratische Verständigung. Hier liegt die eigentliche Gefahr. Denn wir werden nicht über den richtigen Weg für unser Land streiten können, wenn wir nicht dieselbe Sprache sprechen. Wenn Flüchtlinge keine Flüchtlinge mehr sind, sondern Invasoren – wenn Muslime oder Regierungsvertreter oder Ehrenamtliche in der Flüchtlingshilfe als »abartige Kreaturen« beschimpft werden – wenn unser politisches System ein »neofaschistisches« ist – kurzum, wenn Fake und Hetze Fakten in den Diskursen ersetzen –, dann wird politische Verständigung unmöglich.

Dadurch haben sich Trends verstärkt, mit denen wir einen anderen Umgang finden müssen: Längst haben wir keine gemeinsame Öffentlichkeit mehr – sondern voneinander entfremdete Informationsräume. In den radikalen Echokammern – seien sie rechts, links, prorussisch oder protürkisch – schließen sich Gleichgesinnte zusammen. Sie schotten sich ab, bilden sich ihre politische Meinung – und manche radikalisieren sich. Wie und wo schaffen wir die Foren, um gemeinsam mit den unterschiedlichen Gruppen über den richtigen Weg unseres Landes, unserer Gesellschaft zu streiten? Es wird auf eine kluge Antwort auf diese Frage ankommen, wenn wir die Polarisierung unserer Gesellschaft aufhalten wollen.

Die Reichweite dieser Räume hat in den vergangenen Jahren stark zugenommen, und ihre Wirkung auf die politische Meinungsbildung ist nicht erst seit der Bundestagswahl offensichtlich. Ein Blick auf die Entwicklung in den USA genügt, um zu wissen: Die Manipulation von Informationen, die Verbreitung von Falschinformationen, die Polarisierung des öffentlichen Informationsraums wird auch in unserer Gesellschaft in den nächsten Jahren zunehmen. Und es gibt neben der Propaganda der Neuen Rechten auch noch andere Akteure, die in Deutschland gezielt auf einzelne Gruppen einwirken und im Netz Resonanzräume für undemokratische Positionen aufbauen. Echokammern, in denen die demokratischen Verfahren und Institutionen in unserem Land diskreditiert und bekämpft werden. Um diese anderen Echokammern, deren Akteure von außen auf die Meinungsbildung in unserem Land einwirken, geht es auf den folgenden Seiten.

TEIL 2

AKTEURE VON AUSSEN

Alte Methoden, digitale Technik – und eine Botschaft der Stärke. Die (Des-)Informationsarbeit des Kreml

Nein, die Krim war nicht schon immer russisch! Doch die These hält sich hartnäckig, wenn in Deutschland über die richtige Russlandpolitik diskutiert wird. Sie wurde vor allem über die Sozialen Medien geteilt und fand so ihren Weg in die deutsche Öffentlichkeit und in eine Reihe von Medien: Die Ukraine-Krise, beginnend mit den Protesten auf dem Maidan Ende 2013, war der Startschuss für den Ausbau der russischen Auslandsmedien in Deutschland. »Die Ukraine ist kein richtiger Staat«, war anlässlich der gewalttätigen Proteste gegen den ehemaligen Präsidenten Janukowitsch zu lesen. Und nach dem Machtwechsel hieß es: »In Kiew regieren Nazis!« Fehlinformationen – tausendfach geteilt und gelikt. Doch woher stammten sie?

Am 5. November 2014 nahm der TV-Sender *Russia Today (RT)* mit seinem deutschsprachigen Programm *RT Deutsch* den Betrieb auf.[1] Etwa zeitgleich startete die russische Multimedia-Agentur *Sputnik* ihren Netzauftritt *sputniknews* in Deutschland.[2] Die russische Regierung lässt sich die neuen Auslandsmedien etwas kosten: Insgesamt 340 Millionen Euro stehen für die Auslandsberichterstattung zur Verfügung.[3]

Hamburg, während des G20-Gipfels 2017, der in linksextremer Gewalt, Sachbeschädigung und Randale unterging: Pressekonferenz mit dem russischen Präsidenten. Putin wird von einer Journalistin gefragt, ob sich Russland in den Bundestagswahlkampf einmischen werde. Seine Antwort: »Wir haben freundschaftliche Beziehungen zu Deutschland. Das ist unser größter Handelspartner und Wirtschaftspartner in Europa und einer der führenden in der Welt. Bei uns stehen gemeinsame Großprojekte auf der Tagesordnung, zum Beispiel Nord Stream. (…) Es fehlte gerade noch, sich in innenpolitische Prozesse einzumischen. Wenn Sie aber die deutsche, französische und gesamte europäische Presse analysieren würden, so befassen sie sich ständig mit der Einmischung in unsere innenpolitischen Angelegenheiten. Da wir aber selbstbewusst sind, macht uns das keine Sorgen.«[4] So nämlich sieht Russland die Lage: Nicht Russland treibt den Informationskrieg nach Deutschland! Nein, Russland selbst ist Opfer einer gezielten Desinformation des Westens!

Die deutsche Bundesregierung sieht das anders. Sie ließ das Bundesamt für Verfassungsschutzschutz und den Bundesnachrichtendienst untersuchen, ob russische Regierungs- oder Geheimdienstkreise in Deutschland einen systematischen Informationskrieg mit dem Ziel einer politischen Destabilisierung betreiben würden.[5] Eindeutige Beweise wurden nicht gefunden – allerdings bewerten die Sicherheitsbehörden die Berichterstattung russischer Medien wie *RT Deutsch* oder *Sputnik* als »feindselig«.[6] Der ausführliche Bericht zur Untersuchung blieb geheim, um das ohnehin angespannte Verhältnis zu Russland nicht noch weiter zu belasten. Welche »Beweise« also gesucht und nicht gefunden wurden, bleibt unbekannt. Bei der Bekanntgabe der Ergebnisse hat der Verfassungsschutz allerdings auch angekündigt, weiterhin wachsam zu bleiben.[7] Dafür gibt es gute Gründe, denn es ist offensichtlich und von jedem Nutzer und jeder Nutzerin auch nachzuvollziehen, dass Russland mit seinen Auslandsmedien – und durch die Verbreitung von Desinformation und Propaganda über Social-Media-Kanäle – Einfluss auf die Meinungsbildung in Deutschland nimmt.

Russlands digitale Medienstrategie für Westeuropa

Riga, Mitte Juli 2017: Dass Russland die Länder in seiner direkten Nachbarschaft durch Desinformationskampagnen beeinflusst, daran gibt es auch für den Letten Janis Sarts keinen Zweifel. Er leitet das Strategic Comunication Centre of Exellence der NATO,[8] das die russischen Informations- und Desinformationsstrategien beobachtet.

Dabei unterscheidet sich die russische Strategie je nach Zielland. Für das nahe Ausland – für Russland sind das die Nachbarstaaten, die zur ehemaligen Sowjetunion gehörten, vom Kaukasus bis zum Baltikum – kommt eine eher traditionelle Informationsstrategie und

Medien-Außenpolitik zum Einsatz. Diese setzt auf das Bereitstellen von russischen Inhalten für TV- und Radio-Sender, auf Finanzspritzen für Medien oder auf deren Beeinflussung über die Eigentumsverhältnisse.

Die Medienstrategie für Westeuropa hingegen setzt vorrangig auf die digitale Verbreitung von Informationen. Das wichtigste Ziel sei es, die russischen Interessen durchzusetzen, meint Sarts, deshalb ziele die Kommunikation Russlands im Ausland darauf, »dass sich Länder und Gesellschaften weit mehr mit sich selbst beschäftigen als mit der Gestaltung der internationalen Ordnung«. Der Themenmix, den die russischen Medien für die Zielgruppen in Deutschland anbieten, ist spezifisch: Es geht um Armut, Entfremdung der politisch Verantwortlichen vom Alltag und von den Sorgen der Bürger, um die Terrorgefahr, die durch Flüchtlinge nach Deutschland gespült wird. Das deckt sich mit den Beobachtungen von Janis Sarts: »Russland schaut beim Aufbau seiner Informationspolitik auf das einzelne Land und darauf, wo es verwundbar ist. Und dort setzt es mit seiner Informationspolitik an. Das kann durchaus unterschiedlich sein, es kann um Minderheiten gehen, es kann um Migration gehen, um soziale Ungleichheit oder um Korruption. Das sind möglicherweise sehr legitime Themen. Russland highjackt sie regelrecht.«[9]

Aus russischer Sicht geht es bei dieser Informationspolitik nicht um einen abstrakten Kampf um Werte oder die Demokratie, sondern um reale außenpolitische Interessen. Russland will u. a. erreichen, dass die EU-Sanktionen aufgehoben werden, die das Land wirtschaftlich stark belasten. Und dazu gehört auch die einfache Gleichung, dass Russland an außenpolitischer Handlungsfähigkeit und Stärke gewinnt, wenn es Europa an Geschlossenheit fehlt. »Wir denken in Begriffen wie Werten. Sie in Begriffen wie Interessen« – so fasst Sarts den Unterschied zusammen.

Die deutsche Öffentlichkeit ist für die russische Propaganda ein wichtiger Aktionsraum. Wer diese für seine Sache gewinnt, dessen politische Position hat gute Chancen auf mehr Akzeptanz in ganz Europa. Daran hat Russland ein klares strategisches Interesse. Und verfolgt ein sehr konkretes Ziel: die Aufhebung der Sanktionen, die europaweit gegen Russland beschlossen wurden.

Die russischen Auslandsmedien in Deutschland setzen vor allem auf soziale Themen, welche bewegen und provozieren. Sie berichten regelmäßig über Protestbewegungen wie Pegida, kommentieren den politischen und wirtschaftlichen Zustand Deutschlands und aktuelle politische Entscheidungen. Regelmäßig bieten sie Akteuren der AfD, aber auch Vertretern rechtsextremer Bewegungen wie der IB eine Bühne. Und sie setzen auf Kritik am Zustand des Landes, seiner Regierung und deren Vertretern sowie der Medien.

Dieser Themenmix lässt sich auf der Website von *RT Deutsch* gut nachvollziehen: Es geht dem Sender darum, Meinungen zu verbreiten und prorussische Positionen. Dazu gehört auch die regelmäßige Kritik an CDU und SPD, an FDP und Grünen – und eine eher positive Platzierung der Linken und der AfD. Vor der Bundestagswahl verstärkt sich dieser Trend – »die Wahlen in Deutschland« seien eine »Gefahr für Europa«,[10] heißt es, »Merkels Tage sind wohl gezählt«[11] ist zu lesen.

Die Mehrzahl der Beiträge von *RT Deutsch* sind Meinungsäußerungen und Kommentare – ausgehend von nachrichtlichen Sachverhalten. Für den Leser ist allerdings kaum erkennbar, wo das eine aufhört und das andere beginnt. Es wird unkommentiertes Videomaterial gepostet – beispielsweise Bilder vom Ankommen der Staatsgäste während des G20-Gipfels in Hamburg mit dicken Autos und rotem Teppich, kombiniert mit Bildern der Straßenkämpfe und der Gewalt zwischen Demonstranten und Polizei – und dann mit Deutungen versehen: »Selten war der Unterschied zwischen denen da oben und uns da unten so deutlich wie gestern in Hamburg.«

Kontinuierlich berichten die russischen Medien in deutscher Sprache unter der Rubrik »Inland« darüber, dass Medien und Politik ihren Job nicht machen, die Armut steigt und der Staat die Sicherheit der Bürger nicht gewährleistet. Eine redaktionelle Linie, die konsequent durchgehalten wird.

In den Wochen vor der Bundestagswahl bietet die deutsche Website den Nutzern zudem ein Videointerview mit dem Sprecher der österreichischen Identitären, Martin Sellner, und dem rechten Publizisten Götz Kubitschek an. Außerdem ein Interview mit dem Bruder der deutschen Integrationsministerin Özoguz, gegen die es unter AfD-Anhängern im Netz zuvor zu einer sehr persönlichen Diffamierungskampagne gekommen war. Auslöser dieser Hetzkampagne auf Özoguz war das Statement von AfD-Chef Gauland, sie könne bald in Anatolien »entsorgt« werden. *RT Deutsch* platziert Özoguz' Bruder in einem Interview, in dem er deutliche Kritik äußert an der Außenpolitik der großen Koalition. Während sich seine Schwester innenpolitisch für die Integration einsetzt, macht ihr Bruder keinen Hehl aus seinen Erdoğan-Sympathien und seiner Ablehnung der Türkei-Politik der Bundesregierung, die u.a. Wahlkampfveranstaltungen türkischer Politiker in Deutschland verboten hatte. Er spricht vom »unterschwelligen Herrenmenschendenken, das sich jüngst in den harschen Reaktionen der Politiker gegen Einmischung in das Wahlverhalten deutscher Bürger widerspiegelte«. So konterkariert er die politische Position und Arbeit seiner Schwester – und dokumentiert mit dem, was er sagt, auch, dass die Bemühungen um erfolgreiche Integration in unserem Land begrenzt sind.

Regelmäßig wird über die zunehmende Armut in Deutschland und prekäre Arbeitsverhältnisse berichtet. Dabei wird die deutsche Gesellschaft als eine geteilte Gesellschaft gekennzeichnet – mit vielen sehr Armen und wenigen sehr Reichen. Mit Wutbürgern, die gegen Systemparteien und Systemmedien kämpfen. Es geht um die »Angst, zu kurz zu kommen« und um die großen Gefahren für den Frieden im Land, die von einer fehlgeleiteten Flüchtlingspolitik ausgehen, in der die deutschen Behörden nicht für die nötige Sicherheit sorgen. Und natürlich geht es auch immer wieder um die deutsche Russland-Politik. Die Kritik an der Annexion der Krim sei unzulässig, und die gegen Russland verhängten Sanktionen seien schädlich.

Wer in den Monaten vor der Bundestagswahl die russischen Auslandsmedien, Informationsportale und Agenturen beobachtet hat, der konnte eine klare Ausrichtung der redaktionellen Inhalte feststellen. Über eine Vielzahl unterschiedlicher Erzählungen wurde die Glaubwürdigkeit staatlicher Institutionen in unserem Land sowie demokratischer Prozesse infrage gestellt und diskreditiert.

Ein Beispiel ist die regelmäßige Platzierung von rechtspopulistischen und verschwörungstheoretischen Akteuren und Inhalten bei *RT Deutsch*. Im Gegenzug werden auch die Beiträge der russischen Medien in Deutschland häufig von den Medienplattformen der Neuen Rechten und Rechtspopulisten sowie in Facebook-Gruppen, die der AfD und der Pegida nahestehen, geteilt.[12] Denn sie teilen dieselben Positionen und ähnliche Erzählungen: von den Bürgern zweiter Klasse, der verantwortungslosen Elite, der Lügenpresse, der grassierenden Armut und Unsicherheit.

Die Vernetzung mit anderen Akteuren der Gegenöffentlichkeit ist wichtiges Element der russischen Informationsstrategie. Es geht schließlich darum, »auch in westlichen Ländern eine alternative Öffentlichkeit zu schaffen«. Das sagt Margarita Simonjan, die Chefredakteurin von *RT*.[13] In ihrer Eigenwerbung bezeichnen die offiziellen russischen Medienkanäle ihre Inhalte als »Alternative Information« – alternativ zum Mainstream, zu dem, was in traditionellen Medien, bei öffentlich-rechtlichen Sendern und großen Zeitungen in Deutschland zu hören und zu lesen sei. »*Sputnik* berichtet über das, worüber andere schweigen«, heißt es auf der Website der russischen Informationsagentur *Sputnik*. Ähnlich lautet die Werbung bei *RT Deutsch*: »Wir zeigen und schreiben das, was sonst verschwiegen oder weggeschnitten wird.« Mit kurzen Botschaften und professioneller Verpackung – snackable und meinungslastig – bringen die vom Kreml kontrollierten Medien eine Mischung aus Information, Meinung, Propaganda und Desinformation in Umlauf, die sich im Netz schnell verbreitet.

Beispiele der *Sputniknews*-Schlagzeilen zeigen, wie diese »alternativen« Informationen aussehen: »Ungleichheit wächst: Hälfte der Deutschen hat keinerlei Rücklagen«[14] oder »Bürger schützen! AfD schlägt Fünf-Punkte-Programm gegen Terror vor« (beide vom 9. 1. 2017).[15] *RT Deutsch* räumt der AfD regelmäßig Platz ein und bittet unterschiedliche AfD-Politiker zum Interview, u. a. Beatrix von Storch und Frauke Petry. Auch Manuel Ochsenreiter, Chefredakteur der AfD-nahen Zeitschrift *Zuerst*, ist Gast. Letzterer gründete im Frühjahr 2016 zusammen mit dem AfD-Funktionär Markus Frohnmaier[16] das Deutsche Zentrum für Eurasische Studien in Berlin, einen prorussischen Thinktank.[17] Ochsenreiter organisiert zudem seit mehreren Jahren Wahlbeobachtermissionen für Landtagsabgeordnete der AfD in separatistische Gebiete wie den Donbass, nach Bergkarabach oder in die Ukraine.

Bei *RT* platzierte Werbung ist für die AfD nützlich, schließlich wird sie von vielen Russlanddeutschen unterstützt.[18] Mit 1,96 Millionen Wahlberechtigten sind die Spätaussiedler aus der Sowjetunion, vor allem aus Russland und Kasachstan, die größte Wählergruppe unter den Migranten. Die Mehrheit von ihnen unterstützte lange die CDU; schließlich hatte Helmut Kohl sie in den Neunzigerjahren in Deutschland willkommen geheißen. Doch laut einer Studie des Sachverständigenrats deutscher Stiftungen für Integration und Migration ist diese Unterstützung regelrecht eingebrochen. Bei den Landtagswahlen in Berlin, Nordrhein-Westfalen und Baden-Württemberg 2016/17 erzielte die AfD in den Wahlkreisen, in denen besonders viele ehemalige Bürger der Sowjetunion leben, hohe Ergebnisse, in Pforzheim zum Beispiel mehr als 20 %.[19]

Diese Zielgruppen aber bilden sich ihre politische Meinung nicht nur über deutsche Medien, sondern vor allem auch über die Berichterstattung russischer Medien.

Die Rollenverteilung – das starke Russland, das schwache Europa

Der Westen als Aggressor, Russland als Opfer. So sind die Rollen in der weit überwiegenden Zahl russischer Medienbeiträge verteilt, wenn es um die internationale Politik geht.[20] Eine große und bei vielen Russen sehr anschlussfähige Erzählung, die anlässlich der unterschiedlichsten aktuellen Anlässe aktiviert und lebendig gehalten wird.

- Europa ist kraftlos und unsicher, es befindet sich im moralischen Verfall.
- Polizei und Behörden in Deutschland können die Sicherheit der Bürger im Land nicht gewährleisten und diese nicht schützen.
- Große deutsche Medien und die etablierten Parteien verschleiern die Wahrheit. Sie lügen.

- Die größte Gefahr für die Sicherheit in Europa geht von den Migranten aus – Europa droht die Überfremdung, der Verlust von Kultur und Werten durch Zuwanderer.
- Rechte Parteien sind lediglich konservativ, ihre Anliegen und Positionen legitim.

Mit dieser Berichterstattung verstärken russische Auslandsmedien gezielt die Gefühle jener Russlanddeutschen bei uns im Land, die sich ungleich behandelt und abgehängt fühlen.

Neben Beiträgen zur deutschen Innenpolitik geht es den russischen Auslandsmedien darum, Werbung für Russland und seinen Präsidenten zu machen – und damit für die russischen Interessen. Dabei transportieren sie die klare Botschaft: Russland bleibt die Macht, welche die Interessen aller russischsprachigen Menschen schützt, und malen das Bild eines geeinten Volkes in einem starken Staat mit einem erfolgreichen Präsidenten als Gegenmodell zum schwächelnden und unsicheren Deutschland und zum kraftlosen Europa. Das Russland, von dem die russischen Medien in Deutschland berichten, ist kraftvoll, integer, souverän. Und Präsident Putin verkörpert das alles. Er ist Garant und Beschützer einer traditionellen Weltordnung – und eines starken Staates.

Russland ist moralisch, der Westen unmoralisch, die Guten und die Bösen. Es wird das Bild eines Westens gezeichnet, der mehr oder weniger kollabiert. Und Russland im Gegensatz dazu ist die »souveräne Demokratie«. Diese Erzählung wird sowohl über die Auslands- als auch über die Inlandsmedien transportiert. In Russland herrscht demnach eine konsensuale Verbindung zwischen Regierung und Staatsvolk, welche die »Kraft und Würde des russischen Volkes ausdrückt, indem sie die Zivilgesellschaft, einen stabilen Staat, eine wettbewerbsfähige Wirtschaft und einen effizienten Mechanismus der Beeinflussung globaler Ereignisse fördert«.[21]

Weder der äußere Feind – die NATO, die EU, der Westen im Großen und Ganzen – noch politische und wirtschaftliche Sanktionen können der geeinten und zusammengerückten russischen Nation etwas anhaben. Im Gegenteil: Sie schließt sich nur noch enger zusammen. Und zu ihr gehören selbstverständlich auch die russischstämmigen Menschen im Ausland. Eine solche Darstellung knüpft nahtlos an das Bild der sowjetischen Weltmacht an, das staatliche Propaganda über Jahrzehnte in die Welt setzte – und an die kollektive Erinnerung vieler älterer Russinnen und Russen an eine stabiler empfundene gute alte Zeit.

Die souveräne Demokratie unter Putin ist deren moderne Variante – ein Staat, der in allen Bereichen leistungsorientiert und international konkurrenzfähig ist. Der autark und auf Hilfe von außen oder auf diplomatische Kompromisse nicht angewiesen ist. Häufig sei Russland auf sich allein gestellt, werde zum Opfer westlicher Angriffe und müsse sich gegen Verschwörungen des Westens wehren. So z. B. die Argumentation, als aufgrund der FIFA-Korruptionsaffäre die Vergabe der Fussball-WM an Russland 2018 in Zweifel gezogen wurde und nach dem Absturz des malaysischen Flugzeugs MH17. Das staatliche russische Fernsehen vermutete, das eigentliche Ziel der zerstörerischen Rakete wäre das Flugzeug des russischen Präsidenten Wladimir Putin gewesen.

Träger und Stützen dieses staatlichen Systems sind Kirche, Armee und Sicherheitsorgane. Personifiziert ist dieser starke Staat in der Person des Präsidenten. Die Botschaften sind deutlich: Putin hat die Republik gerettet, die »Zeit der Wirrungen« beendet.[22] Putin lässt seine Leute nicht im Stich. Putin hat sich und seine politischen Beamten verpflichtet, die Interessen der Menschen unmittelbar zu vertreten. Aus dem empathiefreien grauen Geheimdienst-Technokraten, als der Putin noch im Jahr 2 000 galt, wurde – mithilfe gewiefter Kommunikationsstrategen – der strenge, aber gütige Landesvater Wladimir Wladimirowitsch. Ein Held wie im Märchen, ein echter Kerl und Supermann: Er fliegt als Pilot eines Leichtflugzeuges den Kranichen voran, engagiert sich als Copilot in einem Feuerlöschflugzeug, angelt mit nacktem Oberkörper, fährt in schwarzem Leder schwere Motorräder und taucht persönlich nach antiken Amphoren usw. Er sorgt für Ordnung im Land und endlich wieder für eine Wahrnehmung Russlands auf der internationalen Bühne. »Russland ist wieder eine geachtete Großmacht!«

Indem die russischen Medien an die kollektiven Erinnerungen vieler Russen anknüpfen, liefern sie eine identitätsstiftende Erzählung. Ein starker Staat bedeutet: Ich kann auf mein Land wieder stolz sein.

Mit Begeisterung stellen sich viele Russen hinter die nationale Idee, die von den Staatsmedien propagiert wird. Das schafft Selbstbewusstsein, und es festigt Identität und Zugehörigkeitsgefühl. Jahrelang habe der Westen die Schwäche Russlands ausgenutzt, erst Putin habe Russland wieder zu einer starken Macht in der Welt gemacht.

Alte Methoden, neue Technik

Nicht erst unter Putin hat der Kreml erkannt, wie sich Information und Desinformation nutzen lassen. Die aktuelle Informationspolitik Russlands knüpft in mancherlei Hinsicht an alte Konzepte an, betont Janis Sarts: »Die Instrumente, die Russland heute einsetzt, die sind denen aus der sowjetischen Zeit sehr ähnlich, zum Beispiel denen der Siebziger- und Achtzigerjahre, als sich Russland an die veränderten internationalen Bedingungen anpasste. (…) die Instrumente die eingesetzt werden, die Toolbox der Desinformation, ist gar nicht so unterschiedlich.«[23]

Und auch das wichtigste Ziel dieser ganzen Informationspolitik sei dasselbe wie früher: Es gehe darum, die Macht zu erhalten. Die staatlich gelenkte Informationspolitik sowohl ins Inland wie ins Ausland dient aus Sicht von Sarts vor allem einem Zweck: »Es geht darum, dass Putin so stark bleibt, dass die Opposition nicht auf die Straße geht.«[24] Denn rein faktisch hat der Kreml den russischen Bürgern nicht viel zu bieten: »Die Wirtschaft liegt am Boden, die Aussichten sind insgesamt schlecht, die Infrastruktur ist zerstört, weit und breit ist es mit der Innovation nicht weit her. Das Einzige, auf das man setzen kann, sind große natürliche Ressourcen und eine damit verbundene Industrie sowie Wirtschaftsbereiche, die das stützen und Militärwirtschaft. (…) Was also kann man dem Volk bieten? Das lässt sich heute nicht mehr so leicht beantworten wie in den Anfängen Putins, als dieser ersehnte Stabilität brachte, die Preissicherheit usw. Wie erhält man also die Botschaft, dass man derjenige ist, der etwas liefert?«

Die Lösung liegt nahe. Es gilt, über Kommunikation die entsprechenden Botschaften und Erzählungen zu verbreiten: Medienberichte zur erfolgreichen Rückkehr Russlands in die internationale Politik, zu diplomatischen oder militärischen Gelände-Gewinnen, zu erfolgreichen politischen Vermittlungsmissionen – sei es in Syrien, beim Gespräch mit dem amerikanischen Präsidenten am Rande des G20-Gipfels, zur erfolgreichen »Rückeroberung« der Krim oder zu dem Russland, das den Ausgang der amerikanischen Präsidentschaftswahl beeinflusst habe.

Neben diesen Erzählungen von Größe und Erfolg gibt es die Erzählung vom gemeinsamen Feind, die ebenfalls eine lange Tradition hat: Es ist die alte Gut-und-Böse-Erzählung, die auch in der Propaganda des Kalten Krieges zu finden war, angewandt auf aktuelle Themen. Auch unter Lenin und Stalin wurden mit analogen Methoden, über Zeitungen, Plakate und Rundfunk Geschichten mit ähnlichen Bildern und Protagonisten verbreitet. Die Helden waren: der Arbeiter, werktätige Frauen, der Soldat der Roten Armee, politische Führer und die Feinde waren: die westliche Welt, die die kommunistische Sowjetunion mit allen Mitteln bekämpft, und die Feinde im eigenen Land: Volksfeinde, Abweichler und Saboteure.[25]

Durch das Netz lassen sich für diese Botschaften andere Reichweiten erzielen und Zielgruppen erschließen. Es lassen sich deutlich mehr Menschen im Ausland erreichen als einst mühevoll über Kurzwelle und die Programme der *Stimme Russlands*, die im März 2014 ihre Sendungen einstellte und zum Schluss nur noch wenige Hörer hatte.[26] *Russia Today* hat in den neun Jahren seit seiner Gründung *CNN* an Reichweiten überholt. Putins Propagandasender liegt bei den Klickzahlen für Fernsehbeiträge auf Youtube mit fast 1,2 Milliarden Abrufen nur noch hinter der *BBC*. Gerade bei der Verbreitung über Plattformen im Netz verfolgt *RT* eine differenzierte Strategie und bietet für unterschiedliche Regionen und Zielgruppen Nachrichtenmixe an.[27]

Digitale Verstärker: Vernetzung mit Plattformen der Neuen Rechten

Für die Informationspolitik im Ausland stets nach Kooperationen mit lokalen Partnern zu suchen gehörte bereits zum Instrumentenkasten des sowjetischen Geheimdienstes. Wer Einfluss aufbauen will, der muss Mitstreiter finden, die im jeweiligen Land bereits über die nötigen Netzwerke verfügen und denen Glaubwürdigkeit zuteilwird.

Das gilt auch heute noch für die Arbeit der russischen Medien und den Vertrieb ihrer Inhalte in Deutschland: Denn das deutschsprachige TV-Angebot von *Russia Today* wird nur von einer relativ kleinen Zahl Menschen geschaut. Und während *RT* in den USA und Großbritannien viel Geld investiert, um mit einem Fernsehangebot präsent zu sein, ist *RT Deutsch* mit seinen Produkten »nur« online präsent.[28] Die deutschsprachige zunächst wöchentlich ausgestrahlte *RT*-Sendung *Der fehlende Part* wurde ab Sommer 2015 auf drei Sendungen pro Woche ausgedehnt und Anfang 2016 wieder auf eine Sendung wöchentlich reduziert. Seit Anfang 2017 hat der »Fehlende Part« einen Youtube-Kanal.[29] In anderen Märkten werden größere Reichweiten erzielt: In Großbritannien schauen mehr Menschen *RT* als *Euronews*; auch in einigen US-Großstädten ist es der meistgesehene Auslandssender. Über *RT* und das staatliche russische Fernsehen, das über Satellit auch in Deutschland zu empfangen ist, können bis zu drei Millionen russischsprachige Zuwanderer erreicht werden.[30]

Erst durch den Vertrieb über andere Plattformen lässt sich in Deutschland eine nennenswerte Reichweite und Resonanz bei anderen Zielgruppen erreichen. Häufig werden Inhalte von *RT Deutsch* in AfD- und Pegida-Gruppen geteilt.[31] Sie laufen in den Sozialen Medien sehr gut und werden von dort aus weitergegeben an Webplattformen, die sich im neurechten Spektrum positioniert haben: so beispielsweise der Bericht über die Bürgschaften für Flüchtlinge aus Syrien in Deutschland, der am 8. Januar 2017 bei *RT Deutsch*[32] lief und danach in meinem rechten Facebook-Account als Beitrag von *News-Front.info* geteilt wird.[33]

Für eine ganze Reihe der bereits zuvor erwähnten rechtspopulistischen Medien und Akteure der Neuen Rechten im Netz gelten die russischen Informationsquellen als »alternative Informationen«, als Stimme, die im Rahmen der »Meinungsvielfalt« in Deutschland ihren Platz haben sollte – und die im Übrigen eine Reihe von Positionen teilt, für die auch die Medien der Neuen Rechten streiten. Deshalb verbreiten diese die Inhalte von *RT* und anderen russischen Medien über ihre eigenen Kanäle im Netz und verstärken so die russische Medienarbeit in Deutschland.

Es gibt aber auch weitere prorussische Plattformen im Netz, die sich selbst als »Nachrichtenagentur« bezeichnen, sich allerdings auf die Verbreitung einseitiger, schlecht oder gar nicht recherchierter Beiträge und prorussischer Propaganda beschränken. Zu den Inhalten, die häufig in AfD- und Pegida-Foren im Netz geteilt werden, zählt unter anderem das Portal *Newsfront.de*,[34] für das prorussische Aktivisten aus den besetzten Gebieten in der Ostukraine berichten, aber auch Mitarbeiter in Deutschland und in anderen europäischen Ländern. *Newsfront*-Chefredakteur Konstantin Knyrik darf nicht nach Deutschland einreisen, da er für die russischen Separatisten im Osten der Ukraine gearbeitet hat. Er führt die Geschäfte von der Krim aus.[35] Knyrik ist ein Anhänger der ultranationalistischen Ideen von Alexander Dugin, der u. a. die Vernichtung der ukrainischen Regierung fordert und ein wieder erstarkendes Großrussland propagiert. Knyrik war Koordinator der »Eurasischen Jugendbewegung«, welche für diese Ideen eintritt. Inzwischen hat er umgeschult zum Informationskrieger, ist davon überzeugt, dass die Wahrheit durch etablierte Medien vernichtet werde und dass er und seine *Newsfront*-Mitarbeiter in einem Informationskrieg stünden. Vor der Bundestagswahl hat *Newsfront* seine Mitarbeiterschaft in Deutschland vergrößert, recherchierte die *Zeit*.[36] Wer sich das Angebot ansieht, erfasst schnell, dass *Newsfront* kein journalistisches Produkt ist, sondern vor allem Kriegspropaganda betreibt. Selbst elementare journalistische Regeln werden missachtet. Beispiel dafür ist die Gegendarstellung zu Recherchen der *Zeit*; die offensichtlich mithilfe eines schlechten Übersetzungsprogramms ins Deutsche übertragen wurde. Der Beitrag ist weitgehend unverständlich.[37]

Newsfront ist im Übrigen eines der Medien, die erst mit der Annexion der Krim und der Besetzung der ostukrainischen Gebiete durch Russland entstanden. Es ist gutes Beispiel dafür, wie sich seitdem die Desinformationsarbeit Russlands verändert und verstärkt hat. *Newsfront* versteckt weder in seinen Beitragstiteln noch in den Berichten selbst, dass es die deutschen Leserinnen und Leser von der russischen Position überzeugen will. »Eines ist klar«, kann ich zum Beispiel der Moderation des mehrfach monatlich publizierten Videoformats mit dem klingenden Namen »Frontlinie« am 24. 2. 2017 entnehmen, »Russland wird die Krim nicht aufgeben. Es ist aber auch klar, dass die Einverleibung der Krim nicht unplausibel ist und die Weltordnung nicht gefährdet. Russland hat ja nicht Deutschland annektiert. (…) Jetzt käme es also darauf an, die Fakten zu akzeptieren und trotzdem einen Preis zu verhandeln.«[38] So einfach ist das also. Darüber hinaus übernimmt die Website an den beiden kommenden Tagen die folgenden Beiträge der regierungstreuen *Prawda* sowie von *RT Deutsch*: »Ukraine: der rätselhafte Krieg im Donbass«, die Reportage »Bundesregierung setzt auf sozialrechtliche Apartheid in Deutschland« sowie den Bericht »Deutschland gibt Millionen für Flüchtlingsunterkünfte aus, die letztlich leer bleiben«. Lokale Ereignisse und Einzelfälle werden aufgeblasen, manche Inhalte wirken gar frei erfunden: »Freunde von Merkel haben eine Massenschlägerei in Dortmund angezettelt«,[39] um nur eine der Falschinformationen aufzunehmen. Der Fake-Beitrag zu den »Freunden« Merkels vom August 2016 bezieht sich auf die Festnahme randalierender Asylbewerber in einer Erstaufnahmestelle in Dortmund. Es geht in diesem Beitrag, wie in anderen auch, weniger um die Nachricht als um die Einordnung – um die offene Kritik an der Flüchtlingspolitik der Regierung: »Mehrheit der Deutschen hält Merkels Flüchtlingspolitik für gescheitert. Einer aktuellen Umfrage zufolge halten 57 Prozent der Deutschen Angela Merkels Flüchtlingspolitik für gescheitert. Nur 32 Prozent halten die Politik Merkels für richtig.«[40]

Das Thema der fehlgeschlagenen Flüchtlingspolitik ist auch für die russischen Medien in Deutschland eines, an dem sich ihre Erzählungen gut festmachen lassen. So befördern *RT Deutsch* und *Sputnik* durch regelmäßige Berichterstattung gezielt das Bild von Flüchtlingen, die grundsätzlich gewaltbereit sind und die Sicherheit der deutschen Bürger gefährden. Ein Beispiel dafür: Am 26. 10. 2016 brachte der erste Kanal des russischen Fernsehens in der Morgensendung die Nachricht, dass in Österreich ein Flüchtling aus dem Irak ein zehnjähriges Kind vergewaltigt habe und vom obersten Gericht Österreichs freigesprochen wurde. Gerichte in Europa schützen Flüchtlinge auch bei Straftaten, das impliziert der Bericht.[41] Am 31. 10. 2016 nahm Putin während einer Sitzung des Rats für internationale Beziehungen auf den Fall Bezug und betonte, dass »europäische Erfahrungen heute nicht immer die besten wären«. Er führte dazu aus: »Wir haben gesehen, was passiert: Ein Einwanderer hat ein Kind in einem europäischen Land vergewaltigt. Das Gericht hat ihn freigesprochen.«[42] Fakt ist, dass das österreichische Gericht den Iraker sehr wohl wegen schweren sexuellen Missbrauchs an einem Unmündigen, für schuldig befunden hat.[43]

Dass solche Kampagnen Einfluss auf die öffentliche Meinung haben, das wird niemand bezweifeln. In Russland selbst lassen sich die Auswirkungen einer durch den Kreml finanzierten Tendenz-Berichterstattung auch quantitativ belegen: Nach Meinungsumfragen von Anfang Februar 2016 sind 59 % der Russen der Überzeugung, dass Europa keine weiteren Flüchtlinge aufnehmen sollte. Noch fünf Monate zuvor waren es gerade einmal 34 %.[44] Und drei von vier Russen sind der Meinung, dass die Flüchtlingswelle auch negative Auswirkungen auf Russland haben werde.[45] Längst hat die durch den Kreml gesteuerte Medienberichterstattung auch Spuren hinterlassen, wenn es um das Verständnis von Rechtsstaatlichkeit geht, von Demokratie und ihren Institutionen. Die überwiegende Mehrheit der Russen schätzt Demokratie, Grundrechte, Rechtsstaatlichkeit, die Unabhängigkeit der Gerichte und will eine unbestechliche Verwaltung. Doch mit der Rückkehr Russlands zum autoritären Staat haben nur wenige Probleme. Das Demokratieverständnis ist ein anderes als unseres: Für die Mehrheit der Russen zeichnet sich Demokratie durch einen starken Präsidenten und eine starke Exekutive aus, die im Zweifel alles bestimmen können sollen. Denn der Präsident, die Armee, die Kirche und die Sicherheitsorgane genießen großes Vertrauen; Regierung, Parlament, Polizei, Gerichte, Staatsanwaltschaften und Presse hingegen ein geringes. Besonders interessant sind in diesem Zusammenhang auch die Einschätzungen zur Bedeutung der Grundrechte: Den aus der sozialistischen Vergangenheit vertrauten sozialen Grundrechten – Recht auf soziale Sicherheit und Wohnen, der Zugang zu Gesundheitsleistungen, Bildung und Arbeit – wird weit mehr Bedeutung zugemessen als den klassischen Abwehrrechten wie Meinungsfreiheit, Religionsfreiheit, Versammlungs- und Vereinigungsfreiheit.[46]

Politische Verbindungen zu Rechtspopulisten in Deutschland

Die Verbindung zur Neuen Rechten beschränkt sich nicht nur auf eine Überschneidung der Themen. Es gibt eine Reihe von Hinweisen darauf, dass Russland Vertreter der AfD auch politisch unterstützt.

Sicherheitskreise beobachten, dass Verbindungen zu rechtspopulistischen und -extremistischen Gruppierungen gezielt gepflegt werden. Im März 2015 waren etwa 150 Rechtsextreme aus mehreren europäischen Ländern nach Sankt Petersburg zu einer Veranstaltung der Kreml-treuen Vaterlandspartei (Rodina) eingeladen. Dazu gehörten neben dem Ex-Chef der NPD, Udo Voigt, der frühere Vorsitzende der britischen Nationalpartei, Nick Griffin, und Mitglieder der neonazistischen Partei »Goldene Morgenröte« aus Griechenland. Die Jugendorganisation der AfD, junge Alternative, reiste zu Kongressen in die Ukraine und nach Serbien, die vom Kreml organisiert waren. Es gab sogar ein sicherheitspolitisches Seminar in Potsdam, das gemeinsam mit der russischen Botschaft organisiert wurde. Arbeitstitel des Kongresses: »Migration als destabilisierendes Element«.

Direkte finanzielle Unterstützung aus Russland gebe es nicht, betonte Spitzenkandidat Alexander Gauland vor der Bundestagswahl.[47] Allerdings hat Russland im Hinblick auf sein vorrangiges politisches Ziel, dass Deutschland sich gegen die Fortsetzung der EU-Sanktionen aussprechen und die Annexion der Krim als Faktum akzeptieren soll, in der AfD wichtige Fürsprecher gefunden: Russland müsse wieder ein Partner auf Augenhöhe und »ein geachtetes und sicheres Mitglied der europäischen Gemeinschaft« sein, hatte Gauland gefordert. Dies sei auch im deutschen Interesse. Die Ausdehnung der Nato über die Oder hinaus sei ein »Wortbruch« gegenüber Moskau gewesen. Damit transportiert die AfD russische Positionen in die politische Debatte – übrigens auch mit Blick auf die Krim, zu der Gauland in einem Interview erklärte: »Die Krim kommt nie wieder zur Ukraine zurück. Die Sanktionen bringen nichts.«[48]

Der Schulterschluss zwischen AfD und Russland ist zum beiderseitigen Nutzen: Viele Russlanddeutsche wählen die AfD – die sachsen-anhaltische AfD-Fraktion organisierte mit Blick auf diese wichtige Wählergruppe vor der Wahl einen »Russlandkongress«, auf dem AfD-Fraktionschef André Poggenburg u. a. die Aufhebung der EU-Sanktionen forderte.[49]

Die russischen Auslandsmedien in Deutschland sind Mittel der politischen PR des Kreml und folgenden dessen engen inhaltlichen Vorgaben. Das bestätigen Aussagen ehemaliger Kreml-Trolle und Berichte russischer Journalisten über sogenannte »temniki«. Das sind redaktionelle Anweisungen, welche Themen aktuell in den Mittelpunkt der Berichterstattung gestellt werden sollen. Zurzeit sind das für die Zielgruppen in Deutschland die Themen Flüchtlinge, Gewalt und Sicherheit. Es ist zu beobachten, wie *RT Deutsch* über Beiträge und Interviews bestimmte Kampfbegriffe schafft, die dann von den unterschiedlichsten Plattformen der Neuen Rechten in Umlauf gebracht werden. So multipliziert sich ihre Wirkung, und sie finden über diesen Weg auch Einzug in etablierte Medien oder in Bundestagsdebatten: gezieltes Agendasetting!

Ein Beispiel dafür ist der Begriff der »Altparteien« oder »Systemparteien«. »Wer ist schuld und was tun?«, fragt *RT-Deutsch*-Chefredakteur Ivan Rodionov in seinem Kommentar am 1. 6. 2016, »Systemparteien in der Krise«.[50] »Bei der Ursachenanalyse ihrer Krise machen es sich die Parteien zudem äußerst einfach: Schuld sind immer die anderen, vorzugsweise die Newcomer von der AfD. Doch ist das schon die ganze Story? (…) Kann es sein, dass den neuen Willy Brandts in der regierenden Einheitspartei der deutschen Politklasse jede Aufstiegschance versperrt bleibt?« Und in einem Atemzug entwertet der Kommentator auch einen anderen Begriff, indem er sagt: »Dass sie diese, die erstarrte ideologische Kruste nicht durchbrechen können – im Parteiensprech ›die Werte‹!«

Das Statement transportiert folgende Botschaften: Die AfD ist Sündenbock. Die großen Parteien lassen Querdenker nicht zu. Sie sind nur am Machterhalt interessiert. Und sie verraten dadurch die Werte, die sie zu haben vorgeben.

So wird der Begriff »Werte« um seine ursprünglich positive Bedeutung gebracht und gleichgesetzt mit einer »erstarrten ideologischen Kruste«. Und die »Systemparteien« stehen aus Sicht des Kommentators genau für diese Verkrustung. Es wird ein neuer Bedeutungszusammenhang geschaffen,[51] zentrale Begriffe wie z. B. »Werte« werden mit negativen Attributen – »verkrustet«, »ideologisch« – verknüpft und so ins Negative gewendet. Wenn dem Nutzer das nächste Mal der Begriff »Wert« unterkommt, wird er damit weniger »wertvoll« oder »schützend« verbinden als mutmaßlich eben auch »verkrustet«, »ideologisch«.

Die Desinformation der größeren russischen Medien in Deutschland setzt in aller Regel nicht so sehr auf plumpe Falschinformation. Es geht vielmehr darum, Zusammenhänge zu zerstören, einen neuen Kontext zu schaffen, zuzuspitzen, Wut und Verunsicherung zu schüren, zu provozieren, Aspekte bei der Recherche auszulassen, Meinung und Faktendarstellung nicht zu trennen. Das Ziel ist nicht, Menschen von Fakten zu überzeugen, sondern sie emotional für die russische Position zu gewinnen.[52] Es geht um die Deutungshoheit.

Politische Destabilisierung – und Polarisierung der öffentlichen Meinung

Die Propaganda zielt oft auf handelnde Personen: die Kanzlerin, Regierungsvertreter – und darüber hinaus auf den größeren demokratischen Kontext. Es geht darum, Zweifel zu säen. Die Glaubwürdigkeit demokratischer Institutionen in Frage zu stellen. Eine Strategie, die das politische System in unserem Land beschädigen soll – über politische Meinungsbildung, wie Janis Sarts deutlich macht: »Mit Blick auf Deutschland geht es darum, die Regierung weniger handlungsfähig zu machen. Die Politik weniger konsistent, kurz: die Regierung zu schwächen. Wie man das macht? Indem man Misstrauen sät, Misstrauen in die demokratischen Abläufe.«[53] Und indem man über Provokationsthemen wie Migration oder Armut die deutsche Öffentlichkeit spaltet.

Die russischen Propagandakampagnen stellen die politische und demokratische Ordnung sowie unsere Prozesse der demokratischen Meinungsbildung in Zweifel. Sie zielen auf das politische System und den sozialen Zusammenhalt in unserem Land. Welche Auswirkungen das haben kann, zeigt sich an unterschiedlichen Kampagnen, sei es über Migranten oder zur »Lügenpresse«.[54] Ein prägnantes Beispiel ist die Kampagne #unserelisa.

Die Kampagne #unserelisa

Fangen wir mit der Auflösung des Falls an: Am 20. Juni 2017 spricht das Amtsgericht Berlin-Tiergarten einen Vierundzwanzigjährigen wegen sexuellen Missbrauchs und der Herstellung von Kinderpornografie schuldig.[55] Er wird zu einem Jahr und neun Monaten Haft auf Bewährung verurteilt. Außerdem soll er als Auflage 3 000 Euro zahlen. Er hatte zuvor gestanden, im Herbst 2015 einvernehmlich Geschlechtsverkehr mit der damals dreizehnjährigen Lisa, Tochter russlanddeutscher Zuwanderer aus Berlin-Marzahn, gehabt und als Video auf seinem Handy festgehalten zu haben.

Nur wenige werden diese Nachricht wahrgenommen haben, die den Schluss der großen Geschichte um das Verschwinden von Lisa bildet. Viel bekannter hingegen ist die diesem Urteil vorangehende Geschichte, denn diese wurde von russischen Medien breit als Kampagne eingesetzt, um die Fehler deutscher Flüchtlingspolitik und das Versagen der deutschen Behörden in Sicherheitsfragen zu belegen.

Denn Lisa ist das Mädchen, das angeblich von drei südländisch aussehenden Männern in ein Auto gezerrt und in einer Wohnung geschlagen und vergewaltigt worden ist.[56] Diese Darstellung verbreitete sich im Eiltempo über russische Medien und soziale Netze. Eine Empörungswelle brach sich Bahn.

Diese Berichte gingen angeblich auf Aussagen der Familie und des Mädchens selbst zurück. Die teilweise frei erfundene Medienkampagne und die Spekulationen, die sich daran anschlossen, hatten jedoch mit der Realität nichts zu tun. Es gab keine Recherchen im journalistischen Sinn, sondern Stimmungsberichte und Interviews mit mehr oder weniger Betroffenen. Am 16. Januar 2016 sendete der erste Kanal des russischen Staatsfernsehens eine Reportage, in der eine Tante des Mädchens detailliert Täter und Tathergang beschreibt und ein Onkel die Untätigkeit der Polizei beklagt.[57] Der Reporter berichtet zudem von einer Berliner Protest-Demo, auf der ein russisch sprechender Demonstrant zu Gewalt aufruft, weil Frauen und Kinder vergewaltigt werden. »Kein Mensch hat erwartet, dass solche Taten in einem zuvor sicheren Land wie Deutschland möglich sind«, so der Reporter-Kommentar. Eingeblendete Bilder zeigen Polizisten, die vor einer Asyl-Unterkunft stehen; an der Uniform der Beamten lässt sich allerdings unschwer erkennen, dass es sich nicht um deutsche, sondern um schwedische Polizisten handelt.

Diese Reportage wurde dann in einer Version mit deutschen Untertiteln unter dem Titel »Berlin: Dreizehnjährige 30 Stunden vergewaltigt« über verschiedene prorussische Facebook-Gruppen geteilt und über 1,7 Millionen Mal aufgerufen.[58] Sie wurde bis zum 29. 1. 2016 33 000 Mal geteilt und mehr als 16 000 Mal gelikt. Auch der Teaser griff die Fehlinformation auf: »Wer erfahren möchte, welche Kapitalverbrechen der von Angela Merkel herangeschleppte, testosterongesteuerte und hoch kriminelle Migrantenmob mittlerweile in Deutschland verübt, erfährt dies unter anderem im GEZ-freien russischen Fernsehen«[59] – so wurde das Video auf Facebook beworben.

In der Folge forderten unzählige Facebook-Posts Russlanddeutsche auf, zu demonstrieren. Wer nicht mitmache, mache sich an der Schändung von Lisa und anderen Kindern mitschuldig, so hieß es. Bundesweit folgten am 4. Januar 2016 über 10 000 Menschen diesen Aufrufen. Der Berliner Ableger der ausländerfeindlichen Pegida-Bewegung, »Bärgida«, rief in der Folge unter dem Motto »Wir sind gegen Gewalt« zu einer Kundgebung gegen kriminelle Flüchtlinge vor dem Bundeskanzleramt auf, zu der 700 Menschen kamen.

Die Kampagne fand ihre Fortsetzung und einen Negativ-Höhepunkt auf offizieller politischer Ebene. Die russische Botschaft in London twitterte: »Die deutsche Regierung hat den Migranten ihr Land wie einen Teppich unter den Füßen ausgebreitet. Jetzt versucht sie, deren Verbrechen unter eben diesen Teppich zu kehren.«[60] Gipfel war eine Stellungnahme des russischen Außenministers Lawrow, der Deutschland – und zwar nicht nur den Medien, sondern vor allem der Bundesregierung – Vertuschung vorwarf. Hoffentlich werde nicht aus politischer Korrektheit »die Realität übermalt«.

Obwohl die Polizei in Berlin längst öffentlich gemacht hatte, dass es keine Entführung und keine Vergewaltigung gegeben habe, wurde das Thema noch ausgeschlachtet. Da war die 13-Jährige längst wieder zu Hause.

Fake statt Fakt – der Fall Lisa zeigt unmittelbar und deutlich, wie Falschinformationen politisch instrumentalisiert werden und auf welche Weise russische Medien öffentliche Wahrnehmung erzeugen, um die Erzählung vom Staatsversagen, von mangelnder Sicherheit und vergewaltigenden Flüchtlingen zu schüren.

Die Kampagne #lügenpresse

Eine andere Erzählung, die *RT Deutsch* und *Sputnik News* konsequent verbreiten, ist die der Lügenpresse. »Wer misstraut den Mainstream-Medien?« Mit dieser Frage betitelt *RT Deutsch* am 9. September 2016 den Bericht über eine Studie der Wirtschaftsjournalisten Kim Otto und Andreas Köhler. Basierend auf Daten des Eurobarometers, hatten diese in ihrer Studie nachgewiesen, dass bestimmte Bevölkerungsgruppen skeptisch gegenüber Presse und Medien sind.[61] *RT Deutsch* fasst die Ergebnisse weitestgehend neutral zusammen, um dann als Schlussfolgerung das gesamte Mediensystem und die Pressefreiheit in Deutschland zu kritisieren: »Deutlich ist: Auch zwei Jahre nach dem großen Bruch der deutschen Öffentlichkeit im Zuge der Berichterstattung zur Ukrainekrise, ist es den Medienmachern nicht gelungen, verlorengegangenes Vertrauen wieder zurückzugewinnen. (…) Für ein Mediensystem, das sich als Vorreiter der Pressefreiheit und Objektivität darstellt, kommen die Zahlen in jedem Falle einer Ohrfeige gleich. Die Hälfte der Bevölkerung hat sich bereits abgewendet, daran gibt es wenig zu deuten. Bleibt nur, die Analyse zu ignorieren.«[62] Die Zahlen des *European Journalism observatory*,[63] auf die sich *RT Deutsch* bezieht, sprechen von einem Zuwachs von 4 % unter den Mediennutzern in Deutschland, die den Medien misstrauen. Deren Anteil liege insgesamt bei 49 %.[64] Dabei sei erkennbar, dass das Misstrauen in die Medien unter bestimmten Zielgruppen besonders zugenommen habe: vor allem bei Menschen, die jünger als 35 Jahre alt sind, ihre eigene wirtschaftliche Lage als schlecht beurteilen, den Parteien misstrauen, sich gegen Flüchtlinge positionieren und eher am rechten Rand des politischen Spektrums beheimatet sind.

Inwieweit die russischen Kampagnenmedien zum wachsenden Misstrauen in Parteien, in politische Institutionen oder die Medien beitragen, lässt sich nicht quantifizieren. Inhaltlich allerdings ist nicht zu übersehen, dass staatlich finanzierte russische Medien über eine Vielzahl von Beiträgen daran arbeiten, das Misstrauen gegenüber Medien, aber auch gegenüber demokratischen Prozessen, politischen Akteuren und Institutionen in Deutschland zu befeuern. Mit der Präsenz im Netz und insbesondere in der digitalen Öffentlichkeit verstärken sie Botschaften, die seit einigen Jahren politisch vor allem von Pegida und AfD gesetzt werden und sich auf den ihnen nahestehenden Medienplattformen im Netz weiter verbreiten.

Seit 2014 schon gibt es in Deutschland den Trend, Medien als unglaubwürdig und einseitig zu diffamieren, ihnen Professionalität abzusprechen. Er ist verbunden mit dem Begriff der »Lügenpresse«, der zuerst bei Pegida- und AfD-Demonstrationen auftauchte, später bei Rechtspopulisten und Islamophoben im Netz.[65]

Rechtspopulisten und Rechtsextreme in Deutschland sind mit den russischen Medien einig darin, dass nicht nur die deutsche Polizei, sondern auch die Medien Straftaten von Ausländern verschweigen. »Lügenpresse« stigmatisiert journalistische Arbeit als einseitige Interpretation und Berichterstattung mit Schlagseite – und stilisiert die unmittelbare Meinungsäußerung und Empörungslogik in den sozialen Netzen zu Korrektiv und Wahrheit.

Medien im Zensurstaat Russland: Information als Herrschaftsinstrument

Es ist paradox, gehört aber zu einer klaren Einordnung dazu: Während russische Auslandsmedien ihren deutschen Kollegen Einseitigkeit, Vertuschung oder gar Lüge unterstellen und immer wieder über mangelnde Meinungsfreiheit berichten, ist Russland selbst ein Zensurstaat, in dessen Medien ausschließlich die Stimme und die Position des Kreml zu finden sind. Unabhängige Informationen sind in Russland nur noch über einige wenige Internet-Medien zugänglich. Journalisten wurde in den letzten Jahren stückweise mit aller Härte die Arbeitsgrundlage entzogen. Es lohnt den Blick darauf, wie Putin mit den Medien im eigenen Land umgegangen ist: Bereits mit seiner Übernahme des Präsidentenamts im Jahr 2000 machte er klar, wer künftig das Sagen hat. In seiner Rede zur Amtseinführung erklärte er am 7. Mai 2000: »Der Kopf der Regierung war immer und wird immer sein die

Person, die auf alles antwortet.« Die staatliche Verwaltung, Justiz, Geheimdienste – alle staatlichen Strukturen wurden dieser zentralistischen und autoritären Politik angepasst. Diese »Vertikale der Macht« durchzusetzen zog mit sich, alle störenden, unabhängigen Stimmen zu eliminieren. »Eine nach der andern wurden die Institutionen, die fähig waren, eine Alternative zur Einheitsmacht zu bilden, dieser untergeordnet. Das begann mit den Medien, gefolgt vom Business und endete mit dem Parlament und den Gerichten. Das Ergebnis ist eine Gesellschaft, in der das Regime das einzige Zentrum von Macht und die Freiheit der Bevölkerung massiv eingeschränkt ist.«[66] Das Menschenrecht auf den Zugang zu Informationen gilt in Russland nichts.

Systematisch wurden in Russland unabhängige Medienstimmen kaputtgemacht und verdrängt. Kritische Journalisten mussten und müssen um ihr Leben fürchten. Vor mehr als zehn Jahren wurde die Journalistin Anna Politkowskaja ermordet, die zur russischen Kriegsführung in Tschetschenien recherchiert und kritisch berichtet hatte. Gezielt wurde die Glaubwürdigkeit von recherchierenden Journalisten und unabhängigen Medien untergraben. Innerhalb von zwei Jahren, bis 2002, mussten durch staatlichen Druck die drei großen unabhängigen nationalen Fernsehkanäle schließen oder wurden unter staatliche Kontrolle genommen.

Damit sind die für 90 % der Bevölkerung wichtigsten Informationsquellen vollständig unter der Kontrolle des Regimes. Zwar gibt es in Russland einige letzte Inseln der Pressefreiheit wie den Internet-Sender *TV Doschd*, die Tageszeitung *Nowaja Gaseta* oder den Radiosender *Echo Moskwy*. Doch sie erreichen nur noch einen verschwindend geringen Teil der Bevölkerung. Journalismus und Medien werden von der russischen Regierung zum Sprachrohr und Verstärker staatlicher Politik degradiert.[67]

Seit den Parlamentswahlen 2011 hat der Kreml in mindestens zwölf Fällen regierungskritische Redaktionen zerschlagen, die Finanzierung unabhängiger Medienunternehmen zerstört oder unbequeme Sendungen abgesetzt. Zuletzt traf es Mitte 2016 die Medienholding RBK, das größte unabhängige Medienhaus des Landes, zu dem eine Tageszeitung, eine Nachrichtenagentur, ein Onlinemagazin und ein Fernsehsender gehören. RBK hatte sich mit Recherchen über Korruption bei Prestige-Bauprojekten oder dem Vorgehen Russlands in

Syrien und in der Ostukraine einen Namen gemacht und gehörte zum internationalen Rechercheverbund, der Anfang April 2016 über die Panama Papers berichtete und Offshore-Geschäfte enger Putin-Vertrauter enthüllte.

Diese Zensurpolitik trifft auch Medien im Netz: Die Anzahl gesperrter Websites stieg, Agora zufolge,[68] 2015 im Vergleich zum Vorjahr um das Neunfache: von 1 000 auf 9 000 Seiten. Die Medienaufsichtsbehörde Roskomnadsor ließ Internetseiten ohne Gerichtsbeschluss sperren. Seit den Demonstrationen im Frühjahr 2014 trifft das ganze Websites, nicht mehr nur einzelne Inhalte. Unter Hinweis auf die neueren Gesetze blockiert die Behörde Inhalte nach schwammig formulierten Kriterien: zum Schutz von Kindern oder der Sicherheit des Landes, wegen des Themas Homosexualität oder wegen des Gebrauchs von Schimpfwörtern.[69] Unterstützung erhält Roskomnadsor von der sogenannten Mediengarde, einem Zusammenschluss von mehr als 4 300 Freiwilligen, die missliebige Inhalte melden.[70]

Auch einzelne Nutzer werden stärker durch die Sicherheitsbehörden belangt. 2015 wurden nach Angaben der russischen Menschenrechtsorganisation Agora mindestens 18 Internetnutzer wegen kritischer Posts verurteilt – oder wegen deren Weiterverbreitung; denn nach Ansicht der Gerichte zählt schon ein »Like« als Verbreitung von Information.[71]

Ende Juli 2016 wurden mehrere Gesetze verabschiedet, die das Strafrecht verschärfen und die Massenüberwachung ausbauen. Sie verpflichten russische Mobilfunkanbieter und Internetprovider, Nutzerdaten sechs Monate lang zu speichern und gegebenenfalls dem russischen Geheimdienst zu übergeben.[72] Seit September 2015 verlangt ein vage formuliertes »Datenschutzgesetz«, Internetdaten russischer Bürger ausschließlich auf Servern in Russland zu speichern. Seit Mai 2014 müssen sich Blogger, deren Seite täglich mehr als 3 000 Mal gelesen wird, als Nachrichtenmedien registrieren lassen.

(Des-)Information als Waffe im hybriden Krieg

Der Kreml weiß um die Hebelwirkung und Kraft von Information und Desinformation. Auch deshalb wurden Medien und Kommunikation in Putins zweiter Amtszeit so wichtige Instrumente seiner Außenpolitik.

In Russland bezeichnet man diese Form der politischen PR auch gerne als »Polittechnologie«. Schon vor Jahren wurde sie von Wladislaw Surkow als narrative Methode des Überzeugens beschrieben, die mit klassischer und harter Zensur nichts zu tun hat: »Die Gesellschaft geht vom Zwang immer mehr zu Technologien des Überzeugens über, vom äußeren Druck zur Kooperation, von der Hierarchie zur horizontalen Vernetzung. (…)« Das Gleichgewicht verschiebt sich »in Richtung Überzeugung und Verhandlungskompetenz, mit dem Ziel, dass eine möglichst große Zahl von Menschen die eine oder andere Entscheidung bewusst und wenn möglich freiwillig akzeptiert. Man kann sich keine moderne Gesellschaft vorstellen, die aus gebildeten, klugen, entwickelten Menschen besteht, die immer noch einfach herumkommandiert wird, ohne ihr etwas zu erklären.«[73]

Das ist politische Meinungsbildung. Dafür ist Surkow Spezialist. Denn er ist seit vielen Jahren der Chefideologe des Kreml. Im August 1999, gleichzeitig mit Putins Amtsantritt als Premierminister, wurde er stellvertretender Leiter der Präsidialadministration, die bis heute im ehemaligen Gebäude des Zentralkomitees (ZK) der Kommunistischen Partei arbeitet und wie das einstige ZK ein Staat im Staate ist.[74] Er gilt als Erfinder der kremltreuen Jugendbewegung »Naschi«, »die Unsrigen«, deren Aufmärsche eine bunte Revolution nach Vorbild des »Arabischen Frühlings« oder der orangenen Oppostions- und Protestbewegung in der Ukraine in Russland verhindern sollten. Seit 2013 ist Surkow Putins persönlicher Berater und war zunächst mit einem heiklen Thema befasst: Er war für die abtrünnigen georgischen Republiken Abchasien und Südossetien zuständig.[75] Gehackte und veröffentlichte Mails belegen, dass er auch für die Ukraine und die dort eingesetzten Methoden der Propaganda zuständig ist. Polittechnologie heißt für Surkow: öffentliche Meinung so zu beeinflussen, dass Manipulationen unerkannt bleiben. Dafür sind Medien der Schlüssel – und zwar sowohl das Primärmedium für die Älteren im

Land, das russische Fernsehen, als auch das Netz und Soziale Medien für die Jüngeren. Als graue Eminenz des Kreml sorgte Surkow dafür, die Ideologie des Systems Putin in die Medien zu bringen. In seinem Buch über die Manipulationstechniken, die in russischen Medien eingesetzt werden, beschreibt Ulrich Schmid diese Ideologie so: »Eine Demokratie nach westlichem Vorbild ist in Russland weder denkbar noch wünschenswert; gleichzeitig will auch niemand einen Rückfall in eine Diktatur nach sowjetischem Muster. Putin musste als energische Führungsperson etabliert werden, ohne dass er persönlich für einzelne Rückschläge verantwortlich gemacht werden konnte.« Deshalb wurden sogar Katastrophen wie die chaotisch verlaufene Erstürmung des durch ein Terrorkommando besetzten Dubrowka-Musicaltheaters 2002 als erfolgreiche Antiterroreinsätze dargestellt.[76] Und deshalb werden die Annexion der Krim und die Besetzung der Regionen in der Ostukraine als große Erfolge gefeiert.

Informationen als Waffe – die Strategie des Verteidigungsministeriums

Aus der zentralen Bedeutung, die Informationen und die öffentliche Meinung für die Durchsetzung russischer Interessen auch im Ausland haben, macht Russlands Führung keinen Hehl – das gilt für Friedenszeiten wie für den Kriegsfall. Und es fand seinen Niederschlag in einem 2011 veröffentlichten Strategiepapier des russischen Verteidigungsministeriums. Sein Titel: »Aktivitäten der russischen Verteidigung im Informationsraum«.[77] Es beschreibt zunächst, dass Russland durch Gefahren aus dem globalen Informationsraum in seiner Sicherheit bedroht sei.[78] Informationen würden von den meisten entwickelten Ländern für eine breite Palette von militärischen Aufgaben eingesetzt.[79] Diese Gefahr müsse man abwenden, indem Techniken und Methoden der strategischen und operativen Tarnung, Aufklärung und des Kampfes weiterentwickelt werden, »um den informationellen, propagandistischen und psychologischen Operationen des wahrscheinlichen Feindes« entgegenzuwirken.[80]

Im Glossar zum Konzept wird auch der Terminus »Informationskrieg« unmissverständlich beschrieben: als »Auseinandersetzung zwischen zwei oder mehreren Staaten zum Zweck der Schädigung von Informationssystemen, Prozessen und Ressourcen, von wichtigen Strukturen; die Unterminierung des politischen, wirtschaftlichen und sozialen Systems; der massenhaften psychologischen Bearbeitung der Bevölkerung, mit dem Ziel der Destabilisierung von Gesellschaft und Staat sowie mit dem Ziel, dort Entscheidungen im Sinne des Gegners herbeizuführen«.

Mittel in dieser Auseinandersetzung sind laut Glossar »Informationswaffen«. Das sind »Informationstechnologien, Mittel und Methoden, die zum Zweck des Informationskrieges genutzt werden«. Informationen und Desinformationen sind Teil eines hybriden Krieges. Und die seit 2011 vom Kreml eingeleiteten Neuerungen[81] können an das Wissen und die Methoden der sowjetischen Geheimdienste anknüpfen, wie dann auch deren Anwendung in der Ukraine 2014 gezeigt hat.

Vladmyr Ryzhkov, Duma-Abgeordneter von 1993 bis 2007 und heute politischer Analyst, beschrieb die Regeln und Zutaten des russischen Informationskrieges für die *Moscow Times*. Grundlage ist ein Gespräch, das er mit einem früheren KGB-Offizier geführt hatte, der in Afghanistan seit den Achtzigern gedient hatte und über seine Instruktionen sprach. Der Offizier beschrieb gegenüber Ryzhkov die Prinzipien, die für eine gelungene sowjetische Informationskampagne galten. Diese Methoden kamen auch in der Ukraine zum Einsatz: 1. Es ist nötig, die Mehrheit der Bevölkerung davon zu überzeugen, dass die Regierung korrekt agiert und dass der Feind die Krise weiter schürt (im Falle der Ukraine waren das die Maidan-Demonstranten und die neue ukrainische Regierung. Schuld haben aber auch Extremisten, die USA oder der Westen ganz grundsätzlich – alle sind Aggressoren.) 2. Es werden Mythen geschaffen über die furchtbaren Verfolgungen der russischsprachigen Bevölkerung. 3. Der Feind wird demoralisiert. Im Fall der Ukraine geschah das zum Beispiel durch die gezielte Diffamierung, die neue Regierung sei eine Regierung von Neonazis. 4. Die offiziellen Organe tarnen aggressive Aktionen als humanitäre – die dem Ziel dienen, Russen zu beschützen. 5. Methoden, die der Kreml selbst anwendet, werden dem Feind zugeschrieben – die USA versuchen, die Ukraine zu übernehmen, also müssen wir unser ursprüngliches Territorium verteidigen. 6. Das Recht auf

Selbstbestimmung. Die Menschen auf der Krim haben das Recht auf Selbstbestimmung, die Menschen in Tschetschenien und im Kosovo nicht.[82]

Im Januar 2013 bestärkte der russische Generalstabschef Walerij Gerassimow vor der Russischen Akademie für Militärwissenschaft diese strategischen Überlegungen zur Bedeutung von Informationen im Krisenfall. Gerassimow stellte klar, dass Kriege im 21. Jahrhundert nicht mehr auf konventionellem Wege zu führen seien, sondern vielmehr über »einen breit gestreuten Einsatz von Desinformationen, von politischen, ökonomischen, humanitären und anderen nicht militärischen Maßnahmen, die in Verbindung mit dem Protestpotenzial der Bevölkerung zum Einsatz kommen«.[83]

Die Ukraine als Testfall des hybriden Krieges

Und die Ukraine war seit dem Frühling 2013 – und damit lange vor der Annexion der Krim – der Testfall für den hybriden Krieg. Mit aller Macht wollte Moskau die Demokratie- und Europabewegung im Land stoppen. Aus Sicht des Kreml ging von den Protesten in der Ukraine dieselbe Gefahr aus wie von den Protestbewegungen in der arabischen Welt seit 2011.[84] Und die Maidanproteste in Kiew und anderen ukrainischen Großstädten ab November 2013 seien eine fingierte Aktion des Westens gewesen, ein Angriff auf die ganze russische Welt, als erste Etappe in einem Feldzug gegen die gesamte russische Nation.[85]

Lange bevor die allseits bekannten grünen Männchen im März 2014 die Krim besetzten, hatte die Kommunikationsoffensive des Kreml eingesetzt – und zwar aus russischer Sicht mit einigem Erfolg, wie Janis Sarts meint. »In der Ukraine kamen die Instrumente des Informationskriegs zum ersten Mal zum Einsatz. Dort konnten die Russen das in Echtzeit ausprobieren und sie haben gesehen: Das ist wirklich effizient, das funktioniert. Wir haben eine Waffe, wir haben sie zum Einsatz gebracht und sie hat eine Wirkung erzielt.«[86] Ausgehend von der Erfahrung in der Ukraine hat Russland dann seinen Informationskrieg ausgeweitet.

Bei der Annexion der Krim im Frühjahr 2014 und der vorhergehenden Unterstützung separatistischer Aktivitäten in der Ostukraine kamen alle verdeckten und nicht verdeckten Instrumente des hybriden Krieges zum Einsatz,[87] von denen Generalstabschef Gerassimow 2013 gesprochen hatte: Desinformationen, gezielte Agitation der Menschen in den östlichen Landesteilen, die von prorussischen Separatisten kontrolliert werden, politische und ökonomische Maßnahmen – sowie die Verwendung von Spezialkräften, die bekannten »grünen Männer« in Uniform ohne staatliche Kennung, die offensichtlich aus Russland geschickt worden waren. Diese Instrumente – vor allem aber der aktive Einfluss auf die Meinungsbildung im jeweiligen Land – sind heute ein strategisch wichtiger und mit viel Aufwand betriebener Teil der russischen Nachbarschaftspolitik von Zentralasien und dem Kaukasus bis hin zu den baltischen Staaten, Serbien und Bulgarien – und Westeuropa.

In der Ukraine lassen sich die Auswirkungen dieser hybriden Kriegsführung bis heute nachvollziehen. Gerassimow beschrieb das wie folgt: Ein blühender Staat könne »in wenigen Monaten oder sogar Tagen in eine Arena für erbitterte bewaffnete Auseinandersetzungen verwandelt werden«.[88] Es geht darum, politische, ökonomische und soziale Systeme zu unterwandern, massenwirksame psychologische Kampagnen gegen die Bevölkerung durchzuführen. Ziel ist es, Gesellschaft und Regierung zu destabilisieren und einen Staat dadurch zu einer Politik zu zwingen, die sich für Russland auszahlt.[89] Alles das lässt sich in Politik, Wirtschaft und Gesellschaft der Ukraine heute sehen – und es macht jede Demokratisierung und Stabilisierung des Landes schwierig.

Agendasetting im Krieg: Anweisungen des Kreml für die Ostukraine

Russland hält den Krieg im Osten der Ukraine in den Regionen Donezk und Lugansk am Laufen. Die Separatisten dort kämpfen – von Russland militärisch und finanziell unterstützt – für die Abspaltung von der Ukraine und den Anschluss an die Russische Föderation. Dabei hat die russische Regierung stets bestritten, dass die Separatisten direkte Weisungen aus Moskau erhalten würden.

Das allerdings lässt sich inzwischen belegen, denn ukrainische

Hacker starteten einen Angriff auf die Mailbox des bereits erwähnten engen Putin-Beraters und Chefideologen Wladislaw Surkow, und die *New York Times*[90] berichtete darüber.[91]

Auch Recherchen der *Zeit* und durch *Frontal 21* legten ein aus Moskau gesteuertes System offen, das klar vorgibt, wie in der Ostukraine ein antiwestliches Feindbild gepflegt werden soll.[92] So erhält Elena Nikitina, die »Informationsministerin« von Donezk, am 25. Januar 2016 per Mail ein Strategiepapier zur Informationspolitik. Absender ist eine russische E-Mail-Adresse. Und auch hier hat Wladislaw Surkow seine Hände im Spiel.[93]

Die »Strategie der inneren Informationspolitik in der Luhansker Volksrepublik« vom August 2015 gleicht einem Handbuch.[94] Aus dem Strategiepapier geht klar hervor, wie Moskau die Berichterstattung von TV- und Radiosendern sowie Zeitungsredaktionen über die Separatisten steuern soll. Die Verbreitung der Berichte erfolgt vor allem über Formate aus dem Kreml-Medienpool sowie über Medienplattformen, die eigens zur Berichterstattung über den Donbass gegründet wurden. Hier tauchen u. a. das bereits erwähnte Portal *news-front.info* sowie *okkupatsiya.net* auf. Von besonderer Bedeutung seien auch die sozialen Netzwerke, so wird betont: »Heute ist die Blogosphäre einer der wichtigsten Faktoren beim Agenda-Setting, denn sie versammelt die politisierte ›Clique‹ und wird zur operativen Verbreitung von Informationen in dieser Community und zur Aufrechterhaltung des Interesses an notwendigen Informationen genutzt.«[95] Konkrete Aktivitäten werden benannt: »Einrichtung und Pflege von Seiten in sämtlichen sozialen Netzwerken, die in der Region beliebt sind«, »Gründung einer Gruppe von Social-Network-Kommentatoren, die sich aus jungen Aktivisten vor Ort zusammensetzt«.

Die Kollegen der *Zeit* und des *ZDF*-Magazins *Frontal 21* konnten bei ihrer Recherche 10 000 Mails aus dem »Informationsministerium« der prorussischen Separatisten in der Ostukraine sichten, die weitere direkte Anweisungen des Kreml an die Separatisten in der Ukraine zur Informationspolitik umfassen.[96]

Die russische Informationsoffensive will nicht reaktiv sein. Sie soll proaktiv vor allem die Erzählung von den USA als einer profaschistischen Macht in die Köpfe bringen, die die Ukraine vereinnahmt hätte. »Nach dem Maidan ist die Macht in der Ukraine einer oligarchischen, pro-amerikanischen ›Junta‹ in die Hände gefallen – Mördern und Dieben, niederträchtigen, prinzipienlosen Menschen, die vor nichts zurückschrecken, um ihre Ziele zu erreichen.«[97] In Wirklichkeit läge die Macht in der Ukraine in den Händen der Amerikaner. »Sie kontrollieren die Lage über ihre Agenten, zu denen alle bedeutenden Politiker der Ukraine gehören, einschließlich des Präsidenten und des Premierministers.« Die Medien sollten darauf mit einem einfachen Rezept reagieren: »Experten analysieren im Fernsehen die Lage in der Ukraine, beurteilen das Poroschenko-Regime, ziehen Parallelen zu bekannten rechtsradikalen Regierungen, darunter faschistischen und Marionetten-Diktaturen, die von den USA gesteuert werden.« Und es folgt der Menüvorschlag, wer diese Experten sein sollten – inklusive deren E-Mail-Adressen und Telefonnummern: Zu ihnen gehört der Kreml-Ideologe und Neoimperialist Alexander Dugin, der Vorsitzende des außenpolitischen Ausschusses des russischen Parlaments, Alexej Puschkow, sowie Putins wichtigster Berater in der Ukraine-Krise, Sergej Glasjew.[98]

Durch Falschinformationen und Lügen wurde diese Erzählung in den russischen Medien verbreitet. In einem Bericht des Nachrichtenjournals *Wremja* im staatlichen Ersten Kanal erzählt eine Frau von Kinderkreuzigungen in der Ostukraine.[99] Ein halbes Jahr später räumt der Erste Kanal ein, dass es sich um eine Falschinformation gehandelt habe.[100] Im selben Bericht wird zu Bildern von getöteten, verbrannten und verstümmelten zivilen Opfern, darunter Kinder, ausgeführt, oppositionelle Medien würden über die Grausamkeiten und Kriegsgräuel nicht berichten. Andere Propagandavideos passen dazu, wie etwa der Beitrag des von den russischen Streitkräften unterhaltenen TV-Senders *Zvezda*, nach dem Milizen des ukrainischen Freiwilligenbataillons »Azov« einen angeblichen »Separatisten« kreuzigen sollen.[101]

Andere »Projekte« sollten zeigen, dass Russland loyal zur Bevölkerung in der Ostukraine stehe – und die Menschen dort zu Russland stehen. Zum Beispiel, als Hilfskonvois aus Russland in den besetzten ostukrainischen Gebieten begeistert empfangen wurden. Das Informationsministerium aus Lugansk kündigte den Beratern in Moskau an, dass zur Begrüßung des weißen Lastwagenkonvois »Kinder,

Lehrer, Ärzte bereitstehen, um sich zu bedanken«. Auch für die entsprechende Berichterstattung über TV und Zeitungen sei gesorgt.

Paraden dieser Art wecken Erinnerungen an sowjetische Staatspropaganda – an die Bilder von Fahnen schwenkenden, strahlenden jungen Menschen, welche symbolisch für die Zukunft und Stärke der Sowjetunion standen. Bei den älteren Zuschauern wecken diese Bilder den dazugehörigen Deutungsrahmen: eine Zeit staatlicher Stabilität und politischer Ordnung. So spinnen die politischen Mitmachprojekte und die Medienbilder, die sie produzieren, die Erfolgsgeschichte fort, indem sie bekannte und positiv erinnerte Motive mit den aktuellen Entwicklungen und der russischen Besetzung der Ostukraine verbinden. Die Erzählung ist einfach und attraktiv – und sie wird in dem Strategiepapier auch erklärt: »Russland ist ein zuverlässiger und starker Verbündeter der Volksrepubliken. (…) Das heutige Russland hat das Chaos der Neunzigerjahre überwunden und arbeitet daran, die Stärke der Sowjetunion wiederherzustellen,[102] und steht dem Westen auf Augenhöhe gegenüber. Wirtschaftssanktionen haben Russland natürlich hart getroffen, aber dieser Schlag wurde insgesamt ruhig ertragen, seine Wirkung war wesentlich geringer als vom Westen angenommen, und Russland kommt aus dieser Situation noch stärker und unabhängiger heraus. (…) Russland kämpft für den Donbass und trägt politische und wirtschaftliche Verluste davon. (…) Ein globaler diplomatischer Krieg ist im Gange. Aber auch der Westen leidet in diesem Krieg, und noch ist nicht klar, wer wen besiegen wird.« Und mit Blick auf den Ukrainekonflikt und die Annexion der Krim lautete das einfache und für die meisten Russen unmittelbar verständliche Narrativ: »Russland musste die Krim vor dem Faschismus retten, vor den Anhängern von Stepan Bandera.«[103]

Die Ukraine-Erzählung in den russischen Auslandsmedien

Die Erzählungen zur Ukraine in den russischen Medien – und zwar den inländischen und den in Deutschland verfügbaren Auslandsmedien – sind eindeutig: Dort hat eine Junta die Regierung übernommen, in der Ukraine geht es den Menschen schlechter als in Russland. Schuld daran ist die korrupte Regierung dort, welche eine anti-russische Politik verfolgt und ihr Land in den Bürgerkrieg gestürzt habe. Diese Erzählungen beschreiben den Feind, die Gefahren, die von ihm ausgehen und beschwören Ängste. Verbunden werden sie mit emotionalen Botschaften: »Wir werden nicht vergessen, verzeihen« – zum Beispiel in Interviews und Augenzeugenberichten von Menschen aus den besetzten Gebieten der Ost-Ukraine, die sich so äußern. Das Gefühl, was damit beschrieben wird, ist Revanchismus, den Feind als einen solchen zu behandeln, auch in Zukunft.

Geschichten von Selbstaufopferung, von gefallenen Bürgern der Volksmiliz, von »einfachen Menschen, die für ihre Rechte eingetreten sind und gekämpft haben«, von den vielen Freiwilligen, welche in den ostukrainischen Regionen die Versorgung aufrechterhalten, werden oft geteilt: »Tante Mascha backt Brot, Onkel Kolja repariert Stromleitungen.« Diese Geschichten sollen patriotische Gefühle wecken. Es sind anschlussfähige Geschichten, die vielen russischen NutzerInnen mehr als bekannt sind, weil solche und ähnliche Protagonisten auch schon in sowjetischer Zeit von den Staatsmedien gefeiert wurden. Ganz sicher wecken sie positive Erinnerungen an eine – jedenfalls individuell so erinnerte – »gute alte Zeit«.

Dabei schwingt bei alle diesen Erzählungen immer ein Bedrohungsszenario mit. Bedrohung gehe von der NATO aus, vom weltweiten Kampf um die Verteilung von Ressourcen und von der Frage des geopolitischen Einflusses. »Putin ist es in wenigen Jahren gelungen, Russland in einen geistigen Belagerungszustand zu versetzen«, diagnostiziert Ulrich Schmid.[104] Und genau diesen geistigen Belagerungszustand – das Gefühl, von Feinden, Unsicherheit, Unfrieden und Terror umgeben zu sein und nicht mehr sicher zu sein, den tragen die russischen Auslandsmedien auch nach Deutschland.

Politisches Marketing: Trolle im Dienste der Politik

Auch »Trolle« spielen in dieser Informationsstrategie eine Rolle. Bezahlte Aktivisten und Propagandisten, die für eine politische Position im Netz Werbung machen. Es ist in diesem Buch immer wieder die Rede von ihnen, es gab sie im Wahlkampf von Trump, es gibt sie für die Politik von Erdoğan. Und sie stehen auch im Dienste des Kreml.

In der »Informationsstrategie für die Ostukraine« ist nachzulesen, dass Sozialen Medien besondere Bedeutung zukommt, wenn es darum geht, Menschen zu überzeugen. Es wird dazu aufgefordert,[105] die wechselnden Stimmungen auf Facebook und seinem russischen Gegenstück »VKontakte« sowie auf Twitter zu messen. Kippt die Stimmung dort, solle man darauf reagieren. »Aus den Reihen der regionalen Aktivisten wird eine Kommentargruppe für das Internet gegründet«, heißt es in dem Papier. Diese solle unter anderem »operativ auf die aufkommenden Herausforderungen antworten und die nötige Information und das System der Argumentation schnellstmöglich einstreuen.« Deshalb wundert es nicht, dass der Kreml seit einigen Jahren Geld investiert, um Blogger, Meinungsführer im Netz, sogenannte »Influencer«, aber auch eine große Schar der in Russland weitgehend arbeitslosen jungen Journalisten und Autoren damit zu beauftragen, über Posts, Kommentare und eigene Beiträge die Position des Kreml durch die Sozialen Netze zu tragen. Deren Job ist es, Diskussionen auf sozialen Medien im Sinne der russischen Position zu beeinflussen. Das Wort »Troll«[106] hat längst Eingang in die russische Sprache gefunden – gemeint ist politisches Info-Marketing, Kampagnen in Sozialen Medien durch Einzelpersonen.

Es ist ein unscheinbares Gebäude, in dem Menschen arbeiten, deren Identität selten sichtbar ist. Das Gebäude beherbergt die sogenannte »Agentur für Internetrecherche«. Der investigative *New York Times*-Reporter Adrian Chen nennt sie die »Trollfabrik«.[107] Und sie soll wachsen. Wie das lokale Wirtschaftsmagazin *Delowoi Petersburg* schreibt, bezieht die »Trollfabrik« mit ihren bisher 800 Mitarbeitern ein neues Bürogebäude und vergrößert sich von 4000 auf dann 12000 Quadratmeter Bürofläche.[108]

Von hier werden massenweise Kampagnen in Sozialen Medien losgetreten, welche russische Positionen im Netz verbreiten sollen. Lyudmila Savchuk war ein solcher Troll, sie hat die Agentur verlassen. Es gehörte zu ihren Aufgaben, herabsetzende Kommentare über den ukrainischen Präsidenten Petro Poroschenko zu posten und die Gräueltaten der ukrainischen Armee in den Fokus zu rücken. Nachdem durch die Finanzkrise der Rubel kollabiert war, sollten die professionellen Trolle optimistische Posts über den Weg zur wirtschaftlichen Erholung verbreiten. Und nach der Ermordung von Oppositionsführer Boris Nemzov im Februar 2015, so Savchuk, wurden sie angewiesen, Posts und Kommentare im Netz und den Kommentarspalten unterschiedlichster russischer Medien zu verbreiten, die unterstellten, dass die Opposition selbst für den Mord verantwortlich sei.

800 Euro gab es in bar für diese Arbeit – einen offiziellen Arbeitsvertrag allerdings nicht. Der Tagesablauf war sehr geregelt: Savchuk bekam morgens eine Liste von Meinungen und Positionen, die sie an dem Tag verbreiten sollte. Ihre Abteilung war für Spezial-Projekte zuständig. Unter dem Pseudonym Cantadora bloggte sie als Wahrsagerin über Beziehungen, Psychologie, Feng Shui oder wie man Gewicht verliert. Sie sah Putins Ruhm voraus und die Niederlage von Obama. Es ging darum, Botschaften zu formulieren, die für unpolitische Personen verständlich und attraktiv sind.

Es war ein straffes und auf Effizienz ausgerichtetes Arbeitsprogramm: Auf zwei 12-Stunden-Schichten folgten zwei freie Tage. In diesen zwei Arbeitstagen musste sie fünf politische Posts, zehn nicht politische und 150–200 Kommentare als Reaktion auf andere Posts versenden. Wenn Savchuk aus ihrem Alltag berichtet, dann ähnelt dieser dem Alltag der wachsenden Zahl junger Menschen, die weltweit im Online-Marketing arbeiten. Den »Trollen« stehen dafür ähnliche Analyse-Instrumente zur Verfügung wie jedem Social-Media-Marketing-Spezialisten, um zu sehen, wie viele Menschen ihre Kampagnen erreichen. »Trolling« ist politisches Marketing – in diesem Fall Marketing für die Position des Kreml. Es ist allerdings keine russische Erfindung oder nur dort im Einsatz – sowohl China als auch die Türkei leisten sich regierungsnahe Internetaktivisten, welche die Regierungsbotschaften zu den Nutzern bringen.

Online-Marketing lebt davon, dass die Werbung für unterschiedliche Produkte genau platziert ist: auf den Plattformen, wo sich die Zielgruppe, d. h. die Kunden, bewegt. Und entsprechend ändert sich dann auch die Werbekampagne in ihrem optischen und inhaltlichen Auftritt. Bereits mit den überall und für jeden verfügbaren Programmen, wie googleAnalytics oder Facebook Insight, lässt sich bequem sehen, woher die Zugriffe auf die Website oder den Beitrag erfolgen. »Page views«, Daten- und Zugriffsanalysen, das Ranking eines Blogs, das alles ist nur wenige Klicks entfernt.

Wichtig für die russische Informationspolitik ist außerdem ein effizientes Netz an »Influencern«, die in Russland sogenannten »LOMs«.[109] Es handelt sich dabei um bekannte Journalisten, Blogger, Politologen oder Freiwillige, die mehr als 5 000 Follower und Freunde haben. Sie sollen als »Meinungsführer« im Netz unter ihren Zielgruppen politische Positionen bewerben. Dafür erhalten sie von einer bestimmten Person oder Gruppe Geld. Der Blogger Aleksandr Baraboschko berichtete dem ukrainischen Portal *strana.ua*, dass er als LOM 50 bis 100 Dollar für einen Post erhalten habe.[110]

Auch Bots kommen zum Einsatz. Die im Russischen manchmal verwendete freie Übersetzung »tote Seelen« trifft ihren Kern, denn es sind automatisierte Accounts, hinter denen keine realen Menschen stehen. Massenhaft verteilen sie Likes, geben Kommentare ab oder verteilen Thesen. Bots und Trolle wurden vom Kreml bereits früh eingesetzt, um die eigene Informationspolitik zu verstärken.

Die Wirkung: Misstrauen und Verunsicherung

Die Trolle, welche im russischen Netz über ihre Tätigkeiten berichten, erzählen auch davon, dass es ihr Auftrag gewesen sei, durch Einträge und Kommentare gezielt Stimmungen zu verstärken.[111] Entsprechende Anweisungen gab es für jede Schicht.

Durch massenhafte Kommentare und Beschimpfungen als Reaktion auf Facebook-Posts oder Einträge in Sozialen Medien werden unabhängige Positionen diskreditiert. Wer einmal in einem solchen Shitstorm prorussischer Trolle stand, wie zum Beispiel deutsche Journalisten, die über die Ukraine berichteten, der weiß, dass angesichts der Aggression und Destruktivität in den Kommentaren am Ende kaum noch ein »normaler« Nutzer einen Kommentar abgibt, weil man einfach niedergebrüllt wird.

In Russland selbst werden für solche Herabsetzungen und Diskreditierungen ganz gezielt Kunstbegriffe geschaffen, ein regelrechtes Lexikon der Beschimpfungen, das für sich spricht: Maidaun (Maidan + Downsyndrom = wer auf dem Maidan protestiert, ist behindert), Tolerast (Toleranz + Päderast = wer Toleranz predigt, vergreift sich sexuell an Kindern), Liberalokretinism (Liberal + Idiotie = wer liberal eingestellt ist, ist ein Idiot), Gayropa (gay +Europa = das schwule Europa), Bortschun (Unruhestifter, der für die falsche Sache kämpft[112]), Dermokrati (Scheißdemokraten).

Die Nähe zu den Beschimpfungen in den rechten Foren in Deutschland ist allzu offensichtlich: liberale Gutmenschen, Homosexuelle, Liberale, Demokraten, Opposition, Zivilgesellschaft – alle diese Personengruppen werden abgelehnt und durch entsprechende Kampagnen herabgesetzt. Lew Gudkow, dessen bisher unabhängig arbeitendes Meinungsforschungsinstitut Lewada-Zentrum 2016 unter staatliche Kontrolle gestellt wurde, kennt auch aus eigener Erfahrung die fatalen Auswirkungen der Zensur und Propaganda des Kreml. Dessen Propaganda funktioniere, weil zwei Punkte gegeben seien: »Zum einen muss das Gefühl einer wachsenden Krise im Land erzeugt werden, ein Gefühl, dass wir uns einer Katastrophe nähern. (…) Die Propaganda reproduziert systematisch solche Situationen (…) Eine weitere Bedingung ist die Diskreditierung aller nicht offiziellen Informationsquellen: Man kann niemandem trauen, alles Schweine. Man ist verunsichert (…) man kann glauben, was behauptet wird, oder auch nicht – überprüfen kann man es nicht. Dadurch ist in der Gesellschaft ein Gefühl des halb Glaubens, halb Misstrauens entstanden, und die Wahrnehmung, dass alle lügen.«[113]

Es sind diese Wirkungen, auf welche die russische Desinformation und Propaganda setzt. Es sind aber auch die Wirkungen, welche die rechtspopulistische Gegenöffentlichkeit im Netz erzeugt: Argwohn, Misstrauen und Verunsicherung sollen geschürt werden. Fakten sollen nicht mehr vorkommen, sollen übermalt werden von den vielen Deutungen, von Wut und Empörung.[114] Lew Gudkow beschreibt die Wirkung dieser Desinformation so: »Man schafft mit selektiven Informationen, Teilwahrheiten, Emotionalisierungen, Lügen und Inszenierungen eine parallele Realität.«[115] Das aber schadet der demokratischen Verständigung und verzerrt die politische Meinungsbildung.

Deutschland ist der Feind der Türkei – wie Erdoğan über seine Medien die deutsche Öffentlichkeit polarisiert

Berlin, Ende März 2017. Der türkische Taxifahrer trägt eine sonnengelbe Wintersteppjacke und eine graue Mütze. Lässiger Hipster Look, auch wenn er selbst schon länger aus dem Hipster-Alter raus ist. Einer, der schon lange hier lebt. Wir sind uns spontan einig über die Weltlage; es ist der Tag nach dem Terroranschlag von London (22. 3. 2017).[1] »Die Politik ist überall verrückt geworden«, konstatiert er. Ich denke dabei an die Nazi-Vergleiche des türkischen Präsidenten. Auch der ägyptische Präsident El-Sisi benutzte diese bereits, um Deutschland zu beschimpfen.

Ich frage, ob ihn der Aufstieg der AfD beunruhigt, und bekomme eine klare Antwort: »Ich interessiere mich nicht sehr für deutsche Politik. Wenn überhaupt, dann mehr für das, was in der Türkei los ist.« »Da ist ja auch eine Menge los gerade«, rutscht es mir heraus, »es ist doch verheerend, wie der türkische Präsident mit Journalisten in seinem Land umgeht!«

»Das sind nur falsche Informationen, die Sie da haben«, poltert er zurück. »Hier gibt es viele falsche Informationen über die Türkei und Erdoğan. Da bin ich mir mit meinen türkischen Bekannten einig.«

»Welche Informationen sind denn falsch?«, frage ich nach: »Ist es nicht verrückt, dass selbst Türken der dritten Generation hier nun die Todesstrafe fordern? Das sind junge Leute, die in Deutschland zur Schule gegangen sind.« – »Das verstehen Sie doch gar nicht!«, schallt es abweisend von vorne. »Ich bin auch für die Todesstrafe, auf jeden Fall was die Putschisten angeht. Und ich zeige Ihnen auch warum.«[2]

Der Taxifahrer reicht mir sein Smartphone nach hinten. Er hat einen Clip bei Youtube[3] geöffnet. Ein Video mit computeranimierten Passagen kombiniert mit TV-Bildern aus dem Regierungsviertel in Berlin und aus der Putschnacht in der Türkei am 15. Juli 2016, hochgeladen von »infowars 313«. Die Ereignisse der Putschnacht in der

Türkei werden auf Deutschland übertragen – und in der deutschen Vertonung heißt es: »Die Bundesrepublik Deutschland wird angegriffen. Die Kampfflugzeuge der deutschen Luftwaffe bombardieren ihr eigenes Parlament und die Sicherheit. Wir versuchen zu verstehen was los ist. Landesweit finden Schießereien statt. Überall. Nur Angriffe! (…) Die Grenzübergänge wurden geschlossen. Die Kampfflugzeuge schießen alles nieder. (…) Bei dem Putschversuch sind tausende Menschen gestorben. Das deutsche Volk hat sich für Demokratie eingesetzt und am frühen Morgen gewonnen.« Und der Clip endet mit einer Frage an mich, die deutsche Zuschauerin: »Was hätten Sie gemacht, wenn alle diese Ereignisse in Ihrem Land passiert wären?«

Ein professionelles, teilweise animiertes Video, das auch schon 12-Jährige verstehen, in deutscher Sprache. Überzeugungsmaterial für türkischstämmige Jugendliche in Deutschland, die besser Deutsch als Türkisch sprechen. Oder für uneinsichtige Deutsche wie mich.

Meine Lust auf eine diplomatische Reaktion tendiert gegen null: »Das ist Propaganda!«, sage ich. »Auch die Putschisten haben Anspruch auf ordentliche Prozesse. Wenn man die gigantische Zahl der Menschen sieht, die nach dem Putsch aus ihren Ämtern entfernt wurden – 100 000 Beamte immerhin – und die rund 150 Medienhäuser, die geschlossen wurden –, dann ist doch klar, dass man nur einen Anlass gesucht hat, um die Opposition aus dem Weg zu räumen. Für mich war das ein Angriff auf die Zivilgesellschaft in der Türkei – und ein Angriff auf ihre Verfassungsordnung.«[4] – »Was Sie sagen, das ist genau die Propaganda, die deutsche Medien verbreiten. Die schaue ich schon lange nicht mehr!«, schnauzt es von vorne zurück.

Eisige Stille breitet sich im kleinen Taxi aus. Es ist alles gesagt. Und in einer ganz alltäglichen Situation ist mehr als deutlich, wozu es führt, wenn der eine ausschließlich türkische Medien und die andere keine türkischen Medien nutzt.

Der Taxifahrer gehört als einer der drei Millionen Deutschtürken zur Zielgruppe der türkischsprachigen Medien in Deutschland. Als ich mich mit ihm unterhalte, gab es zwischen der Türkei und der deutschen Bundesregierung bereits eine Reihe ernsthafter Verstimmungen, die sich in den folgenden Monaten zu einer größeren politischen Krise zwischen beiden Ländern auswuchsen, die hier nur im Zeitraffer dargestellt wird: Im Sommer 2016 verabschiedete der Bundestag eine Armenien-Resolution, die den Völkermord an den Armeniern im Osmanischen Reich als historischen Fakt anerkannte. Die Resolution belastete die Beziehung zwischen Deutschland und der Türkei enorm.

Nach dem Putschversuch in der Türkei mit 249 Toten und Zehntausenden Inhaftierten im Juli 2016 kritisierte die Bundesregierung das harte Vorgehen der türkischen Regierung gegen die Zivilgesellschaft.

Und als ein knappes Jahr später – Mitte April 2017 – in der Türkei über die Einführung eines Präsidialsystems ein Referendum[5] abgehalten werden sollte, verhinderte die Bundesregierung, dass türkische Politiker in Deutschland Wahlkampfauftritte abhalten konnten.

Für Erdoğan und seine AKP ein weiterer Affront. Ab diesem Moment ergab ein Wort das andere: Ankara konterte, warf Deutschland »Nazimethoden« vor, gab eine Reisewarnung für Deutschland aus. Zwölf deutsche bzw. deutschtürkische Staatsbürger wurden in der Türkei aus politischen Gründen festgenommen.[6] In Reaktion darauf verschärfte die Bundesregierung ihren Ton gegenüber der Türkei, im Wahlkampf wurde unter anderem durch die beiden Spitzenkandidaten von SPD und CDU öffentlich geäußert, die Beitrittsverhandlungen der Türkei mit der EU aussetzen zu wollen.

Dass die Beziehungen einen Tiefpunkt erreicht haben, zeigte sich auch an anderer Stelle unmittelbar vor der Bundestagswahl, als Erdoğan in einer Rede die Deutschtürken direkt ansprach, mit einem unmissverständlichen Aufruf: »Ich appelliere an Euch: Macht bloß keinen Fehler und unterstützt die CDU, SPD oder die Grünen. Sie sind alle Feinde der Türkei.« Die Kanzlerin verbat sich daraufhin jede Einmischung in den deutschen Wahlkampf.

Doch die Einlassung Erdoğans ist nur die Spitze des Eisbergs. Weit ausschlaggebender für den Einfluss auf die Meinungsbildung in unserem Land ist die andauernde Propaganda über staatlich kontrollierte Medien und deren digitale Plattformen, über Trolle und über eine breite Basis der AKP in Deutschland, die diese Botschaften über Soziale Medien verstärkt.

Türkische TV-Sender als Multiplikatoren der AKP-Politik in Deutschland

Wichtigstes Medium sind die über Satellit empfangbaren TV-Sender aus der Türkei. Jüngere Nutzer greifen auf die im Netz verfügbaren türkischen Online-Angebote der Zeitungen zu, die inzwischen alle auf AKP-Kurs sind. Wenn Erdoğan oder andere AKP-Spitzenpolitiker drohen und schimpfen, dann wird diese Botschaft über ihre Medienplattformen ins Netz gestellt, über die sozialen Netzwerke in deutscher wie in türkischer Sprache geteilt und so in unsere Öffentlichkeit getragen.

Das gilt für die Hetze und Beschimpfungen, die Erdoğan regelmäßig gegen deutsche Politiker lostritt. Das gilt aber auch für Falschinformationen aller Art: So bezichtigte er die Niederlande, nachdem sie türkischen Politikern die Einreise für Wahlkampfauftritte zum Referendum verboten hatten, des Mordes an mehr als 8 000 bosnischen Muslimen beim Srebrenica-Massaker in Bosnien-Herzegowina 1995. Das ist falsch. Das Massaker in Srebrenica hatten bosnisch-serbische Truppen verübt. Niederländische UN-Soldaten hatten den Angreifern die Stadt zuvor allerdings kampflos überlassen. Die Niederlande hätten »nichts mit Zivilisation zu tun«, sagte Erdoğan vor Anhängern.

Ausländische Feindbilder zu haben und sie durch rhetorische Entgleisungen zu pflegen, dient vorrangig Erdoğans eigenem Machterhalt, denn er muss für eine stabile Mehrheit im Land durchaus kämpfen. Wichtig sind dafür auch die 1,4 Millionen Deutschtürken, die in der Türkei wahlberechtigt sind und die bei den für 2019 geplanten Parlaments- und Präsidentschaftswahlen mit abstimmen dürfen.

Erdoğan genießt auch in der Türkei selbst nicht in allen Fragen den vollständigen Rückhalt der Bevölkerung für seine Politik. Das Referendum über den Umbau des politischen Systems in ein Präsidialsystem hat er nur knapp gewonnen. Seine Zuspitzungen, Beschimpfungen und Provokationen zielen deshalb vorrangig darauf, die türkischen Zielgruppen in Deutschland für seine Politik zu gewinnen.

Die große Mehrheit der Deutschtürken nutzt türkischsprachige Medien – viele sogar ausschließlich. Und diese geben die Provokation des Staatspräsidenten unmittelbar weiter. So zum Beispiel, als er die Auftrittsverbote für türkische Politiker zum Anlass nahm, der Bundesregierung Nazipraktiken vorzuwerfen. In mehreren Reden, von denen einzelne auch per Video vom AKP-nahen Onlineportal *Sabah.com*[7] weiterverbreitet wurden, richtete sich Erdoğan Anfang März 2017 an die Türken in Deutschland und den Niederlanden: »Der Westen hat in den letzten Tagen sein wahres Gesicht auf eine sehr offene Art gezeigt. Als diese Geschehnisse begannen, habe ich bereits gesagt, dass das Faschismus ist. Ich sagte, dass Nazismus schon wieder erscheint. Ich habe auch das hier hinzufügt: Ich dachte, dass der Nazismus vorbei ist, aber ich lag wohl falsch. Im Westen ist der Nazismus immer noch auf den Beinen.« Türkische Medien nahmen diese Vorwürfe auf und trugen sie nach Deutschland: »Deutschland auf Hitlers Spuren«, titelte die türkische Tageszeitung *Yeni Akit*[8] am 5. 3. 2017 und bildet daneben Kanzlerin Merkel mit Hakenkreuzbinde ab. Ihr folgen über @yeniakit auf Twitter 122 000 Nutzer (Stand 9. 4. 2017), davon ein Teil in Deutschland. Damit ging die regierungsnahe Tageszeitung auf ein Zitat von Justizminister Bekir Bozdag ein, der das »Auftrittsverbot« als »faschistische Methode« bezeichnet hatte, die gegen »Menschenrechtskonventionen« verstoße.[9] »Der Geist des Faschismus wütet auf den Straßen Europas«, titelte die Zeitung *Hürriyet* mit einem Zitat Erdoğans[10] Mitte März 2017.[11]

Am 19. 3. 2017 richtete sich der türkische Staatschef in einer im Fernsehen übertragenen Rede dann an Merkel persönlich:[12] »Ich will die EU-Staaten nicht alle in eine Schublade stecken, aber einige können den Aufstieg der Türkei nicht ertragen. Deutschland unterstützt ganz offen Terrororganisationen. (…). Liebe Merkel, Du unterstützt Terroristen! Du hast 4 500 Dokumente in Deinen Händen, aber Du ziehst keine Konsequenzen. Dein Staatsfernsehen strahlt Sendungen für ein »Nein« aus. Das bist eben Du (Merkel).(…) Du benutzt gerade

Nazi-Methoden. (...) Gegen wen? Gegen meine türkischen Brüder in Deutschland und die Minister, die in Deutschland für die Einführung des Präsidialsystems in der Türkei werben wollten.«[13]

Auch diesmal werden die Schimpftiraden Erdoğans und führender AKP-Politiker durch türkische Fernsehsender, Onlineportale und Zeitungen nach Deutschland getragen und multipliziert. Mit handfesten Folgen für Abgeordnete im deutschen Bundestag: Abgeordnete mit türkischer Herkunft, die sich kritisch zum Verfassungsreferendum äußerten, erhielten Hassmails, in denen die Nazivergleiche aufgenommen werden; ihnen wurde mit Gewalt gedroht.[14]

Bundestagsabgeordnete, wie Cemile Giousouf von der CDU, werden im türkischen Fernsehen mit Hasskommentaren bedacht, unter anderem als »unverschämte Frau« beschimpft. Unverschämt sei es, dass sie Erdoğan nach seinen Nazivergleichen zu einer Entschuldigung gegenüber der Kanzlerin aufgerufen habe. Auch die regierungsnahe Tageszeitung *Sabah* schlug denselben Ton an, Giousouf habe »die Deutschen in ihrer Unverschämtheit überholt«.[15] Als der Konflikt um die Wahlkampfauftritte türkischer Politiker in Deutschland vor dem Verfassungsreferendum in der Türkei am 16. April 2017[16] eskalierte, wurde Twitter mit Hashtags wie #Nazialmanya oder #Naziholanda[17] geflutet.[18] Dutzende Twitter-Accounts – von Borussia Dortmund über Boris Becker und dem Sender ProSieben, Amnesty International oder dem Sänger Justin Bieber wurden gehackt. Dort fanden sich die genannten Hashtags, Hakenkreuzsymbole und Meldungen wie: »Wir sehen uns am 16. April.«[19]

Erdoğans Einlassungen haben Auswirkungen auf die politische Meinungsbildung der Deutschtürken. Sie tragen zum Rückgang an Vertrauen in die deutsche Politik bei. Sichtbar wird das u. a. an der zurückgehenden Beteiligung der Deutschtürken an der Bundestagswahl – und der schrumpfenden, 2016 noch deutlich messbaren Unterstützung für die SPD unter türkischstämmigen Wählern.[20]

Auch der Berliner Taxifahrer gehört zu den 1,4 Millionen wahlberechtigten Türken in Deutschland,[21] die für Erdoğan wichtig sind.[22] Sie sollten beim Referendum mit »Ja!« stimmen – und damit für die harten Veränderungen, die Erdoğan durchsetzen wollte. Denn durch die Verfassungsreform erhielt Erdoğan noch mehr Macht. Das Amt des Ministerpräsidenten wurde abgeschafft, der Staatspräsident zum Chef der Regierungsfraktionen seiner Partei. Er entscheidet über seine Stellvertreter, die Ministerämter und über 12 von 15 Verfassungsrichter. Er kann Dekrete mit Gesetzeskraft erlassen und kann das Parlament jederzeit auflösen. Damit kontrolliert er alleine sämtliche Gewalten im Land.

Auch wenn die Türkei nie eine voll funktionsfähige Demokratie gewesen ist, so gab es ein Mindestmaß an Gewaltenteilung und es gab auch unabhängige und regierungskritische Medien. Das Referendum sei deshalb von großer Tragweite, meint der türkische Journalist Bülent Mumay, früher Online-Chef der *Hürriyet*, der inzwischen nach Intervention der türkischen Regierung entlassen wurde.[23] In seinem »Brief aus Istanbul« an die Leser der *Frankfurter Allgemeinen Zeitung* macht er deutlich: »Seit 1923 leben wir in einer parlamentarischen Demokratie, die mehrfach durch Militärputsche unterbrochen wurde. Eine ideale, westliche, auf Partizipation basierende Demokratie waren wir nie wirklich. Doch bis 2017 hatten wir ein System, das trotz all seiner Schwächen vom gewählten Parlament kontrolliert wurde. Es herrschte Gewaltenteilung, auch wenn sie manchmal nur auf dem Papier bestand.«[24]

Die ist nun vorbei. Doch diese Einschätzung Mumays mag die Leser der *FAZ* erreichen, die Mehrzahl der Deutschtürken hingegen nicht. Die empfangen – über türkische Medien und das Netz – die Eigenwerbung von Staatspräsident Erdoğan, und die hört sich ganz anders an: »Der Präsident wird fünf Jahre lang seine Verantwortlichkeiten erfüllen und dabei nur vor dem Volk Rechenschaft ablegen müssen.«[25] Dass es sich um eine Alleinherrschaft handelt, die ohne Mittler, ohne Kritiker und ohne Berichterstatter auskommt – davon ist keine Rede. Ein Sultanat ohne unabhängige Gerichte und ohne unabhängige Medien, ohne ein starkes Parlament oder unabhängige, möglicherweise oppositionelle Regierungsmitglieder.

Damit werben die staatlich kontrollierten türkischen Medien mit einer digitalen Medienstrategie für ein undemokratisches Modell, in dem bürgerliche Rechte und vor allem die Meinungsfreiheit nicht mehr gelten. Und genau diese Werbung für ein autoritäres und undemokratisches System findet unter einem Teil der türkischen Zuwanderer und ihrer Kinder in unserem Land Widerhall.

Das Netzwerk der AKP in Deutschland

Vor allem in konservativen Moscheegemeinden der türkisch-islamischen Ditib gibt es viele Wähler für die AKP. Bei der Parlamentswahl 2015 kam die islamisch-konservative Regierungspartei AKP in Deutschland auf knapp 60 % – das waren rund zehn Prozentpunkte mehr als in der Türkei selbst. Und beim Referendum für ein Präsidialsystem stimmten in Deutschland 63,1 % der Türken, die an der Abstimmung teilgenommen haben, mit Ja. Das entspricht etwas mehr als 400 000 Menschen.[26] In der Türkei fiel die Unterstützung sehr viel knapper aus! Sie lag bei 51,4 %.

Dass es eine so deutliche Unterstützung für den türkischen Präsidenten in unserem Land gibt, hat viel mit dem gut funktionierenden Netzwerk der AKP in Deutschland zu tun. Es ist eine Propagandamaschine, in welcher das türkische Amt für Religionsangelegenheiten, Diyanet, das direkt dem Ministerpräsidenten unterstellt ist, eine zentrale Rolle hat.

Die Behörde unterhält mit dem Onlinesender *Diyanet.tv* einen eigenen Medienkanal, der islamisch konservativ und AKP-nah ausgerichtet ist. Das Amt für Religionsangelegenheiten sorgt aber auch dafür, dass in mehr als 900 Moschee-Gemeinden türkische Imame arbeiten. Viele dieser Moschee-Gemeinden gehören zur Ditib. Die Ditib ist der größte islamische Moschee-Verband in Deutschland. Die Imame, die in diesen Ditib-Gemeinden arbeiten, kommen in der Regel aus der Türkei. Sie sind türkische Beamte und werden vom türkischen Staat bezahlt.[27]

Gezielt wird unter den Türken in Deutschland über die Moschee-

Gemeinden Werbung für Erdoğan gemacht. Wer sich der Werbung entzieht und offen die Politik des Staatspräsidenten ablehnt, muss mit Druck rechnen: Das Bundesamt für Verfassungsschutz (BfV) machte Anfang März 2017 darauf aufmerksam, dass der türkische Geheimdienst (MIT) in Deutschland lebende Türken überwache. Man beobachte »einen signifikanten Anstieg nachrichtendienstlicher Tätigkeiten der Türkei in Deutschland«, teilte die Behörde mit. Die Verfassungsschutzbehörden gehen dem Verdacht nach, dass der MIT in großem Umfang Anhänger der Bewegung des Predigers Fethullah Gülen[28] in Deutschland ausspioniert. Nach Informationen der Deutschen Presse-Agentur wurde eine Liste mit Namen angeblicher Gülen-Anhänger, die der MIT im Februar 2017 dem Präsidenten des Bundesnachrichtendienstes (BND) überreicht hatte, an Sicherheitsbehörden in den Bundesländern weitergegeben. 358 Namen stehen darauf.[29] Die Liste enthält Meldeadressen, Telefonnummern und Fotos von Betroffenen, die heimlich aufgenommen wurden.[30] Der türkische Geheimdienst MIT unterhält in Deutschland ein Netz von etwa 6 000 Agenten – außerhalb des Moschee-Verbands Ditib. Auf 500 in unserem Land lebende türkischstämmige Menschen kommt damit ein Agent.[31] Sie sollen Abweichler unter den hier lebenden Türken aushorchen und einschüchtern. Die Bundesanwaltschaft untersuchte auch mehrere Moscheen und Wohnungen von Ditib-Imamen, denen vorgeworfen wird, Gülen-Anhänger ausgespäht zu haben. Der *taz* liegen geheime Anweisungen des türkischen Präsidiums für Religionsangelegenheiten Diyanet vor, in denen deren stellvertretender Vorsitzender für Auslandsangelegenheiten am 20. September 2016 um »einen detaillierten Bericht über jegliche Arten der Organisationsstruktur« des Netzwerks des Predigers Fetullah Gülen bittet.[32] Die Ditib räumt ein, dass zahlreiche Berichte aus Deutschland zurück nach Ankara geschickt wurden. Dabei gehe es darum, Gegner des türkischen Präsidenten Recep Tayyip Erdoğan zu identifizieren.

Zu den Befürwortern der AKP-Politik gehört auch die Lobbyorganisation Union Europäisch-Türkischer Demokraten (UETD).[33] Nach ihrer eigenen Definition ist sie regierungsunabhängig, sie unterstützt jedoch Auftritte von AKP-Politikern in ganz Europa organisatorisch und ihre Vertreter äußern sich öffentlich Erdoğan-freundlich.[34] Erklärtes Ziel der UETD ist es, den »Desinformationskampagnen« in Europa zur Türkei entgegenzutreten.[35]

Medien sind ein wichtiges Instrument für die Regierung Erdoğan, um die Türken in unserem Land direkt anzusprechen. Vier von fünf türkischsprachigen TV-Zuschauern in Deutschland nutzen türkische Sender.[36] Bereits seit den Neunzigerjahren nahm die Zahl der über Satellit verfügbaren TV-Sender rasant zu, inzwischen lassen sich viele von ihnen auch als Streaming-Angebot im Netz finden. Wenn es um politische Informationen geht, dann sind der TV-Kanal *D* und *CNN Türk*[37], die wie die Zeitung *Hürriyet* zur Doğan-Mediengruppe[38] gehören, sowie *TGRT* und *NTV* beliebt. Es gibt zudem eine große Zahl von Unterhaltungsangeboten. Heute sind es fast zwei Dutzend TV-Kanäle, die in Deutschland gut empfangbar sind.[39] Das klingt zunächst nach Vielfalt. Doch wurden die türkischen Medien seit dem Amtsantritt Erdoğans 2003 sukzessive auf den Kurs der AKP und auf den Präsidenten ausgerichtet.

Die Proteste im Gezipark 2013 – der Beginn einer neuen AKP-Medienstrategie

Ein Ereignis, an dem sich die politische Abhängigkeit der türkischen Medien erkennen lässt, war der Beginn der Gezi-Proteste Ende Mai 2013, als die Polizei auf Istanbuls und Ankaras Straßen die Demonstrationen mit Gewalt niederschlug. Damals zeigten türkische TV-Sender Kochsendungen, Quizshows und – wie *CNN Türk* – sogar eine Dokumentation über Pinguine. »Schämt euch«, schrieben die Aktivisten von Gezi über Twitter und Facebook und forderten: »Berichtet endlich!« Doch es gab nur einen einzigen Sender, der zeitweise live berichtete, *Halk TV*, ein der Opposition nahestehender Sender.[40]

Spätestens seit der Protestwelle im Gezi Park war es mit Meinungsfreiheit und -vielfalt vorbei. Auslöser der Proteste waren Pläne für die Bebauung des Parks im Zentrum von Istanbul. Doch inhaltlich ging es um viel mehr. Es ging um Erdoğans autoritäre Politik, um seine islamisch geprägten Leitsätze und Einmischungen in das Privatleben der Menschen. Für Erdoğan war das ein von ausländischen Mächten gestützter Putschversuch. Die Demonstranten, die er von der Polizei mit Tränengas attackieren und niederknüppeln ließ, waren nach seiner Lesart eine »Handvoll Marodeure«.

Die Reaktion des Staats war hart und für alle sichtbar. Sie sollte abschrecken: Demonstranten wurden festgenommen, unerwünschte Beamte entlassen. Nach dem Putschversuch 2016 wurden diese Maßnahmen nochmals verschärft und damit begründet, dass der türkische Staat durch die Unterwanderung des Staatsapparats durch die Gülen-Bewegung in Gefahr sei. Seither spricht Erdoğan stets vom »Wir« und vom »Ihr«. Und er meint damit: die Türkei und ihre Feinde. Das ist das zentrale Narrativ, das seine politische Kommunikation und die Medien-Propaganda der AKP prägt. Mit diesem Gegensatz mobilisiert er seine Anhänger – für sich und die Sache der AKP.[41] Wer stört, widerspricht, hineinredet, kritisiert – der wird kaltgestellt, abgeschaltet. Es liegt auf der Hand, dass unabhängig arbeitende Journalisten und Medien Gefahr laufen, zu diesen Störern gezählt zu werden.

Nach dem Putschversuch im Juli 2016 wurden weit über 100 Journalisten verhaftet, rund 150 Medien geschlossen und mehr als 700 Presseausweise annulliert. Die Repression richtet sich nicht nur gegen türkische Journalisten, sondern trifft auch Journalisten, die für deutsche Medien arbeiten. Der Türkei-Korrespondent der Welt, Deniz Yücel, wurde nach einem Gespräch mit der Polizei in Istanbul im Februar 2017 verhaftet. Ihm wurde Mitgliedschaft in einer terroristischen Organisation vorgeworfen.[42] Nach einem Jahr kam er im Februar 2018 wieder frei. Zu diesem Zeitpunkt waren immer noch 39 Journalisten in Haft – so viele wie in keinem anderen Land der Welt.[43] Erdoğan nutzt den Putsch als Anlass, mit Andersendenkenden und unabhängigen Kräften in seinem Staat abzurechnen. Und das trifft die Zivilgesellschaft in der Türkei hart: Massenentlassungen von Professoren, Lehrern und Richtern – Enteignungen, Verhaftungen von Journalisten, Schließung von Medienhäusern.[44]

Der Publizist und Medienwissenschaftler Erkan Saka befürchtet ständig, dass es ihn auch treffen könnte. Der Medienwissenschaftler an der privaten Istanbuler Bilgi Universität bildet Journalisten aus. Ein Beruf, den man in der Türkei kaum ungefährdet ausüben kann. »Die Effekte dieser Zensur nach innen sind vor allem, dass man die Freiheit des Netzes nicht mehr nutzt, um seine Meinung wirklich offen und laut zu sagen. Man wird vorsichtiger. Man schraubt den Ton und die Lautstärke runter. So entsteht Selbstzensur.« Auch Saka ist stiller geworden. »Über mich hat eine regierungsnahe Nachrichtenseite negative Geschichten verbreitet – und die wurden von AKP-Aktivisten, von Trollen oder von Unwissenden in den sozialen Netzen geteilt. Wenn so etwas passiert, dann fühlt man sich ganz unmittelbar verfolgt.« Leicht kann aus einem Shitstorm im Netz in der Türkei eine ganz reale politische Verhaftung werden.

Erdoğans Trolle

Wer zu Propaganda und Zensur in der Türkei recherchiert, der landet – wie der *Welt*-Kollege Deniz Yücel – im Gefängnis. Er hatte unter dem Titel »Die geheime Troll-Armee des Recep Tayyip Erdoğan«[45] erklärt, wie die AKP und der türkische Präsident im Netz die Deutungshoheit erstreiten, vor allem auch über Twitter. Sein Artikel bezieht sich auf ein 15-seitiges Papier aus der Mailbox des Schwiegersohns von Erdoğan, Berat Albayrak. Der ist zugleich Energieminister in der Türkei.

Bevor Albayrak Minister wurde, hatte er Einfluss auf starke Medienmarken. 2007 wurde er mit erst 29 Jahren zum Vorstandsvorsitzenden (CEO) der Calik-Holding, zu der unter anderem Medienmarken wie *Sabah* gehören.[46] Diesen Posten hatte er bis 2013 inne, seit 2015 ist er Minister. Durch Hacking[47] gelangten 60 000 Mails aus Albayraks Mailbox zu oppositionellen türkischen Medien und wurden bei WikiLeaks[48] veröffentlicht. In diesen Mails fand sich auch ein Papier mit dem Titel »Fizibilite« (»Machbarkeit«), das am 21. Juni 2013 von einem islamistischen Ideologen an einen Mitarbeiter des Energieministers verschickt worden war. Der Autor ist unbekannt. Das war drei Wochen nach dem Beginn der Gezi-Proteste, als im ganzen Land vor allem junge Menschen gegen das Regime auf die Straße gingen und Informationen über die Sozialen Medien austauschten. Soziale Medien waren ein wichtiger Motor der Bewegung auf der Straße – und in dem Papier geht es darum, wie sich Soziale Medien stärker beeinflussen lassen.

Eine »Plage« nannte Erdoğan damals Twitter. Auf diese Plage

antwortete er einerseits, indem er Twitter oder auch Youtube immer wieder sperren ließ oder den Zugang zu den Seiten erschwerte, indem deren Geschwindigkeit stark gedrosselt wurde. Dieses Instrument kommt immer dann zum Einsatz, wenn Proteste oder Unruhen drohen. So wurde zum Beispiel Anfang November 2016 in elf kurdisch geprägten Provinzen des Landes über Tage das gesamte Internet abgestellt, weil es dort immer wieder zu Unruhen zwischen Kurden und türkischen Sicherheitskräften gekommen war.[49] Hinzu kommt der Aufbau einer »virtuellen Werkstatt«, einer Trollfabrik, die Gegenpropaganda verbreiten soll. Deren kommunikative Ziele sind in dem Papier unmissverständlich beschrieben: Es gehe darum, die »Schwachstellen« der Gegner zu attackieren, ihre »Identität, Beziehungen und Vergangenheit« aufzudecken, auf die Widersprüche unter ihnen aufmerksam zu machen. Es gehe auch darum, auf die ausländischen Finanzquellen hinter der Bewegung hinzuweisen. Und insgesamt müsse man bei dieser Strategie über Soziale Medien auf Musik, Satire, Computerspiele, Filme, Sport und andere Mittel zurückgreifen, um die Menschen anzusprechen. Diese Unterhaltungselemente seien mit islamischen und nationalistischen Motiven aufzuladen. In konservativen Kreisen solle man tiefliegende Ängste schüren. In der Mail wird vorgeschlagen, ein kleines Team von Social-Media-Experten zu schaffen, bestehend aus etwa zwei Dutzend Akademikern, Armeeoffizieren, Technikern und Grafikern.

Mit einer solchen Informationsoffensive reagierte die türkische Regierung auf die breite Nutzung Sozialer Medien durch die Protestierenden während der Gezi-Proteste, die unter dem Stichwort »Occupy Gezi« am 28. März 2013 begannen.

Die Sozialen Medien wurden zunächst vor allem von den Gezi-Demonstranten genutzt, um Protestaktionen zu verabreden und sich auszutauschen, meint der Medienwissenschaftler und Journalist Erkan Saka. Er beschreibt dies in einer bisher unveröffentlichten Studie, in der er sich intensiv mit der Informationspolitik und auch mit dem Einsatz von Trollen und Bots durch die AKP befasst: »Es gibt einen großen Unterschied zu Russland, wo die Trolle ja sehr zentral geführt sind, wo sie redaktionelle Anweisungen erhalten, in einem Team arbeiten. In der Türkei ist das Trollsystem sehr viel dezentraler.«[50]

Seit den Protesten der Opposition im Gezi Park 2013 hat auch die AKP ihre Aktivitäten im Netz deutlich ausgeweitet und ein Netz von Trollen aufgebaut. Eine Trollarmee von 6 000 Mann, meldet das *Wall Street Journal*.[51] Erkan Saka kann diese Zahl nicht bestätigen: »Das ist schwierig zu sagen, denn sie sind im ganzen Land verteilt. Häufig werden sie auch von den Kommunen bezahlt. Diese Aufträge geschehen dann im Auftrag von AKP-Verwaltungen in den Gemeinden – und es ist kaum abzugrenzen, welchem kommunikativen Ziel sie dienen.«

Viele arbeiten unter Pseudonym. Doch die, mit denen Erkan Saka sprechen konnte, stellten sich in den Dienst der AKP, weil sie wirtschaftlich darauf angewiesen waren. »Die haben daneben immer noch einen normalen Job, haben zum Beispiel kleine Werbeagenturen. Meine Gesprächspartner haben ganz klar gesagt: ›Ich war auf das Geld angewiesen!‹«

Inzwischen ist diese Trollstruktur gewachsen, trotzdem folgt sie aus Sicht des Medienwissenschaftlers nicht zentralisierten, politisch gesteuerten Redaktionszielen: »Die Kommunikationsarbeit der AKP über die Trolle erscheint mir eher situativ. In der Regel wird vor allem Erdoğan oder die Position von Regierungsmitgliedern zitiert. Und auch die wenden sich ja schnell: Da ist erst Putin der Feind, dann Merkel – und wer es morgen sein wird, das lässt sich gar nicht sagen.«[52]

Um es deutlich zu sagen: Die AKP-Regierung hat zu keinem Zeitpunkt eingeräumt, dass sie Trolle für sich arbeiten lässt oder sie finanziert. Doch gibt es – neben deren unübersehbarer Präsenz in den sozialen Netzen – immer wieder Hinweise auf ihre Existenz: In geleakten Tonaufnahmen fordert Erdoğans Tochter Sümeyye den Berater Mustafa Varank auf, »unsere Trolle« zu bitten, eine Kampagne für die von ihr geleiteten Nichtregierungsorganisationen zu machen.[53]

Auch auf die politische Meinungsbildung in Deutschland haben AKP-Trolle einen Einfluss, denn sie verbreiten ihre Nachrichten in den türkischsprachigen Echokammern im Netz, vor allem über Twitter und Facebook. Vor dem Referendum haben sie unter dem Hashtag #evet – »Ja!« – für das Referendum geworben. Eine klare Abgrenzung ist nicht ganz einfach, doch gibt es Twitter-Accounts, die mit großem Tempo und hoher Frequenz vorrangig Pro-Erdoğan-Werbe-

Posts teilen. Wie etwa @yobazinge, inzwischen bei Twitter geblockt, dem zwar nur knapp 4 000 Follower gefolgt waren, der aber sehr zugespitzte Tweets verbreitete wie Nazi-Fotomontagen zu niederländischen Politikern. Zu den Pro-AKP-Trollen bei Twitter gehört auch der Account »veli dagoglu«[54] mit 66 000 Followern und knapp 20 000 abgesetzten Tweets[55]. Er tweetet u. a. über »Nein-Kampagnen der PKK, die in Deutschland veranstaltet wurden.«[56] Es gibt sehr erfolgreiche Pro-AKP-Twitter-Aktivisten wie @gafebesi, dem mehr als 3,65 Millionen Nutzer folgen und der mehr als 67 000 Tweets abgesetzt hat.[57] Ein anderer erkennbarer AKP-Troll ist @DetroitliKizil,[58] dem 78 000 Nutzer folgen und der mehr als 66 000 Tweets abgesetzt hat.[59] Solche Twitter-Accounts lassen sich kaum zuverlässig mit Personen zusammenbringen. Unklar bleibt für die Nutzer, wer dahintersteht und ob sie teilweise automatisiert bestückt werden. Sie entziehen sich so einer Verifizierung durch die Nutzer und werden oft auch nur über kurze Zeit und für bestimmte Kampagnen und Ziele im politischen Marketing eingesetzt. Solche Accounts lassen sich ohne viel Aufwand starten und auch wieder löschen, je nachdem welche Kampagnen-Ziele verfolgt werden. Einige der Pro-AKP-Accounts, die 2017 sehr aktiv waren, waren Anfang 2018 nicht mehr verfügbar.

Medien stramm auf Erdoğan-Kurs

Frei sind Medien in der Türkei genau so lange, wie sie die Linie der AKP und Erdoğans vertreten. Seit seinem Amtsantritt als Regierungschef im Jahr 2003 hat Erdoğan die ideologische Ausrichtung der türkischen Medien über wirtschaftliche Zuschusspolitik betrieben. Unabhängige Medien hatten diese Zugänge nicht, schon allein deshalb konnten sie sich im Markt nicht halten.

Die türkische Nichtregierungsorganisation Bianet und Reporter ohne Grenzen decken in ihrem Mediamonitoring auf, wie unmittelbar die Abhängigkeiten der türkischen Medien von der AKP sind: Sieben der zehn wichtigsten Besitzer von TV-Sendern unterhalten direkte politische Beziehungen zur Regierungspartei AKP. Zusammengenommen kontrolliert ein halbes Dutzend Mediengruppen die reichweitenstarken Produkte in Fernsehen, Online-Nachrichtenportalen, Zeitungen und Radio.[60] Die Eigner der großen Mediengruppen – Doğan, Doğuş, Demirören, Ciner, Albayrak, Kalyon, İhlas und Ethem Sancak – besitzen Firmen im Bau- und Transportwesen, im Energiebereich, Bergbau und Tourismus. Sie sind auf die Einnahmen aus diesen Geschäftsbereichen angewiesen und auf entsprechende öffentliche Aufträge.[61] Bianet-Koordinator Evren Gönül: »In den meisten Fällen muss die Regierung die Medien gar nicht mehr an die kurze Leine nehmen. Wirtschaftlicher Druck ist viel wirksamer.«[62]

Internetseiten, welche von der türkischen Staatsmacht als feindlich eingestuft werden, wie zum Beispiel das deutsch-türkische Online-Magazin *Özgürüz*,[63] dessen Chefredakteur Can Dündar in der Türkei in Abwesenheit angeklagt ist, werden in der Türkei zensiert und der Zugang zu ihnen blockiert.[64] Zu der Veranstaltung des türkischen Ministerpräsidenten Binali Yildirim am 18. Februar 2017 in Oberhausen[65] wurde zwei Reportern, die für die Plattform arbeiten, der Zutritt verwehrt. Auch anderen Journalisten, u. a. von der *taz* und der Madsack-Mediengruppe in Hannover wurde die Akkreditierung verweigert. In der Halle in Oberhausen gab der türkische Staat die Regeln vor – und die sehen Zensur und Maßregelung für Journalisten vor.[66]

Wen wundert es angesichts dieser Abhängigkeiten, dass Erdoğan auf allen türkischen TV-Sendern der Star ist? Dass er in allen Nachrichtensendungen die Hauptrolle spielt? Er ist der Aufmacher. Der große Entscheider und Führer. Seine Rhetorik kommt bei vielen türkischen Zuhörern gut an – auch der Begriff der »Terroristenunterstützerin Merkel«, die groben Nazivergleiche, das Adressieren der Bundeskanzlerin mit Du. Seine Sprache ist verständlich, emotional und mitreißend – er spricht vielen aus dem Herzen.

Der Stoff, aus dem die Erzählungen der AKP sind

Der Stoff, aus dem die Geschichten sind, welche Erdoğan entwickelt und öffentlich verbreitet, um die Türken in Deutschland anzusprechen, ist der einer prosperierenden Türkei mit einer starken Regierung und einem starken Führer. Dieser ideale türkische Staat wird wegen seiner Erfolge von vielen Seiten angefeindet, zum Beispiel von der deutschen Regierung. Doch er wird alle Feinde – die im Inneren wie die Gülen-Bewegung oder die PKK und die außen wie Europa oder den IS – erfolgreich abwehren und zurückschlagen. Dieses erfolgreiche Land bildet den Gegensatz zu Deutschland. Es wird als Sehnsuchtsort stilisiert – kulturell, religiös und sprachlich.

Dabei wirbt Erdoğan für sein Modell des autoritären Staats. Immer wieder stellt er die in Europa oder in Deutschland herrschende Demokratie als unglaubwürdiges Konstrukt dar. Aus seiner Einstellung machte er schon 1997 kein Geheimnis: »Was für eine Demokratie?«, fragte er damals auf Kanal *Türk*. »Unserer Meinung nach ist die Demokratie niemals ein Ziel. Wenn man die Demokratie nur vom wissenschaftlichen Aspekt aus betrachtet, dann werden wir erkennen, dass sie nur ein Instrument ist. Ich glaube, dass in dieser Zivilisation der Islam im 21. Jahrhundert in den Vordergrund treten wird. Wer diese Zivilisationswelle unterstützt, wird im höchsten Maße belohnt werden. Diejenigen, die sich für das Fortschreiten dieser islamischen Zivilisation nicht einsetzen, werden auf der Strecke bleiben.«[67] Diese Auffassung vertritt er auch 15 Jahre später weitgehend unverändert: »Die Demokratie ist eine Straßenbahn, von der wir abspringen, wenn wir am Ziel sind. – Die Demokratie ist kein Ziel, sie ist ein Mittel.«[68]

Inzwischen ist die Türkei unter der Führung Erdoğans von der Straßenbahn abgesprungen. Und sie wirbt in Deutschland für diesen Weg. Folgt man den Motiven in den Reden Erdoğans, so leben Türken in Deutschland in einem feindlichen Umfeld, das die Türkei bekämpft und ihr Erfolge nicht gönnt. In einem Land, das sie an den Rand drängt, sie nicht respektiert. Das ist keine Botschaft, die auf ein friedliches Zusammenleben oder auf Integration zielt – und sie hat verschiedene Erzählstränge:

Deutschland steht auf Seiten der Feinde der Türkei und unterstützt den Terror

»Unsere Minister dürfen dort nicht auftreten, aber die Terrororganisation PKK demonstriert mitten in Deutschland.« – so lautet der Vorwurf, den Ankara an Berlin richtet. Anlass dafür war zum Beispiel eine Kurden-Demonstration in Frankfurt (18. 3. 2017): Präsidentensprecher Kalin sprach im Sender *CNN-Türk* von einer Einbestellung des deutschen Botschafters,[69] wobei die Frankfurter Vorfälle »auf das Schärfste verurteilt« worden seien. Das kurdische Neujahrsfest Newroz sei als »Vorwand« für die Demonstration genutzt worden. Das sei ein »Skandal«, weil viele Demonstranten verbotene Kennzeichen der Arbeiterpartei Kurdistans (PKK) mit sich geführt hatten. Etwa 30 000 Menschen hatten in Frankfurt friedlich für »Demokratie in der Türkei« und »Freiheit für Kurdistan« demonstriert. Die Teilnehmer riefen auch zu einem »Nein« bei dem Referendum am 16. April 2017 zur Ausweitung von Erdoğans Machtbefugnissen auf.[70]

Auch den verhafteten Türkei-Korrespondenten der *Welt*, Deniz Yücel, bezeichnete Erdoğan als PKK-Terroristen und deutschen Agenten.[71] Erdoğan warf der Bundesregierung Terror-Unterstützung vor, weil Yücel sich mehrere Wochen in Istanbul auf konsularischem Boden aufgehalten haben soll.

Die Türken werden wegen ihres Glaubens, ihrer Werte, ihrer Identität beschimpft

Europa will keine starke Türkei, das ist eine der Thesen, welche die AKP-Regierung vor sich herträgt. In diesem Punkt äußerte sich Erdoğan schon bei seinem Deutschlandbesuch 2014 unmissverständlich: »Es gibt diejenigen, die auf unterschiedlichste Weisen die Türkei am Wachsen, am Stärken, am Fortschritt hindern wollen. Sie wollen uns entschleunigen und versuchen, uns zu stoppen.«[72]

Viele Türken in Deutschland teilen inzwischen Erdoğans Auffassung, die Bundesregierung unter Merkel gehe mit der Türkei respektlos um: »Diejenigen, die uns mit Arroganz in der Türkei und von außerhalb betrachten, haben nun eine schmutzige Allianz. Sie versuchen die Türkei zu schwächen.«[73] – »Jahrzehntelang wurden unsere Identitäten, unsere Werte, unser Glauben beschimpft.«[74] Zu diesem Stimmungsbild tragen auch die in Deutschland verfügbaren türkischen Medien bei, deren Einschätzungen sich mit der des türkischen Staatspräsidenten weitgehend decken.[75] Dieser schimpfte u. a.:

»Das deutsche Staatsfernsehen macht falsche Berichterstattung, voller Lügen. (...) Und das im deutschen Staatsfernsehen!«[76]

Medien und Politik verbreiten Lügen über die Türkei

Dass die europäischen Medien Desinformation über die Türkei verbreiten, ist ein gerne wiederholter Vorwurf, den auch Premierminister Yildirim im Februar 2017 über *Sabah* in Deutschland verbreiten lässt: »Glaubt aber den hier verbreiteten, zweckgebundenen, übertriebenen, gelogenen und falschen Aussagen über die Türkei nicht.«[77] Schon 2014 verurteilt Erdoğan die Desinformationen über die Türkei in europäischen Medien: »Jahrelang sind sie bei unserem Kampf gegen den Terror leise gewesen, jetzt behaupten sie, dass es in der Türkei keine Pressefreiheit gebe, und sie tragen zusätzlich zum Terror bei.«[78]

Auch diese Erzählung wird – wie die anderen – umgehend über Soziale Medien multipliziert. So zum Beispiel in Videos aus der Reihe »Germany Director's Cut« (GDC)[79]. Diese werden über Facebook verbreitet, sind verpackt als satirische Webvideos – und im Übrigen so auch explizit bezeichnet.

Die Videos sind in deutscher Sprache untertitelt und für Zielgruppen in Deutschland gemacht. Es handelt sich um »Rückblicke«[80], in denen aktuelle Entwicklungen der türkischen Politik und die Berichterstattung deutscher Medien aus AKP-Sicht kommentiert und eingeordnet werden. Gegenerzählungen zu den kritischen Beiträgen der von GDC als »Lückenpresse« etikettierten Medien[81]. Diesen habe man das einseitige und falsche Bild zu verdanken, dass in Deutschland verbreitet sei, wenn es um die Türkei oder ihren Präsidenten ginge. Diese Medien betrieben »im Namen der Pressefreiheit eine Antitürkeipolitik«[82]. Es wird festgestellt: »Die negative Stimmung in Deutschland hat einen neuen Tiefpunkt erreicht. Das haben wir natürlich unseren hervorragenden deutschen Medien zu verdanken, die im Namen der Pressefreiheit eine Anti-Türkei-Politik betreiben. Je länger wir diese Berichte sehen, desto mehr wird uns bewusst, dass Europa mit allen Mitteln will, dass das Referendum scheitert. Das ist Fakt. Doch parallel dazu zu behaupten, dass türkische Politik auf dem deutschen Boden nichts zu suchen hat, ist sehr scheinheilig. Denn wie man es offensichtlich sehen kann, betreiben die deutschen Medien schon lange türkische Politik in Deutschland. Und sie unterstützen die Nein-Kampagne (...). Mittlerweile müssen deutsch-türkische Bürger sich fürchten, dass sie ihre Arbeit verlieren, wenn sie sich als pro-Erdoğan bekennen. In den Schulen wird eine Anti-Erdoğan-Kampagne betrieben. Der Staatspräsident wird mit Hitler verglichen, der nun das Volk in den altbekannten nationalsozialistischen Staat führen soll. Auftritte von türkischen Politikern werden verboten.«[83]

Vor dem Referendum wird auf der Facebook-Seite von GDC und über diese Videos massiv Werbung für ein »Ja!« gemacht. Mit historischen Aufnahmen wird an den Preisanstieg und die schlechte Lebenssituation vieler Türken zu Beginn der Siebzigerjahre erinnert.[84] Ganz im Gegensatz dazu sei das Land unter Erdoğan zu einem modernen Staat geworden, in dem es den Menschen an nichts mangele. Werbebilder zur erfolgreichen Politik Erdoğans, Ausschnitte aus seinen Reden oder Promo-Bilder zur Entwicklung von Infrastruktur, Wirtschaftsregionen, Gesundheitswesen sind regelmäßig Teil der Videos von GDC. Es ist das Bild eines friedlichen, sozialen, starken muslimischen Staats, der ganz im Gegensatz steht zu Deutschland, wo deutsch-türkische Bürger isoliert würden und sogar um ihren Arbeitsplatz fürchten müssten, wenn sie sich zu Erdoğan bekennen.[85]

Deutschland ähnelt der Nazidiktatur, es herrscht Rassismus

Dem Zitat Erdoğans »Hey Deutschland! Ihr habt mit Demokratie aus der Nähe und aus der Ferne nichts am Hut. Eure jetzigen Praktiken sind kein Stück anders als die früheren Nazi-Praktiken.«[86] lassen sich eine Reihe ähnlicher Zuspitzungen hinzufügen: »Die Juden wurden in der Vergangenheit genauso behandelt«, sagte Erdoğan mit Blick auf den Umgang mit Muslimen und Ausländern im heutigen Europa.[87]

Europa begegne der Türkei herablassend, sei gegenüber den Türken fremdenfeindlich und rassistisch, lässt er in einer Rede vernehmen, die über *Sabah*[88] verbreitet wird: »Liebe Brüder und Schwestern«, heißt es dort. »In Europa bewegen wir uns in Richtung Rassismus. Was bitte soll dieser Rassismus? Diese Unterscheidung? Diese Abtrennung? Wo bist Du, Europäische Union? Und wenn Präsident Erdoğan dann die EU kritisiert, dann passt es euch nicht! Es wird unbequem werden für Euch!«

Ein Statement gegenüber Deutschland sei auch das »Ja« zum Referendum, betont Binali Yildirim bei seinem Auftritt in Oberhausen. Im Unterschied dazu, wie Europa mit den Türken umgehe, seien sie doch vielmehr heldenhafter Abstammung und sollten entsprechend selbstbewusst auftreten:[89] »Ich möchte, dass ihr ein großes Selbstbewusstsein habt. Ich möchte, dass ihr stolz auf euren türkischen Pass seid. Ihr seid die Nachkommen einer heldenhaften Abstammung. Ganz Europa soll es hören, nicht nur Deutschland. Die ganze Welt soll es hören. Seid ihr bereit dazu, die Wahlurnen zum Platzen zu bringen? Seid ihr bereit für eine große Türkei? Für Stabilität und Frieden? Diejenigen, die ihr Land lieben, sagen ›Ja‹.«[90]

»Nazimädchen Merkel« – das Echo der Botschaften Erdoğans in den Sozialen Medien

Auf seinen eigenen Twitter- und Facebook-Accounts verzichtet Erdoğan auf polemische Einträge. Er überlässt sie anderen wie dem ehemaligen Generalsekretär der Islamischen Gemeinschaft Milli Görüş (IGMG), Mustafa Yeneroğlu, der als AKP-Abgeordneter im türkischen Parlament sitzt und zugleich auch Vorsitzender der Menschenrechtskommission des türkischen Parlaments ist. In einem Interview[91] sagt er, dass er als konservativer Muslim gelte. »Über viele Jahre wurde ich sogar als ›islamistisch‹ und ›verfassungsfeindlich‹ eingestuft.« Er tweetet mehrfach täglich[92] und nimmt dabei aktiv und oft sehr kritisch Stellung zu innerdeutschen Themen: »Genehmigte 20 000-Personen-PKK-Demo in Frankfurt. Diese Doppelmoral ist unerträglich.«[93] Oder am 26. 3. 2017: »Das Werben für Freiheitlichkeit + Pluralismus ist überzeugender, wenn man in Deutschland nicht zugleich eine homogene Gesellschaft anstrebt.«[94] Diese Provokationen wirken, sie werden bereitwillig geteilt und empört diskutiert: zum Beispiel auf Medienportalen, die sich speziell an Türken in Deutschland richten, wie *haberbayern.de*, einer Nachrichtenseite mit Sitz in München. Hier geht es um Entwicklungen in Deutschland, die aus türkischer Sicht dargestellt und kommentiert werden – oder um Entwicklungen in der Türkei. Eine andere Plattform ist *Yeni Posta*, eine Online-Nachrichtenseite, die sich als »stärkste türkische Nachrichtenseite Europas« beschreibt.[95] Für das Referendum warb die *Yeni Posta* ganz groß mit einem »Ja« zum Referendum.

In deutscher Sprache verfügbar ist *Daily Sabah*.[96] Am 12. April, vier Tage vor dem Referendum, ist auf der Titelseite des deutschen Angebots unter dem Ressort Deutschland nur ein Thema zu finden, nämlich Werbung für die Position des türkischen Präsidenten.[97]

Viele Beiträge kritisieren, dass Medien und Politik in Deutschland offen für ein Nein zum Referendum eintreten. Das sei Einmischung in die türkische Innenpolitik.[98] Wer das Referendum bejahe, würde in den deutschen Medien als Unterstützer einer angeblich bald eintretenden Diktatur dargestellt, »als ob nicht ein Präsidialsystem, sondern eine Diktatur zur Wahl steht«.[99] Die *Daily-Sabah*-Kolumnistin Meryam Göka kommentiert unter dem Titel »Europa im Wahn«: »Es waren einmal europäische Grundwerte und Menschenrechte. (…) Diese Tugenden, mit denen man uns immer gerne belehrte, werden über Bord geworfen, wenn es um Erdoğan und die Türkei geht.« Anlässlich der Bundestagswahl kommentiert der Kolumnist Ozan Ceyhun: »Ich frage mich ernsthaft über was deutsche Politiker in ihren Wahlkampagnen zu reden hätten, wenn die Türkei und die Türken nicht existieren würden. Es ist keineswegs ethisch, die von einigen deutschen Medien verzerrten Nachrichten für ihre Kampagnen zu nutzen, ohne diese Stichhaltigkeit zu überprüfen. (…) diese falschen Schlagzeilen erweisen sich als fast die einzigen Themen, die in Wahlkampf-Reden angesprochen werden. Dies hat die deutsch-türkischen Beziehungen weitgehend untergraben (…).«[100]

Verbreitet werden die Äußerungen Erdoğans in Deutschland über die Online- und Social-Media-Auftritte türkischer Medien, z. B. über *Günes.com*[101], das titelt »Hitler-Weib ist von ihrem Kurs abgekommen«[102] oder »Hässliche Tante«[103] und auf der Titelseite für den

Twitter-Hashtag #frauhitler wirbt. Die Botschaften Erdoğans und der AKP werden über eine Vielzahl von Websites und deren Facebook-Accounts verbreitet: zum Beispiel auf der Nachrichtenseite *euroturknews*[104] sowie bei *destek sayfasi*[105], wo regelmäßig die AKP-nahen Berichte und Kommentare anderer Medien und entsprechende eigene Beiträge erscheinen.

Auf Twitter haben die aggressiven Äußerungen Erdoğans regelmäßig ein Echo. Unter dem Trend-Hashtag #comeyourselfgermany hetzen AKP-treue Nutzer gegen die Bundesregierung und die Kanzlerin. Dort finden sich eine Vielzahl von Karikaturen, welche die Kanzlerin in Nazi-Uniform und mit Hitlerbart zeigen sowie Beschimpfungen gegen Deutschland und seine politischen Vertreter.

Vor dem Referendum ging es auf Twitter vor allem darum, dass die Türkei den Europäern weit überlegen sei: »Nach den Osmanen ist Recep Tayyip Erdoğan der einzige Anführer, der Europa einschüchtert«[106] etc. Unter dem Hashtag #AvrupayiBasinizaYikariz[107] werden die Anti-Europa-Tiraden der AKP-Spitze gerne aufgenommen und verbreitet. Wütende Tweets zur Unterstützung der PKK durch Deutschland sind zu finden. Und generell unterstütze Deutschland nur die, welche beim Referendum mit Nein stimmen würden. »NEIN-Sagern stehen die Türen offen. Wenn Du JA sagst, dann wirst du mit Pferden und der Polizei konfrontiert.«

Die freiwilligen Unterstützer im Netz

Neben bezahlten Trollen und AKP-Werbern sind auch viele freiwillige Aktivisten im Netz mit Pro-Erdoğan-Beiträgen präsent. Sie orchestrieren AKP-Positionen. Der *Spiegel* berichtete ausführlich über einige, wie den Blogger Ömer Faruk. Vor vier Jahren gründete er die Facebook-Seite »Wir haben Erdoğan«. Inzwischen betreibt er gemeinsam mit anderen – etwa 50–70 Leuten – mehrere Seiten, zu denen unter anderem die *Osmanische Generation*[108] oder *Unchained New Turkey*[109] oder *Stolz der Türkei – R. T. Erdoğan*[110] gehören.

Aktivisten wie Faruk sehen ihre Aufgabe darin, Informationen über die Türkei zu teilen. Ihr Argument: Die meisten Türken fühlten sich durch deutsche Medien nicht vertreten. Deshalb werden auf den genannten Seiten auch häufig Beiträge zur deutschen Lügenpresse geteilt, die angeblich parteiisch, unvollständig oder voreingenommen über die Türkei berichten. Deutsche Medien würden auslassen, was nicht zum Bild der rückständigen, diktatorisch regierten Türkei passe.

Can Dündar, der in Deutschland lebende verfolgte ehemalige Chefredakteur der *Cumhuriyet*, taucht auf den entsprechenden Facebook-Seiten oft als Feindbild auf, ebenso wie der grüne Politiker Cem Özdemir, der auf Twitter auch schon mal mit einem Hitlerbart in einer Fotomontage dargestellt wurde.[111] Auf Twitter wird unter dem Hashtag #keepdeniz gegen den bis Februar 2018 in der Türkei inhaftierten Deniz Yücel gewettert. Dort twittert *Unchained New Turkey*: »Deniz Yücel hat die türkische Armee im Kampf gegen die Terrororganisation PKK dämonisiert, aber deutsche Politiker und Aktivisten benutzen für ihre Kampagne [für Yücel] die türkische Flagge.«[112]

Yücel ist auch für den in Soest geborenen Videoblogger Bilgili Üretmen ein Feindbild, dessen Schimpftiraden auch die deutschen Medien regelmäßig zum Opfer fallen: »Atatürk hätte JA gesagt!«[113], so der Titel eines Kommentars: »Deutschland sagt Nein, die *Bild-Zeitung* sagt ›Atatürk würde Nein sagen‹«, so beginnt Üretmen seinen Kommentar und gewinnt schnell an Tempo: »Davon abgesehen, dass kaum ein Türke Euer kitschiges Käseblatt liest. (…) Der Abschaum des deutschen Journalismuses (…) Was hat er gemacht, habt ihr mit Atatürk geredet? Deutschland dreht gerade völlig am Rad. Deutschland möchte unbedingt ein Nein. (…) Sagen Sie doch mal Herr Steinmeier, warum haben Sie sich nicht so, wie sie sich für Deniz Yücel einsetzen, für Murat Kurnaz eingesetzt? Der war auch deutsch-türkischer Staatsbürger. Den haben sie in Guantanamo gequält und Sie haben dabei zugeguckt, wie er gequält wurde. Haben Sie einmal gesagt: Lassen Sie den Mann frei? Warum habt Ihr Snowden nicht aufgenommen? (…) Warum setzt Ihr Euch so unbedingt für diesen Yücel ein? Erzählt mal! Weil euer Deniz Yücel ein Agent ist! Weil er diese ganzen Daten, die er da veröffentlicht hat, nämlich von euren BND-Leuten bekommen hat. (…)«

Einige türkische Facebook-Seiten rufen vor dem Referendum zu protürkischen Demonstrationen in europäischen Städten auf.[114]

Das Deutschlandbild, das in der türkischen Echokammer gezeichnet wird, ist das eines feindlichen, rassistischen, den Terror unterstützenden und die Türkei verachtenden Deutschlands. Erdoğans politische Botschaften schaukeln Vorbehalte und Vorurteile hoch und zielen auf eine große gesellschaftliche Gruppe in unserem Land: drei Millionen Menschen.[115] Die Erzählungen und die Hetze, die dort transportiert werden, machen viele von ihnen wütend auf das Land, in dem sie leben, und misstrauisch gegenüber der deutschen Regierung. Ihnen wird suggeriert, dass sich Deutschtürken zwischen der Türkei und Deutschland entscheiden müssten, was Loyalitätskonflikte zur Folge hat. Für das Zusammenleben in Deutschland ist das schädlich.

Der Medien-Dschihad des IS – Informationen als Werkzeug des Terrors

Terror braucht eine Botschaft. Erst wenn die Botschaft mitgeliefert wird – durch Bekennervideos, Tweets, ideologische Bekenntnisse –, dann wird in der öffentlichen Wahrnehmung aus einem Gewaltverbrechen ein terroristischer Akt. Deshalb führt der IS den Dschihad gegen westliche Gesellschaften nicht nur militärisch, sondern auch im Netz.

Radikalisierung vor dem Computer – wie Dschihadisten in Deutschland angeworben werden

2. März 2011. Der junge Air-Force-Soldat am Frankfurter Flughafen denkt sich nichts, als der etwa gleichaltrige Arid Uka ihn um eine Zigarette bittet. Bereitwillig antwortet er ihm auf seine Frage, wo die Gruppe US-Soldaten im Einsatz sei. Uka erfährt, dass sie aus London kommen und über Ramstein auf dem Weg nach Afghanistan sind.

Arid wartet, bis die ganze Gruppe in den blauen Militärbus eingestiegen ist – alle, bis auf einen Soldaten, der noch neben dem Bus steht. Um 15:17 zückt der 21-jährige Arid Uka[1] seine Waffe und erschießt ihn von hinten mit einem Kopfschuss. Anschließend steigt er mit Allahu-Akbar-Rufen in den Bus, erschießt aus nächster Nähe den Busfahrer und zielt auf die Köpfe der sitzenden Soldaten. Zwei weitere werden schwer verletzt.[2] Eine regelrechte Hinrichtung.

In Deutschland war das der erste Anschlag mit islamistischem Hintergrund. Weder das Bundeskriminalamt noch der Verfassungsschutz hatten Arid Uka zuvor im Visier. Ein unauffälliger junger Mann, dessen Familie aus dem Kosovo stammt, mit einer unauffälligen Biografie[3]: Er macht einen guten Realschulabschluss, möchte unbedingt

Abitur machen. Arid wird ein durchschnittlicher Gymnasiast, auf seine Mitschüler wirkt er schüchtern, ist aber kein Eigenbrötler. Er interessiert sich für Politik, Geschichte und Naturwissenschaften. Einem Lehrer erzählte er von seinem Berufswunsch, etwas mit Chemie machen zu wollen. In der zweiten Hälfte der zwölften Klasse lassen Arids Leistungen nach, er kommt nicht mehr regelmäßig zum Unterricht. Er verschließt sich, für seine Lehrer und deren Argumente ist Arid nun nicht mehr zu erreichen. Schließlich bricht er im Sommer 2010 kurz vor dem Fachabitur die Schule ab. Ein Jahr vor dem Anschlag. In dieser Zeit verbringt Arid viel Zeit vor dem Computer. Er spielt Kriegsspiele. Und er ändert das Foto von sich bei Facebook und versieht es mit dem Kommentar: »Das ist jetzt mein Killer Blick.« Beim Surfen im Internet ist er am Tag vor der Tat auf ein Video gestoßen, in dem US-Soldaten vermeintlich eine muslimische Frau vergewaltigen. Er hielt den Ausschnitt aus einem amerikanischen Antikriegsfilm für echt und hatte das Gefühl, irgendetwas tun zu müssen gegen die Gräueltaten, die US-amerikanische Soldaten nach seiner Überzeugung der Zivilbevölkerung in Afghanistan antaten.[4]

»Er war sich sicher, dass er seinen Kriegsgegner direkt vor sich hatte«, formuliert dies die Bundesanwaltschaft später. Arid ist der erste junge Mann in Deutschland, der den Auftrag des IS umsetzt, den heiligen Krieg durch gezielte Terrorakte in den Westen zu tragen.[5] Arid ist ein Einzeltäter. Er ist der Tätertyp, den der IS in westlichen Ländern als Terroristen zu rekrutieren versucht:

Nicht nur für Arid spielt das Internet als Kommunikations- und Propagandaplattform eine wesentliche Rolle.

Das gilt auch für andere Dschihadisten, die sich vom IS gewinnen und radikalisieren ließen und die 2016 gleich mehrere Attentate verüben: Die Attentäter von Würzburg[6] am 18. Juli und Ansbach[7] am 24. Juli 2016, der eine stammte aus Afghanistan und der andere aus Syrien, hatten sich ebenfalls nach ihrer Ankunft in Deutschland radikalisiert. Dabei waren persönliche Kontakte zum IS, die auch über Chats und Soziale Medien gepflegt wurden, entscheidend.[8] Diese gingen über Monate.[9] Mit ihren Kontaktpersonen des IS standen die beiden Attentäter noch bis kurz vor der Tat über Instant-Messenger-Dienste in Kontakt. Ihre Chats zeigen: Die Attacken im

Juli 2016 waren keine spontanen Handlungen, keine Amokläufe. Sie waren geplant.

Anis Amri – Berlin, Anschlag auf den Breitscheidplatz 19.12.2016

Auch im Falle des verheerenden Terrorangriffs auf den Weihnachtsmarkt auf dem Berliner Breitscheidplatz, bei dem 12 Menschen getötet wurden, stand der Attentäter Anis Amri bis kurz vor der Tat über Handy-Nachrichten in Kontakt mit einem IS-Instrukteur. Auch er gehört zu den ferngesteuerten Dschihadisten des IS. Die Radikalisierung des 24-Jährigen hat jedoch wahrscheinlich schon in seiner Heimat Tunesien begonnen. Als Amri im Sommer 2015 von Italien nach Deutschland kam, trug er eine tiefe Wut und Gewaltbereitschaft in sich, aus der er offensichtlich kein Geheimnis machte. Er war bereits auf seiner Flucht mehrfach straffällig geworden. Schnell taucht er in die salafistische Szene in Nordrhein-Westfalen und Niedersachsen ein.[10] Amri gehörte zu den 680 sogenannten Gefährdern, die in Deutschland als potenzielle Dschihadisten, d. h. gewaltbereite Terroristen, unter besonderer Beobachtung des Bundeskriminalamts und des Verfassungsschutzes stehen. Die Ermittler stießen auf eine Unterhaltung, die Amri Anfang Februar mit zwei Islamisten über das Chatprogramm Telegram geführt hatte. Die beiden Männer nutzten libysche Handynummern. Er wolle eine Schwester ehelichen, meldet Amri. Als sein Gegenüber nicht sofort begreift, raunt er, es gehe um *dugma,* was in der Szene für »Auslöser« steht.[11] Die Kommunikation wird dann verschlüsselt über Telegram weiter geführt.

Der IS bekennt sich zum Anschlag. Die Nachrichtenagentur des IS A'maq veröffentlicht kurz nach dem Anschlag das mit Amris Handy aufgenommene Video, in dem er sich dazu bekennt, für den IS »hart zu arbeiten, bis der Islamische Staat gut etabliert und gegründet ist. Schließlich verspreche ich, mich aktiv am Dschihad gegen die Feinde Allahs zu beteiligen, so viel ich kann. Und zu jenen Ungläubigen, die die Moslems jeden Tag bombardieren, schwöre ich, dass wir sie jagen und sie wie Schweine für das töten, was sie mit diesen Moslems tun.« Es folgt ein Aufruf an andere Mitstreiter, ebenfalls in den Dschihad zu ziehen: »Wenn du deinen Brüdern nicht an den

Frontlinien beitreten kannst, dann kämpfe für den Islam in deinen Ländern.«[12]

Der Fall Amri zeigt, welche zentrale Rolle Kommunikation über das Internet für den dschihadistischen Terror spielt. Das Netz dient nicht nur der Rekrutierung von Kämpfern, der Vernetzung mit Gleichgesinnten und der Verbreitung ideologischer Inhalte.[13] Über verschlüsselte Programme werden ganz konkret Anschläge vorbereitet und Bekenner-Videos, wie das von Amri, werden anschließend als Propaganda im Netz durch den IS eingesetzt. Die Videos geben den Attentätern ein Gesicht, stilisieren sie zu Helden und werben so Nachahmer an.

Ohne digitale Medien kein globaler Dschihad des IS

Für den IS kämpften in der Zeit seiner größten militärischen Erfolge im Irak und in Syrien geschätzt rund 30 000 Kämpfer aus dem Ausland. In keinem anderen Konflikt konnten so viele ausländische Kämpfer in so kurzer Zeit mobilisiert werden.[14] Das hat auch etwas mit der differenzierten Medienarbeit des IS zu tun. Geschätzt stammen gut 4 000 Kämpfer[15] im Irak und in Syrien aus westeuropäischen Ländern mit einer großen muslimischen Gemeinde[16] und hatten vor ihrer jeweiligen Ausreise regen Kontakt zur salafistischen Szene.[17] Allerdings: »Nicht jeder Salafist ist ein Dschihadist, der durch Terror die westliche Gesellschaft bekämpft.«[18] Das stellt der Islamwissenschaftler Hazim Fouad klar, der beim Verfassungsschutz Bremen die Salafistenszene beobachtet: »Wir haben 10 100 Salafisten in Deutschland und ein sogenanntes terroristisches Personenpotenzial von aktuell knapp 1 800 Personen. Das heißt die überwältigende Mehrheit der Salafisten ist nicht gewaltbereit.«[19] Aus Deutschland haben sich seit dem Jahr 2014 etwa 940 Personen als Kämpfer für den IS nach Syrien und in den Irak aufgemacht, ein Drittel von ihnen kehrte inzwischen zurück. Eine Zahl, die seit längerer Zeit konstant ist und nicht anwächst, was sich Hazim Fouad auch erklären kann, »denn von dem 2014 ausgerufenen selbsternannten Kalifat ist im Grunde nichts mehr übrig. Es ist keine attraktive Option mehr.«

Unter den aus dem Ausland stammenden Kämpfern des IS ist die Gruppe der 16- bis 25-Jährigen am größten. Sie haben sich mit dem Leiden der Opfer des syrischen Krieges solidarisiert und »verfolgen das Ziel, die Systeme in Syrien und im Irak zu stürzen, um ein islamisches Gemeinwesen basierend auf den Vorgaben der Scharia aufzubauen. Die meisten Kämpfer sind sunnitische Muslime der dritten Generation, Kinder von Einwanderern aus der Region des Vorderen Orients.«[20] Aus einer Studie des Bundeskriminalamts und des Verfassungsschutzes zu den nach Syrien ausgereisten Personen geht hervor, dass etwa zwei Drittel von ihnen der Polizei bereits vor ihrer Radikalisierung und Ausreise bekannt waren. Häufige Delikte waren Verstöße gegen das Betäubungsmittelgesetz, Diebstahl und Raub.

Wer radikalisiert sich?

Bei den 940 Kämpfern aus Deutschland, die in den vergangenen vier Jahren nach Syrien oder in den Irak gingen, handelt es sich überwiegend um Menschen, die sich selbst als diskriminiert und an den Rand der deutschen Gesellschaft gedrängt empfanden, die sich missverstanden und alleingelassen fühlten. Eine Diskriminierungserfahrung ist aber nicht der einzige Faktor für die Radikalisierung. »Das ist empirisch nicht haltbar«, stellt Hazim Fouad klar. Häufig seien es Faktoren auf individueller Ebene: »d. h. persönliche Brüche in den Familien, allgemeine Orientierungslosigkeit, Frage nach dem Sinn im Leben. (…) Einige sehnen sich nach klaren Richtlinien, nach klaren Regeln, die der Salafismus bietet.[21] Nach klaren Antworten, nach klaren Rollenbildern, nach klaren Werten und Wertmaßstäben und Orientierung.« Vieles davon traf mutmaßlich auch auf den Tunesier Anis Amri zu, der Deutschland hasste und der eigentlich ausreisen wollte. Wegen dieser Ausreise nahm er im Oktober 2016 Kontakt auf zu IS-Instrukteuren. Erst in den wenigen Wochen nach diesem unverschlüsselten Nachrichtenaustausch, der den Ermittlern vorliegt, fasste Amri den Entschluss, einen Anschlag zu verüben. Hier und in weiteren Fällen zeigt sich sehr deutlich, wie bedeutend auch persönliche Kontakte zu Instrukteuren des IS bei der Radikalisierung und der Durchführung von Anschlägen sind.[22]

Die über IS-Medien transportierten Botschaften holen diese jungen Menschen bei ihren Grundbedürfnissen ab,[23] denn sie vermitteln drei wichtige Gefühle: »Du bist autonom! Dein Tun und Du sind wirksam, wichtig für uns! Du bist Teil einer Gemeinschaft, indem Du gegen die Ungläubigen kämpfst!« [24]

Dschihad und Terror in Echtzeit – den Schrecken multiplizieren

»Syrien dürfte der erste Konflikt sein, in dem eine große Zahl westlicher Kämpfer ihre Beteiligung in Echtzeit dokumentieren. Und in dem Soziale Medien eine wesentliche Quelle der Information und Inspiration sind«, schreiben die drei Extremismus-Forscher um den deutschen Politologen Peter R. Neumann vom Londoner »International Centre for the Study of Radicalisation and political Violence« (ICSR) in ihrer im April 2014 veröffentlichten Studie »Greenbirds«.[25] Terroristen wollen Schrecken verbreiten – im Netz lässt sich dieser viral multiplizieren.

Das gilt auch für die Terroranschläge, die in Europa verübt werden. Auf Twitter war während der Paris-Attentate im Januar 2015 live zu verfolgen, was vor Ort passierte. Es wurden über die Medien des IS Liveberichte auf Französisch, Englisch und Arabisch verbreitet. Nach den Anschlägen wurden diese in aufwendig gestalteten Online-Magazinen für europäische Nutzer als vorbildlich gepriesen.[26] Am 24. Januar 2015 gab die IS-Medienplattform *Al-Hayat Media* ein neues Video unter dem Titel »Kill Them Wherever You Find Them« heraus, in dem Paris mit weiteren »November 13«-Attacken gedroht wird. Das Video, das in seiner Grafik und dem Sound viele Ähnlichkeiten mit dem Kampfspiel »Call of Duty« hat, porträtiert Abdelhamid Abaaoud und andere Attentäter von Paris als Helden. Es beginnt mit schnellen Video- und Grafikschnitten zu den Ereignissen der Terrornacht des 13. November.

Das Video zeigt die acht Männer, wie sie Gefangene des IS hinrichten; Abu Fuad und Abu Quital, indem sie ihnen die Kehle durchschneiden. Dem Bildmaterial zufolge wurden die Attentäter zuvor in den Kriegsgebieten des IS in Syrien und dem Irak radikalisiert. Das Video ruft zu mehr Attentaten durch sogenannte »einsame Wölfe« – also Einzeltäter – auf, in Paris und anderen westlichen Ländern.[27]

Nach dem Anschlag von Manchester im Mai 2017, bei dem 23 Menschen getötet und mehr als 60 verletzt wurden, feierten Sympathisanten des Islamischen Staats die Explosion in einer Konzerthalle in den Sozialen Medien. Mit dem Islamischen Staat in Verbindung stehende Twitter-Konten verwendeten Hashtags, die sich auf die Explosion bezogen, um Lobpreisungen zu veröffentlichen und zu weiteren ähnlichen Angriffen aufzurufen. Dabei wurde der Anschlag von Manchester in manchen Tweets als Vergeltungsakt für die Luftangriffe im Irak und in Syrien bezeichnet. »Offenbar sind die Bomben der britischen Luftwaffe auf Kinder aus Mosul und Raqqa gerade nach #Manchester zurückgekehrt«, erklärte ein gewisser Abdul Haqq auf Twitter.[28] Er verwies damit auf die beiden Städte im Irak und in Syrien, die vom Islamischen Staat kontrolliert und von der US-geführten Koalition, zu der auch Großbritannien gehört, bombardiert wurden. Unterstützer ermutigten einander, Einzeltäteranschläge im Westen zu verüben, und teilten Videos des Islamischen Staats, in denen Drohungen gegen die Vereinigten Staaten und Europa ausgesprochen werden. Ein Twitterer erklärte, er hoffe, der Islamische Staat sei für den Anschlag verantwortlich, selbst wenn die Organisation auf keinem ihrer Kanäle in den Sozialen Medien offiziell die Verantwortung übernommen habe. Andere veröffentlichten Banner mit der Aufschrift: »In Brüssel und Paris geht es los, in London bilden wir einen Staat.« Damit bezogen sie sich auf ähnliche frühere Lone-Wolf-Anschläge in Belgien und Frankreich, zu denen sich der IS bekannt hatte.[29]

Kein Weltreich ohne internationale Propaganda – die Entwicklung seit 2014

Der Islamische Staat nutzt soziale Netzwerke auf eine Weise, wie zuvor keine andere terroristische Gruppe, um Mitkämpfer für den Krieg in Syrien und dem Irak zu gewinnen und mögliche Attentäter im westlichen Ausland anzuwerben. Medien und die vielen Propaganda-Inhalte, die sich an Zielgruppen in aller Welt wenden, sind Teil seines Staatsbildungsprogramms.

Der IS ist seit seiner Gründung 2006[30] eine hierarchische Organisation.[31] An seiner Spitze stehen ehemalige Geheimdienst- und Militär-Offiziere des irakischen Regimes von Saddam Hussein, die nach dessen Sturz durch die Amerikaner neue Wege suchten, um sich ihre Macht zu sichern.[32] Der IS verfügt über administrative »staatliche« und militärische Strukturen – und über eine ideologische Propaganda-Abteilung. Das unterscheidet ihn – und seine Kommunikation – von anderen Terrororganisationen. »Ohne die digitalen Medien als Verstärker hätte der IS niemals diesen enormen Zulauf junger Frauen und Männer aus Europa bekommen. Mehr noch, die Globalisierung des IS war nur möglich aufgrund dieser digitalen Kommunikation und der Art und Weise wie der IS diese nutzte«, erklärt der Islamwissenschaftler Loay Mudhoon.[33] Zwischen Januar 2014 und September 2015 startete der IS 845 Video- und Audio-Kampagnen; das ist mindestens eine täglich. Und der Vertrieb dieser Kampagnen lief über alle verfügbaren Medienplattformen und sozialen Netze. IS-Mitstreiter und Sympathisanten unterhielten mehr als 45 000 Twitter-Accounts, über die sie ganz ohne mediale Umwege die Handys von vielen Hunderttausend Nutzern in aller Welt erreichten.[34]

Hinzu kommen attraktive Videos und andere Medienangebote, welche der IS auf den unterschiedlichsten Plattformen verbreitet. Die Kommunikation des IS zielt auf die einsamen Wölfe[35] wie Arid Uka oder Anis Amri. Denn der IS will nicht nur militärisch ein Territorium besetzen, um dort einen salafistischen Staat zu begründen. Er steckt auch im Internet seine Einflussgebiete ab. Damit unterscheidet sich die Kommunikation des IS fundamental von der anderer dschihadistischer Organisationen.[36] Zwar haben auch andere Extremisten schon getwittert, wie zum Beispiel die al-Shabaab-Miliz in Kenia beim Angriff auf das Einkaufzentrum in Nairobi 2013, doch der Islamische Staat hat eine moderne, digitale Kommunikationsstrategie entwickelt, die internationale Zielgruppen anspricht – und die je nach Zielgruppe oder Region mit unterschiedlichen Storys und Medien arbeitet. Diese Strategie orientiert sich ganz an dem Ziel des IS, Territorien zu besetzen und einen dschihadistischen Staat aufzubauen, sowohl real als auch im Netz.[37]

Zeitgleich mit den großen Geländegewinnen des IS in Syrien und im Irak 2014 und 2015 wurde auch die Medienarbeit des IS ausgedehnt. Das begann mit der Ausrufung des Kalifats im Juni 2014, als der Führer des IS im Irak, Abu Bakr al-Baghdadi, die Gründung eines salafistischen Weltreichs verkündete. Mit allem, was zu einem Staat dazugehört: Regierung, Steuern, einer Währung, einer Flagge, einer Hymne, Polizei, Pässe usw. Und diese Botschaft sollte international verbreitet werden über eine Kommunikationsstrategie: über analoge, vor allem aber über digitale Medien, mit einer klaren Markenführung, Symbolik, Erzählungen und mit Botschaften, die für unterschiedliche Zielgruppen funktionieren. Seit dieser Zeit[38] hat der IS allein 1 300 Videos über seine offiziellen Informationskanäle vertrieben. Die Produktion ging nach August 2015 zwar zurück, doch immer noch werden massenhaft Propagandainformationen verbreitet. Die Inhalte der Videos bezogen sich zu etwa einem Drittel auf Berichte aus dem Kriegsgebiet des IS. Interviews mit Kämpfern und Führungspersonen machen einen weiteren großen Teil aus. Ebenfalls wichtig sind Berichte über die funktionierenden staatlichen Leistungen und Institutionen in den vom IS besetzten Gebieten. Zwischen 2014 und Anfang 2017 wuchs die Zahl IS-naher und dschihadistischer Websites von rund einem Dutzend auf 5 000. 45 000 Accounts bei Twitter setzten täglich mehr als 100 000 Tweets zu Themen des IS ab. Ein enormer Anstieg. Er sorgte für die weltweite Verbreitung der Ideen des IS und der dschihadistischen Ideologie. Erfolge in diesem Informationskrieg seien ebenso wichtig wie militärische Erfolge, betonen die Ideologen des IS. Das Ziel ist, für den Staatsaufbau und den Alltag im Islamischen Staat und für seine Ideologie des Dschihad zu werben, die sogenannte einzig »gerechte, wahre und prophetische«[39] Ideologie. Darüber sollen neue passive und aktive Dschihadisten angesprochen und rekrutiert werden. Das können Einzeltäter sein, die wie Anis Amri den Terror in den Westen tragen, Mitkämpfer für den Krieg in Syrien und dem Irak – oder bloße »Informationskrieger«, Multiplikatoren, welche die Botschaft der Dschihadisten weitertragen.

Das Netz stellt die weltweite Verbreitung dieser Informationen sicher. So lassen sich diese Zielgruppen in aller Welt erreichen.[40] Die Medienstrategie ist daher vielsprachig und inhaltlich differenziert, d. h. auf Zielgruppen in unterschiedlichen Regionen zugeschnitten.[41]

Informationen als Waffe im Kampf gegen die »Kreuzzügler«

Auch der IS will Aktivisten gewinnen, die sich in diesem Informationskrieg engagieren. Das lässt sich nachlesen in einem Dokument mit dem Titel »Medien Agent. Auch Du bist ein Dschihadist«[42], das im April 2016 auf dem Propagandakanal des IS auf der Social-Media-Plattform Telegram[43] veröffentlicht wurde. Es handelt sich um die überarbeitete und aktualisierte Fassung einer Broschüre,[44] die bereits im Jahr zuvor erschienen war[45] und sich an Journalisten und Aktivisten richtete, die auf Seiten des IS über Kriegshandlungen und aus Kriegsgebieten berichteten.[46]

In der Einführung nennen die Autoren recht pathetisch die Gründe, warum Medien eine große Rolle im Dschihad des Islamischen Staats spielen. Dabei holen sie weit aus und beziehen sich auf Aussagen Osama bin Ladens von 2002 und erklären, diese »Gruppe von Medienagenten und Kameraden des Stifts (companions of the pen)« spiele »eine prominente und wichtige Rolle (…) bei der Kriegsführung, indem sie die Moral des Feindes erschüttern und den Geist der Ummah stärken«. Bereits bin Laden hätte ihre Überzeugung geteilt, dass der Informationskrieg einer der wichtigsten Bestandteile der »Kampagnen der Kreuzzügler« gegen den Islam sei. Ein Angriff, auf den die salafistisch-dschihadistischen Medienaktivisten mit solcher Schlagkraft reagieren müssten, dass der Feind nicht mehr zwischen Medienagenten und anderen Kämpfern unterscheiden könne.[47] Das Papier[48] richtet sich dezidiert an »Freiwillige« – Nutzerinnen und Nutzer, die mit dem IS sympathisieren und eigene Inhalte produzieren und im Netz teilen.

Peer-to-peer-Kommunikation – also Kommunikation zwischen Gleichaltrigen, zwischen jungen Menschen, die sich aufgrund von Sprache, regionaler und sozialer Herkunft nahe sind[49] – ist ein wichtiger Bestandteil der Medienstrategie des IS. Mit den Sozialen Medien entdeckten auch die Dschihadisten, dass es wirkungsvoller ist, wenn sich die Botschaften unter Gleichgesinnten im Netz verteilen.

Noch 2006 hatte die Organisation Videobotschaften ihrer Akteure veröffentlicht.[50] Doch diese eher langweiligen offiziösen Botschaften erzielten nur geringe Reichweiten. Einbahnstraßenkommunikation. In den Jahren danach entwickelte der IS unterschiedliche Websites und Internetforen. Nach 2012 verlor beides an Bedeutung.[51] An ihre Stelle traten geschlossene und geheime Facebook-Gruppen und Twitter. Bis in das Jahr 2014 hinein war Twitter eine wichtige Plattform, um politische Botschaften und Nachrichten aus den Kampfgebieten, unter Hashtags wie z. B. #syria, #isis, #daesh, #caliphatenews, #islamicstate oder #urgent, zu verbreiten. Unter »AllEyesOnISIS« oder »CalamityWillBefallUS« fluteten IS-Anhänger in der Vergangenheit Twitter mit ihren Nachrichten. 2015 wurden bis zu 20 000 Twitter-Accounts wegen radikaler und gewaltverherrlichender Inhalte geschlossen, dennoch sind unter wechselnden Accounts nach wie vor auch Meldungen des IS auf Twitter zu finden. Und der IS ist in der Folge ausgewichen: auf eigene technische und mediale Plattformen, auf geschlossene und geheime Facebook-Gruppen, auf das Darknet – und verschlüsselte Direktnachrichten.

Flexible Wege zum Kunden

Grundsätzlich gilt: Die Medienstrategie und der Vertrieb von Informationen über digitale Kanäle ist sehr flexibel. Wächst die politische Kontrolle einzelner Kanäle, wie z. B. bei Twitter 2015, dann wird auf andere ausgewichen.

Seit 2011 gewinnen auch Messenger-Dienste für den IS bei der Vorbereitung von Anschlägen, wie denen von Paris am 13. November 2015, an Bedeutung. Nachrichten lassen sich über diese Dienste so verschlüsseln, dass sie nur auf dem Endgerät des Empfängers gespeichert werden. Eine Kontrolle solcher Direktnachrichten durch die Sicherheitsbehörden ist weit schwieriger als im Falle von Facebook-Einträgen.

Die Attentäter von Paris am 13. November 2015 haben zuvor über WhatsApp und Telegram[52] kommuniziert. Und flüchtige Mittäter der

Paris-Attacken haben sowohl WhatsApp als auch Viber und Skype genutzt, um mit IS-Führern in Syrien zu sprechen, bevor man sie fasste. Top IS-Anwerber wie Neil Prakash (»Abu Khalid al-Cambodi«), Mohammed Abdullah Hassan (»Mujahid Miski«) und Farah Mohamed Shirdon (»Abu Usamah al-Somali«) nutzten unterschiedliche Apps von Wickr, Kik, SureSpot, ChatSecure, Telegram und WhatsApp.[53]

Moderne mediale Verpackung

Zur Entwicklung der IS-Medienstrategie gehört auch die Modernisierung des Medienauftritts für eher klassische Formate, denen eine nutzerfreundliche »Medien-Verpackung« verpasst wurde. 2012 startete das neue Videomagazin »Sali las Sawarim 2«[54] (Der Kampf der Schwerter). Eine Sendung mit unterschiedlichen Beiträgen: mit kleinen Interviews und Berichten aus Trainingslagern, Reden des Führungspersonals, mit Video-Material von Kämpfen in den Kriegsgebieten und Bildern von Exekutionen.

Die Modernisierung des Medienauftritts spiegelt sich auch in der Videoserie »Fenster zum Land epischer Schlachten«[55] – Window upon the land of epic battles.[56] Epische Schlachten heißen auf Arabisch »Malahim«. Der Begriff referiert auf traditionelle islamische Literatur und weckt bei Nutzern, die diese traditionelle Literatur kennen, apokalyptische Bilder. In der ersten Folge der Videoserie berichtet ein 75-jähriger Kämpfer emotional über seine Familie und die Opfer, die er und seine Söhne im Dschihad bringen. Über die individuelle Verantwortung aller Muslime und darüber, dass der Dschihad zwischen den Ungläubigen und den Gläubigen bis zum ewigen Gericht anhalten werde. Zu den Schlachtfeldern, wo die Ungläubigen zu bekämpfen seien, gehören Syrien, Irak, Mali, Bosnien, Tschetschenien und Pakistan. Die Videos wurden überwiegend von IS-Kämpfern während der Kriegshandlungen gedreht.

Diese Videos lösten ein, was die Medienstrategien des IS zur Bedeutung von Informationen in einer Broschüre 2015/16 so zusammenfassten: »Wir stehen in einem Kampf. (…) Und mehr als die Hälfte dieser Kämpfe findet auf dem Schlachtfeld der Medien statt.«[57] Ein regelrechter Mediendschihad also. Dabei würden Medien bereits seit dem Propheten Mohammed eine große Rolle spielen, wenn es um die Vergrößerung der Gemeinschaft der Muslime, der Umma, gehe.

Das Grundsatzpapier appelliert an seine Leserinnen und Leser, sich als Aktivisten zu engagieren, es appelliert auch an bisher passive Nutzer, sich zu beteiligen. Wichtig sei die Standfestigkeit der Medienagenten, gleichgültig, ob sie offline oder online *Dschihad* führten, denn die Medienschlacht sei ebenso »kämpferisch« und »risikoreich« wie die reale Schlacht.[58] Dass die Arbeit der Medienaktivisten den Aktivitäten der Kämpfer im Irak oder in Syrien ebenbürtig sei, wird klar betont: »An alle Medienagenten, Brüder im Islamischen Staat, ihr sollt wissen und davon überzeugt sein, dass Medienarbeit Teil des Dschihad für Allah ist und dass ihr mit eurer Medienarbeit deshalb Dschihadisten im Sinne Allahs seid. (…) Der Medien-Dschihad gegen den Feind ist nicht weniger wichtig, als der reale Kampf gegen ihn.«[59]

Militärisch konnte der IS 2014 wichtige Erfolge verbuchen, wie die Einnahme der zweitgrößten irakischen Stadt, Mossul, im Juni.[60] Parallel zu diesen Geländegewinnen erweiterte und professionalisierte der IS auch seine Medienpräsenz.

Die Menge an Informationen steht in engem Zusammenhang mit der Präsenz und dem Erfolg des IS in den Kriegsgebieten. Erst die Einnahmen aus den besetzten Gebieten, einem profitablen Herrschaftsbereich, der bis ins Jahr 2016 genügend Geld abwarf, machte den Aufbau mehrerer Medienplattformen möglich: Bis Mitte 2016 zahlten jeweils ein Drittel der Fläche Syriens und des Irak mit einigen Millionen Einwohnern Schutzgelder und Steuern an den IS.[61] Deren Ölfelder brachten dem IS Geld aus dem Verkauf von Rohöl ein.[62] Insgesamt beliefen sich die Jahreseinnahmen des IS auf etwa 1,4 bis 1,5 Milliarden Dollar.

Inzwischen wurde der IS in den Kampfgebieten weit zurückgedrängt.[63] Auch die Produktion von Medienbeiträgen ging drastisch zurück.[64] Im August 2015 – und damit auf dem Höhepunkt seiner Macht im Irak und in Syrien – veröffentlichten die offiziellen Medienplattformen des IS täglich 761 Posts – im August 2016 waren es nur noch 194 am Tag.[65]

Doch trotz der militärischen Rückschläge hält der IS an seiner Informationsstrategie fest. Er setzt analoge und vor allem digitale Plattformen als Waffen ein,[66] um die Botschaft eines Islamischen Staates möglichst weit in die Welt hinauszutragen.[67] Ganz offensichtlich will er trotz realer Gebietsverluste sein »digitales Kalifat« weiter behaupten.[68]

Die Medienunternehmen des digitalen Kalifats

Der IS schuf eine Marke mit wenigen klar erkennbaren Botschaften und Symbolen wie der schwarzen Flagge. Javier Lesaca, der die Informationsstrategie des IS genauer untersuchte, spricht davon, dass der IS eine neue Art des Terrorismus geschaffen habe, indem er Marketing-Instrumente und Mittel der digitalen Kommunikation nutze. Sein Ziel sei es nicht nur, Informationen über Terror zu verbreiten, wie es vorhergehende Terrororganisationen wie al-Qaida taten, sondern durch eine hohe Frequenz, genaue Zielgruppen-Ansprache und attraktive Verpackung dem Terror ein positives Image zu geben: populär, erstrebenswert und nachahmenswert.[69]

Um eine hohe Frequenz und Reichweite zu erzielen, umfasst der institutionelle Medienarm des IS seit dem Sommer 2015 sechs offizielle Medienplattformen[70] und unterhält 33 Außenbüros, die Beiträge zuliefern.[71] Es sind hauptsächlich Berichte von Kampfhandlungen und Berichte aus dem Leben als Dschihadist – in geringerer Zahl Beiträge zu Hinrichtungen Ungläubiger.[72] Es ist dem IS besonders wichtig, neben Geländegewinnen und militärischen Erfolgen vor allem die »Normalität«, Ruhe und Ordnung im Kalifat darzustellen. Es gilt zu dokumentieren, dass dort Sicherheit und staatliche Strukturen funktionieren,[73] um auf diese Weise seinen Anspruch als Staatsbildungsprojekt zu markieren.[74]

Zu den frühen Plattformen der medialen Armee des IS gehört al-Furqān-Media. Es entstand zeitgleich mit der Gründung des IS und begann mit der Produktion von Inhalten am 31. 10. 2006.[75] Alleine im Jahr 2016 hat al-Furqan über 160 Publikationen herausgebracht. Der Kanal produzierte alle wichtigen Audiobotschaften des »Kalifen« Abu Bakr al-Baghdadi.

Das *al-Hayat Media Center*[76] produziert Inhalte für internationale Zielgruppen. Videos in nicht-arabischen Sprachen, überwiegend in Englisch, aber unter anderem auch auf Russisch, Französisch und Deutsch.[77] *Al-Hayat* startete im Mai 2014. Das erste Video wurde am 19. Juni 2014 herausgebracht und fand über Soziale Medien schnell Verbreitung. »Es gibt kein Leben ohne Dschihad«, lautet sein Titel und zeigt Dschihadisten aus westlichen Ländern, die erklären, warum sie für den IS kämpfen und andere auffordern mitzumachen.[78] Über den Hashthag #mujatweets verbreitet *al-Hayat* kurze Videobotschaften von ausländischen Kämpfern aus den Kampfgebieten des IS.[79] *Al-Hayat* nimmt eine zentrale Rolle in der Medienstrategie des IS ein. Ende 2015 wurde über den Kanal eine mehr als zwanzigminütige Audiobotschaft des IS-Führers Abu Bakr al-Bagdadi gesendet, der damit gezielt versuchte, die Moral der Kämpfer in den Kampfgebieten Syriens und des Irak zu stärken, wo der IS Geländeverluste erlitten hatte.[80]

Al-Hayat bringt auch unterschiedliche Online-Magazine für die Zielgruppen in Europa heraus: Seit 2016 erscheint *Rumiyah* (der arabische Name für Rom).[81] Der Name steht sinnbildlich für den Untergang des Römischen Reiches nach dem Fall von Konstantinopel. In beschwörenden Satzschleifen wird der Kämpfer gedacht, die im Heiligen Krieg für die gerechte Sache gestorben sind (»They are the elite of his Creation«). Es werden entsprechende religiöse Begründungen für den Dschihad geliefert und der Kampfeswille der Freiwilligen in einen Appell gepackt: »Steh auf und sterbe für das, wofür Deine Brüder im Glauben zuvor gestorben sind!«[82] *Rumiyah* erscheint in mehreren Sprachen: Englisch, Deutsch, Französisch, Russisch, Türkisch, Uigurisch, Paschtu und Indonesisch.

Bereits seit einigen Jahren bringt *al-Hayat Media Center* auch das

Online-Magazin *Dabiq* heraus. Es beschreibt sich als Magazin, das die Werte des IS fokussiere –die »Einheit« (*tawhid*/unity), die »Suche nach der Wahrheit« (*manha*/truth-seeking), den »heiligen Krieg« (jihad) und »die Gemeinschaft« (*jama'ah*/community). *Dabiq* publiziert jedoch auch Fotoreportagen über aktuelle Ereignisse und informative Artikel über Themen, die mit der Struktur und den Institutionen im »Islamischen Staat« zu tun haben.[83]

Alle diese Magazine werben bei ihren Lesern für die Auswanderung in das Kalifat, die »*hijrah*« (Migration).[84] Das Magazin transportiert die Vorstellung vom Islamischen Staat als einer siegreichen Bewegung und zeichnet das romantische Bild der Wiederherstellung eines islamischen goldenen Zeitalters und eines heldenhaften, glorreichen neuen Kalifats, das auf dem Dschihad basiert. Seine Meldungen werden auch über Soziale Medien ausgespielt. Dazu gehören beispielsweise Nachrichten über die Eroberung strategisch wichtiger Gebiete und Orte auf Twitter[85].

Der Terror-Ticker *Amaq* – die Nachrichtenagentur des IS

Mit der Eroberung von Kobane im Herbst 2014 trat die offizielle Nachrichtenagentur des IS – A'maq – an die Öffentlichkeit. Über eine verschlüsselte App sind hier Breaking News aus den Kampfgebieten und von Terroranschlägen zu bekommen. Wie eine Agentur will A'maq exklusive und schlagzeilenträchtige Beiträge produzieren, Kurznachrichten aus den Kampfgebieten, Berichte von Insidern und Kämpfern des IS.[86] Ziel ist es, Nutzergruppen zu beeinflussen, welche den eigenen heimischen Medien oder westlichen Nachrichtenquellen misstrauen. Gezielt verbreitet A'maq Kriegspropaganda, z. B. im Oktober 2015, nach dem durch kurdische Peschmerga unterstützten US-Angriff auf ein IS-Gefängnis in der Nähe von Hawijah, in der Provinz Kirkuk, bei dem die US-Truppen nach eigenen Angaben 70 Gefangene befreit hatten. A'maq veröffentlichte eine Nachricht, dass der IS vier kurdische Peschmerga-Geiseln genau an der Stelle exekutiert habe, an der das Gefängnis einmal gestanden hatte.

A'maq war die erste Nachrichtenquelle, die über die Einnahme von Palmyra 2015 berichtete. Und als am 1. Juli 2016 fünf Terroristen des IS in Bangladeschs Hauptstadt Dhaka das vielfach von Ausländern besuchte Restaurant »Holey Artisan Bakery« stürmten und in einer zwölfstündigen Geiselnahme insgesamt 28 Menschen töteten, da berichtete die Nachrichtenagentur A'maq live über das Geschehen aus dem Inneren des Restaurants über den Messenger-Dienst Telegram. Fortlaufend aktualisierte A'maq die Opferzahl und postete Fotos von dem Blutbad.[87] Ganz offensichtlich standen die Terroristen selbst in direkter Kommunikation mit der Agentur.

»A'maq« ist die zentrale Agentur des IS. Neben den offiziellen Telegram-Kanälen und Websites, die in Englisch und Arabisch Inhalte bieten, hat die einst von Amateuren gestartete Initiative inzwischen auch eine eigene Android-App für die Dschihadisten-on-the-go.[88] Der Vollständigkeit halber sei hier noch »Nashir« (Media) genannt,[89] das Ende 2016 die Android App ›Isdarat Al-Khilphah‹ in englischer Sprache startete, die »alle Kalifatsnachrichten live« im Minutentakt postet und nach eigener Erklärung »Nachrichten aus dem Kalifat, Bildberichte und Videobotschaften« bringt.[90] Damit ist auch dieser Nachrichtenkanal ein weiterer Vertriebsweg für die multimedialen Inhalte des IS, der zu 90 % (Text)berichte mit Bildern produziert – und nur etwa 10 % Videos.[91] Und zum Mediennetz des IS gehört noch »Al Bayan«, der Radiosender, der sein Programm Anfang 2015 in englischer Sprache mit Nachrichten-Sendungen begann. Ab April 2015 erweiterte er seine Programme um weitere Sprachen, vor allem Arabisch, Kurdisch, Russisch und Französisch. Das Programmangebot umfasst Koran-Rezitationen, religiöse Musik, Einführungen in Sprache und Inhalte des Koran, Interviews sowie Nachrichten, Siegesmeldungen und Berichte aus den Gebieten des IS von unterschiedlichen Korrespondenten aus dem Irak und Syrien. Seine erste lokale FM-Station unterhielt der Sender in Mossul im Irak, inzwischen ist er auf FM auch in Raqqah, Syrien, in Darnah und Bengazi in Libyen mit Unterbrechungen zu hören. Der Sender in Mossul wurde bei Kämpfen um die Stadt im Februar 2017 zerstört. Das Al-Bayan-Team hatte ihn niedergebrannt, bevor es floh.

Die Zielgruppen des IS

Die Medienarbeit des IS unterscheidet zwischen unterschiedlichen Zielgruppen, die individuell adressiert werden.

Einheimische sunnitische Kämpfer in den Gebieten, die der IS in Syrien und im Irak kontrolliert hat, haben die Erfahrung von Diskriminierung und Gewalt zunächst unter schiitischen Regierungen, unter Assad in Syrien oder Nuri al-Maliki im Irak, gemacht. Sie haben als Jugendliche den schwelenden Bürgerkrieg zwischen Sunniten und Schiiten erlebt, welchem die Invasion der USA im Irak folgte. Und sie sind wütend auf ihre Regierungen und auf die Amerikaner. Beide sind in ihren Augen Verursacher der chaotischen Zustände und der anhaltenden Gewalt.

Dann gibt es eine große Gruppe von Kämpfern, die aus dem Nahen Osten kommen, vor allem aus Tunesien, Marokko und Jordanien, um den IS in seinem Kampf zu unterstützen. Sie haben in ihren Heimatländern keine Aussicht auf berufliche und familiäre Zukunft und fühlen sich vom Abenteuerversprechen des Dschihad angezogen. Vom Versprechen, sich im Dschihad Ruhm und Ehre zu erwerben – und eine Frau zu haben. Heilsversprechen und Konspirationsthesen kommen bei ihnen gut an.

Die dritte Zielgruppe, die der Kämpfer aus Europa, hat wiederum eine andere Motivation, um in den Dschihad zu ziehen. Im Vergleich zu den ersten beiden Gruppen verfügt sie über gute Perspektiven. Dennoch fühlen sich diese Kämpfer häufig benachteiligt und sind frustriert. Die Hinwendung zum IS ist bei ihnen oft Teil einer Identitätssuche. Ihre Eltern nehmen sie als angepasst, passiv oder unterwürfig wahr. Dieser Frust verwandelt sich oft in eine Wut auf das Land, in dem sie leben, und den Westen allgemein. Die Propaganda des IS versucht für diese Zielgruppe, die Frustration der meist jungen Leute mit dem kollektiven Leid aller Muslime zu verknüpfen.[92]

Inhaltlich, in Bildsprache und Erzählungen gehen die Medien des IS auf die unterschiedlichen Prägungen und Erwartungen der Zielgruppen ein:[93] Sie holen kampfbereite, radikale junge Dschihadisten in Europa gezielt bei ihren Bedürfnissen ab. Diese hat Peter R. Neumann beschrieben, der das »International Centre for the Study of Radicalisation« in London leitet und der die Motivation europäischer

Dschihadisten beschreibt: Sie alle eint, dass sie sich mit den westlichen Gesellschaften, in denen sie leben, nicht oder nur wenig identifizieren.[94] Neumann unterscheidet drei große Gruppen: Die »Verteidiger«, die der Auslöschung der Sunniten etwas entgegensetzen wollen. Die »Sinnsucher«, die sich als Teil einer dschihadistischen Gegenkultur verstehen, die andere begeistern wollen für diese Idee und auch für persönliche Botschaften offen sind. Und die »Mitläufer«, die ihre Heimat dort sehen, wo ihre Gruppe ist. Grundsätzlich gilt: Die Zielgruppen, die der IS mit seiner Kommunikation im westlichen Ausland ansprechen will, sind auf der Suche nach Wahrheit, nach ihrer Identität, nach Rache oder nach Abenteuer.[95]

Auf diese Suche geben die Erzählungen des IS Antworten: Interviews mit den »Helden« des Dschihad, mit begeisterten jungen Kämpfern, also die Kommunikation unter »Gleichen«, die derselben Altersgruppe angehören, aus demselben Land stammen wie die jungen Nutzerinnen und Nutzer. Sie setzen auch bei der Aufmachung auf Bewährtes und knüpfen an populäre Filme, Videospiele und Musikvideos an. Die Ästhetik der Propagandaclips ist Filmen wie »Saw«, »The Matrix«, »American Sniper« und »V for Vendetta« nachempfunden oder Videospielen wie »Call of Duty«, »Mortal Combat X« und »Gran Theft Auto«. Helden- und Kampfgeschichten, die aus Kriegen ein Spiel machen. Mit diesen »Verpackungen«, die an fiktionale Formate erinnern, verwischt optisch die Grenze zwischen Fiktion und Wirklichkeit. Sie transportieren das Bild des »coolen« Dschihad, der sich so grundsätzlich von dem eher mühsamen Alltag im Herkunftsland unterscheidet.[96] Die Wirkung solcher Pop- und Spielformate auf junge Salafisten sei enorm, bestätigt auch Hazim Fouad: »Wir wissen durch Erzählungen von Rückkehrern, die desillusioniert zurückkamen, dass diese tatsächlich die Vorstellung hatten, sie würden »Call of Duty« spielen, wenn sie dahin gehen. Nur in 3D und Echtzeit. Da verschwimmen die Grenzen zwischen Fiktion und Realität.«[97]

Die Erzählung für die Zielgruppen in Deutschland: Komm raus aus Isolation und Ungerechtigkeit und werde ein Held!

Alle Geschichten des IS haben einen klaren Aufforderungscharakter. Sie appellieren an ihre Zuschauer und Leser:

Es geht um Dich und Deinen Beitrag in diesem Kampf!

Du bist bei uns richtig, wenn du ein Abenteuer willst, wenn du ein starker Kämpfer bist, wenn du für die gerechte Sache kämpfen willst!

Diese Appelle verbreiten professionell produzierte Videos der IS-Medien. Sie werden aber auch transportiert durch Zehntausende Tweets und Posts der bärtigen jungen Männer mit Kalaschnikows und Tarnhemd, die sich dem Dschihad verpflichtet haben. Und die sich mit großem Selbstbewusstsein in den Videos oder Textbotschaften präsentieren.[98] Das sind, zumindest optisch, »coole Kämpfer«, Helden, denen man gerne nacheifern möchte.

An die noch Daheimgebliebenen und/oder Sympathisanten appellieren sie in ihren Botschaften immer wieder: »Ihr lebt in einer ungerechten Welt. Ihr seid zwar Europäer, doch weil ihr Muslime seid, werdet ihr ungerecht behandelt!« Und indem man sich aktiv am Dschihad beteiligt, kann man sich aus dieser Opferrolle befreien.

Schaut man auf eine Reihe von Biografien der islamistischen Attentäter in Deutschland, so war die Botschaft für sie auch deshalb so attraktiv und nachahmenswert, weil sie annahmen, ihr Leben unter Ungläubigen nach ihrer Hinwendung zum dschihadistischen Islam zum Besseren wenden zu können. Denn der Dschihad bietet nach Lesart des IS einen ehrenhaften Ausstieg aus einem kaputten, vielleicht gescheiterten oder sündhaften Leben.

Dabei geht es vor allem auch um einen anderen Lebensstil, einen Dschihad-Lifestyle. Die Markensymbole des IS kommen cool daher: ganz in Schwarz mit schweren Waffen, der schwarzen Flagge. Das spricht Jugendliche und junge Männer, die sich in Deutschland manchmal schon mit 13 Jahren dem Salafismus zuwenden, an. Hier hat sich eine radikale Jugendkultur ausgebildet, als Gegenkultur und Provokation in Richtung Eltern, Schule, deutscher Altersgenossen.

Die Dschihadisten, die über Facebook und Twitter nach Hause berichten, verkörpern durch ihren abenteuerlichen Look, ihre Kämpfermontur, ihre Schilderungen von Abenteuer und Leben in der Gemeinschaft ein anderes, sinnhaftes Leben. Der Konflikt in Syrien und dem Irak steht dabei exemplarisch für die Ungerechtigkeit, die Muslime in aller Welt erfahren: Dort wurden und werden die sunnitischen Muslime von schiitischen Regimen, von Marionettenregimen des Westens und Ungläubigen erniedrigt und bekämpft – so wird dieser Konflikt verstanden und jedes Bild aus diesem Krieg im Irak und in Syrien weckt das Gefühl der Ungerechtigkeit.[99]

Von Bildern und Erzählungen aus dem Kriegsgebiet geht eine klare Botschaft aus: Wir führen die Scharia j e t z t ein, wir haben das Kalifat, den salafistischen Staat, schon j e t z t, nicht erst in irgendeiner theoretischen Zukunft, wie es noch von den Akteuren der al-Qaida beschworen wurde. Die Gemeinschaft des IS ist siegreich – und du kannst Teil dieses Siegeszugs sein.[100] Die militärischen und territorialen Gewinne des IS, wie sie zum Beispiel im Videomaterial aus Faludscha, aus Mossul oder Sinschar hervorgehen, sind dahingehend starke Botschaften. Sie erzählen von Macht und von Straflosigkeit, vom sicheren Sieg. Dazu zählen die Zerstörung von Denkmälern und Städten, die öffentliche Enthauptung und die Demütigung Ungläubiger.

Der Feind, gegen den sich dieser Kampf richtet, das sind nicht nur die ungläubigen und tyrannischen Marionettenregime in den Ländern, in denen der IS Krieg führt, es sind alle westlichen Länder und Gesellschaften. Die Liste der Ungläubigen ist lang. Oder wie es in der ersten Ausgabe des Online-Magazins *Dabiq* heißt: »Heute ist die Welt geteilt in zwei Lager. (…) Das Lager des Islam und Glaubens und das Lager des Unglaubens (kufr) und der Heuchelei. Das Lager der Muslime (…), und das Lager der Juden, der Kreuzzügler (…) und mit ihnen der Rest der ungläubigen Nationen und Religionen, alle geführt durch die USA und Russland und mobilisiert durch die Juden.«[101]

Die Medienarbeit des IS zielt darauf, Dschihadisten zu gewinnen – entweder für den Einsatz in den Kriegsgebieten oder für Terrorakte im Westen. Sie kommunizieren, dass das ein zwingender göttlicher Auftrag sei und dass Dschihadisten reich belohnt werden. Es ist das Bild einer heldenhaften und kraftvollen Bruderschaft der islamistischen Kämpfer. Eine einfache, gut nachvollziehbare Heldengeschichte, die in den Medien für die europäische Zielgruppe auf deren Lebenssituation und Erwartungen zugeschnitten ist:

1. Du wirst als Muslim in der Gesellschaft, in der du lebst, herabgesetzt, du lebst an deren Rande. In der Gemeinschaft der Gerechten.
2. Die Gesellschaft, in der du lebst, ist eine Gesellschaft der Ungläubigen. Es ist Allahs Auftrag, diese zu bekämpfen: »(…) Es ist Zeit ihnen zu zeigen, dass Taten lauter sind als bloße Worte.(…) Der Befehl ist klar. Allah sagte: Tötet die Andersgläubigen, wo immer Ihr sie findet. Ist das nicht eine umso größere Pflicht, da die Ungläubigen Muslime auf der ganzen Welt in einem anhaltenden Kreuzzug massakrieren?«[102]
3. Diese Gemeinschaft hat klare Regeln – im Unterschied zu der unübersichtlichen Welt in den westlichen Gesellschaften. Sie ist gerecht und glaubwürdig, denn sie basiert auf dem Gesetz Gottes. Wenn du dazugehörst, dann bist du ein Vertreter Gottes auf Erden, die Exekutive Allahs! Du hast Macht, bist mächtiger als andere. Und dein Handeln bleibt straflos.
4. Du bist als Muslim dieser Gemeinschaft im Sinne einer Bruderschaft verpflichtet. Wenn du das ernst nimmst, »dann wirst Du Deine muslimischen Brüder und Schwestern und ihre Kinder nicht im Stich lassen, die jeden Tag getötet, verletzt und verfolgt werden und ihre Lieben verlieren«.[103] Diese Bruderschaft, die Gemeinschaft der Kämpfer, lebt ein ursprüngliches, authentisch islamisches Leben.
5. Als Dschihadist, der unter seinen Feinden lebt, hast du einen göttlichen Auftrag, du bis Werkzeug Gottes auf Erden im Heiligen Krieg: »Mache keine komplizierten Pläne, sondern halte sie einfach und effektiv. Wenn Du eine Waffe hast, dann nutze sie, so bald wie möglich und an einem Ort, wo der größte Schaden und die größte Panik entstehen und dem Feind Allahs, den Ungläubigen, Tod und Verletzung bringen.«[104]
6. Durch Deine Bereitschaft zum Dschihad bist du ein Held und wirst siegreich sein. Auch wenn du im Kampf umkommst, denn »die Mudschaheddin für die Sache Allahs sind die Elite seiner Schöpfung, diejenigen unter seinen Sklaven, die er auserwählt hat Märtyrer zu werden«.[105]

7. Sich aktiv am Kampf zu beteiligen ist nicht nur ein göttlicher Auftrag, sondern zugleich auch ein persönlicher Befreiungsschlag: Raus aus dem Westen, wo man eine Null ist, am Rand steht, keine Aussicht auf einen guten Schulabschluss oder einen Ausbildungsplatz hat. Rein in eine Gemeinschaft, die mich akzeptiert, weil wir eine gemeinsame Überzeugung und Mission haben. Niemand interessiert sich für meine Vergangenheit oder meiner Hautfarbe. Endlich gehöre ich zu einer Gemeinschaft.

Durch Kommunikation unter Gleichgesinnten, von jungen Muslimen für junge Muslime, macht der IS aus dem alten Stoff einen modernen salafistischen Widerstandskampf, in dem jeder mitmachen kann. Ob Twitter, Facebook, tumblr, Youtube, Instagram, justpaste oder sound cloud – die Nachrichten des IS werden den Gesetzen des Mediums entsprechend komponiert und produziert. Die Botschaft ist für die jeweiligen Nutzergruppen unterschiedlich verpackt: clean und ohne Blutvergießen für westliche Nutzer – blutig und brutal für die Nutzer in den umkämpften Ländern.

Scharia statt Demokratie – die verfassungsfeindliche Botschaft kommt bei den Nutzern in Deutschland an

Dass die verfassungsfeindlichen Botschaften des IS auch unter Nutzern in Deutschland ankommen und die entsprechende Resonanz erzeugen, lässt sich unter deutschsprachigen Einträgen bei Facebook nachvollziehen. In vielen Posts wird der Terror relativiert, als »gerechte« und angemessene Antwort auf das durch die westliche Koalition und korrupte Regime erlittene Unrecht gewertet. Unter Gleichgesinnten bestätigt man immer wieder die Grundbotschaft: Der Westen rief den Terror hervor, überall auf der Welt sind die Muslime bedroht oder an den Rand gedrängt. Die siegreichen Kämpfer des IS werden diesen Zustand beenden.

Die Ansicht, Demokratie und Säkularismus hätten die Welt nicht weitergebracht, wird den Nutzern mitgegeben. »Die Ideen des Säkularismus, Kapitalismus und der Demokratie haben schon seit Jahrzehnten weite Teile der muslimischen Welt ergriffen. Ist aber dadurch ein messbarer Fortschritt oder ein Aufstieg in unseren Gesellschaften zu verzeichnen? Vielmehr steigt die Armut, die Kriminalitätsrate, die Korruption sowie eine unverhältnismäßige Abhängigkeit von westlichen Staaten und deren Institutionen als Ergebnis der kritiklosen Übernahme dieser Konzepte und Werte des Kufr (der Ungläubigen). Islam und Kapitalismus/Säkularismus können niemals gemeinsam existieren. Unsere Liebe für Allah und seinen Gesandten verbietet es uns, die Ideen und Lösungen des Kufr für unsere Angelegenheiten zu übernehmen. Der Islam verpflichtet uns vielmehr, die uneingeschränkte Souveränität Allahs (s. w. t.) in allen Bereichen des Lebens, seien es individuelle Bedürfnisse oder aber gesellschaftliche, wirtschaftliche und politische Bereiche, zu implementieren.«[106]

Der letzte Satz übersetzt die Botschaft des Islamischen Staats: Die dort beschriebene uneingeschränkte Souveränität Allahs ist gleichbedeutend mit der Vorstellung der Gottesherrschaft oder »Allahs Gesetz«, *Hakimija*. Dieses Gesetz ist nicht verhandelbar und hat Geltung in Politik, Wirtschaft und Alltag. Das ist das Bild des Kalifats, wie es der IS in seinen Botschaften vertritt. Hingegen sind Gesetze, die von Menschen gemacht werden, z. B. in den säkularen westlichen Gesellschaften, damit nicht vereinbar, minderwertig. Muslime sollten sie nicht respektieren. In einfachen Worten: die Scharia anstelle demokratischer Verfahren. Keine Teilnahme an Wahlen oder demokratischen Prozessen, so wie es auch auf der Facebook-Seite »Die einzig wahre Lebensordnung« im Dezember 2015 heißt: »Nachdem das Regieren im Westen auf Unglauben (kufr) und Sündhaftem basiert, wie wir dargelegt haben, und andere als Allah gesetzgebende Tätigkeiten ausüben, Tätigkeiten des Kufr und des Ungehorsams also, ist die Teilnahme an Präsidentschafts-, Parlaments- und Gemeinderatswahlen im Westen verboten (haram), da es eine Art Bevollmächtigung zum Vollzug von Verbotenem ist.«[107]

Das heißt im Klartext: Die westliche Ordnung entspricht der islamischen Lehre nicht, ist damit für gläubige Muslime keine Grundlage. Die Teilnahme an Wahlen ist gar verboten! Von demokratie- und verfassungsfeindlichen Äußerungen wie diesen ist es zu Einträgen, die den Einsatz von Gewalt legitimieren oder gar fordern, nicht sehr weit.

Die Dschihadisten stellen sich selbst als Widerstands- und Gegenbewegung zu einer säkularen ungläubigen Mehrheitsgesellschaft dar. Und sie finden auch in Deutschland Gehör: Der Verfassungsschutz meldete Anfang 2018, dass sich die Zahl der Salafisten in Deutschland seit 2013 verdoppelt habe – inzwischen leben 10 000 Salafisten in unserem Land.[108] Erkennbar sei zudem eine Zunahme der Zahl gewaltbereiter Islamisten – allein in Berlin geht man von 420 dschihadistischen Salafisten aus. Die Zahl der islamistischen Anschläge nach dem Muster, das von den Medien des IS verbreitet wird, hat sich auch in Deutschland vervielfacht. Die gezielte Propaganda für die Zielgruppen in Europa spielt dabei eine große Rolle, denn über ihre Medien stellen die gewaltbereiten Islamisten des IS den Nutzern in aller Welt nicht nur die Frage: Zu welcher Gemeinschaft willst du gehören, sondern sie liefern die Antwort gleich mit.

Big Data, Microtargeting, Profiling – wie mit Donald Trump ein Populist Präsident wurde

Für die Populisten in Europa ist der Erfolg von Trump ein Vorbild – genauso wie seine Kommunikation. Über sein bevorzugtes Medium erreichten den frischgewählten amerikanischen Präsidenten die Glückwünsche Gleichgesinnter aus Europa: Als erste Politikerin hat die französische Rechtsextreme Marine Le Pen Trump über Twitter gratuliert, während der Vizechef des Front National, Louis Aliot, erklärte, die US-Wähler hätten »einer arroganten Elite den Stinkefinger gezeigt«. Der niederländische Rechtspopulist Geert Wilders schrieb auf Twitter: »Die Amerikaner holen sich ihr Land zurück.« Noch lässt sich der Wahlkampf 4.0, den Trump führte, nicht auf Europa übertragen – doch zeigt er, wie sich politische Meinungsbildung über Fake und Kampagnen beeinflussen lässt.

Die Marke Trump: made by social media

Trump ist ein Populist – und er macht Politik über Soziale Medien. Wer wissen will, was der Präsident gleich entscheidet oder eben entschieden hat, der braucht nicht das Fernsehen einzuschalten oder gar eine Zeitung zu lesen. Es reicht, dem Präsidenten auf Twitter zu folgen. Trump hat die politische Kommunikation im Netz auf die Spitze getrieben. Er schöpfte die technischen Voraussetzungen und vernetzte Kommunikation im Netz mit großem Erfolg für sich aus. Deshalb gilt er Europas Populisten als Vorbild.

»Der erste Internet-Präsident«, titelte die Neue Zürcher Zeitung.[1] In der Tat ist Trump der erste Präsident, dessen Sieg maßgeblich auf die politische Meinungsbildung über das Netz zurückgeht. Der Unternehmer Trump baute seinen Wahlkampf vorrangig mit Methoden der digitalen Markenführung im Netz auf. Er sieht sich als solide

Marke und drohte angesichts vieler republikanischer Kritiker Ende 2015, er werde möglicherweise als unabhängiger Kandidat ins Rennen gehen. Zwei Monate vor der Wahl twitterte er »Das ist eine Bewegung, keine Kampagne, welche die Vergangenheit hinter sich lässt und unsere Zukunft ändern wird. Zusammen machen wir Amerika sicher und wieder groß!«[2] Keine Partei, kein Programm, keine Vermittler – darauf legt er Wert.

Unumwunden räumt er gegenüber der *Financial Times* ein, wie wichtig für den Erfolg dieser Trump-Bewegung die Sozialen Medien sind: »Ohne tweets wäre ich nicht hier.«[3] »Ich habe 100 Millionen [Follower] auf Facebook, Twitter und Instagram.« Und deshalb habe er es nicht nötig, sich den etablierten Medien zu stellen. In diese Rechnung hat Trump nicht nur seine eigenen Accounts auf den Sozialen Medien einbezogen, denn da kommt er auf 56 Millionen, sondern auch gleich die Follower auf den offiziellen Accounts des Weißen Hauses mitgezählt, was die Zahl ordentlich in die Höhe treibt.[4]

Unterstützt wurde diese Ein-Mann-Bewegung allerdings zunächst nicht von Menschen, sondern von Informationsrobotern.[5] Das fand Bloomberg in einer Studie zu den Twitter-Followern von Trump heraus, nach der rund 28 % von Donald Trumps Followern Fake-Konten, Bots oder im besten Fall Twitter-Neulinge waren, die sich lediglich beim Kurznachrichtendienst angemeldet haben, ihn aber (noch) kaum nutzen.[6]

Für seinen Wahlerfolg waren inhaltliche und technische Aspekte entscheidend. Inhaltlich waren das ein klarer Claim, kurze und emotionale Botschaften, manche fiktive oder falsche Story. Technisch war der Einsatz von Methoden des Onlinemarketings entscheidend, durch Automatisierungen und gezielte Zielgruppenanalyse, die die gezielte Ansprache unterschiedlicher Wählergruppen möglich machen und eine hohe Frequenz und Verbreitung seiner Botschaften im Netz erreichen. Traditionelle Politikvermittlung hingegen spielte in diesem Wahlkampf kaum eine Rolle. Trump setzte auf direkte, disruptive Kommunikation mit den Wählern. Die »Marke Trump« wurde mit den Eigenschaften »authentisch, der Kandidat aus dem Volk« verkauft – im Gegensatz zur Marke Clinton, die Trump und seine

Wahlkämpfer als »unglaubwürdig, abgehoben, Teil einer korrupten Elite« charakterisierten.

Trump ist anders und seine Kommunikation transportiert das. Das wird auch in den deutschsprachigen Sozialen Medien wahrgenommen: »Cool, sehr cool. Ich bin gespannt auf Dich Trump. (...) endlich passiert mal was unerwartetes, dass Du auf den Plan gekommen bist (...)«, so äußert sich ein Nutzer in einer Facebook-Gruppe der AfD wenige Tage nach dem Amtsantritt in einem Post an den Präsidenten. »Und jetzt will ich auch, dass Du unerwartetes und angekündigtes tust. (...) Ich hoffe, Du überlebst. (...) Ich hoffe, es kommt mit Dir, was auch immer in dieser stinkig faulen müden Welt kommen mag. Hauptsache, Du stellst alles auf den Kopf. (...) Noch zu allem wünsche ich mir, dass Deutschland von Dir etwas lernt (...)«[7] Ein anderer Nutzer meint: »Er wird endlich dem Establishment zeigen wo es jetzt lang gehen wird.« Und Nutzerin A. R. fragt: »Wer von unseren Politikern war denn jemals so populär? Abgesehen von Hitler und vielleicht noch Willi Brand. Unsere kannste doch alle in die Tonne kloppen. Und Angst spielt auch eine große Rolle. Schiss haben sie, das Trump etwas bewegen könnte.«[8]

An anderer Stelle heißt es: »Hervorragend! Hätten wir in Europa so dringend nötig. Freue mich über das Wahlergebnis in Amerika. Hätte es den Amerikanern kaum mehr zugetraut. Glückwunsch der amerikanischen Bevölkerung.« Solche und ähnliche Kommentare ließen im Anschluss an seine Wahl nicht lange auf sich warten, sie waren in den Kommentarspalten der rechten Gegenöffentlichkeit in deutschsprachigen Facebook-Gruppen und -seiten häufig zu finden: »(...) Unsere ›erste Klasse‹ Amtseid-Scheißegale ›Volksvertreter‹ und ihre mitlaufenden, manipulierten ›Gutfuzzis‹ werden noch im Strahl kotzen. (...)«[9]

Auch wenn manches in Europa wegen des strengeren Datenschutzes, anderer Nutzergewohnheiten und einer stärkeren, unabhängigen Presse (noch) nicht machbar ist, so finden Trumps Methoden in Europa Nachahmer – das galt sowohl für die Präsidentschaftswahl in Frankreich 2017 wie für die Bundestagswahl. Und es lohnt den Blick auf das Vorbild Trump, um zu verstehen, wie leicht sich Meinungen über das Netz bilden lassen – zum Nachteil von Demokratie und guter Regierungsführung. Er ersetzt Fakten durch Vermutungen, Beschimpfungen, frei Erfundenes. Er kritisiert über Twitter amerikanische Gerichte, den Kongress, Abgeordnete und Mitglieder der eigenen Regierung. »So beginnen Diktaturen«, sagte der republikanische Senator und Trump-Kritiker John McCain in einem Fernsehinterview, als er auf die Attacken des Präsidenten gegen die Medien angesprochen wurde.

Die Fiktionalisierung der Politik

Schon zu Wahlkampfzeiten verbreitete Trump Falschinformationen im großen Stil. Da war zum Beispiel die Behauptung, dass der Vater seines damaligen Konkurrenten Ted Cruz an der Ermordung von John F Kennedy beteiligt gewesen sei.[10] Ein anderes Mal behauptete er, Barack Obama, sei gar nicht in den USA geboren worden und hätte somit nie Präsident werden dürfen.

Auch nach seiner Wahl am 6. November 2016 setzt Trump Lügen ein, benutzt Verschwörungstheorien, zweifelt Fakten an. So stellte er unmittelbar nach der Wahl gleich mal deren Rechtmäßigkeit infrage.[11] Millionen von Menschen hätten »illegal« ihre Stimme abgegeben, behauptete Trump im Kurznachrichtendienst Twitter. In weiteren Tweets sprach er von »ernsthaftem Wahlbetrug« in den Bundesstaaten Virginia, New Hampshire und Kalifornien, die seine Gegnerin Hillary Clinton gewonnen hatte, und twitterte: »Zusätzlich zu meinem Erdrutschsieg im Wahlleutegremium habe ich auch die Mehrheit der abgegebenen Stimmen gewonnen, wenn man die Millionen von Menschen abzieht, die illegal abgestimmt haben.« Wen er damit meinte, ließ Trump offen.

Fakten und Meinungen oder doch nur Gehörtes und Aufgeschnapptes – in den Statements von Trump besteht das alles gleichberechtigt nebeneinander.[12] Seine Spitzenberaterin Kellyanne Conway prägte dafür den absurden Begriff der »alternativen Fakten«[13], der in Deutschland zu Recht zum Unwort des Jahres 2017 gekürt wurde.

Mit Falschinformationen macht Trump auch Politik als Präsident. Er wirft Amtsvorgänger Obama über Twitter vor, seine persönlichen Telefonleitungen abgehört zu haben. Das ist unwahr. Und doch verbreitet es sich.[14] Es ist den starken Institutionen der amerikanischen Demokratie zu verdanken, dass aus Falschinformationen nicht immer falsche Politik wird. Die »Checks and Balances« funktionieren – und begrenzen die Macht des Twitter-Präsidenten: So wird das Einreiseverbot für Menschen aus muslimischen Ländern erst einmal von amerikanischen Gerichten gestoppt. So korrigiert die Bundespolizei FBI die Falschmeldung zu den durch Obama abgehörten Telefonleitungen. So führten die Recherchen unabhängiger US-Medien über die Verbindungen von Trumps Team zum russischen Geheimdienst zum Rücktritt von Trumps Sicherheitsberater Michael Flynn.

Der Twitter-Präsident: Politik in 140 Zeichen

Warum sich mit Journalisten und deren Fragen rumschlagen, wenn es doch ohne sie so viel einfacher ist, Politik zu machen? Wenn sich über Soziale Medien alle mehr oder weniger ausgereiften Gedanken kommunizieren lassen? Auch nach seiner Wahl twittert Trump alle ein bis zwei Stunden. Ein Präsident, der den Eindruck nimmermüder Schaffenskraft weckt. Und der immer erreichbar ist für sein Volk.

Das funktioniert: Mit den 140 Zeichen bei Twitter schafft es der Präsident, das Agenda-Setting der Hauptnachrichten im Land zu setzen. Nicht Nachrichtenagenturen oder Pressekonferenzen, bei denen sich der Präsident den Fragen von Journalisten stellen müsste, sind entscheidend für die Pressearbeit des Weißen Hauses, sondern Twitter – und das ist Absicht: »Wenn ich etwas öffentlich sage, und wenn ich den Zeitungen etwas sage, und sie es nicht akkurat wiedergeben, ist das wirklich schlecht. Sie können dagegen nicht viel ausrichten.«[15] Wenn er dagegen twittere – und er sei dabei vorsichtig –, sei es sehr exakt und schlage sofort als Nachricht durch. Auch eine Pressekonferenz sei eine Menge Arbeit und er erreiche nicht annähernd die gleiche Zahl an Leuten.

Das Ganze gipfelt darin, kritische Medienvertreter erst gar nicht zu Pressebriefings im Weißen Haus zuzulassen, wie es im Februar 2017 passierte. Es traf den Fernsehsender *CNN*, die Zeitung *New York Times* und das Magazin *Politico*, die zuvor kritisch über den amerikanischen Präsidenten berichtet hatten.[16] Kleinere, der Regierung gewogene Medien, wie das ultrarechte Portal *Breitbart News* oder das *One America News Network* wurden hingegen zugelassen.

Diese Anti-Medien-Kampagne des amerikanischen Präsidenten findet auch in den rechten sozialen Netzen in Deutschland Anhänger. Bereitwillig wurden die Einschätzungen des US-Präsidenten auch von deutschen Plattformen im Netz geteilt.[17] Nicht ohne die passende Interpretation: »Wenn dieser Mann das wirklich ehrlich meint und tun wird, was er sagt, dann ist auch klar, warum die Mainstreammedien in den USA – und in Deutschland! – ihn so abgrundtief hassen – ja richtig fürchten. Und deshalb hat man hier in Deutschland auch nie eine Rede von ihm in den Medien zu hören bekommen.«[18]

Mobilisierung durch Provokation: Trumps Angriff auf Staat und Medien

Wer polarisiert, der mobilisiert. Diese einfache Regel der Wahlwerbung macht Trump zur Leitschnur seiner Kommunikation: emotional, einfach, plötzlich und laut – das lässt niemanden kalt oder neutral. Von Angriffen und Kampfansagen in Richtung seiner Konkurrentin – »Lock her up!« – bis zum klaren Aufruf an alle amerikanischen Patrioten – »Make America great again!« Ein Appell, der zugleich ein großes Versprechen macht, denn er impliziert: Du kannst in diesem Amerika, das seine alte Größe wieder hat, eine Perspektive haben.

Im Wahlkampf setzte Trump auf Angriff und Empörung. Einmal im Amt, funktioniert das nicht so einfach, denn die Themen sind komplex, Entscheidungen dauern länger und hängen von unterschiedlichen Faktoren ab. Das lässt sich in 140 Zeichen nicht einfach wiedergeben. Deshalb nutzt Trump gerne Bilder, die dokumentieren, dass er erfolgreich auf der politischen Bühne agiert – zum Beispiel Fotos von Treffen mit Unternehmenschefs als Beweis, sich persönlich um sein Wahlversprechen zu kümmern, neue Jobs zu schaffen. Und für Bilder und kurze Botschaften anstelle langer Erklärungen ist Twitter das ideale Medium.

Über Twitter beschimpft und lobt Trump auch Mitarbeiter des eigenen Stabs, der Geheimdienste, hohe Beamte, Richter. Geht es nach seinen Tweets, so scheint es, der amerikanische Präsident halte die politischen Institutionen seines eigenen Staates für wenig sinnvoll, gar für entbehrlich. Das korrespondiert mit dem, was sein einstiger Vertrauter, Steve Bannon, für die erste Phase der Präsidentschaft Trumps als zentrales Ziel kommunizierte: Ziel sei die »Dekonstruktion des administrativen Staates«.[19] Schaut man auf die Tweets des Präsidenten, dann wird offensichtlich, was das heißt: die Diskreditierung und Demontage demokratischer Spielregeln, die Ablehnung von Gewaltenteilung und das In-Zweifel-Ziehen aller unabhängigen Instanzen, von der Justiz bis hin zu den Medien.

Alternative Medien verbreiten alternative Fakten

»Jetzt habe ich die Hände wieder an den Waffen.«[20] Das erklärte Steve Bannon nach seinem Rücktritt als Chefberater des Präsidenten im Sommer 2017.[21] Die Waffe, das ist das ultrakonservative Nachrichtenportal *Breitbart News*, dessen Chefredakteur Bannon war, bevor er in die Politik ging. »Ich verlasse das Weiße Haus und ziehe für Trump gegen seine Widersacher in den Krieg«, erklärte Bannon im Interview mit der Nachrichtenagentur Bloomberg. Dieser Krieg richte sich gegen Trumps Gegner »im Kapitol, in den Medien, in Amerikas Unternehmen«.[22] Kurzum: gegen das demokratische Establishment, das Trump verhindern wolle.

Damit war Bannon wieder da, wo er vorher war: in den »alternativen Medien«, die der rechtsextremen Alt-Right-Bewegung nahestehen. Jedoch nur für kurze Zeit. Als im Januar 2018 das Enthüllungsbuch »Feuer und Zorn« über Trump erschien,[23] in dem sich Bannon kritisch über die Familie Trump äußerte, brach der Präsident endgültig mit ihm. Er musste die Nachrichtenseite *Breitbart News* verlassen und verlor mit der Milliardärsfamilie Mercer einen wichtigen Geldgeber.

Dennoch lohnt der Blick auf die digitalen Medien der sogenannten »alternativen Rechten« bzw. der Alt-Right-Bewegung.[24] Auch weil es Nachahmer in Deutschland gibt – geschlossene Chatgruppen, rechtspopulistische und rechtsextreme Medien, die vergleichbare digitale Medienstrategien verfolgen. Was in Deutschland in den Anfängen steckt, das Entstehen einer »rechten« Gegenöffentlichkeit im Netz, ist in den USA schon seit langem Realität. Ihren Ursprung haben die radikalen Medien der Alt-Right in den Neunzigerjahren, als eine Reihe von regionalen Talkradios durch ihre radikalen Positionen auffiel. Inzwischen gibt es eine Vielzahl rechter Websites, welche sich im Wahlkampf hinter Trump gestellt haben.[25] Ihnen allen ist eines gemeinsam: Hier gibt es mehr Meinung und Unterhaltung als Recherche oder Faktendarstellungen. Es geht um Polemik, manchmal um Propaganda und Verschwörungstheorien.

Beispiele sind die Medienunternehmen von Floyd Brown, republikanischer Berater. Über seine Firma Liftable Media Inc. unterhält er eine Reihe einflussreicher News-Medien wie z. B. *Western Journalism*, eine Website, die mit monatlich 31 Millionen Nutzern zu den hundert meistgenutzten Internetmedien in den USA zählt, sowie die *Conservative Tribune* mit 19 Millionen Nutzern monatlich. Sie zeichnen sich durch große und provokante Titel, dünne Recherchen, Polemik und regelmäßige Falschinformationen aus. So hieß es in einer Geschichte, Präsident Obama habe das Logo des Weißen Hauses verändern lassen. Er habe dabei die ursprünglich abgebildete amerikanische Flagge auf dem Dach durch eine weiße Flagge ersetzen lassen. Und damit durch eine Fahne, die bei Kriegshandlungen dem Feind anzeigt, dass man aufgibt.

Auf Facebook verbreitete sich dieser Beitrag rasch, versehen mit dem Kommentar: »Wir alle wissen, dass Obama die Vereinigten Staaten hasst, aber was er mit dem Weißen-Haus-Logo getan hat, ist völlig inakzeptabel.«[26] Es wurde vermutet, dass Obama damit den Feinden der USA kommunizieren wolle, dass er bzw. die USA aufgeben.

Die Information war falsch, denn das Logo wurde bereits 2003 unter Präsident Bush entsprechend geändert.

Die Headlines beider Portale ergeben einen steten Strom von Schreckens- und Alarmmeldungen: »Muslime haben den Befehl, Hillary zu wählen«, »Obama drängt illegale Migranten zur Wahl, ohne dass sie Angst vor Verhaftung haben müssen«. Andere rechte Medienplattformen stimmen in dieses Konzert ein: *Newsmax*, *Gateway Pundit* oder *LifeZette*. Sie alle haben einen guten Draht ins Weiße

Haus. Und dank Facebook haben diese Websites ihre Nutzerzahlen immens erweitert. Sie überholen mit ihren Zugriffszahlen sogar Nachrichtenmagazine wie das *Wall Street Journal* oder die Sender *CBS News* und *NPR*.

Einige von Ihnen sehen sich regelrecht in einem »Informationskrieg«. Zu ihnen gehört Radiomoderator Alex Jones, und das schon seit fast 20 Jahren.[27] Als er 1999 seine Plattform gründete, nannte er sie *Infowars*. Acht Millionen Menschen besuchen die Seite im Monat.[28] Sein Youtube-Kanal wird von zwei Millionen Nutzern abonniert, auf Facebook folgen Jones mehr als eine Million Menschen. Seine Mission: Aufdecken, was nicht gesagt wird. Zur Sprache bringen, was andere Medien verschweigen, auch wenn das reine Vermutungen sind oder Nonsens ist. Jones verbreitete Fake, lange bevor das in Mode kam – von der Wahrheit über die radioaktive Verseuchung, die Verschwörung der Schwulen und die Erfindung der Schwulenehe als Waffe gegen die traditionelle Familie bis hin zur geplanten Vernichtung der USA durch internationale Eliten. Aus Texas gehen seine Botschaften ins ganze Land: Die »Alex Jones Show« – eine auch als Video verfügbare Radiosendung – wird auf über 100 Radiostationen und einer Website ausgestrahlt und erreicht Millionen Menschen. Im Wahlkampf zur Präsidentenwahl stellte er sich sofort an die Seite Donald Trumps. Clinton sei »eine elende, psychopathische Dämonin aus der Hölle«. Jones ist überzeugt, dass der Anschlag von 9/11 keine Aktion islamistischer Terroristen gewesen ist, sondern von der Regierung durchgeführt wurde.

Medium gegen das Establishment: *Breitbart.com*

Ein wichtiger medialer Motor in dieser »Gegenöffentlichkeit« gegen das Establishment war im Wahlkampf die Onlineseite *Breitbart.com*. Der US-Unternehmer Andrew Breitbart rief *Breitbart News* 2007 als Informationsportal für rechte Kreise ins Leben. Nach Breitbarts Tod 2012 übernahm Steve Bannon das Ruder. Und obwohl sich Trump mehrfach von Rechtsextremen distanziert hatte,[29] machte er Bannon zum Leiter seines Wahlkampfteams.[30] Nach der Wahl wechselte der Medienmann als Chefstratege ins Weiße Haus. Auch das zeigt, wie nahe der Populist Trump den Ideen der extremen Rechten steht.

Seinen Hauptsitz hat *Breitbart News* in Los Angeles, weitere Büros gibt es bislang in Texas, London und Jerusalem. *Breitbart News* gehört laut der Analyse-Firma Alexa zu den weltweit 250 meistbesuchten Websites. In den USA liegt die Seite auf Platz 35, und damit noch vor der *Washington Post*. Und sie hat angekündigt, auch in den deutschen und den französischen Markt einzusteigen.[31]

Wofür steht *Breitbart News*? »Wir verstehen uns selbst als Organ gegen das Establishment, gegen die herrschende politische Klasse«, so Bannon.[32] An anderer Stelle beschrieb er *Breitbart* als »Sprachrohr« der Alt-Right-Bewegung.[33]

Bannon nutzt *Breitbart* als Instrument für das politische Agenda-setting einer politisch neuen Bewegung.[34] Die will sich den Anstrich einer Volksbewegung, einer Revolution geben. Entsprechend sind die Themen auf *Breitbart* auch gesetzt: Schon seit Beginn der Redaktionsarbeit richten sich Recherchen und das veröffentlichte Material zum Beispiel gegen linke politische und soziale Gruppen und Bewegungen sowie gegen Nicht-Weiße und Homosexuelle.

Das passt in die politische Landschaft. Und katapultierte *Breitbart* an die Spitze der konservativen Websites, die in den vergangenen Jahren entstanden sind. Innerhalb nur eines Jahres, vom Herbst 2015 bis zum Herbst 2016, konnte *Breitbart* seine Nutzerzahlen um 124 % steigern.[35] Die Zahl ist seitdem recht konstant und lag im Oktober 2017 bei 89 Millionen Visits.[36]

Solche Zahlen zeigen, dass viele Mediennutzer offensichtlich mehr an einer bestimmten Art der Erzählung und an Polarisierung interessiert sind als an Fakten. Das Portal fällt regelmäßig durch die Verbreitung von Fake News auf: so zum Beispiel im August 2017 durch ein Foto, in Verbindung mit einem reißerischen Artikel zu illegalen Flüchtlingen, die von Schleusern sogar mit Jetskis nach Europa gebracht würden. Das Foto zeigt einen sehr weißhäutigen Flüchtling mit Sonnenbrille und riesiger Komfortschwimmweste, der mit den Fingern das Victory-Zeichen formt und in die Kamera lächelt. Es handelt sich um den ehemaligen deutschen Fußball-Nationalspieler Lukas Podolski. Im vergangenen Januar sorgte die britische *Breitbart News* mit einem verfälschten Bericht über die Silvesternacht in

Dortmund für Diskussionsstoff auch in Deutschland. Der englischsprachige Artikel unter der Überschrift »1 000-Mann-Mob setzt Deutschlands älteste Kirche in Brand« behauptete, dass Ausländer mit Feuerwerkskörpern das Dach der Reinoldikirche in Brand gesetzt hätten. Der Bericht ging auf einen Artikel der Ruhr-Nachrichten zurück, der darüber berichtet hatte, dass durch einen Böller ein Bauzaun-Fangnetz in Brand geraten war. Weder war die Rede von einem »Mob« noch hat das Dach gebrannt, und die älteste Kirche Deutschlands ist die Reinoldikirche auch nicht.[37] Dieser Beitrag wird auch auf den Plattformen und in den Gruppen der rechten Echokammer in Deutschland geteilt.

»Lenin wollte den Staat zerstören. Das ist auch mein Ziel. Ich will alles zum Einsturz bringen und das ganze Establishment zerstören.«[38] Als Stephen Bannon das im Jahr 2013 sagte, da hatte der Wahlkampf um das Weiße Haus noch lange nicht begonnen.[39] Mit dem Establishment meinte der vielfache Millionär und Ex-Banker die Demokratische Partei, die Medien und Teile der Republikaner.

Stephen »Steve« Bannon, Jahrgang 1953, der Mann aus einer Familie irischer Einwanderer, war Trumps Wahlkampfstratege und Chefberater im Weißen Haus.[40] Das war der Höhepunkt einer mehr als steilen Karriere, die als Soldat auf einem Zerstörer begann. Nach seinem Studium wurde Bannon Investmentbanker bei Goldman Sachs und war 1990 Mitbegründer der Investmentbank Bannon und Co.

Bannon weiß um die Wirkung von Bildern und Erzählungen – eine Zeit lang hat er sich als politischer Filmemacher versucht, wobei seine Filme mit markigen Titeln wie »Im Angesicht des Teufels: Reagans Krieg in Wort und Tat« oder »Grenzkrieg: Der Kampf gegen Illegale Einwanderung«[41] weniger neutralen Dokumentationen als Agitationsfilmen gleichkamen – mit Gewinnern und Verlierern, mit Kriegshelden und bösen Fremden oder bösen Muslimen. Dazu passt die eher schematische Vorstellung, die Bannon selbst einmal äußerte: Er unterscheide mächtige Menschen von Verlierern. Mächtige Menschen seien für ihn: »Dick Cheney. Darth Vader.[42] Satan. Das ist Macht.«[43]

Für Bannon steht die Welt am Anfang eines »brutalen und blutigen Konflikts«.[44] Auslöser sei eine »Krise unserer Kirche, eine Krise des Glaubens, eine Krise des Westens, eine Krise des Kapitalismus«, erklärt er 2014 vor einem konservativen Thinktank.[45] Durch Vetternwirtschaft sei der Kapitalismus verkommen. Durch ihn bereichere sich nur das Establishment. Stattdessen brauche es einen erneuerten »erleuchteten Kapitalismus des jüdisch-christlichen Westens« mit Unternehmen, die Arbeitsplätze und Wohlstand für alle schaffen. Weiter macht Bannon deutlich: »Wir sind im Krieg gegen den islamistischen Faschismus.«[46] Es brauche einen »populistischen Aufstand« der »arbeitenden Männer und Frauen«, um die Wall Street und den Islam zu bekämpfen, nach dem Vorbild der rechtspopulistischen UKIP in Großbritannien. Die Republikaner werden in dieser Rede als »Betrüger-Kapitalisten« bezeichnet.[47] Genau dieses Weltbild findet sich auch in der TV-Dokumentation »Generation Zero«, bei der Bannon 2010 Regie führte. Der Film will erklären, wie es zur Finanzkrise 2008 kam. Der Plot des mehr als 90-minütigen Opus lässt sich in wenigen Worten zusammenfassen: Die Finanzkrise war Folge einer größeren moralischen Krise, welche seit den Sechzigerjahren und mit der damals entstehenden politisch linken, liberalen Bewegung um sich gegriffen habe. Diese moralische Krise zerstöre die Traditionen der Gesellschaft und schaffe eine Kultur des Narzissmus, in der alles nur mit Geld gemessen werde.[48]

Die Welterklärung und die Begründungen, die Bannon hier liefert, erinnern an die simplen und bedrohlichen Erzählungen der Rechtspopulisten im deutschen Netz: Ein Land steht am Abgrund, der Feind ist im Land, der Widerstand lohnt sich, um die Moral zu retten.

Wie stark die antisemitische, rassistische, rechtsextreme Alt-Right-Bewegung in den USA inzwischen ist, zeigte sich an den schweren Auseinandersetzungen in Charlottesville im August 2017.[49] Die Alt-Right-Bewegung gehörte – zusammen mit anderen rechtsextremen Gruppierungen und dem Ku Klux Klan – zu den Protagonisten des Aufmarschs in Charlottesville im Bundesstaat Virginia.

Von den Hunderten Teilnehmern des Marschs riefen einige antisemitische Parolen und zeigten den Hitler-Gruß. Manche gaben sich auf Mützen und T-Shirts als Trump-Anhänger zu erkennen. Ein mutmaßlicher Neonazi-Anhänger steuerte sein Auto in die Gegenkundgebung und tötete eine Demonstrantin.

Trump distanzierte sich nicht eindeutig von dem Aufmarsch. Vielmehr nutzte er die Gewalt in Charlottesville für eine seiner wiederkehrenden Schimpftiraden auf die Medien.[50] Auch in Deutschland werden Trumps Frontalangriffe auf die Medien in Foren der AfD, *Pegida* und der *Identitären Bewegung* gerne geteilt, wie ein mit deutschen Untertiteln versehenes und als »ungefiltert« bezeichnetes Beispiel einer Rede in Florida vom 18. 2. 2017 zeigt: »Ich möchte zu Euch sprechen ohne den Filter der Lügenpresse, die unehrlichen Medien, die eine unwahre Story nach der anderen publizieren – ohne Quellen, auch wenn sie so tun, als ob sie sie hätten. Sie wollen einfach nicht die Wahrheit berichten. (…) Sie sind ein großer Teil des Problems. Sie sind Teil des korrupten Systems. Thomas Jefferson, Andrew Jackson und Abraham Lincoln und viele unserer größten Präsidenten kämpften mit den Medien und bestraften sie oft für ihre Lügen. Wenn Medien die Menschen belügen, werde ich sie niemals damit davonkommen lassen. Ich werde alles tun, was ich kann, damit sie nicht davon kommen. Sie haben ihre eigene Agenda. Und deren Agenda ist nicht eure Agenda. Tatsächlich sagte Thomas Jefferson: Es kann nicht geglaubt werden was in der Zeitung steht. Selbst die Wahrheit, so sagte er, wird verdächtig, wenn Sie in dieses schmutzige Vehikel gesetzt wird. Das war am 14. Juni (mein Geburtstag!) 1807. Aber trotz aller ihrer Lügen, Falschdarstellungen und falschen Geschichten konnten sie uns nicht stoppen in den Vorwahlen und konnten sie uns nicht stoppen in den Hauptwahlen. Und wir werden sie weiterhin bloßstellen als das, was sie sind. Und vor allem werden wir weiterhin gewinnen, gewinnen, gewinnen. Wir werden uns von der Lügenpresse nicht sagen lassen, was wir zu tun haben, wie wir zu leben haben oder was wir zu glauben haben. Wir sind ein freies und unabhängiges Volk. Und wir werden unsere eigenen Entscheidungen treffen.«[51]

Das ist eine gezielte Diskreditierung von Journalisten und Medien. Sie ist Teil eines Angriffs des amerikanischen Präsidenten auf die amerikanische Demokratie und ihre Institutionen, auf alle, die immer wieder störende Fragen stellen, die ihn oder seine Regierungsführung kritisieren. De facto hat er den Zugang kritischer Medien zu seinen Pressebriefings beschränkt: Journalistinnen und Journalisten wurden schon zu seinen Wahlkampfveranstaltungen nicht akkreditiert. Das traf eine ganze Reihe von Medien, mit denen Trump die

Zusammenarbeit für gewisse Zeit ganz absagte. Dazu zählt unter anderem der spanischsprachige Sender *Univision*. *Politico*, einer reichweitenstarken Internetplattform zu politischen Themen, erging es ähnlich. Auch *The Daily Beast* und die *Huffington Post* berichten von schlechteren Zugangsmöglichkeiten.[52]

Den Angriff auf die Presse setzt Trump auch nach seinem Amtsantritt am 20. Januar 2017 fort: durch seine Twitter-Meldungen, Pressekonferenzen und Reden. Als »Lügner«, »Versager«, »Abschaum« werden sie beschimpft, auf Twitter als »Feinde des amerikanischen Volkes«. In einer Rede vor der CIA erklärte Trump, dass er sich »in einem laufenden Krieg« mit den Medien befände. Journalisten gehörten »zu den unehrlichsten Menschen der Welt«.[53]

Der Angriff auf die Presse stößt bei seinen Unterstützern auf offene Ohren: Viele seiner (meist konservativen) Adressaten haben sich längst von den Medien abgewendet. Seit den Neunzigerjahren halten viele konservative Amerikaner die Leitmedien für zu links.[54]

Das Internet als Schlüsseltechnologie für das Erstarken der Alt-Right-Bewegung

Für die Entstehung und das Wachstum der rechtsextremen Alt-Right war das Internet eine Schlüsseltechnologie. Der Publizist Richard Spencer, der für sich in Anspruch nimmt, den Begriff Alt-Right 2008 etabliert zu haben, gründete 2010 das Onlinemagazin *Alternative Right*.[55] Er sieht die Alt-Right in der Nähe der französischen »Neuen Rechten« verortet und bezeichnet sich selbst als Identitären. Spencer gibt an, mit der Identitären Bewegung in Europa in Kontakt zu stehen. Die Alt-Right-Aktivisten lehnen Feminismus und Multikulturalismus ab. Sie sind gegen Einwanderung und nach ihrer Auffassung ist die weiße Rasse den anderen Rassen überlegen, genauso wie der Mann der Frau. Sie sind gegen das Establishment – auch das Establishment bei den Republikanern. Und lehnen – auch das vergleichbar mit der Neuen Rechten in Europa – politische Korrektheit erklärtermaßen ab. Zu den Grundüberzeugungen der Alt-Right gehört auch, dass die »Mainstreammedien« von Juden kontrolliert werden.

Im Netz folgen die Anhänger der Alt-Right Medienplattformen wie den oben genannten. Sie sind über Soziale Medien und verschiedene, zum Teil verborgene Gruppen und Foren vernetzt: Einer dieser anarchischen »Treffpunkte« im Netz war die Onlinecommunity »4chan.org«, die es seit 2005 gibt und der zunächst einhundert Nerds angehörten, die Comics und Videospiele liebten. Programmiert wurde sie von dem damals fünfzehnjährigen Christopher Poole. »4chan« ist so etwas wie die mediale Startplattform der jungen Alt-Right-Bewegung. Die Community »4chan« war stilbildend für die Bilder, Symbole, Markenzeichen und auch für die Sprache der Alt-Right. Sie sorgte dafür, dass die Alt-Right einen coolen Look bekam, dass rassistische und neonationalistische Inhalte fürs Internet die richtige Verpackung bekamen, z. B. als Meme – witzige Cartoons und Comics, die sich schnell unter jungen Nutzern verbreiten.

Dale Beran schreibt Comics, er zeichnet und animiert sie und schreibt regelmäßig über das Internet und Politik.[56] Von Anfang an verfolgte er die Entwicklung der Seite. »4chan erfand das Meme, so wie wir es heute nutzen«, betont Beran. Aus seiner Sicht beeinflusste die Seite auch stark die Terminologie der Neuen Rechten mit ihrer Inflation von Begriffen, wie »gewinnen« und »scheitern« (win, fail) und entwickelte als eine der ersten rechten Plattformen den Umgang mit »Gifs«(wenige Sekunden kurze Videos) und Bildern weiter, die sich dann rasch auf anderen rechten Plattformen verbreiteten.[57]

Diese Plattformen schufen einen Resonanzraum, in dem auch Trumps Botschaften gut ankamen. So konnten sich Foren wie »4chan« oder »8chan« zu Verteilerstationen der Alt-Right-Aktivisten entwickeln – und viele vor allem jüngere Nutzer über coole und kreative Posts für die Botschaften der Bewegung gewinnen. Provokante Aktionen und Störungen gegen die sogenannten »Feinde der Bewegung« gehörten dazu: Die jungen Aktivisten, die auf diesen Plattformen ihre Videos, Comics, Meme oder Geschichten posteten, engagierten sich auch als »Trolle« gegen die »Mainstreammedien«[58] und füllten deren Kommentarspalten mit Gegenkommentaren.[59] Dazu gehörten schockierende antisemitische Karikaturen, wie die von »Shlomo Shekelburg« und rassistische Netzkampagnen wie »Remove Kebab«[60], die den Genozid an den bosnischen Muslimen guthieß[61] und die konsequente Ablehnung von Muslimen und muslimischen Einwanderern forderte. Vielfach knüpften die massenhaft geteilten Posts der jugendlichen Nutzer an die Popkultur an, z. B. durch das Schaffen von Pepe, dem Frosch. »Pepe the frog« ist ursprünglich eine unpolitische Internetcomicfigur, die seit 2005 im Umlauf ist.[62] Von »4chan« und anderen wurde die Figur abgewandelt, z. B. als »Angry Pepe« – und auch in rassistischer Weise uminterpretiert. Während des Wahlkampfs zur Präsidentenwahl 2016 tauchte der Frosch in Naziuniformen, mit blonden Haaren und mit Hitlerbart auf. Spätestens seitdem gilt er als rassistisches Hasssymbol der Alt-Right-Bewegung.

Geschlossene Foren für rechtsextreme Nerds nach dem Vorbild von »4chan« gibt es inzwischen auch im deutschen Netz. Die rechten Aktivisten auf dem Discord-Server der »Reconquista Germania« gehören dazu. Zum Mitmachen wurden Ende August 2017 zunächst alle Abonnenten über ein Posting auf der Youtube-Seite des rechtsextremen Kanals »Reconquista Germania«[63] eingeladen, der Gemeinschaft auf dem Discord-Server beizutreten.[64] Von dieser Gemeinschaft wurde nach dem Kanzlerduell am 3. 9. 2017 Twitter mit dem Hashtag »verraeterduell« geflutet. Hier, auf dem »größten deutschen Patriotenserver«, wie die Betreiber ihn selbst nennen, im »virtuellen Hauptquartier«, entstehen Meme, welche dann über AfD-Gruppen im Netz schnell geteilt werden. Die »Reconquista Germania«-Gemeinschaft hat ein erklärtes Ziel: einen »Meme-Krieg« einzuleiten und dadurch einen »Blitzkrieg« zu starten gegen die etablierten Parteien. Ziel dieser ersten Kampagne, die mit der Bundestagswahl ende, sei es, die AfD so stark wie möglich in den Bundestag zu hieven. Die AfD selbst wird jedoch nur als Mittel zum Zweck betrachtet, einen weiteren Schwenk nach rechts einzuleiten.

Die technischen Zutaten für den Erfolg von Trump

Vor allem technisch setzte der US Wahlkampf neue Maßstäbe. Trump investierte in die Online-Kommunikation viele Millionen Dollar: Big Data, psychometrische Erkenntnisse über die Nutzer, die Trump ansprechen wollte, und breit gestreute Online-Werbung für Trump – diese Kombination führte zum Erfolg. Trump leistete sich einen »digitalen Geheimtrupp«. Mehr als 100 Programmierer, Web-Entwickler, Ingenieure, Datenanalysten und viele Grafikdesigner, Werber und Medieneinkäufer gehörten dazu. Unter Leitung von Brad Pascale begannen sie mit 2 Millionen Dollar und ausschließlich mit Facebook-Werbung. Wichtigster Erfolgsfaktor war die Nutzung der Zielgruppendefinitionen, die Facebook-Werbung möglich macht. So konnten auf Basis bekannter Unterstützer über deren E-Mail-Adressen und Facebook-Freunde Zielgruppen mit unterschiedlichen Profilen definiert und mit den passenden Botschaften versorgt werden. Dass eine hohe Frequenz von werbenden Botschaften für den eigenen Kandidaten über Soziale Medien eine Wirkung erzeugt, davon kann man für die USA ausgehen. Mehr als ein Drittel der neunzehn- bis dreißigjährigen amerikanischen Wähler hat sich über den Präsidentschaftswahlkampf ausschließlich über Social Media informiert. Deshalb war die Reichweite der beiden Kandidaten eine wichtige Größe: Der Vergleich der beiden Präsidentschaftskandidaten im Netz zeigt, wie deutlich Trump über die Sozialen Medien die Nase vorn hatte: 12 Millionen Fans bei Facebook, Hillary Clinton kam auf 8 Millionen. Bei Twitter kommt Trump auf 13 Millionen Follower, Clinton auf 10 Millionen.[65] Diese Reichweiten entstanden durch gezielte Onlinewerbung, den Einsatz von Social Bots, durch die Unterstützung vernetzter Medienplattformen und eine regelrechte Armee bezahlter und unbezahlter Wahlkämpfer im Netz.

Trumps Kampagne zeigt, wie Wahlkämpfe zukünftig geführt werden.[66] Es wäre zu kurz gegriffen, wenn man Trumps Erfolg auf seine Botschaften reduzieren will oder darauf, dass er vielen seiner Wähler aus dem Herzen sprach und die Emotionen der Menschen in der amerikanischen Provinz traf. Ohne die entsprechenden technischen Verstärker wäre ihm der Wahlsieg nie gelungen.

Warum ein Trump-Wahlkampf in Deutschland (noch) nicht funktioniert

In Deutschland ist die Reichweite in Sozialen Medien (noch) nicht entscheidend für einen Wahlerfolg. Etablierte Medien sind nach wie vor von großer Bedeutung für die Meinungsbildung und genießen weit mehr Vertrauen als in den USA, wo gerade einmal 15 % der republikanisch und 27 % der demokratisch eingestellten Menschen Nachrichten in nationalen Medien vertrauen.[67] Gleichzeitig hat die Bedeutung sozialer Medien rasant zugenommen: 70 % aller erwachsenen US-Amerikaner nutzen Facebook, immerhin jeder fünfte nutzt regelmäßig Twitter.[68] In Deutschland nutzen hingegen »nur« 30 Millionen Menschen Facebook, davon 23 % täglich. Das ist also maximal jeder Dritte. Und nur 4 % der Deutschen nutzen Twitter. Das Vertrauen in Meldungen bei Facebook und Twitter ist mit 8 % in Deutschland sehr gering.[69]

Aufgrund dieser geringeren Nutzung und Reichweite entfalten Kampagnen über Soziale Medien in Deutschland nicht dieselbe Wirkung auf die politische Meinungsbildung wie in den USA – noch nicht. Dennoch investierten auch bei uns die Parteien einen guten Teil ihres Wahlkampfbudgets für die Bundestagswahl 2017 in digitale Kampagnen: CDU und SPD machen dazu keine klaren Angaben – die CDU spricht von einem Betrag zwischen 700 000 und einer Million (bei einem Gesamtetat von 20 Millionen), die Grünen geben etwa eine Million Euro für Werbung in den digitalen Netzen aus. Bei den Linken sind es 650 000 Euro, das entspricht 10 % des Gesamtbudgets von 6,5 Millionen. Auch bei der FDP werden 10 % der fünf Millionen Gesamtbudget für Online-Werbung ausgegeben.[70] Diese vergleichsweise kleinen Digitalbudgets fließen unter anderem in Google-Werbung (»Google Ads«), gekaufte Werbeanzeigen, die bei Suchen auftauchen und in Facebook-Werbung (»sponsored posts«), bei denen Beiträge zum Beispiel nur an Freunde mit einem bestimmen Geschlecht, Interesse oder Bildungsgrad verschickt werden und in deren Newsfeed auftauchen. Dabei setzen nicht nur die Grünen, sondern auch CDU und SPD klare Grenzen und verzichten darauf, Datensätze und Profile zu kaufen.[71]

Werbung über Soziale Medien kann – wie in den USA – auch in Deutschland künftig vor allem dort Wirkung entfalten, wo die Ergebnisse knapp sind. Eine verbesserte Zielgruppenansprache – z. B. auch über Soziale Medien – kann bei knappen Ergebnissen und einer gleichzeitig vorhandenen großen Gruppe von unentschlossenen Wählern den Wahlausgang entscheidend beeinflussen.

Weder heute noch in Zeiten ausschließlich analoger Wahlkampfkommunikation ließ sich der Zusammenhang zwischen Wahlentscheidung und Wahlkampfkommunikation in einen klar messbaren Wirkungszusammenhang stellen – nach dem Muster: Wer mehr Merkel-Plakate sieht, der wählt CDU! Doch durch digitale Wahlwerbung lassen sich heute sehr viel präziser als noch vor Jahren bestimmte Wählergruppen ansprechen: durch Nutzer, die in den sozialen Netzen gläsern, lesbar werden, durch Verbraucher, deren Konsumverhalten eine breite Datenspur hinterlässt, durch Plattformen, die Informationen über ihre Nutzer sammeln und an andere weitergeben.

In den USA darf man Nutzerdaten in weit größerem Umfang als bei uns sammeln, vergleichen und auswerten. Parteien verfügen über umfangreiche Datensätze zu jeder einzelnen Person. Wie weitgehend diese Informationen vorliegen, zeigte sich 2017 an einem großen Datenskandal, ausgelöst durch die Republikaner: Namen, Geburtsdaten, Adressen und Telefonnummern, geografischer Standort von 198 Millionen US-Amerikanern standen unverschlüsselt und ohne Passwortschutz im Netz. Das berichtet die IT-Sicherheitsfirma UpGuard, die auf das ungeschützte Verzeichnis gestoßen war. Das sind fast alle US-Wähler.[72] Gezielt hatte die Firma Deep Root Analytics (DRA), die der Dachorganisation der Republikanischen Partei[73] zuarbeiten soll, weitere persönliche Kennzeichen und politische Haltungen recherchiert, die aus der Datenbank hervorgehen: dazu zählen Rasse und Religion sowie wahrscheinliche Meinungen zu zahlreichen konkreten Themen wie Waffenbesitz, Obamacare, Staatsschulden, Einwanderung, Einstellung zu Donald Trump usw.

Teilweise gehen Daten über Parteimitgliedschaften auch aus den Wählerregistern hervor. Denn in vielen Bundesstaaten können Wähler bei der Registrierung für eine Wahl ihre Zugehörigkeit zu einer Partei auf freiwilliger Basis angeben und tun dies auch. In einigen US-Bundesstaaten wird bei der Registrierung sogar erfragt, ob die jeweilige Person weiß, Afroamerikaner oder Latino ist. Auf dem freien Markt käuflich zu erwerben sind außerdem umfangreiche Datensätze zu einzelnen Wählern, sodass Parteien z. B. detaillierte Informationen zu Bildungsabschlüssen oder das durchschnittliche Haushaltseinkommen in einem Stadtviertel oder einer Straße haben, erklärt Julius van de Laar, ehemaliges Mitglied im Wahlkampfteam von Obama, dem Magazin *Wired*.[74] »Jede Kampagne in den USA verfügt so über eine eigene Datenbank von 250 Millionen Wählerdaten mit vielen relevanten Informationen über die Zielgruppe. Die Vielzahl der Datenpunkte ermöglicht ein sehr zielgenaues Vorgehen.« Er weist auch darauf hin, dass dieses Microtargeting bereits bei den Wahlen 2008 und 2012 möglich gewesen ist. Verändert hat sich in diesem Zeitraum allerdings die Bedeutung Sozialer Medien für die Meinungsbildung.

Wahlkampf via Direktmarketing

Trumps Kampagne kombinierte Nutzerdaten mit Persönlichkeitsprofilen – und versuchte so, die richtigen Wähler mit passenden Botschaften anzusprechen. Dieses sogenannte Mikrotargeting – die maßgeschneiderte Werbung für kleinere Gruppen oder Individuen – ist nicht neu. Im Marketing ist es schon seit längerer Zeit ein mit Erfolg angewandtes Werkzeug. Es wurde allerdings erstmals in einem Wahlkampf so differenziert und zugleich massenhaft angewendet.[75] Unter der Leitung von Trumps Schwiegersohn Jared Kushner, Ehemann seiner Tochter Ivanka, wurde eine Datenbank mit 220 Millionen Kontakten aufgebaut.[76] Dem Forbes Magazin vertraute Kushner an, wie alles begann: »Ich habe einige meiner Freunde aus dem Silicon Valley angerufen, die besten Vermarkter der Welt, und gefragt, wie wir unsere Sache besser machen können.«[77]

In Verbindung mit wissenschaftlichen psychometrischen Methoden, mit denen sich Persönlichkeitsprofile und Zielgruppen im Netz genau differenzieren lassen, wurde dieser Berg an Nutzerkontakten für die Kampagnen nach Präferenzen, demografischer Zugehörigkeit, politischer Erwartung, ethnischer oder regionaler Herkunft sortiert und mit passenden Werbebotschaften versorgt. Dabei ging es nicht nur um Positiv-Werbung für Trump, sondern auch um Anti-Werbung gegen seine Konkurrentin Clinton.[78] Asymmetrische Demobilisierung – die letztendlich 150 Millionen Dollar kostete und als »historisch erfolgreichste maßgeschneiderte digitale Kampagne der strategischen Wahlunterdrückung« zählen kann.[79] Mit diesen Methoden wurden Wählerinnen und Wähler vor der US-Wahl angesprochen. So zielgruppengenau wie nie zuvor. Diese Techniken erlauben das automatisierte, massenhafte, zugleich aber sehr gezielte Verteilen von Botschaften in Mikroöffentlichkeiten – und erreichen deshalb weit mehr Menschen als klassische Medienangebote.

Angesicht der Entstehung einer Vielzahl von Mikroöffentlichkeiten werden diese Techniken auch in der politischen Kommunikation in Europa wichtiger werden. Typischerweise unterscheiden sich die Interessen der unterschiedlichen Protestwählergruppen: die Ablehnung von Obamas Gesundheitsreform, die Ablehnung der Einwanderung. Klassische Kampagnen adressieren alle potenziellen Wähler – und treffen damit nicht immer die jeweiligen Interessen ihrer Wählergruppen. Sie reden an vielen Adressaten vorbei. Solche Streuverluste hat Trumps Kampagne vermieden und zwar mithilfe der Datenfirma Cambridge Analytica.[80] Das Angebot der Firma an Trumps Team: die psychologisch ausgewerteten Daten- und Nutzerprofile von 230 Millionen Amerikanerinnen und Amerikanern – und damit fast aller potenziellen Wähler![81]

Die Firma hat einen eigenen Thinktank, das »Institut für Verhaltensdynamik«.[82] Sie macht kein Geheimnis aus ihren Methoden. Wenn es darum geht, eine ganze Bevölkerung zu beeinflussen, um eine Wahl zu gewinnen oder ein Land zu destabilisieren, einen Aufstand zu beginnen oder auch eine Epidemie in den Griff zu bekommen, dann muss man:

1. die grundsätzlichen Ziele definieren, eine Kommunikationskampagne planen und relevante soziale Gruppen identifizieren, ihr Publikum, die Zielgruppen.
2. herausfinden, unter welchen Umständen das Verhalten dieser Zielgruppen verändert werden kann und welche Anreize die stärksten sind, das heißt Zielgruppenanalyse durch Umfragen, Feldforschung usw.
3. eine Interventionsstrategie definieren – abhängig vom jeweiligen lokalen Kontext: zum Beispiel eine Social-Media-Kampagne, finanzielle Unterstützung für ausgewählte Zielgruppen, Fehl- und Falschinformationen, das Verbreiten von Desinformationen, um seit langem bestehende Allianzen zu destabilisieren, der Ausbau von horizontalen Diskussionen mit Zielgruppen (…)

4. Daten definieren, auswählen und auswerten, um sicherzustellen, dass alle diese Maßnahmen zu den gewünschten Zielen führen.[83]

Wer immer sich auf Facebook bewegt, im Netz kauft, etwas likt oder teilt oder gar an Umfragen und psychologischen Tests im Netz mitmacht, dessen Datenspur lässt Persönlichkeitsmerkmale klar erkennen.[84] Inwieweit ist er oder sie kooperativ, gerne in Gesellschaft, offen für neue Erfahrungen, gewissenhaft oder leicht zu verletzen? Nach diesen Kriterien werten die Psychometriker jeden Nutzer aus. Nach knapp 70 Facebook-Likes kann das Computerprogramm relativ sicher vorhersagen, welche Hautfarbe jemand hat, ob er homosexuell ist, ob er Demokrat oder Republikaner ist, wie intelligent er ist, welcher Religion er angehört, ob er Alkohol, Zigaretten oder Drogen konsumiert und manches mehr – und zwar genauer als Freunde oder Mitbewohner. Nach 150 Likes weiß das Computerprogramm mehr als Familienangehörige, bei 300 Likes kennt es den Nutzer so gut wie dessen Lebenspartner. Cambridge Analytica kauft aus allen möglichen Quellen persönliche Daten: Grundbucheinträge, Bonuskarten, Wählerverzeichnisse, Clubmitgliedschaften, Zeitschriftenabonnements, medizinische Daten. In den USA sind solche persönlichen Daten leicht käuflich zu erwerben. Cambridge-Analytica bringt diese Daten mit den Wählerlisten der Republikanischen Partei und anderen Online-Daten, zum Beispiel Facebook-Likes, zusammen und erstellt psychologische Persönlichkeitsprofile.[85]

Trumps Kampagne setzte auf Grundlage solcher Daten darauf, dass jeder Nutzer die auf sein Profil passende Botschaft erhielt. Im Klartext heißt das: knallharte Schimpftiraden für die einen, Konspiration und Vermutung für die anderen. Hier Opfergeschichten, dort Heldenstorys.

Kommerzielle Trolle in Mazedonien machen Werbung für Trump

Etwa 7890 km ist die kleine Stadt Veles in Mazedonien vom Weißen Haus entfernt. Hier sind mindestens 140 Websites registriert, die alle amerikanisch klingen. Sie heißen »DonaldTrumpNews.com«, »USConservativeToday.com«, »USADailyPolitics.com« oder »WorldPoliticus.com«. Sie alle haben während des Wahlkampfs in den USA aggressive Online-Werbung für Trump gemacht – mit zumeist falschen und frei erfundenen Geschichten, recherchierte Buzzfeed.[86] Es ist ein gutes Geschäft, denn ihre Schlagzeilen generieren Klicks – und Klicks bringen Geld: »Hillary Clinton betet Satan an und ist die Chefin eines Kindersexrings«[87], »Diese Dokumente aus dem Jahr 1995 beweisen, wer Obama wirklich ist«, »Wie die Regierung versucht, Julian Assange zu töten«. Alle diese Geschichten sind falsch. Falschinformationen wie diese werden aber oft geklickt, weil sie neugierig machen. Innerhalb einer Woche löste der Beitrag der Seite »ConservativeState.com« mit dem Titel »Hillary Clinton 2013: ›Ich würde gerne Leute wie Donald Trump als Kandidaten sehen – sie sind ehrlich und lassen sich nicht kaufen‹« mehr als 500 000 Interaktionen auf Facebook aus.[88] Es geht darum, über reißerische Headlines Klicks zu generieren. Denn je klickstärker eine Seite ist, desto mehr Werbung schaltet der Anzeigenableger der Google-Suchmaschine »Google Ads« auf den Seiten – und desto mehr Geld lässt sich damit verdienen.[89] Ein einzelner Klick bringt bei Google nur den Bruchteil eines Cents. Erst wenn die Seite millionenfach aufgerufen wird, dann lässt sich verdienen. Produziert werden die Inhalte von jungen Erwachsenen, aus Wohn- oder Jugendzimmern. Trolle, denen es nicht um politische Einflussnahme geht, sondern darum, Geld zu verdienen. In einem bitterarmen Land, in dem das durchschnittliche Monatseinkommen bei gerade einmal 350 Euro liegt, summieren sich die Centerträge aus der Online-Werbung zu beträchtlichen Summen – vorausgesetzt die Story wird oft geklickt. Wer seine Sache sehr gut macht, der kann mit einer solchen Seite insgesamt zwischen 300 und 1 000 Euro verdienen. Mit copy und paste werden Inhalte hergestellt, freihändig klickträchtige Schlagzeilen erfunden, manchmal kann der Betreiber nicht einmal richtig Englisch.[90]

Trump-Meldungen dieser Art erzeugen »Traffic« – sie treiben die Nutzerzahlen für die jeweiligen Seiten in die Höhe. Und das macht die entsprechenden Seiten für Werbekunden interessant. Diese Geschichten werden in Minuten gefertigt: 400 Zeichen, eine starke Headline, ein von Nutzern selbst produziertes Video, das eingebaut wird – fertig ist die Geschichte, die dann über die Sozialen Medien multipliziert wird. Ein anderes gutes Beispiel dafür ist die kleine, nur von zwei Personen betriebene Seite *Liberty Writers News*, irgendwo in der San Francisco Bay, die zwischen 10 000 und 40 000 Dollar im Monat verdient – durch die Werbung, die sie am Rande der Geschichten verkauft. Und nur drei Monate nach ihrer Gründung hatte die Seite 700 000 Besucher am Tag – eine Zahl, die sich monatlich verdoppelte. Dieses Wachstum war nur möglich über Facebook. »95 % unseres Traffics kommt über Facebook. Denn auch wenn die Seite selbst vielleicht nur von 150 000 Menschen gelikt wird, so können wir über das Teilen unserer Geschichten mit anderen ähnlichen Facebook-Seiten die Nutzerzahlen bis zu sieben oder acht Millionen hochtreiben«,[91] erklären ihre Betreiber. Sie zahlen an Facebook 3 000 Euro pro Monat, damit ihre Seite beworben wird – mit dem messbaren Effekt, dass sich der Traffic verdoppelt hat.

Seit dem 20. Januar 2017 regiert ein politischer Entertainer im Weißen Haus. Ein Populist, der unterschätzt hatte, dass Demokratie das Aushandeln von Kompromissen bedeutet. Der davon ausging, dass man vom Oval Office aus durchentscheiden kann – und dabei übersah, wie ernst die demokratischen Institutionen in seinem Land die Gewaltenteilung nehmen und ihrer Verantwortung nachkommen. Demokratische Meinungsbildung ist in meinem Verständnis eine offene, eine auf Fakten basierende, eine, die auf sachlichem, nicht persönlichem Angriff und schon gar nicht auf Desinformation beruht. Wenn Fake Fakt ersetzt und Erzählungen und Tweets politisches Handeln ablösen – und wenn alles das über Verteilungsalgorithmen jeden erreichen kann –, dann ist das intransparent und manipulativ. Indem Trump den Wahlkampf so führte – gemeinsam mit seinen Unterstützern in einer rechten Gegenöffentlichkeit –, kam ein Populist ins Amt.

Digitales Marketing – wie das Netz mir hilft, an den Fakten vorbeizusehen

Wie Facebook gläserne Nutzer serviert

Facebook ist ein ideales Medium für Kampagnen – und kam auch in Deutschland während des Wahlkampfs 2017 bei allen Parteien zum Einsatz. Werbung in Form von gesponsorten Beiträgen[1] (sponsored posts) funktioniert bei Facebook immer gleich – unabhängig davon, ob für Bücher, für Staubsauger oder für Politik und Parteien geworben wird.

Nutzer, die sich bei Facebook bewegen, sind aus Glas: Es ist genau ersichtlich, welche Themen sie bevorzugen und wie sie politische Themen bewerten. Je nachdem, mit wem sie bei Facebook befreundet sind, mit wem sie ihre Inhalte teilen, welchen Gruppen sie angehören oder welche Quellen in ihrem Newsfeed auftauchen, lässt sich ganz schnell sagen, welcher Partei sie nahestehen und welche Themen ihnen wichtig sind. Nutzer lassen sich so gezielter als auf irgendeinem anderen Medium mit entsprechender Werbung versorgen.

Facebook hat dafür ein absolut einfaches Buchungssystem entwickelt, mit dem sich bequem Anzeigen schalten lassen: von der klar erkennbaren Bannerwerbung bis zu redaktionellen Beiträgen, die erst beim zweiten Hinsehen als Werbung zu erkennen sind. Und es lohnt ein Blick darauf, denn Online-Marketing ist ein Riesenmarkt – und er wächst. Was auch bedeutet: Wir werden daran in Zukunft nicht vorbeikommen. Und das nicht nur auf Facebook.

Ich probiere es aus. Das Prinzip entstammt dem klassischen Marketing: Alles beginnt mit einer Zielgruppenanalyse. Diese folgt bestimmten Kriterien – der Sprache, dem Alter. Die anhand der Zielgruppenanalyse festgelegte Zielgruppe (engl: »Targeting«) ist der Ausgangspunkt für die Online-Werbung: Facebook fordert mich auf, ein Werbebudget festzulegen und mein Targeting enger zu definieren, also meine Zielgruppe genauer zu beschreiben und feszulegen, wer meine Werbung bekommen soll.Will ich für dieses Buch werben, so wären das Menschen, die sich auch sonst für Politik interessieren und entsprechenden Seiten im Netz folgen, die Zeitungen abonniert haben oder regelmäßig kaufen, die Bücher lesen. Menschen, die das alles in deutscher Sprache tun. Will ich einen Porsche X3 bewerben, so suche ich nach Menschen, welche sich bereits über das Klicken von Werbung oder entsprechende Suchmaschineneingaben als Fans schneller Autos erwiesen haben und aufgrund ihrer Familiensituation oder ihres Konsumverhaltens mutmaßlich genügend Geld mitbringen. All jene, die bei Facebook in Gruppen junger Eltern Mitglied sind und regelmäßig praktische Tipps zu Autositzen und Kindernahrung austauschen, werden meine Werbung für den coolen, benzinfressenden Zweisitzer hingegen nicht bekommen.

Einfacher geht es nicht! Facebook weiß, wo die NutzerInnen sind. Das soziale Netzwerk weiß, wie alt sie sind, und kennt ihre Vorlieben: Reisen an exotische Orte, ein gesteigertes Interesse an Mangas oder Yoga. Auch für die Werbung in einzelnen Wahlkreisen, für Kampagnen zu Themen mit lokaler oder regionaler Bedeutung lässt sich so eine Zielgruppe finden.

In meinem »normalen« Newsfeed tauchen vor der Wahl Posts der Spitzenkandidaten von SPD und CDU auf. In meinem rechten Recherche-Account ist es vor allem Werbung der AfD. Facebook empfiehlt mich Werbern als Zielgruppe – und aufgrund meiner »gespaltenen« Identität für die Zeit dieser Recherche gehöre ich unterschiedlichen Zielgruppen an.

Für die USA ordnet Facebook seine Nutzer sogar politisch ein: Engagieren sie sich »eher für liberale Parteien«, »für sehr liberale Parteien« oder »eher für konservative Parteien« bzw. »sehr konservative Parteien«? – Facebook erkennt dies und stuft User mit einem bestimmten Nutzungsverhalten auch als »wahrscheinlich an Politik interessiert« ein. Beides – Parteizugehörigkeit und politische Orientierung – würden in Deutschland allerdings nicht abgefragt, betont die Firma.[2]

Das stimmt, denn die engen Regeln des deutschen Datenschutzes verhindern das. Allerdings werden auch in Deutschland an so vielen Stellen Daten über unser Verhalten gesammelt, dass die Rückschlüsse auf unsere Haltung, unsere Interessen, unsere politische Meinung leicht zu ziehen sind. Und auch die Parteien bauen solche Datenbestände auf, wie z. B. »Connect 17«, eine App der CDU, in die sich potenzielle Unterstützer eintragen können, die dann beim Haustürwahlkampf dokumentieren, ob die Bewohner jeweils interessiert oder desinteressiert waren. Auch das ist schon Microtargeting.[3]

In den USA machte sich das Wahlkampfteam um Donald Trump dieses Wissen über NutzerInnen und deren Einstellungen, politische Orientierung und Lebensumstände ganz gezielt für Online-Kampagnen zunutze – nicht nur, um die eigenen Wähler bei der Stange zu halten, sondern vor allem auch, um Anhänger der demokratischen Kandidaten zu verunsichern und letztendlich von ihrer Wahlentscheidung abzubringen. Mit großer Präzision sprach das Digitalteam über Facebook junge demokratisch eingestellte Frauen mit Botschaften über Bill Clintons sexuelle Verfehlungen an. Afroamerikaner wurden mit einem alten Video von Hillary Clinton über die Aggression junger afrikanischer Männer konfrontiert.[4]

Die Zahlen aus dem US-Wahlkampf sprechen eine deutliche Sprache: 62 % aller Amerikaner erhalten und nutzen Nachrichten über Soziale Medien.[5] Zwei Drittel aller Facebook-Nutzer[6] in den USA erhalten Nachrichten über ihren Facebook-Newsfeed, etwa dieselbe Zahl über Twitter. Politische Meinung wird im Netz gebildet. Wahlentscheidungen mehr und mehr über digitale Kommunikation beeinflusst. Von dort wird der politische Druck kommen – nicht von der Straße oder aus den Ortsverbänden der Parteien.

Deutschland ist noch nicht so weit, ein Like ist noch kein Kreuz auf dem Wahlzettel. Im Vergleich zu den USA ist die Zahl der rechtspopulistischen und rechtsextremen Parteien und Medien klein. Doch sie ist in den vergangenen Jahren rasant gewachsen, die Neue Rechte nutzt die digitalen Medien geschickt. Insofern wird politische Meinungsbildung auch in Deutschland künftig immer mehr im Netz stattfinden. Auch bei uns ist ein fundamentaler Wandel unserer

Öffentlichkeit im Gang. Möglich wird diese tiefgreifende Veränderung durch den digitalen Wandel, der die Verbreitung von Information filtert, verstärkt und automatisiert. Mit dem in diesem Buch an vielen Beispielen beschriebenen Effekt, unsere politische Diskussion, unsere demokratischen Abstimmungsprozesse gravierend zu verändern.

News oder Marketing? – Wenn die Gesetze der Werbung den Stellenwert von Informationen bestimmen

»Suchmaschinenoptimierung – besser ranken, mehr verdienen« – so einfach ist der Slogan der auf Platz 1 meiner Google-Suche gerankten Firma zur Suchmaschinenoptimierung in Google. Mit einer besseren Platzierung bei den Suchmaschinen kann eine Partei oder ein Kandidat wirkungsvoll dafür sorgen, massenhaft Menschen anzusprechen. Das von einer Suchmaschine wie Google[7] dem Nutzer vorgeschlagene Ergebnis-Ranking ist dabei sehr viel wirkungsvoller als die Frage, was als Topmeldung z. B. in einer TV-Nachrichtensendung platziert wird. Wer sich bei Google einen solch prominenten Listenplatz sichert, der kann damit rechnen, dass seine Angebote von vielen Nutzern geklickt werden – und über eine ganze Zeit die »Topmeldung« sind, während die Nachrichtensendung längst andere Schwerpunkte setzt.

Bezahlte Werbeplätze sind bei Google erkennbar an dem kleinen Symbol »Ad«.[8] Diese Werbung ist an den ersten Stellen der Google-Stichwortsuchen positioniert. So wird dem Nutzer sugeriert: Dies ist eine besonders relevante, besonders aussagekräftige Information. De facto handelt es sich um einen bezahlten Werbeplatz!

Nicht durch ein Bezahlsystem ausgelöst, sondern durch eine »Suchmaschinenoptimierung« – buchbar über entsprechende Agenturen ab etwa 300,– Euro im Monat – lassen sich bei Google gute Platzierungen im obersten Bereich der Suchergebnisliste erreichen. Dabei wendet Google einen Algorithmus an, den das Unternehmen nur teilweise offenlegt und stetig verändert.[9]

Da es sich nicht ändern lässt, sollte man es wissen: Die Ordnung von Informationen im Netz folgt an vielen Stellen kommerziellen Kriterien – kurzum: den Gesetzen von Marketing und Werbung. Denn die großen Suchmaschinen sind Wirtschaftsunternehmen mit klaren Interessen. Und: Sie sind zumeist Monopolisten! So beherrscht z. B. Google in Europa 90 % des Marktes.

Den Nutzern suggeriert Google, dass sich über seine Suche im Netz breite, vielfältige möglicherweise sogar objektive Ergebnisse erzielen lassen. Das trifft nur begrenzt zu. Was bei einer Suchmaschine oben gezeigt wird, ist eben oft nicht der meistgeklickte Inhalt, sondern schlicht gekauft.

Eine gute Platzierung bei Google schafft Reichweite

Mehr als 30 Millionen Menschen in Deutschland nutzen Facebook, jeder Internetnutzer täglich mehrfach die Google-Suche. Werbung im Netz lohnt sich also, denn sie wirkt. Gravierende Folgen haben digitale Werbekampagnen auf Wahlergebnisse vor allem dann, wenn die jeweiligen Kandidaten oder Parteien sich ein Kopf-an-Kopf-Rennen liefern. Das traf auf etwa die Hälfte aller US-Präsidenten-Wahlen zu. Hier lagen die Kandidaten um weniger als 7,6 % auseinander. Bei solch knappen Wahlergebnissen spielen unentschiedene Wähler eine große Rolle. Sie können über Sieg oder Niederlage entscheiden. Und 86 % der interviewten Wähler gaben an, dass sie Suchmaschinen befragt hätten, um Informationen über Kandidaten zu erhalten.[10]

Wo Wähler ihr Kreuz machen und Konsumenten kaufen, das hängt auch davon ab, ob das Produkt, ob die politische Botschaft direkt ins Auge springt. Das Prinzip ist einfach und sein Erfolg messbar, deshalb lassen sich das amerikanische Firmen mehr als 20 Milliarden US-Dollar pro Jahr kosten: Was oben steht, das wird geklickt. In einer Studie in den USA mit knapp 5 000 unentschiedenen Wählern aus ganz unterschiedlichen demografischen Situationen, zeigte sich, dass sich Wählereinstellungen um bis zu 20 % oder mehr verändern können, wenn die Suchmaschinenplatzierung entsprechend für eine Partei oder einen Kandidaten verbessert wird.[11]

Google-Suchen können eine Recherche auch geradezu verzerren. Das recherchierten für die USA die Kollegen des *Observer*: Auf die

Suchanfrage »Klimawandel« oder »Homosexualität« schlug die Google-Suche den Nutzern in den USA an den ersten Stellen rechtsradikale Seiten, Neonazi-Websites und antisemitische Einträge vor.[12] Auch »neutral« sind die Suchergebnisse nicht: In den Wochen vor der Präsidentenwahl in Frankreich startete ich eine Google-Bildersuche zum Stichwort »Frankreich Präsidentenwahl« – und bekam ein Suchergebnis, bei dem Le-Pen-Bilder weit häufiger waren als die anderer Kandidaten. Und in den Tagen nach der Wahl von Trump zum Präsidenten im November 2016 erbrachte meine Google-Bildersuche zum Stichwort »Trump« zumeist einen schimpfenden Menschen mit verzerrtem Gesicht, der mindestens einen unkontrollierten, wenn nicht verrückten Eindruck machte.

Algorithmen bestimmen, was ich sehe – bestimmen sie auch, wie ich mich verhalte?

Entscheidend ist, wie Suchmaschinen und soziale Netze Informationen sortieren. Nach welchen Kriterien gehen sie vor?

Das hängt von den Algorithmen ab, nach denen sie programmiert sind. Aus denen machen die Firmen allerdings oft ein großes Geheimnis.[13] Dabei beeinflussen sie unsere Kommunikation und unser Verhalten im Netz. Algorithmen verraten anderen – Freunden, Firmen, Werbeagenturen, Parteien, dem Staat –, was wir denken und fühlen. Sie zeichnen unser Verhalten nach und ziehen Schlüsse darauf, wie wir uns künftig verhalten und welche (Wahl-)Entscheidungen wir treffen.

Die chinesische Regierung plant – so berichtet der *Economist* – gar die Entwicklung eines Systems zur Kontrolle von Sozialverhalten und politischer Einstellung, das wohl ehrgeizigste und beunruhigendste Experiment digitaler Sozialkontrolle weltweit.[14]

Algorithmen können in vielen Fällen Schrift und Sprache so gut erkennen wie Menschen. Sie fangen an, Inhalte von Fotos oder Videos zu beschreiben. Schon heute werden 70 % der Finanztransaktionen durch Algorithmen gesteuert, Zeitungen und Servicewebseiten setzen Chat-Bots ein, um Antworten auf Fragen der Nutzer zu geben. Ist das der Anfang einer datengesteuerten Gesellschaft? Und wie werden wir unser Recht auf informationelle Selbstbestimmung[15] da noch schützen können?[16]

Im Netz ist es sehr viel genauer möglich, Botschaften gezielt für bestimmte Zielgruppen aufzubereiten und diese Inhalte dann auch nur dort zu verteilen. Genutzt wird Onlinemarketing nicht nur, um Nutzer auf bestimmte neue Produkte aufmerksam zu machen und diese in den Markt einzuführen, sondern auch, um durch eine entsprechende Wiederholungsfrequenz die Botschaft virulent zu halten und die Sichtbarkeit bei eingeführten Marken hochzuhalten.

Am Anfang steht immer eine Zielgruppenanalyse: Wen will ich mit meinen Inhalten oder meiner Botschaft ansprechen? Befindet sich meine Zielgruppe in einer bestimmten Region? Was kennzeichnet diese Gruppe? Nach was sucht sie sonst im Netz?

Ist die Zielgruppe definiert, so wird sie mit passenden Werbebotschaften, Informationen und Storys versorgt. Wichtig ist es, dass in diesen Storys Stichwörter – »keywords« – vorkommen, die von der Zielgruppe häufig gesucht werden. Nichts bleibt Facebook verborgen. Durch die Spuren, die ich auf Facebook und bei meinen Suchen über Suchmaschinen im Netz hinterlasse, bin ich für Werber gut lesbar. Das Netz macht es auch politischen Parteien oder Unternehmen möglich, sehr genau zu steuern, dass die passende Geschichte die passende Zielgruppe erreicht. Ich kann Menschen je nach ihren Nutzerinteressen und Themen selektieren. Und dann ideologische Geschichten erzählen, die ihrer Weltsicht entsprechen. Das Netz macht es möglich – mit wenigen Klicks.

Und ich kann genau prüfen, ob ich diese Zielgruppe wirklich erreiche. Jeder, der eine Website hat, hat auch die Möglichkeit, sich über Google Analytics anzusehen, wie viele Zugriffe aus welchen Regionen der Welt und in welchen Sprachen erfolgen. Ich kann sehen, welchen Interessen die Nutzer sonst nachgehen, z. B. Sport, Medien, Haus und Garten, Kultur, welche Altersgruppen zugreifen und welchem Geschlecht die Nutzer angehören. Welche meiner Inhalte interessieren die Nutzer, wo klicken sie? Nutzen sie regelmäßig meine Website?

Kinderleicht: Facebook-Werbung schalten

Nie war Werbung so einfach! Nie zuvor so passgenau. Schon mit einer einfachen Facebook-Werbung, die jeder machen kann, wird das Prinzip klar. Das lässt sich ganz leicht ausprobieren: ein Klick auf den Pfeil oben rechts auf der eigenen Seite, von dort aus lässt sich Werbung schalten. Für dieses Buch. Für einen neuen Staubsauger. Für eine Partei. Das ist nicht teuer und es lässt sich sehr genau auf bestimmte Gruppen zielen.

Ich mache den Selbstversuch. Das Facebook-Werbetool berät mich bei der Zielgruppenanalyse: Ich werde nach meinem Marketingziel gefragt: Will ich eine neue Marke bekannt machen? Geht es mir um die Verbreitung der Werbung in einer bestimmten Region? Oder will ich möglichst viele, möglicherweise auch im Ausland, erreichen? Ich kann bei Facebook nicht nur die Altersgruppe definieren, sondern auch »demographische Merkmale« – ziele ich auf potenzielle Kunden im Eigenheim, auf solche mit Kindern, auf Menschen, die weit entfernt von ihrem Heimatort leben oder gar im Ausland? Ich kann Einkommensgruppen definieren, die meine Werbung erhalten. Welche Generation adressiere ich, die geburtenstarken Jahrgänge, die Generation X oder die Millennials. Bei welchem Arbeitgeber, in welcher Branche arbeiten meine potenziellen Kunden, sind sie gerade frisch verlobt oder alleinstehend? Nutzen sie veraltete Technologie, verfügen sie über ein modernes Smartphone oder sind gar begeisterte Spieler auf Spiele-Konsolen – Facebook kalkuliert das alles mit ein.

Für Werber in den USA bietet Facebook ein zusätzliches Feature, das in Deutschland nicht verfügbar ist: Die Werber bei Facebook kennen auch die politische Einstellung Ihrer potenziellen Kunden und können sie von sehr konservativ bis liberal oder grundsätzlich aktiv an Politik interessiert einordnen. Ebenfalls nur in den USA ist es möglich, nach unterschiedlichen Herkunftsregionen zu definieren: zum Beispiel ausschließliches Hispanophone, die vor allem Englisch sprechen, oder auch solche, die Spanisch bevorzugen, Afroamerikaner oder Asiaten. Diese Klassifizierung machte sich Donald Trump in seiner Wahlkampagne zunutze.

Werbung leicht gemacht: Erstwähler über Facebook für die AfD begeistern

Auch das probiere ich aus. Stelle mir vor, ich würde Erstwähler oder Zweitwähler ansprechen wollen, die ich für die Ideen und Wahlziele der AfD begeistern möchte, in ganz Deutschland. Als primäre Zielgruppe wähle ich die Altersgruppe der 18- bis 24-Jährigen. Definiere, dass sie ihre Schule oder ihre Berufsausbildung zwischen 2015 und 2021 abgeschlossen haben sollten, dass sie Nutzer moderner Technologien sind. Ich spreche Männer und Frauen an. Und ziele damit auf eine ziemlich große Zielgruppe. Facebook errechnet mir eine potenzielle Reichweite von 7 Millionen Menschen. Mit einem Budget von 350 € kann ich meine Werbung vier Wochen lang laufen lassen. Dieselbe Kampagne nur für Sachsen hat eine potenzielle Reichweite von 240 000 Menschen. Der kleine Hinweis »gesponsort« weist mich darauf hin, dass es sich um Werbung[17] handelt. Ansonsten aber sieht die Werbung aus wie ein ganz normaler Post.

Während des Wahlkampfs wurde gezielt für bestimmte Zielgruppen über Facebook Werbung geschaltet – von allen Parteien. In meinem rechten Recherche-Newsfeed stolperte ich immer wieder über einen Post von Jens Spahn, CDU-Präsidiumsmitglied und heute Gesundheitsminister, der mich fragte: »Sichere Außengrenzen für ein sicheres Europa. Seht Ihr das genauso?« Diese Anzeige richtete sich an Zielpersonen mit Nähe zur AfD.

Achtung ansteckend! Warum sich vor allem Gefühle so gut im Netz verbreiten lassen und warum Soziale Medien so wirkungsvolle Verstärker sind

Gefühle sind ansteckend! Das kennen wir aus Fußballstadien, von Konzerten oder Demonstrationen. Und das gilt auch für Facebook und andere soziale Netze. Denn hier geht es ja nicht nur darum, Informationen zu teilen, sondern diese Informationen zu bewerten, sich dafür zu begeistern oder sich darüber zu empören – und diese Emotionen an Freunde und an Freunde von Freunden weiterzugeben. Soziale Netze sind ein guter Nährboden für Emotionen – und sie können massenhaft Menschen anstecken mit Wut, mit Enttäuschung oder mit Begeisterung.

Über den NewsFeed bei Facebook sehe ich, was meine Freunde teilen, was sie fühlen, was sie meinen. Der Algorithmus meint zu wissen, was wir sehen wollen. Was in meinem Fall und für die Dauer meiner Recherche bedeutet, dass ich über meinen Recherche-Newsfeed so gut wie ausschließlich rechtslastige Einträge erhalte, da ich über die Gruppen mit Pegida- und AfD-Anhängern verbunden bin. Und auf meinem privaten Account Meldungen zu den internationalen Themen, die mich persönlich interessieren – und die in vielen Punkten ganz gegensätzliche Informationen liefern.

Logisch, dass sich in meinem Newsfeed die Emotionen und Bewertungen meiner Facebook-Freunde spiegeln. Es lässt sich durch Nutzerbefragungen empirisch belegen, diese emotionalen Haltungen färben ab! Wer in seinem Newsfeed vor allem Äußerungen von Enttäuschung, das Gefühl der Zurücksetzung oder der Wut hat – der wird auch selbst eher negative Emotionen spüren und entsprechende Inhalte posten.[18]

Roboter, die sich verhalten wie Menschen: Social Bots

Algorithmen und Skripte stecken auch hinter Social Bots – Accounts, mit denen sich die massenhafte Verbreitung von Botschaften in Sozialen Medien automatisieren lässt. Bots werden hauptsächlich benutzt, um Trends zu verstärken. Ziel ist es, Tweets oder Facebook-Seiten von Kandidaten noch populärer zu machen. Von beiden Kandidaten im US-Wahlkampf war jeder dritte Follower und Fan ein Social Bot.[19] In Deutschland haben sich alle Parteien davon distanziert, Bots einzusetzen – außer der AfD, die dazu widersprüchliche Aussagen machte.[20]

Das Entscheidende: Social Bots sind für andere Nutzer nicht ohne weiteres als Roboter zu erkennen. Sie »verhalten« sich wie Menschen. Und lassen ihr Gegenüber im Unklaren, nach welchen Kriterien sie Informationen verteilen oder weglassen. Es sind Propagandamaschinen, die sich als menschlicher Account tarnen.

Auch so ein Bot lässt sich von der Stange kaufen und ist preiswert.

Eine ferngesteuerte 10 000 Bot starke Twitter-Armee kostet rund 500 Dollar. Man braucht einen Social-Media-Account, den Zugriff auf eine Programmschnittstelle (API) zum sozialen Netzwerk[21] und ein Programm, das den Bot nach bestimmten Kriterien steuert. Diese digitalen Propaganda-Maschinen sind sehr effektiv: 1 000 gefälschte Profile sind im Internet schon zwischen 50 Dollar (einfache Twitter-Accounts) und 150 Dollar (ältere Facebook-Profile) zu haben. Dies erklärt Simon Hegelich von der Hochschule für Politik (HfP) München in der kürzlich von der Konrad-Adenauer-Stiftung veröffentlichten Studie »Invasion der Meinungs-Roboter«. Alle Parteien außer der AfD haben den Einsatz von Social Bots im Wahlkampf abgelehnt. Dennoch kamen Social Bots zum Einsatz – wie eine Recherche des Blogs »Fearless Democracy« ergab, die über Netzwerkanalysen zeigen konnte, dass Tweets mit bestimmten Stichworten #nichtmeinspiegel, #toxischenarrative so stark in Umlauf gebracht wurden, dass sie in den Twitter-Trends landeten. Beide kamen von Internetaktivisten, die für die AfD Kampagnen betreiben. Die Meme, die in Verbindung mit den Hashtags geteilt wurden, entstanden in geschlossenen Chatrooms und wurden durch die »Trolle«, die sich dort vernetzen, verteilt. Der Kommunikationswissenschaftler und Datenanalyst Luca Hammer hat #toxischenarrative und #nichtmeinspiegel analysiert und kommt zu dem Ergebnis: »Das ist das erste Mal, dass ich eine so hohe Beteiligung von automatisierter Kommunikation bei einem deutschsprachigen Thema beobachtet habe.«[22] Rund die Hälfte der mehr als 1 500 Accounts, die an der Spam-Aktion beteiligt waren, waren Roboter. Sie setzen in einer Nacht knapp 6 000 Tweets ab.

Solche Propagandawellen sind neu in Deutschland. Und sie kommen bisher ausschließlich im Umfeld der AfD zum Einsatz. An ihrer manipulativen Wirkung kann kein Zweifel bestehen: Sie schaffen Frequenz und simulieren Reichweite, mit ihrer (automatisierten) Unterstützung kann jede noch so schädliche Nachricht oder Falschinformation im Nu in die Trending Topics des sozialen Netzwerks gespült werden. Social Bots sind deshalb sehr wohl geeignet, Trends in der politischen Meinungsbildung zu verändern, sie umzukehren und Themen auf die Agenda zu setzen.

Kein Algorithmus der Welt wird uns das kritische Denken abnehmen

Obergrenze, Asylforderer, Systemparteien, Staatsversagen, Kontrollverlust, bürgerkriegsähnliche Verhältnisse – diese Begriffe und die dazugehörigen Erzählungen kommen längst nicht mehr nur in Wahlkampfreden, sondern auch im Alltag und in den etablierten Medien vor: »Hier können Sie als Frau noch auf die Straße gehen!« – werde ich beruhigt, als ich in einem Hotel irgendwo in einer deutschen Kleinstadt einchecke. »Der Mainstream hat über die Flüchtlingswelle doch viel zu positiv berichtet!«, meint ein Kollege im Gespräch mit mir. Es sind nicht nur die Begriffe der Rechtspopulisten, sondern auch ihre Deutungsrahmen im allgemeinen Sprachgebrauch angekommen.

Der Angriff auf die Demokratie beginnt mit einem Angriff auf die Sprache. Das gilt nicht nur für die Neue Rechte, sondern auch für die anderen Akteure, welche über Propaganda die Meinung in unserem Land beeinflussen. Sie alle arbeiten daran, die Grenze des Sagbaren zu verschieben. Über das beständige Aktivieren von Opfer-Täter-Narrativen, Geschichten über das Staatsversagen, die feindlichen Eliten und gewaltbereiten Fremden ist es den Rechtspopulisten gelungen, die Sprache ihrer Anhänger zu verändern. Und damit die Vorstellung von der politischen und gesellschaftlichen Wirklichkeit in unserem Land.

Der Aufstieg der AfD innerhalb von nur vier Jahren zu einer Partei in Fraktionsstärke im Bundestag, unterstützt von 12,6 % der Wählerinnen und Wähler, hat viele Ursachen. Doch er wäre ohne massenhafte digitale Verbreitung der Begriffe, Bilder und Erzählungen nicht gelungen. Die Rechtspopulisten haben den digitalen Strukturwandel[1] unserer Öffentlichkeit geschickter als andere für ihre Zwecke und ihr Agendasetting genutzt. Sie nehmen messbar Einfluss auf die Meinungsbildung in Deutschland. Ihnen geht es darum, die Resonanz für ihre Ideen Stück um Stück zu steigern, Echokammern aufzubauen und diese durch Vernetzung stetig zu vergrößern.

In diesen digitalen Echokammern organisiert sich eine Gegenöffentlichkeit, in der unterschiedlichste nichtdemokratische Akteure das demokratische System mit seinen Akteuren und Institutionen anfeinden. Sie erzeugen durch Desinformationen und Propaganda, Hetze und Kampfbegriffe Resonanz für ihre Ideen. Sie übermalen die Realität durch Verschwörungstheorien, Weltvereinfachungsformeln, Falschinformationen. Die Dekonstruktion des Faktischen ist ihre politische Strategie – und Kernelement ihrer Desinformation und Propaganda.

Behauptung und Vermutung, bloße Zuschreibung und Beschimpfung – das alles steht in diesen Desinformationskampagnen neben dem Sachverhalt. Stärker wirkt, was öfter wiederholt wird. Was von Gleichgesinnten geteilt wird. Auf der Strecke bleiben die Fakten. Die Desorientierung der Nutzer wird nicht nur in Kauf genommen, sie ist Teil der Desinformationslogik. Was ist Fakt – was ist zielgerichtete Falschinformation? In der Flut der Meldungen zu #unsereLisa #ukraine #rapefugees lässt sich das kaum so schnell entscheiden, wie es nötig wäre.

In diesen digitalen Desinformationsräumen koppeln sich größer werdende gesellschaftliche Gruppen von den Diskursen und den Realitäten in unserem Land ab. Die digitalen Echokammern, um die es in diesem Buch geht, wirken als Verstärker für menschenfeindliche, antidemokratische, extremistische Positionen. Technisch möglich wird das durch den »digitalen Strukturwandel«, der die politische Meinungsbildung erfasst.

Der Prozess der Erosion und Zerteilung unseres öffentlichen Informationsraums und das Entstehen voneinander getrennter Teilöffentlichkeiten ist bereits fortgeschritten. Und die Zahl der undemokratischen, populistischen und extremistischen Akteure, die ihn sich zunutze machen, um Einfluss auf unsere Gesellschaft und unser Land zu nehmen, wächst ! Umso drängender ist die Frage, wie wir als Gesellschaft mit den weitreichenden politischen und gesellschaftlichen Folgen umgehen, ob als Bürger, Wähler oder Mediennutzer.

Souverän und gelassen, das wäre das Beste. Denn der digitale Strukturwandel unserer Öffentlichkeit bietet eine Riesenchance auf breitere bürgerliche Beteiligung und er eröffnet auch demokratischen Akteuren neue Gestaltungsräume.

Die Desinformation, die in diesem Buch beschrieben wird, ist kein Grund zur Panik und auch kein Grund, sich vom Netz abzuwenden. Doch sie liefert allen Grund zu handeln und die digitale Welt souverän und neugierig mitzugestalten. Unser Verstand ist gefragt! Dafür müssten wir unsere politische, gesellschaftliche und mediale Kommunikation ändern, uns dem digitalen Wandel stellen und ihn für uns nutzen, um dieses Feld nicht Populisten und Extremisten zu überlassen.

Wie groß ist der politische Schaden?

Im Vergleich mit den USA, mit Großbritannien und auch mit Frankreich steht Deutschland erst am Anfang dieser Entwicklung. Noch ist nur jede fünfte Meldung auf Twitter eine Falschinformation; noch haben wir ein vielfältiges Mediensystem; noch gibt es viele Wähler und Mediennutzer, welche ihre Informationen nicht ausschließlich über Soziale Medien beziehen.[2] Ein Blick in die genannten Länder genügt aber, um uns vor Augen zu führen, wohin der digitale Strukturwandel auch in unserer Öffentlichkeit führen kann. Wir werden lernen müssen, mit manipulierten Informationen und gezielten Falschmeldungen souveräner und kritischer umzugehen, denn der Angriff auf die Demokratie und die Zersetzung unseres öffentlichen Informationsraums durch undemokratische, autoritative, populistische und extremistische Akteure wird anhalten.

Mit dem Jahr 2017 hat sich der Rechtspopulismus politisch und öffentlich in Westeuropa platziert. Der Front National vervierfachte die Zahl seiner Sitze in der Nationalversammlung. 7,7 Millionen Menschen wählten die rechtsextreme Marine Le Pen. Geert Wilders wurde mit seiner Partei mit gut 13 % in den Niederlanden zum ersten Mal zweitstärkste Kraft. Die AfD setzt auch nach ihrem Einzug in den Bundestag ihre Kommunikation der Provokation und des Tabubruchs fort. Was bisher nur im Netz verbreitet wurde, ist inzwischen im Bundestag angekommen.

Es geht um einen anderen Gesellschaftsentwurf

Kleinreden sollten wir die Rechtspopulisten nicht – denn ihr Angriff auf unsere Demokratie und Gesellschaft ist grundsätzlich und radikal. Das wird klar, wenn man ihre Erzählungen zu Ende denkt: Sie beschreiben eine Gesellschaft der »Volksdeutschen«, die Einwanderung ablehnt und den Flüchtlingsschutz aussetzen will. Sie wollen zentrale Artikel des Grundgesetzes ändern, welche die Grundrechte eines jeden Menschen im Gesetz verankern. Damit stellen sie das klare Bekenntnis Deutschlands zu unverletzlichen und unveräußerlichen Menschenrechten als Grundlage jeder menschlichen Gemeinschaft, des Friedens und der Gerechtigkeit in der Welt zur Disposition. Der erste Artikel, den sie ändern wollen, ist Art. 16a: »Politisch Verfolgte genießen Asylrecht« – dieses Grundrecht soll umgewandelt werden in ein reines Gnadenrecht. Geht es nach ihnen, wird das Recht auf Asyl eingeschränkt, das unabhängig von Hautfarbe oder Religion Gleichbehandlung gewährt. Sechs Tage vor der Bundestagswahl stellten sich die beiden AfD-Spitzenkandidaten, Alexander Gauland und Alice Weidel, vor die Hauptstadtpresse und stellten ihre Forderungen zu »islamischer Zuwanderung und Kriminalität« vor: die Errichtung von Gefängnissen für kriminelle Ausländer in den Ursprungsregionen – und ein Ende der Bindung Deutschlands an die Urteile des Europäischen Gerichtshofs für Menschenrechte in Straßburg. Das ist eine klare Absage an die Menschenrechte!

AfD und Co. propagieren in den Erzählungen in ihrer Echokammer ein Zweiklassensystem: Während »Volksdeutsche« Anspruch auf Sozialleistungen haben und auf den Schutz ihrer Rechte, gilt das nur eingeschränkt für Zuwanderer, übrigens auch für die der zweiten Generation, die bereits in Deutschland geboren sind. Es ist eine Gesellschaft, die Menschen diskriminiert, ohne dass sie es beim Namen nennt. Die in vielen Belangen den Rückwärtsgang einlegt: Die Ehe für alle wird abgelehnt. Frauen müssen zwei Kinder bekommen. Auf alle Anreize zur Berufsausübung wird deshalb verzichtet. Quotenregelungen und Gleichstellungsgesetze werden zu den Akten gelegt, öffentlich-rechtliche Sender abgeschafft. Wer dann die Politik zur Rechenschaft zieht? Das geschieht über den direkten Draht zwischen

Volk und Regierung. Regelmäßig wird über Volksentscheide Politik gemacht. Deutschland schafft den Euro wieder ab, zieht sich vielleicht aus der NATO zurück. Schließt sich ein, schottet sich ab. Denkt man das Programm und die Einlassungen der AfD zu Ende, dann sieht Deutschland so aus. Das ist Vereinfachung pur. Abwehr einer komplizierten Welt »da draußen«.

Dieses wenig realistische, aber ach so verführerisch einfache Szenario hat offensichtlich viele Menschen in unserem Land angesprochen. Und die Themen der AfD haben den Wahlkampf 2017 dominiert: die Flüchtlinge und ihr Einfluss auf die deutsche Gesellschaft; die Sorge vor einer schleichenden kulturellen Dominanz durch Zuwanderer; das Gefühl, im eigenen Land nicht mehr sicher zu sein.

Auch die anderen Akteure, die auf die politische Meinungsbildung bei uns Einfluss nehmen, treten ein für ein anderes Gesellschafts- und Politikmodell. Ausgerechnet die beiden großen Autokraten in unserer Nachbarschaft – Erdoğan und Putin – werben in unserem Land mit ihrer Propaganda[3]. In ihren Medien und Echoräumen werden die Ursprungsländer – hier die Türkei, da Russland – zu Sehnsuchtsorten. Dort findet sich alles, was Deutschland nicht hat: Ordnung und Sicherheit, eine starke politische Führungsfigur. Die Narrative, die sie über ihre Medien in unser Land bringen, beschreiben Deutschland als Land am Abgrund. Herbeigeführt wurde dieser Zustand durch korrupte und machtversessene Eliten, ausgehöhlte und parteiische staatliche Institutionen und Gewalten, welche nur die Interessen dieser Eliten vertreten.

»Du bist in diesem Land nicht sicher! Mit der Demokratie ist es in Deutschland nicht weit her! Regierung und Staatsverwaltung sind korrupt! Die Medien lügen!« Das sind die Botschaften, die sie in den Köpfen ihrer Zielgruppen, den zwei größten Zuwanderungsgruppen in unserem Land, verankern wollen. Narrative, die sich so und ähnlich auch in der rechten Echokammer finden. Deutschland ist in diesen Erzählungen in jeder Hinsicht ein unsicheres Land: eines, in dem die Sicherheit des Einzelnen bedroht ist durch Feinde von oben – die Regierung, die Parteien, die Eliten. Oder durch Feinde aus anderen Bevölkerungsgruppen. Auf diese Weise säen sie Zweifel am Funktionieren des deutschen Staats, der Glaubwürdigkeit seiner

PolitikerInnen und unserer Demokratie. Unser Informationsraum ist eine strategisch wichtige Öffentlichkeit für die Diktatoren der Welt.

Der Angriff auf die Demokratie beginnt im Netz – dort werden Botschaften verbreitet, dort entstehen die zentralen Erzählungen, dort formen und radikalisieren sich durch Diskussion unter Gleichgesinnten politische Einstellungen. Doch er hat längst ganz realpolitische Auswirkungen: Unter den beiden größten Migrantengruppen, den Deutschtürken und Russlanddeutschen wenden sich viele von den etablierten Parteien ab. Der Verfassungsschutzbericht meldet für das Jahr 2016 einen Anstieg der Straftaten mit rechtsextremistischem Hintergrund um 13,6 %. Die Zahl der über das Netz radikalisierten islamistischen Terroristen nimmt zu.

Weltvereinfachungsformeln für eine komplexe Welt

So unterschiedlich die Akteure sein mögen, die hinter Desinformationen stehen: Sie alle – auch die gewaltbereiten Extremisten des IS – geben ihren Nutzern »Weltvereinfachungsformeln« an die Hand, mit denen sich die komplexen Entwicklungen um uns herum leichter deuten lassen: Es gibt Täter und Opfer, Sehnsuchtsorte wie das Kalifat, das sichere Russland, die erfolgreiche Türkei – und Feinde. Sie alle belassen es in ihrer Kommunikation nicht dabei, nur Inhalte zu senden, sondern sie setzen auf die Verbreitung ihrer Botschaften unter Gleichgesinnten. Es geht ihnen darum, eine Gemeinschaft der Gleichgesinnten im Netz aufzubauen, die diese »Weltvereinfachungsformeln« zuspitzt, auflädt, multipliziert. Insofern informieren sie nicht nur. Sondern sie agitieren. Sie verstehen ihre Zielgruppen als Mittel zum Zweck der Durchsetzung ihrer eigenen Interessen mit dem Ziel der Schwächung unseres bestehenden politischen Systems. Sie beabsichtigen, das gesellschaftliche Miteinander in einem Land, in dem 17 Millionen Menschen mit Migrationshintergrund[4] leben, zu beschädigen. Denn sie suggerieren »ihren« Zielgruppen, dass sie in Deutschland diskriminiert werden, dass sich unsere Gesellschaft kulturell oder religiös unvereinbar von ihnen unterscheidet. Dass sie sich in einem feindlichen Umfeld bewegen, mit dem sie sich nicht identifizieren sollten. Eine solche Botschaft ist für ein Einwanderungsland wie Deutschland verheerend und blockiert Integration.

Die strategischen Ziele und die Zielgruppen sind unterschiedlich, doch alle Informationskrieger, die Einfluss auf die politische Meinungsbildung in unserem Land nehmen, verbreiten Angst und Misstrauen, säen Zweifel, ob unsere Demokratie, unser Rechtsstaat, unsere politische Ordnung funktioniert und gerecht ist. »Wir sind das Volk und wer seid ihr?«, fragt Erdoğan rhetorisch. Wenn er »wir« sagt, dann meint er sich und seine AKP-treuen Untertanen, und wenn er »ihr« sagt, meint er Nichtregierungsorganisationen, unabhängige Medien und Journalisten, politisch Andersdenkende – kurzum all jene, welche er seit dem Putsch 2016 inhaftiert und verfolgt hat. Sowohl die Türkei wie Russland sind Beispiele dafür, wie leicht aus Populismus autoritäre Politik wird. Sie zeigen, wie schnell Populisten Instrumente der Diktatur nutzen, wenn es um die Unterdrückung von Bürgerrechten und Meinungsfreiheit geht. Und sie zeigen, dass Propaganda und Desinformation die Basis für den Erfolg populistischer und autoritärer Regime sind.

Desinformation als Mittel zum Zweck

Menschen suchen nicht natürlicherweise nach der Wahrheit. Viele tendieren dazu, diese zu meiden. Menschen akzeptieren instinktiv Informationen, denen sie ausgesetzt sind. Und wenn sie falschen Glaubenssätzen widerstehen wollen, dann müssen sie daran aktiv arbeiten. Sie tendieren dazu, vertraute Informationen für wahr zu halten. Und Sie picken sich die Information heraus, die ihre bestehenden Ansichten unterstützen. Im Netz führt das dazu, dass Falschinformationen häufiger geteilt werden als Fakten.[5] Wurzel dieses ganzen paradoxen Verhaltens ist das, was der Wirtschaftsnobelpreisträger Daniel Kahnemann[6] schon vor einigen Jahren »cognigtive ease« nannte, kognitive Bequemlichkeit. Hier liegt eine Gefahr der voneinander isolierten Teilöffentlichkeiten im Netz – denn innerhalb dieser Echokammern gibt es keine Meinungsvielfalt. Dort ist man unter Gleichgesinnten. Das aber ist nicht nur ein Rückzug in die eigene Community – sondern zugleich ein Rückzug aus dem gesellschaftlichen Diskurs.

Die Akteure in den Gegenöffentlichkeiten haben sich diesen Mechanismus zunutze gemacht: »Das was man fühlt ist Realität!«[7], sagen die Populisten wie die Extremisten. Nach diesem Prinzip funktioniert ihre politische Kommunikation. Ihre Erzählungen transportieren vor allem Gefühle. Protest entsteht über die Verbreitung von Angst und Wut. Desinformation ist ein ebenso banales wie wirkungsvolles Mittel, um diese Gefühle auszulösen. Wegen dieser emotionalen Wirkung werden Falschinformationen in den Sozialen Medien gerne geteilt und öfter verbreitet als Fakten.

Für die Kommunikation der Populisten und Extremisten ist Desinsformation deshalb ein konstitutives Element. Die Wirkung von Meldungen, dass Merkel eine Enkeltochter Hitlers sei oder dass SPD-Spitzenkandidat Schulz möglicherweise »Konzentrationslager für politisch unbequeme Bürger« fordern werde, weil sein Vater bei der Vergasung von Juden im Dritten Reich mitgewirkt habe[8], lässt sich leicht vorhersehen. Desinformation löst Wut, Angst und Empörung unter ihren Adressaten aus, auch wenn die Information offensichtlich falsch ist – und erhöht so die Sichtbarkeit und Resonanz für populistische Ideen.

Postfaktisch ist nicht neu

Natürlich sind postfaktische Erzählungen und Propaganda kein Phänomen des 21. Jahrhunderts. Und auch wenn postfaktisch erst 2016 Wort des Jahres wurde[9], so gab es das Phänomen zu allen Zeiten.

Eindrucksvoll hat Hannah Arendt davon erzählt – in sehr analogen Zeiten. Sie schrieb über die deutsche Gesellschaft nach dem Zusammenbruch des nationalsozialistischen Regimes, nachdem sie 1949 und 1950 nach Deutschland gereist war, der erschreckendste Aspekt der weit verbreiteten Realitätsflucht »liegt jedoch in der Haltung mit Tatsachen so umzugehen, als handle es sich um bloße Meinungen«.[10] Arendt stellt bereits mit Blick auf die nationalsozialistische Diktatur fest, dass jedes totalitäre Regime auf Desinformation als konstitutives Mittel angewiesen ist: »Bevor die totalitären Bewegungen die Macht haben (…), beschwören sie eine Lügenwelt der Konsequenz herauf, die den Bedürfnissen des menschlichen Gemüts besser entspricht als die Wirklichkeit selbst (…).«[11] Der ideale Untertan des totalitären Regimes sei nicht der ideologisch überzeugte Nationalsozialist oder Kommunist, sondern »Menschen, die nicht mehr unterscheiden zwischen Fakt und Fiktion, (…) wahr und unwahr«.[12] Die Flucht vor der Wirklichkeit in die Deutung, die Zuspitzung, die Hetze war immer schon Voraussetzung aller Massenpropaganda. So entwickelten die Nationalsozialisten in der Weimarer Republik ganz gezielt postfaktische Erzählungen, um der tief sitzenden Enttäuschung vieler Deutscher und der gefühlten Beschädigung der eigenen Identität durch die Niederlage im Ersten Weltkrieg zu begegnen. Adolf Hitler wies die bloße Feststellung, die moderne politische und soziale Welt sei komplex, 1931 »als bösartige Propaganda der Demokraten zurück«.[13] Stattdessen bot die Propaganda der Nationalsozialisten einfache Erklärungen und leugnete die Fakten: Parlamentarisches System? Eine trügerische Fassade, durch die die Menschen getäuscht wurden und Abgeordnete sich bereichern! Demokratische Parteien? Ein korrupter Haufen! Liberale Presse? Bei den Nationalsozialisten wurde sie zur »Asphaltpresse« oder »Judenpresse«. Auch die von ihnen beschriebene völkisch-nationalistische Identität, das »wahre Volk«, war auf Feinde angewiesen. Außenminister Stresemann wurde durch seine Politik der Verständigung mit den ehemaligen Kriegsgegnern in rechten Hetzkampagnen zum »Landesverräter«, der eine »Versklavung des deutschen Volkes« durch die Siegermächte anstrebe. Und auch der Begriff der »System-Parteien« wurde während der Wirtschaftskrise seit 1930 genutzt und bezeichnete die Parteien, »die einen Vernichtungsfeldzug gegen das eigene Volk« führten.

Es ist nicht zu übersehen, dass die Rechtspopulisten von heute sprachlich an die Begriffe und die Narrative von damals anknüpfen. Das gilt insbesondere für die Erzählungen zur Volksgemeinschaft, zur kulturellen Überlegenheit durch Rasse oder Religion, für die pauschale Diskriminierung ganzer Gruppen, die tiefe Menschenfeindlichkeit, die Elitenkritik, die ihre Erzählungen prägt. Es sind inhaltlich und sprachlich die alten Stichwörter und Rezepte – was nicht bedeutet, dass alle AfD-Wähler solche extremen Einstellungen vertreten.

Doch es gibt einen fundamentalen Unterschied zwischen analoger Propaganda und digitaler Desinformation, und das ist die Massenhaftigkeit und Frequenz, mit der sich manipulierte Informationen im Netz verbreiten. Über die in diesem Buch beschriebenen Mechanismen erzielen Desinformation und Propaganda heute viel größere Reichweiten als zu einer Zeit, wo Postfaktisches über den Rundfunk, die Wochenschau oder die Tagespresse verbreitet wurde. Die Zahl der Akteure, die durch Desinformation Zweifel an unserem demokratischen System säen, die über ihre Sprache und ihre Erzählungen die demokratische Auseinandersetzung vergiften – und die Zahl der von ihnen genutzten Medienplattformen, Gruppen und Foren – haben sich vervielfacht. Und dadurch auch Propaganda und Falschinformationen.

Digitales Agendasetting und Meinungsbildung

Dass der tiefgreifende digitale Strukturwandel unserer Öffentlichkeit zur Zeit von Populisten und Extremisten effizienter genutzt wird als von anderen, auch dafür gibt es in diesem Buch viele Beispiele. Und es lässt sich an Zahlen zeigen:

Jede dritte Meldung zur Bundestagswahl bei Twitter drehte sich in den Wochen vor dem Wahltermin um die AfD. 30 % des Traffics auf Twitter mit Informationen zu einer Partei, die zu diesem Zeitpunkt 10–12 % bei Meinungsumfragen erzielte.[14] Die AfD nutzt Soziale Medien sehr viel stärker zur Meinungsbildung als andere Parteien und die Reichweite und Frequenz bei Twitter suggeriert den Nutzern, dass die AfD starken Rückhalt genießt, und spiegelt nicht die De-facto-Wählerpräferenzen.

Spätestens mit dem Wahlergebnis ist klar: Das digitale Agendasetting durch die Rechtspopulisten funktioniert. So werden deutlich größere Reichweiten erzielt als durch Tür-zu-Tür-Wahlkämpfe oder Wahlkampfveranstaltungen. Über dieses digitale Agendasetting lassen sich gezielt Themen öffentlich setzen – so zum Beispiel mit dem Thema »Lügenpresse«: Dieser Begriff verbreitete sich 2016/17 rasant. Ungeachtet des Fakts, dass das Informationsangebot heute größer, der Zugang zu Informationen leichter als je zuvor ist, werden über

Medien verbreitete politische Informationen von jedem zweiten Deutschen als unübersichtlich und widersprüchlich empfunden. In einer Allensbach-Umfrage im Februar 2017[15] gaben 44 % an, bei »vielen politischen Informationen« gar nicht zu wissen, »welchen davon ich glauben kann«. 45 % sind misstrauisch und glauben, dass die wirklich wichtigen Informationen den Bürgern vorenthalten werden – von den Anhängern der Linken und der AfD glaubt das die Mehrheit! Und nur 47 % sind überzeugt, dass es »bei vielen Themen und in vielen Situationen klare Fakten gibt, die beweisbar sind und einfach stimmen«. 43 % vertreten die gegenteilige Position und meinen »Was stimmt und was nicht, ist in vielen Fällen Ansichtssache. Es gibt oft kein »wahr« und kein »falsch«. Interessant ist, bei welchen Themen das Misstrauen besonders groß ist: beim Thema Terror in Deutschland, bei Analysen zur wirtschaftlichen Lage, zum Brexit, zu sozialen Unterschieden in Deutschland, zum russischen Präsidenten. Aber das Thema, gegenüber dem das Misstrauen am größten ist, ist das der Flüchtlinge. Das alles aber sind Themen, die zeitgleich große virale Verbreitung in der rechten Gegenöffentlichkeit fanden.

Das Agendasetting funktioniert nicht nur in den sozialen, sondern auch in den klassischen Medien: Sichtbar war das bei vielen TV-Diskussionen vor der Bundestagswahl. Durch ihre Provokationen und Tabubrüche gelang es der AfD immer wieder, die Diskussionen um ihre Begriffe kreisen zu lassen, ohne selbst einen inhaltlichen Beitrag leisten zu müssen. Sie sorgten dafür, dass das Thema der Flüchtlinge als Thema Nummer eins den deutschen Wahlkampf bestimmt hat. Als ob es keine anderen Themen gäbe, die auf politische Lösungen warten!

Und nun? Digitale Öffentlichkeit gestalten – ein paar Vorschläge

Der digitale Strukturwandel unserer Öffentlichkeit, den dieses Buch dokumentiert, steht erst am Anfang. Was bedeutet er für uns? Wie gehen wir um mit der Menge an Desinformation, die sich mit rasender Geschwindigkeit verbreitet? Mit der Automatisierung vieler Informationen? Mit den manipulativen Möglichkeiten, die sich daraus ergeben? Wie lernen wir Information und Desinformation zu unterscheiden? Wie gehen wir um damit, dass es keinen gemeinsamen öffentlichen Informationsraum gibt, in dem sich Meinungen bilden: Hauptnachrichtensendungen, die eine Sonntagabend-Talkshow, die meine Arbeitskollegen auch alle gesehen haben? Wie kommen wir eigentlich noch an die ran, die sich in ihrer eigenen Echokammer der Gleichgesinnten eingeschlossen haben?

Auf diese Fragen werden wir Antworten entwickeln müssen, die wir ganz offensichtlich heute noch nicht haben. Mich bewegt, dass das Netz eigentlich eine fantastische Chance auf Bildung und Wissen bietet, auf politische Beteiligung – und eine sehr gleichberechtigte Kommunikation. Wie schaffen wir es, diese großartige Chance auf mehr Meinungsfreiheit, mehr politische Teilhabe zu gestalten? Wie entwickeln wir eine digitale Öffentlichkeit und Zivilgesellschaft, an der möglichst viele teilhaben? Wie verhindern wir, dass digitale Diskurse von nicht-demokratischen Akteuren dominiert werden?

Dreh- und Angelpunkt ist, dass wir lernen, mit diesem digitalen Stukturwandel umzugehen. Es geht darum, neue Kompetenzen zu erwerben, um das Wahre vom Unwahren zu trennen und das Netz als Raum für demokratische Verständigung zu erobern und zu gestalten.

Ein paar Ideen, wie das gelingen kann:

1. Fakt statt Fake: Unsere Sprache sollte die Fakten beschreiben

Der Angriff auf die Demokratie beginnt damit, demokratische Verständigung zu behindern. Populisten stellen Provokation und Tabubrüche an die Stelle sachlicher Argumente, sodass man zur Sachebene gar nicht erst vordringt.[16] Tatsachenbeschreibungen werden durch Meinungsäußerung ersetzt. Kritik durch Hetze. Fakt durch Fake. So vergiften sie den politischen Dialog.

Dem postfaktischen Wüten sollten wir uns souverän entgegenstellen und diese Vergiftung aufhalten, indem wir uns nicht darauf einlassen, die Begriffe nicht übernehmen. Denn wenn keiner mehr klärt, was wahr ist und was unwahr, dann lassen wir zu, dass Deutungen die Realität übermalen – wie das in vielen Erzählungen der Populisten und Extremisten geschieht. Dann aber lässt sich kein demokratischer Diskurs mehr führen.

Demokratische Verständigung ist kaum möglich, wenn wir nicht mehr dieselbe Sprache sprechen – wenn die einen »Gutmenschen« sagen, die anderen »Ehrenamtliche«. Die einen »Flüchtlinge« – die anderen »Rapefugees«. Wenn Kampf- und Propaganda-Begriffe den Blick auf die Realität verstellen und verändern und sich in unsere Alltags-, Politik- und Medien-Sprache einschleichen.

Wir sollten Provokation nicht mit Gegenprovokation beantworten. Falsches nicht mit Falschem parieren. Fake sollten wir nicht stehen lassen.

Postfaktischer Politik sollten wir mit Fakten begegnen. Demokratische Verständigung – auch im digitalen Raum – verlangt danach, Fake zu entlarven als das, was es ist: Desinformation, vielleicht offene Manipulation. Hier haben alle, die sich als Demokraten verstehen, einen Dienst an der Wahrheit zu leisten. Es ist verkehrt – passiert aber viel zu häufig –, immer wieder nur dem Reiz-Reaktionsschema »Provokation – Gegenprovokation« zu folgen oder oberflächlich Stichworte mit Schlagseite zu diskutieren. Stattdessen sollten wir die Fakten dazu herausarbeiten, die Stichwortgeber gezielt damit konfrontieren und auf Antwort bestehen. Viel zu oft wurde die Sprache der Populisten übernommen und nachgeahmt. »Auf die Fresse!« wird nicht reichen, als Antwort auf die politischen Gegner. Die besseren Argumente haben und die Sorgen der eigenen Wähler (und derer, die man verloren hat) zu kennen, das wäre gut.

Noch hat die Wahrheit nicht verloren, wenn es um die politische Meinungsbildung geht. Was das zur Folge hätte, zeigt sich in Ländern, in denen Medien und Zivilgesellschaft gleichgeschaltet sind, zensiert werden oder keine wirtschaftliche Grundlage haben. Nur ein Bruchteil der Menschen in unserem Land glaubt, dass in Europa »ein Bevölkerungsaustausch« stattfindet, ein »Völkermord durch Migration«, dass »Zensur herrscht« in unserem Land.[17] Deshalb lohnt es sich weiterhin, Fake durch Fakt richtigzustellen, immer wieder!

2. Streit ist gut, Hetze nicht

Die Demokratie scheitert nicht an Meinungsverschiedenheiten und politischer Auseinandersetzung! Im Gegenteil: Sie wird schwächer, wenn wir nicht mehr miteinander um den richtigen Weg für unser Land ringen. Demokratie ist die beständige Suche nach dem Kompromiss – und den kann nur verhandeln, wer seine Position einbringt und dafür streitet.

Das genau versuchen viele Akteure zu umgehen: Die Populisten zielen darauf, die Kontroverse als »Streit um den richtigen Weg unter Gleichberechtigten« auszulassen, indem sie behaupten, es gebe einen allgemeinen und einheitlichen Volkswillen. Dieses geschlossene »Volk«, das es naturgemäß nicht gibt, hat immer recht – und die Populisten sind dessen politische Stellvertreter. »Wir werden uns unser Land und unser Volk zurückholen«, verkündete AfD-Spitzenkandidat Alexander Gauland nach dem Wahlerfolg der AfD. Dieser Satz ist entlarvend: Unumwunden drückt er nicht nur die falsche Überheblichkeit der Populisten aus, sondern auch ihren autoritären Machtanspruch, für »ihr Volk« zu sprechen.

Wir müssen mehr streiten! An echten Kontroversen ist noch keine Demokratie gescheitert. Formulierungen wie die Gaulands stehen zu lassen, sie nicht zu bestreiten und zu demaskieren – das würde bedeuten, die Deutungshoheit den Populisten zu überlassen. Sich wegducken vor Meinungsverschiedenheiten oder gar das Auslassen von Themen, das ist deshalb aus meiner Sicht ein Fehler!

Ein Beispiel für fehlenden Diskurs war die tatsächlich einseitige Berichterstattung der deutschen Medien, als die Flüchtlinge in unser Land kamen. Kritiklos schlossen sie sich mehrheitlich der »›Wir-schaffen-das !‹-Logik« der Kanzlerin an, ließen die vielen offenen Fragen und Probleme der Integration außen vor, artikulierten die Ängste und Sorgen nicht, welche durch die Flüchtinge ausgelöst wurden.

Ein anderes Beispiel für fehlenden Streit sind die Wahlprogramme ohne Ecken und Kanten, welche den Abschottungsthesen der Populisten nicht mit eigenen Positionen begegneten und sich ausschließlich und lautstark für eine freiheitliche, liberale und plurale Gesellschaft einsetzten.

Oder die engen Auflagen, welche Kanzleramt und Regierungssprecher für Format und Fragen des TV-Duells der Spitzenkandidaten vorgaben, sodass es am Ende keine echte Diskussion wurde.[18] Das stand stellvertretend für einen Wahlkampf, in welchem CDU und SPD, aber auch die Grünen an vielen Stellen versuchten, erst gar keine Kontroverse aufkommen zu lassen. Warum beim Thema Sicherheit kein Klartext? Warum das Thema »Identität« den Rechtspopulisten überlassen?

Es entstand – und entsteht – zu oft der fatale Eindruck: Die Regierenden reden an unserer Realität vorbei. Sie umgehen Themen ganz bewusst. Damit aber überlässt man den Populisten die politische Meinungsbildung zu diesen und anderen Punkten.

Das heißt also: eine eigene Agenda haben und setzen. Dabei gehören auch schmerzhafte Themen in die Mitte von Politik und gesellschaftlicher Debatte. Und zwar sowohl jene, die viele Wähler zur AfD zogen, als auch solche, die den 87 % der Wähler in unserem Land, welche der AfD nicht ihre Stimme gegeben haben, Sorgen machen: Armut, Schule, Rente, Arbeit von morgen.

Zu diesen Themen haben die Populisten wenig Konkretes beizutragen. Deshalb sollten wir sie, wo immer möglich, zu mehr Bekenntnis zwingen. Sie mit den sehr konkreten Fragestellungen einer komplexen Welt konfrontieren und nicht durchgehen lassen, dass sie darauf keine Antworten haben – das ist die Aufgabe aller demokratischen Akteure. Dazu wird es reichlich Gelegenheit geben in den nächsten Jahren.

3. Die Echokammer der anderen kennen und stören

Die Kommentare und Einträge in den verschiedenen Gegenöffentlichkeiten sind Zeugnis dafür, dass sich eine wachsende Zahl von Menschen in unserem Land nicht gehört und nicht wahrgenommen fühlt. Genau diese Enttäuschung war eine wichtige Motivation vieler Wähler, bei der AfD ihr Kreuz zu machen.

Da ist etwas dran: Wir kennen die Diskussionen in diesen Gegenöffentlichkeiten zu wenig. Medien bilden sie nicht ab. Journalisten fragen deren Fragen nicht. Wo können Menschen, die sich dort unter

Gleichgesinnten aufgehoben fühlen, ihre Sorgen und Befürchtungen lassen? Es wird darauf ankommen, dass wir die Gründe für diese Enttäuschung kennenlernen und ernst nehmen. Dass wir sie medial abbilden – und politisch dafür Antworten finden. Voraussetzung dafür ist, dass wir wissen, was in diesen Gegenöffentlichkeiten diskutiert wird.

Das Netz befördert die Abkoppelung unterschiedlicher gesellschaftlicher Gruppen. Es sorgt dafür, dass wir Gegenmeinungen nicht mehr hören, sondern uns in vielen kleinen Räumen unter Gleichgesinnten einschließen. Diese Echokammern sind ein Nährboden für Radikalisierung. Während ich in einer TV-Sendung oder Zeitung stets über eine andere Meinung stolpere und mit einer Meinungsvielfalt konfrontiert werde, herrscht in »meinen« Sozialen Medien Meinungseinfalt.

Wie können wir diesen fatalen Echokammer-Effekt stören oder durchbrechen? Das beginnt im analogen und realen Miteinander: in der Schule, im Job, in der Nachbarschaft, im Verein. Hier begegnen sich Menschen, die im Netz längst in voneinander getrennten Öffentlichkeiten unterwegs sind. Es ist deshalb umso wichtiger, die Diversität unserer Gesellschaft im echten Leben zu ermöglichen und diese Unterschiede wertzuschätzen. Integration beginnt nicht im Netz, sie beginnt im richtigen Leben – und erst wenn sie dort scheitert, mauern sich Menschen in ihren digitalen Echokammern ein.

Medien und Journalisten können und sollten bewusst Verbindungen herstellen zwischen diesen Teilöffentlichkeiten. Nur wer weiß, was in der rechten Echokammer diskutiert wird, kann dazu entsprechend recherchieren und Sachverhalte aufklären. Hier haben Medien »blinde Flecken«. Deshalb nehmen sie diese Rolle oft nicht überzeugend wahr. Wer weiß, was in den Teilöffentlichkeiten diskutiert wird, kann viel früher und besser auf ein Thema einsteigen und ist nicht auf das Agendasetting der anderen angewiesen. Dann kämen wir raus aus einem simplen Reiz-Reaktions-Schema, was an vielen Stellen die Berichterstattung kennzeichnet. Das wäre journalistisch überzeugender und glaubwürdiger – und kann in einem breiten und vielfältigen Mediensystem wie in Deutschland geleistet werden. Ein Beispiel dafür: Wenn die Sozialen Medien breit und mit vielen Desinformationen über den mutmaßlichen Mörder der Studentin Maria L.

in Freiburg diskutieren, dann ist das allein Grund genug, um darüber in klassischen Nachrichtenformaten zu berichten.

4. Die eigene Demokratie-Erzählung

Man mag sich damit trösten, dass der Einfluss rechtsextremer und rechtspopulistischer Akteure in Deutschland auf die politische Meinungsbildung bisher nicht so groß ist wie in den USA. Das hat verschiedene Gründe: die nach wie vor geringere Nutzung Sozialer Medien für die Informationsbeschaffung[19], das größere Vertrauen in Medien[20] und die Tatsache, dass es bisher weit weniger Gruppierungen und Plattformen gibt.

Doch man muss einfach realistisch sein, der Trend ist unumkehrbar: Die Zahl der Akteure, die über Desinformation die Meinungsbildung in unserem Land manipulieren, ist gewachsen. Sie werden nicht verschwinden, sondern stärker werden – und sie werden weiterhin mit aller Kraft versuchen, unsere gesellschaftlichen Diskurse, die Art und Weise, wie wir uns verständigen, zu verändern. Die digitale Verbreitung von Information und Desinformation ist ein Beschleuniger für die zersetzenden Effekte, welche postfaktische Propaganda für die Demokratie hat.

Die Erzählungen der anderen nur zur Kenntnis zu nehmen, ist deshalb zu wenig! Wir sollten Antworten entwickeln. Wo ist die Demokratie-Erzählung, die überzeugt? Die mich dafür begeistert, für eine plurale, freiheitliche und demokratische Ordnung zu streiten? Die zum Mitmachen einlädt? Die sich zu einem frühen Zeitpunkt an die wendet, die sich in unserem Land nicht wahrgenommen fühlen, und an die, die dabei sind, sich von der Demokratie in unserem Land abzuwenden?

Die Narrative der Populisten sind verführerisch. Sie reduzieren die Komplexität der Welt, in der ich lebe. Dabei drehen sie sich doch im Kern um ein hochkomplexes und zentrales Thema: die Identität! Warum überlassen wir solche zentralen Themen unserer Gesellschaft – wie das der Identität oder das des gesellschaftlichen Zusammenlebens – deren Diskursen? Warum lassen wir zu, dass sie für solche Themen Deutungshoheit beanspruchen?

Die Frage, wer wir sind und wie wir leben wollen, gehört wieder in die Mitte der politischen Debatten. Identität speist sich aus Erleben im Alltag – und genau dieses Erleben und seine Deutung stehen im Mittelpunkt der Erzählungen der populistischen und extremistischen Akteure, um die es in diesem Buch geht. Anstatt nur zu reagieren und nach den »Gegennarrativen« zu suchen, braucht es eigene Erzählungen – und einen neuen Umgang mit der digitalen Öffentlichkeit. Raus aus der Deckung – und Vernetzung sowie Aktivierung der demokratischen Zivilgesellschaft!

»Wir sind das wahre Volk – die anderen gehören nicht dazu!« Eine solche Erzählung funktioniert nicht ohne »andere«, die »Fremden«, die »Eliten«, die »Lügenpresse«. Populisten brauchen Feindbilder und Antagonisten. Das erklärt die tiefe Menschenfeindlichkeit, welche aus ihren Beiträgen spricht. Umso wichtiger ist, dass genau diese als »Feinde« stigmatisierten Menschen Teil einer digitalen Zivilgesellschaft sind, dass sie an unseren gesellschaftlichen und medialen Diskussionen teilhaben, dass wir ihre Stimmen lesen und hören können. Wie viele Talksendungen gab es zum Thema Flüchtlinge, an denen ein Flüchtling teilnahm?

Diese Punkte sind übrigens nur zum Teil Aufgabe von Politikern oder Journalisten. Es ist ein gesamtgesellschaftlicher Einsatz erforderlich – der setzt überall da an, wo Menschen sich begegnen. Es wird in unserer heterogenen Gesellschaft zu wenig über Demokratie und Identität gesprochen – das gilt für Schulen, für Medien, für Politik und Alltag – und auch für das Netz.

5. Rollen klären in einer digitalen Zivilgesellschaft?

Wir sind in Deutschland noch weit entfernt von einer geschlossenen und mehrheitsfähigen populistischen Ideologie, daran ändert auch die Verbreitung rassistischer und rechtsextremer Propaganda nichts. Noch mobilisiert diese Protestbewegung nur einen kleinen Teil der Menschen in unserem Land. Und sie ist alles andere als programmatisch geschlossen und eindeutig. Wir sind noch weit entfernt von einer Polarisierung in zwei Lager wie in den USA. Unsere Stärke ist die politische Vielfalt, die Meinungsvielfalt in unserem Land. Und diese Vielfalt sollten wir auch in die digitale Welt hineintragen.

Wir sollten die Verbreitung populistischer Ideen und postfaktischer Erzählungen nicht nur wahrnehmen, sondern sie in allen gesellschaftlichen Bereichen auch als Aufruf zur Verständigung sehen: Was können wir als Bürger, als Politiker, als Journalisten leisten, damit sich die Wutbürger in unserem Land wahrgenommen fühlen? Wie gehen wir mit den Ängsten um, die den Protest auslösen? Eine Rollenklärung ist fällig.

Dazu gehört: Mehr Ecken und Kanten zeigen, sich nicht vorschnell unterhaken. Die eigene Rolle als aktiver Part einer Gesellschaft, aber auch als Korrektiv und Kritiker bequemer Politik stärker wahrnehmen. Da sind wir alle gefordert, als Bürger und Wähler – und in besonderer Verantwortung als Politiker und Journalisten.

Die Entwicklungen in den USA nach der Wahl Donald Trumps sind ein eindrucksvolles Beispiel, wie mit institutioneller Stärke und Demokratiefestigkeit der Willkür im Weißen Haus begegnet wird – vonseiten der Zivilgesellschaft, durch Abgeordnete, Richter oder Medien. Die großen unabhängigen Zeitungen in den USA haben auf Trump mit der Aufstockung ihrer Reporterpools und Rechercheure reagiert.

Es gibt bereits eine Reihe journalistischer Projekte, welche der Desinformtion entgegentreten: In der First Draft Coalition haben sich 40 Medien und Webkonzerne zusammengeschlossen, um Fake News zu recherchieren und zu verifizieren.[21] In Deutschland sind in den letzten zwei Jahren viele Initiativen entstanden, die Desinformationen offen legen. Mit »faktenfinder« der *Tagesschau*[22], »Correctiv«[23] oder »Mimikama«[24] seien nur einige der deutschsprachigen Angebote genannt. Nicht alle sind rein journalistische Angebote, eine Reihe wird von zivilgesellschaftlichen Akteuren unterhalten. Sie sind Teil einer digitalen demokratischen Zivilgesellschaft, die den Strukturwandel unserer Gesellschaft im Netz im besten Sinne kritisch begleiten und aktiv gestalten: kreativ, offen für Korrekturen und für den Dialog und die Kontroverse mit den Nutzern.

Für demokratische Akteure – nehmen wir zum Beispiel Menschenrechtsorganisationen, Ehrenamtliche, Wohlfahrtsorganisationen – wird es darauf ankommen, dass sie auch in der digitalen Meinungsbildung stärker wahrgenommen werden. Dass sie Mitstreiter über das Netz gewinnen und Mitmachräume für ihre Arbeit schaffen. Und dass sie über diesen Weg stärker als bisher auch digitale Debatten nutzen. Demokratie lebt davon, möglichst viele Menschen an der Meinungsbildung zu beteiligen – offen, gleichberechtigt und auch im Netz. Für das Funktionieren von Demokratie ist freie Meinungsäußerung und echter Austausch von Meinungen unverzichtbar![25] Genau aus diesem Grund ist die Meinungsfreiheit im Grundgesetz verankert und genießt einen besonderen Schutz. Und gerade deshalb sollten wir nicht zulassen, dass weiterhin nichtdemokratische Akteure die Diskurse im Netz dominieren.

6. Journalismus 3.0 – was er leisten kann und muss

Ein Teil unserer Gesellschaft fühlt sich nicht gehört und gesehen. Das lässt sich ändern – und somit kann man verhindern, dass wir uns in Parallelgesellschaften verlieren! Hier sind nicht nur Politiker gefordert, sondern vor allem auch Journalisten, wenn sie im digitalen Strukturwandel bestehen wollen! Sie sollten häufiger darauf verzichten zu berichten, was gesagt wird. Und viel öfter berichten, was erlebt wird – und zwar auch von denen, die nicht zu ihren zentralen Zielgruppen gehören. Von denen, die abseits der Hauptstadt leben. Guter Journalismus lebt davon, Perspektiven zu wechseln. Das leisten viele Angebote nicht. Journalismus in Deutschland steht oft den politischen Entscheidern näher als den Menschen, die sich abgehängt fühlen.[26] Wer sich mit der Politik bei Kamingesprächen einschließt, der wird die Anliegen der meisten Bürger kaum mehr kennen. Dadurch gehen nicht nur Glaubwürdigkeit verloren, sondern Leser, Zuschauer, Zuhörer und User.[27]

Der digitale Strukturwandel hat zwingende Folgen für den Journalismus. Er ist ein zentrales Instrument bei der Ermittlung und Verifizierung der Fakten, bei der Unterscheidung von Fake und Fakt. Am Ende meiner fast zweijährigen Konfrontation mit dem, was in den Echokammern der Populisten und Extremisten verbreitet wird, ist mein Anspruch an journalistische Arbeit gewachsen: Wenn sich professioneller Journalismus nicht durch Genauigkeit der Recherche und Faktentreue auszeichnet, macht er keinen Unterschied mehr. Solche Produkte sind überflüssig – sie werden nicht bestehen. Eine echte Gefahr für die Meinungsbildung sind Journalisten, die sich die Sprache der Populisten zu eigen machen oder sich gar als deren Sprachrohr andienen. Die Zeit der klassischen Rollenverteilung für Journalisten – hier Welterklärer und Meinungsmacher, dort das Publikum – ist auf jeden Fall vorbei.

Die sozialen Netzwerke haben einen öffentlichen Informationsraum geschaffen, in dem es keine erkennbaren Spielregeln gibt: keine Verifizierung, keine redaktionelle Kontrolle, keine Persönlichkeitsrechte, keine Sorgfaltspflichten. Damit eröffnen sie professionellen Medien Raum für neue Glaubwürdigkeit und journalistische Qualität. Denn diese liefern das alles! In einer digitalen Öffentlichkeit, wo Information omnipräsent und privatisiert ist, werden Nutzer verstärkt genau diese Qualität wieder suchen: Faktenchecks, investigative Recherchen, verlässliche Quellen, eine umfassende Berichterstattung, die den Perspektivwechsel leistet – und ihre Nutzer beteiligt! Wenn journalistische Arbeit in einer digitalen Öffentlichkeit bestehen soll, muss sie das alles ermöglichen. Der Wettbewerb für journalistische Produkte ist härter geworden durch den digitalen Strukturwandel. Und das ist gut so. Reformen sind bitter nötig. Und zu einer ehrlichen Rollenklärung gehört auch, sich der Tatsache zu stellen, dass sich Journalismus zu oft gemein macht mit der Politik und zu selten mit den Sorgen und Fragen seiner Nutzer und Kunden.

7. Kein Gesetz wird Fake wirkungsvoll bekämpfen

Die unendliche Vielfalt von Information überfordert uns. Deshalb fordert eine große Mehrheit der Deutschen ein härteres Vorgehen gegen Fake News oder Social Bots. Zu diesem Schluss kommt eine Umfrage unter 1 000 Bundesbürgern. So wollen 68 % Plattformbetreiber wie Facebook oder Twitter verpflichten, Falschnachrichten auf ihren Kanälen aktiv zu löschen. Bei Social Bots befürworten 90 % eine stärkere Reglementierung – und sogar 43 % ein gesetzliches Verbot.[28]

Mit dem eilig verabschiedeten Netzwerkdurchsetzungsgesetz[29] wurde ein solcher Mechanismus auf den Weg gebracht. Damit – so die politische Absicht – sollen Hasskriminalität und strafbare Falschnachrichten aus den sozialen Netzwerken verbannt werden.[30] Das betrifft: Volksverhetzung, Bedrohung, Verleumdung, die öffentliche Aufforderung zu sowie die Androhung und Belohnung von Straftaten, die Verbreitung von Propaganda verfassungswidriger Organisationen, aber auch die Verunglimpfung des Staates und seiner Symbole. Reporter ohne Grenzen nennt den Straftatenkatalog deshalb mit gutem Grund »willkürlich zusammengestellt«.[31] »Offensichtlich rechtswidrige Inhalte« sollen innerhalb von 24 Stunden gelöscht werden. Was »offensichtlich rechtswidrig« ist, entscheiden die Netzwerke selbst.

Erste Analysen zeigen, dass das Gesetz nicht die gewünschte Wirkung bringt.

Ein wichtiger Grund: Es sind zu viele Desinformationen im Umlauf. Was an einer Stelle gelöscht ist, taucht an anderer Stelle wieder auf.

Außerdem verschwanden nach Inkrafttreten des Gesetzes Anfang 2018 Inhalte, die zuvor weit verbreitet wurden und die durchaus durch Artikel 5 unseres Grundgesetzes[32] und das Menschenrecht auf freie Meinungsäußerung gedeckt waren. Nach welchen Kriterien gelöscht und geblockt wird, ist für Nutzer schwer erkennbar und kaum nachvollziehbar. Über das im Eilverfahren erarbeitete Gesetz werden Entscheidungen, die durch Gerichte zu klären wären, an die Netzplattformen delegiert. Das Ergebnis ist widersprüchlich und löst Zweifel aus.

Es ist keine schlechte, sondern eine gute Nachricht: Kein Algorithmus der Welt wird uns das kritische Denken abnehmen. Kein Gesetz der Welt kann uns vor falschen Informationen schützen! Und das ist auch gut so. Es wird vielmehr darauf ankommen, dass wir als Nutzer mehr wissen über Desinformation – über die Akteure, die dafür verantwortlich sind, und über die politischen und technischen Hintergründe. Und deshalb ist Punkt 8 entscheidend:

8. Medienkompetenz ist der Schlüssel für Meinungsfreiheit und digitale Partizipation

Die Meinungsfreiheit ist in Deutschland ein hohes Gut. »Jeder hat das Recht, seine Meinung in Wort, Schrift und Bild frei zu äußern und zu verbreiten und sich aus allgemein zugänglichen Quellen ungehindert zu unterrichten. Die Pressefreiheit und die Freiheit der Berichterstattung durch Rundfunk und Film werden gewährleistet. Eine Zensur findet nicht statt.« So einfach und so eindeutig formuliert das Artikel 5 unseres Grundgesetzes. Und im Unterschied zu vielen anderen Ländern – wie z. B. Russland und der Türkei – messen wir der Meinungsfreiheit im Streitfall große Bedeutung bei. Doch wie gewährleisten wir, dass unter den »allgemein zugänglichen Quellen« künftig nicht mehr Desinformationen als Fakten verbreitet werden? Wie verhindern wir, dass Menschen sich von der Diskussion und Meinungsbildung im Netz entnervt abwenden, weil dort nur noch gebrüllt und gehetzt wird?

Es muss viel mehr darum gehen, das kostbare Gut der Meinungsfreiheit sicher durch den digitalen Wandel zu tragen und dafür zu sorgen, dass möglichst viele Menschen am Prozess der politischen Meinungsbildung im Netz aktiv teilnehmen. Denn nur dann wird das Netz als Raum für den unmittelbaren Zugang zu Information und Wissen für mehr Menschen nutzbar. Es ist entscheidend für die Demokratieentwicklung unter digitalen Vorzeichen, dass wir als Nutzer verstehen, wer aus welchen Gründen Desinformationen nutzt. Und wer damit welche politischen Ziele verfolgt. Wer sie kennt, wird Desinformation erkennen und dem Falschen keinen Raum geben.

Das beginnt damit, dass wir als Nutzerinnen und Nutzer die Möglichkeiten digitaler Kommunikation kennen – und das »Strickmuster« unserer eigenen Echokammer, unseres eigenen Newsfeeds. Das ist Voraussetzung, um Manipulation und Einseitigkeit wahrzunehmen und neue Wege für die Informationsbeschaffung zu nutzen. Medienkompetenz ist eine Schlüsselkompetenz für die demokratische Entwicklung in unserem Land. Und wir tun seit Jahren viel zu wenig, um sie in unserer Schulbildung zu verankern.

Das kann so nicht bleiben, wenn wir die aktuellen Entwicklungen ernst nehmen.

Das Gleiche gilt aus meiner Sicht für die politische Bildungsarbeit, denn Resilienz gegen Desinformation setzt voraus, dass ich die Werte und Grundlagen unserer Demokratie überhaupt erst kenne. Der digitale Strukturwandel schafft Handlungsbedarf, wir haben diese Themen unterschätzt! Und nun braucht es die Anstrengung aller Demokraten in Bildung und Schule, Zivilgesellschaft und Medien, diese Kompetenzen zu vermitteln.

Der digitale Strukturwandel ist eine großartige Chance auf mehr Demokratie

Künftig werden sich immer mehr Menschen immer selbstverständlicher ihre Meinung über digitale Kanäle bilden. Dort wird diskutiert, wie wir künftig leben wollen! Es gibt keinen Grund, diese digitale Öffentlichkeit zu meiden und sie nicht-demokratischen Akteuren zu überlassen. Für die Demokratie-Entwicklung in unserem Land ist es vielmehr wesentlich, dass möglichst viele Menschen daran teilhaben, und zwar aktiv. Eine solche »digitale Zivilgesellschaft«, eine breite digitale Öffentlichkeit ist eine Chance für einen barrierefreien Austausch – und damit auch eine große Chance für mehr Demokratie und mehr Partizipation!

Voraussetzung dafür ist, dass wir uns diesem Wandel und den Herausforderungen, die er mit sich bringt, stellen – ob als Bürger, als Lehrer, als Leser, Zuschauer und Nutzer, als Journalist, als Politiker. Dass wir Ideen entwickeln, wie wir die digitale Öffentlichkeit demokratisch gestalten können. Indem dort zum Beispiel künftig mehr Politik entsteht, Bürger einen direkten Draht zu politischen Entscheidern haben, zivilgesellschaftliche Akteure sich vernetzen, um gemeinsam noch gezielter Themen in die öffentliche und politische Debatte einzubringen. Andere Länder – in Europa zum Beispiel das kleine Estland – sind in Sachen digitaler Regierungsführung, den digitalen Zugängen für Bürger viel weiter als wir. Die Esten haben einen gesetzlichen Anspruch auf den Zugang zum Internet!

Dieses Buch spricht sich nicht dafür aus, die Uhren zurückzudrehen, nur noch gedruckte Zeitungen zu lesen, sich nicht mehr für Politik zu interessieren, vor der digitalen Desinformation aus dem Netz zu flüchten. Im Gegenteil! – Wir müssen vorangehen, brauchen eine Diskussion und Antworten darauf, wie eine digitale Zivilgesellschaft aussehen kann, wie digitale Meinungsbildung funktioniert. Wir müssen uns fragen, wie wir die Kernthemen unserer freiheitlichen und pluralistischen Gesellschaftsordnung im Netz diskutieren, weiterentwickeln und bewerben können? Und dann neue Formen digitaler Beteiligung und Kommunikation wagen.

Der digitale Strukturwandel unserer Öffentlichkeit birgt nur dann ernsthafte Gefahren, wenn wir ihn nicht-demokratischen Akteuren überlassen. Doch er ist eine große Chance für unsere Demokratie, wenn er von vielen Menschen mitgestaltet wird. Voraussetzung dafür ist, dass immer mehr Menschen souverän und kritisch mit digitalen Informationen umgehen. Nur dann wird der Angriff von Populisten und Extremisten auf die Demokratie und unsere freiheitliche Gesellschaft ins Leere laufen.

ANHANG

Anmerkungen

TEIL 1: WIR GEGEN DIE ANDEREN – DIE DEUTSCHE GEGENÖFFENTLICHKEIT IM NETZ

Umzug in die andere Echokammer. Die Recherche

1 Wenn in diesem Buch die Rede ist von Populisten und Autoritären, dann sind die gemeint, die zu Gewalt aufrufen, die Menschenrechte (wie z. B. die Gleichheit, unabhängig von Rasse, Geschlecht und Religion) oder die Pressefreiheit und das bestehende demokratische System (indem sie z. B. politischen Institutionen oder den Gerichten ihre Unabhängigkeit absprechen) infrage stellen.

2 Titel *Die Zeit*, 20. 4. 2017.

3 Im Videoblog »Svens Welt«, der mit einer Actioncam auf einem Skateboard durch Halle (Saale) fährt

4 Äußerung des jüngst vereidigten Präsidenten der USA Donald J. Trump gegenüber dem CNN-Journalisten Jim Acosta auf einer Pressekonferenz am 11. 1. 2017: »You are fake news!« Hintergrund dieser Äußerung war die Veröffentlichung eines sog. »schmutzigen Dossiers« seitens des US-amerikanischen Online-Medienunternehmens BuzzFeed, welches CNN als etablierter Nachrichtensender – auf seiner Homepage verlinkte. Vgl. u. a. http://www.usatoday.com/story/news/politics/onpolitics/2017/01/11/trump-cnn-press-conference/96447880/;http://www.theverge.com/2017/1/11/14238768/trump-fake-news-press-conference-buzzfeed-cnn. In seiner Twitter-Nachricht vom 15. 2. 2017 hat Trump dies nochmals hervorgehoben: »The fake news media is going crazy with their conspiracy theories and blind hatred. @MSNBC & @CNN are unwatchable. @foxandfriends is great!«, https://twitter.com/realdonaldtrump/status/831830548565852160.

5 Diese Definition wird in ähnlicher Weise z. B. auch von der Stiftung Neue Verantwortung vertreten. Vgl. Sängerlaub, Alexander: »Deutschland vor der Bundestagswahl: Alles Fake?« Studie der Stiftung Neue Verantwortung im August 2017. https://www.stiftung-nv.de/sites/default/files/fakenews.pdf

6 Diese Verfünffachung betrifft das Jahr 2015. Wurden im Jahr 2014 vom Bundeskriminalamt (BKA) noch 199 Übergriffe auf Asylunterkünfte gezählt, waren es 1031 im Jahr 2015. In 2016 blieb die Zahl mit 995 Übergriffen nahezu konstant. In etwa 90 % der Fälle hatten die Übergriffe einen rechtsradikalen Hintergrund.

7 Das geschah im September 2016. Die Tat galt zunächst nicht als islamistischer Terror. Später veröffentlichte die der Terrormiliz nahestehende Nachrichtenagentur A'maq allerdings ein Bekennervideo, das der Täter nach Erkenntnis-

sen der Ermittler selbst mithilfe eines Smartphones aufgenommen hatte. Dort bezeichnete er sich als »Soldat des Islamischen Staates« und kündigte eine Märtyreropposition in Deutschland an. Auch in einem später gefundenen Abschiedsbrief an seinen Vater erklärte er, sich an »Ungläubigen« rächen zu wollen.

8 Mitte September 2016 war es auf dem Kornmarkt in Bautzen bei einer rechten Kundgebung zu gewaltsamen Auseinandersetzungen zwischen Rechtsextremen und Flüchtlingen gekommen. Organisiert wurden die Kundgebungen 2016 von der rechtsextremen Gruppe »Die Sachsen Demonstrationen«. Gemeinsam mit der Nationalen Front Bautzen hat sie weit über Sachsen hinaus Anhänger aufgerufen, in die Oberlausitzer Stadt zu kommen. Die beiden Gruppen haben auf Facebook zusammen 10 000 Likes, die Veranstaltung wird vor allem über das Netzwerk beworben. http://www.zeit.de/politik/deutschland/2016-10/rechtsextremismus-sachsen-bautzen-demo-antifa-gegendemo

9 Zur Frage, wie Sprache gedankliche Deutungsrahmen, sogenannte Frames, schafft, die bestimmen, wie wir politische Fakten oder die Realität wahrnehmen und die sich neurologisch messen lassen, forscht die Linguistin Elisabeth Wehling mit Methoden der Neurowissenschaft- und Verhaltensforschung. Vgl. Wehling, Elisabeth: »Politisches Framing. Wie eine Nation sich ihr Denken einredet – und daraus Politik macht.« Köln 2016.

10 Diese Ergebnisse erbrachte die Umfrage der Kommunikationsagentur Edelman Trust, https://www.edelmanergo.com/newsroom/studien-insights/weltweite-vertrauenskrise-erreicht-deutschland/ Die Untersuchung wurde zum 17. Mal zu diesem Thema durchgeführt und Anfang Februar 2018 veröffentlicht. Im internationalen Vergleich liegt Deutschland wie auch in den Vorjahren im Mittelfeld. Während hierzulande 38 % der Menschen sagen, sie hätten grundlegend Vertrauen in die Regierung und das politische System, sind es beispielsweise in Polen nur 20 %, in den Niederlanden immerhin über 50 %.

11 In meinem Newsfeed finden sich u. a. »AfD 51 % – das ist unser Ziel«, »AfD – konservativ, verfassungskonform, demokratisch!«, »Dr Frauke Petry Fanclub«, »AfD Sympathisanten«.

12 https://netzpolitik.org/2017/auf-linie-das-inoffizielle-unterstuetzernetzwerk-der-afd/

13 Niels Ringler, Kira Schacht, Oliver Schnuck, Robert Schöffel (BR Data): »Rechtes Netz«, 8. 12. 2016, http://web.br.de/interaktiv/rechtes-netz/ So haben die Kolleginnen und Kollegen von BR Data über Netzwerkanalysen recherchiert, dass Anhänger der Pegida Nürnberg in ihrer Nutzung von Sozialen Medien eine Mischung von Quellen nutzen. Diese folgten auch AfD-Seiten und dem Spitzenpersonal der Partei, wie Beatrix von Storch oder Frauke Petry, sowie rechtspopulistischen Akteuren aus ganz Europa. Auch Gruppen, welche der NPD nahestehen oder den Identitären, werden gelesen, gelikt und geteilt. Was die Medienseiten im Netz angeht, so ist die klare Prä-

ferenz dieser Nutzer das Wochenmagazin *Junge Freiheit* und die deutsche Ausgabe von *Russia Today*. Unter den beliebtesten Informationsseiten sind außerdem *Epoch Times*, das *Compact*-Magazin, *Sputnik Deutschland* und der Kopp Verlag sowie *Unzensuriert.at*.

Eine Gegenöffentlichkeit schaffen – Medien der Neuen Rechten im Netz

1 Zum Begriff der Neuen Rechten: Dieser entstand in den Siebzigerjahren als rechter Gegenpol zum gesellschaftlichen Aufbruch von 1968. Ziel der Bewegung ist eine völkische Renationalisierung des Politischen. In jüngerer Vergangenheit organisierten sich neue rechte Gruppierungen als Reaktion auf Flüchtlinge und Zuwanderer. »Türöffner für die gewaltbereite rechte Szene war dabei die Gruppierung ›Hooligans gegen Salafisten‹, die am 26. Oktober 2014 auf einer Demonstration mit über 4000 Personen in Köln durch gewalttätige Auseinandersetzungen mit der Polizei Aufmerksamkeit erregte. [Mit den Themen Flüchtlinge und Kampf gegen Islamismus] wuchs die zersplitterte, gewaltorientierte extreme Rechte aktionsorientiert zusammen und eröffnete damit zugleich eine inhaltlich anknüpfungsfähige Projektionsfläche für eine milieuübergreifende einwanderungsfeindliche rechte Protestbewegung. (…) Der Rechts Außenflügel der AfD um die Gruppierung patriotische Plattform erkannte früh die mobilisierende Kraft von Hochtief und Pegida und versuchte, sich diese parteipolitisch zu Nutze zu machen.« In der jüngsten Mitte-Studie von 2016 zeigt sich, dass neurechte Ideen sich signifikant in die bürgerliche Mitte verbreitet haben, Gruppen wie Pegida usw. seien dabei wichtige Steigbügelhalter gewesen. Vgl. Zick, Andreas et al.: »Gespaltene Mitte: Feindselige Zustände: Rechtextreme Einstellungen in Deutschland 2016« als pdf im Netz verfügbar: http://www.fes-gegen-rechtsextremismus.de/pdf_16/Gespaltene%20Mitte_Feindselige%20Zust%C3%A4nde.pdf, S. 146,147 sowie S. 165.

2 Zu ihnen gehören z. B. Medien, die dem Institut für Staatspolitik von Götz Kubitschek nahestehen, u. a. die *Sezession*, *Einprozent*, die Gruppen der Identitären Bewegung usw.

3 Zit. nach Bender, Justus: »Was will die AfD? Eine Partei verändert Deutschland«, München: 2017, Seite 97

4 In diesem Buch ist für die Einordnung als rechtspopulistisch die Definition von Andreas Zick die Grundlage, die er in einer Studie für die Friedrich-Ebert-Stiftung 2016 beschrieben hat. In: »Gespaltene Mitte: Feindselige Zustände: Rechtextreme Einstellungen in Deutschland 2016« als pdf im Netz verfügbar: http://www.fes-gegen-rechtsextremismus.de/pdf_16/Gespaltene%20Mitte_Feindselige%20Zust%C3%A4nde.pdf, S. 114

5 Die in diesem und den folgenden Absätzen genannten Zahlen beziehen sich auf die von A. Zick untersuchten aus dem Zeitraum 2014–16, die u. a. in der

bereits genannten Mitte-Studie veröffentlicht wurden. Diese Studie wird seit 2006 durchgeführt. In der jüngsten Studie von 2016 spricht Zick, Sozialpsychologe und Leiter des Instituts für interdisziplinäre Konflikt- und Gewaltforschung an der Universität Bielefeld, von einer deutlichen Verbreitung neurechter Ideen in bürgerlichen Kreisen. Vgl. Zick, Andreas, Küpper, Beate, Krause Daniela: »Gespaltene Mitte: Feindselige Zustände«. Rechtsextreme Einstellungen in Deutschland 2016; Bonn, 2016. als pdf im Netz verfügbar: http://www.fes-gegen-rechtsextremismus.de/pdf_16/Gespaltene%20Mitte_Feindselige%20Zust%C3%A4nde.pdf, S. 119.

6 Diese Zahl bezieht sich auf jede Gruppe, die eine deutliche Zustimmung zu den genannten rechtspopulistischen Einstellungsmustern zeigt. Diese deutliche Zustimmung für eindeutig rechtspopulistische Positionen liegt im Westen Deutschlands bei 18 %, im Osten bei 28 %. Vgl. Zick, Andreas, Küpper, Beate: »Wut, Verachtung, Abwertung. Rechtspopulismus in Deutschland«; Bonn, 2015, S. 39, 40. Rechtspopulismus ist demnach in Ostdeutschland deutlich stärker verbreitet als in Westdeutschland und unter den Befragten mit niedriger Schulbildung und geringerem Einkommen deutlich stärker vertreten als unter jenen mit höherem Schulabschluss.

7 Es gibt weitere neurechte Einstellungen. Ich beschränke mich an dieser Stelle auf die von Zick et al in der Mitte-Studie gemachten Aussagen, Seite 159.

8 Dass diese Grundüberzeugungen unter Menschen verbreitet sind, die rechtspopulistischen Ideen folgen, hat A. Zick untersucht: vgl. http://www.fes-gegen-rechtsextremismus.de/pdf_16/Presse-Handout-2016.pdf, S. 5.

9 Die hier genannten sind nur beispielhaft. Eine vollständige Liste der neurechten Medien, die für die Recherche grundlegend waren, findet sich im Anhang.

10 Zick, Küpper: »Wut, Verachtung, Abwertung. Rechtspopulismus in Deutschland«; Bonn, 2015, S. 26, 27

11 Diese Meinungsbildung über die digitale Gegenöffentlichkeit mit ihrem breiten Spektrum rechter Positionen ist insofern bedeutsam, als dass sich Rechtsextremismus »dann besonders entwickelt, verankert und zu Aktionen bereit ist, wenn er Zustimmung in der Gesellschaft findet. Dies funktioniert umso besser, wenn es ihm gelingt, diese rechtsextremen Einstellungen in der Bevölkerung salonfähig zu machen. Hier nimmt der Rechtspopulismus eine Scharnierfunktion zwischen menschenfeindlichen Vorurteilen und ihren rechtsextremen Zuspitzungen und Orientierungen bis hin zu Gewalt ein.« Zick Andreas et.al: »Gespaltene Mitte: Feindselige Zustände. Rechtsextreme Einstellungen in Deutschland 2016«, Bonn, 2016., S. 114

12 Die Zeitung wurde 1986 als Schülerzeitung in Freiburg gegründet. Seit 1994 erscheint sie wöchentlich. Die Auflage liegt bei 28 000 verkauften Exemplaren. Mit dem Aufstieg der AfD stieg auch die Auflage der *Jungen Freiheit*. Allein 2015 ist die Auflage um fast 40 % gewachsen (vgl. Bensmann et al, S. 170). Der AfD-Landesvorsitzende in Brandenburg, Alexander Gauland, sagte: »Wer die

AfD verstehen will, muss die *Junge Freiheit* lesen.« (vgl. Bensmann et al, S. 167/168)

13 100 000 Zugriffe pro Tag. Chefredakteur und Besitzverhältnisse sind unbekannt. Der Blog wurde 2004 von dem Kölner Sportlehrer Stefan Herre gegründet. Offiziell zieht dieser sich im Jahr 2007 zurück (vgl. Bensmann et al, S. 185).

14 Die von *KenFM* selbst verfasste Kanalinfo bei Youtube vermeldet: *KenFM* ist ein freies Presseportal, eine Nachrichtenplattform, die bewusst das Internet als einziges Verbreitungsmedium nutzt, um das klassische Sendegebiet eines UKW-Radios auf den ganzen deutschsprachigen Raum auszudehnen. (…) *KenFM* ist userfinanziert und somit auf die finanzielle Unterstützung der Community angewiesen.« *Ken FM* ist seit 2012 auf Youtube, 174 958 Abonnenten, Stand 8. 7. 2017.

15 Pegida und AfD lehnen es ab, als Rechtspopulisten bezeichnet zu werden. Doch wenn Populismus eine Haltung bezeichnet, »die für das sogenannte einfache Volk und gegen die herrschenden gesellschaftlichen und politischen Eliten Partei ergreift« und auf den hier genannten Medienplattformen zugleich regelmäßig fremdenfeindliche Hetze, rassistische Überzeugungen, national völkische Motive und Begründungen geliefert werden, dann ist das Rechtspopulismus. (vgl. Zick, Küpper, S. 27).

16 Alle diese Posts und Kommentare erreichten mich zwischen dem 23. 4. und 29. 4. 2017 über die verschiedenen Seiten und Gruppen, denen ich im Rahmen der Recherche gefolgt bin.

17 Erika Steinbach zitiert nach philosophia perennis, 28. 4. 2017: https://philosophia-perennis.com/2017/04/28/erika-steinbach-fluechtinglingspolitik/

18 http://www.anonymousnews.ru/2017/04/27/die-flutung-deutschlands-mit-millionen-von-migranten-ist-geplant-eine-beweisfuehrung/

19 Die *Bewegung* steht unter der Beobachtung des Verfassungsschutzes. Sie wendet sich gegen eine angebliche »Überfremdung« durch Einwanderer. Schon mehrfach hat sie mit medienwirksamen Aktionen für Aufsehen gesorgt. Im August 2016 besetzte die Gruppe kurzzeitig das Brandenburger Tor.

20 Vgl. u. a. http://blog.zeit.de/stoerungsmelder/2017/06/17/identitaere-bewegung-scheitert-mit-aufmarsch-in-berlin_23955

21 Das Spektrum ist in Bewegung, deshalb konzentriere ich mich auf eine Auswahl. Weitere Beispiele lassen sich finden.

22 Amann, Melanie. »Angst für Deutschland«, 2017, S. 96.

23 Dieses Konzept des Ethnopluralismus vertreten viele Gruppierungen der Neuen Rechten, u. a. die Identitäre Bewegung.

24 https://sezession.de/56914/sezession-zeitschrift-fuer-deutschland

25 https://sezession.de/56914/sezession-zeitschrift-fuer-deutschland

26 https://einprozent.de/

27 https://www.theguardian.com/world/2017/jun/03/far-right-raises-50000-target-refugee-rescue-boats-med?CMP=Share_iOSApp_Other Eine Zusammenfassung der Aktion, die von Mai bis August 2017 durchgeführt wurde, vgl.:

http://www.verfassungsschutz-bw.de/,Lfr/Startseite/Aktuelles/Die+Kampagne+_Defend+Europe_+der+_Identitaeren+Bewegung_

28 »AfD 51 % – das ist unser Ziel«

29 https://www.youtube.com/watch?v=nByMrn5xPBY

30 Chefredakteur Jürgen Elsässer startete publizistisch mal als Kommunist, schrieb in den Achtzigerjahren für *Arbeiterkampf* und für die vom deutschen Zentralrat der Juden herausgegebene *Jüdische Allgemeine*. Spätere Stationen Elsässers waren linke Postillen wie *Junge Welt*, *Jungle World* und *Konkret*. https://correctiv.org/recherchen/neue-rechte/artikel/2016/12/28/medien-compact-juergen-elsaesser/

31 Zit. nach https://correctiv.org/recherchen/neue-rechte/artikel/2016/12/28/medien-compact-juergen-elsaesser/

32 Angaben aus dem Frühjahr 2017, nach https://correctiv.org/recherchen/neue-rechte/artikel/2016/12/28/medien-compact-juergen-elsaesser/

33 https://www.compact-online.de/compact-startet-offensive-zur-rettung-der-meinungsfreiheit/

34 *Compact*-Konferenz am 5. 11. 2016 in Berlin, zit. nach *Compact*-Mitschnitt bei Youtube: https://www.youtube.com/watch?v=qWuJNfRANoY

35 Jürgen Elsässer auf *Compact*-Konferenz, Berlin 5. 11. 2016, https://www.youtube.com/watch?v=DDYLv4MEun8

36 https://juergenelsaesser.de/2016/10/10/eilmeldung-compact-konferenz-2016-gerettet/

37 Jürgen Elsässer und André Poggenburg hier und im Folgenden mit Zitaten aus Redebeirägen auf der *Compact*-Konferenz am 5. 11. 2016 in Berlin, zit. nach *Compact*-Mitschnitt bei Youtube: https://www.youtube.com/watch?v=qWuJNfRANoY

38 Vgl. die Rede Poggenburgs im Youtube-Mitschnitt zur Konferenz: https://www.youtube.com/watch?v=qWuJNfRANoY, nach 1:31

39 André Poggenburg, AfD-Landtagsfraktionschef in Sachsen-Anhalt, während der *Compact*-Konferenz zur Meinungsfreiheit
https://www.youtube.com/watch?v=qWuJNfRANoY. Ab 1:20:00

40 https://www.youtube.com/watch?v=qWuJNfRANoY

41 Jürgen Elsässer hier und im Folgenden, Zitate aus seiner Rede auf der *Compact*-Konferenz am 5. 11. 2016 in Berlin, zit nach Video-Mitschnitt, https://www.youtube.com/watch?v=qWuJNfRANoY

42 Eilmeldung auf dem Blog von Jürgen Elsässer: https://juergenelsaesser.de/2016/10/10/eilmeldung-compact-konferenz-2016-gerettet/

43 https://www.youtube.com/watch?v=qWuJNfRANoY

44 https://juergenelsaesser.de/2016/10/10/eilmeldung-compact-konferenz-2016-gerettet/

45 Vgl. Seidler, John David: »Die Verschwörung der Massenmedien«, Bielefeld 2016, S. 299.

46 Vgl. https://correctiv.org/recherchen/neue-rechte/artikel/2016/12/30/medien-kenfm-ken-jebsen/

47 Zum Vergleich: Die Seite des Bundestags bundestag.de wurde im Jahr 2016 täglich durchschnittlich 130 000 Mal aufgerufen. Auskunft Online-Redaktionsleitung auf telefonische Anfrage am 10. 1. 18.

48 Vgl. »Toxische Narrative« – ein Monitoring der Amadeu Antonio Stiftung für diesen Zeitraum, das im Sommer 2017 erschien. https://www.amadeu-antonio-stiftung.de/w/files/publikationen/monitoring-2017.pdf, S. 22.

49 https://correctiv.org/recherchen/neue-rechte/artikel/2016/12/30/medien-kenfm-ken-jebsen/ Diese Mail an einen Hörer aus dem Jahr 2011 wurde damals an Henryk M. Broder weitergegeben und der veröffenlichte sie auf seinem Blog. Der *RBB* stellte sich zunächst hinter Jebsen, kündigte ihm dann aber einige Wochen später aufgrund mehrfacher Vertragsverletzungen durch Jebsen.

50 Vgl. Seidler, John David: »Die Verschwörung der Massenmedien«, Bielefeld, 2016, S. 299. Zu den Interviewpartnern, die Jebsen dort befragt, gehören u. a. Jürgen Elsässer, Daniele Ganser, Andreas von Bülow, Mathias Brökers.

51 Im Januar 2016 kam sie auf 3,75 Mio. Visits – http://meedia.de/2016/03/18/kopp-sputnik-epoch-times-co-nachrichten-aus-einem-rechten-paralleluniversum/

52 Reichweite 400 000 Besucher am Tag laut *Correctiv* – was in etwa der Nutzung der Internetseite von RTL entspricht. Für die Erstellung der Inhalte setzt *PI news* auf Freiwillige, Reporter, welche dabei helfen, die genannten Falschmeldungen aufzudecken. http://www.pi-news.net/pi-wants-you/

53 https://www.amadeu-antonio-stiftung.de/w/files/publikationen/monitoring-2017.pdf

54 Diese Artikel waren auf der Seite am 19. 8. 2017 zu finden. http://www.pi-news.net/category/wahlen/

55 http://www.pi-news.net/oezoguz-verteidigt-heimaturlaub-von-fluechtlingen/

56 http://www.bild.de/politik/inland/migrationspolitik/merkel-beim-fluechtlingsgipfel-in-paris-53023774.bild.html

57 http://www.pi-news.net/nach-der-wahl-kommt-die-invasion/

58 http://www.sueddeutsche.de/muenchen/amtsgericht-hakenkreuz-urteil-gegen-stuerzenberger-1.3636755. Das Bayerische Landesamt für Verfassungsschutz beobachtet Stürzenberger seit März 2013. Es urteilt über die Organisationen, denen Stürzenberger angehört – *Die Freiheit,* PI-München sowie die Bürgerbewegung Pax Europa –, dass ihnen gemeinsam sei, »dass sie den Islam pauschal mit islamistischem Terrorismus gleichsetzen würden und Menschenrechte, Diskriminierungsverbot und Religionsfreiheit für Muslime und die islamischen Glaubensgemeinschaften beseitigen wollten. Dadurch werde die Menschenwürde von Muslimen verletzt und das friedliche Miteinander von Menschen unterschiedlicher Herkunft und Religion bedroht. vgl. Wikipedia, https://de.wikipedia.org/wiki/Michael_St%C3%BCrzenberger
Zum Urteil https://www.berlinjournal.biz/michael-stuerzenberger-zu-haft-verurteilt/

59 https://www.youtube.com/watch?v=Db69slPDVXM Das Video wurde beim

Videokanal »Nobel und frei« auf Youtube am 27. 12. 2017 eingestellt und war zum Stichtag 9. 1. 18 mehr als 9 000 Mal aufgerufen.

60 http://www.mimikama.at/allgemein/die-sache-mit-anonymousnews-ru/

61 https://de.wikipedia.org/wiki/Philosophia_perennis

62 https://de.wikipedia.org/wiki/David_Berger_ %28Theologe%29

63 https://www.aidshilfe.de/meldung/deutsche-aids-hilfe-stoppt-anzeigenschal tungen-manner

64 http://www.taz.de/!5021790/

65 https://juergenfritzphil.wordpress.com/2017/08/09/wie-deutschland-sich-von-merkel-befreien-kann/

66 Vgl. philopsophia perennis, 16. 1. 18, https://philosophia-perennis.com/2018/01/15/martin-sellner-pp/

67 https://www.bitchute.com/channel/martinsellner/

68 http://meedia.de/2016/03/18/kopp-sputnik-epoch-times-co-nachrichten-aus-einem-rechten-paralleluniversum/ Nach wie vor gibt es einen Youtube-Kanal des Verlags, über den vor allem Bücher des Verlags beworben werden.

69 Als Initiator der Website gilt laut Wikipedia der damalige dritte Nationalratspräsident Martin Graf (FPÖ). *Unzensuriert.at* wird von einer 1848 Medienvielfalt Verlags GmbH betrieben, deren Geschäftsführer, Walter Asperl, Büroleiter von Graf war. Grafs ehemaliger Pressesprecher, Alexander Höferl, ist dort Chefredakteur. Vgl. ebd.

70 http://meedia.de/2016/03/18/kopp-sputnik-epoch-times-co-nachrichten-aus-einem-rechten-paralleluniversum/

71 https://deutsch.rt.com/uber-uns/

72 https://de.sputniknews.com/docs/about/ueber_uns.html

73 http://www.pi-news.net/vater-des-staubbedeckten-aleppo-jungen-es-war-alles-nur-propaganda/

74 Im Mittelpunkt ihrer Arbeit stehen Seiten, die Verschwörungstheorien verbreiten. Das gilt auch für eine Reihe von Medien der Neuen Rechten oder *Russia Today*. Im Untersuchungszeitraum von Oktober 2016 bis Januar 2017 werteten sie insgesamt 22 616 Beiträge sowie 721 241 Kommentare von 237 204 Nutzern aus und speicherten sie in einer Datenbank. Vgl. die Zusammenfassung im Blog von Josef Holnburger http://blog.holnburger.com/?p=301

75 Spitzenreiter ist *watergate.tv*, das vor allem Konspiration und Meldungen vom baldigen Untergang Deutschlands verbreitet, mit einer Zuwachsrate von 55,6 %! Es folgt die Seite *Ein Prozent für unser Land* mit 47,1 % sowie Seiten wie *Hinter den Kulissen der Macht* 25,9 %, *Deutsche Mitte* 26,5 %, *Bügelpresse* 18,6 %, *Mindcontrol- nichts als die Wahrheit immer* 30,7 %, *Nachdenkseiten* 10,4 %, *Lügen Presse* 18,6 %, *Wacht auf* 17,8 %. Auch länger eingeführte Medienplattformen wie *Compact* können einen Zuwachs von 4,3 % verbuchen.

76 Die politische Orientierung der Nutzer dieser Seiten wurde ebenfalls untersucht: Mehr als 70 % lehnen die Regierungskoalition ab, mehr als 55 % befürworten die AfD, B90/Die Grünen hingegen werden von 66,5 % abgelehnt.

Die Linke hat mit 43,5 % Befürwortern und 46,3 % nicht bewertbar sowie 10,2 % ablehnend, ein mittleres Ergebnis. http://blog.holnburger.com/?p=301 Zur Zusammenstellung sagen die Autoren: »In die Erhebung wurden nur deutschsprachige Seiten aufgenommen, welche mindestens 5 000 Likes verzeichnen konnten und vorwiegend Verschwörungstheorien publizierten. Zur Erstellung der Liste trug unter anderem die Facebook-Gruppe ›Nothing but the Truth‹ bei.«

77 http://blog.holnburger.com/?p=301 vgl. Dazu auch das Ranking von meedia aus 2016 http://meedia.de/2016/03/18/kopp-sputnik-epoch-times-co-nachrichten-aus-einem-rechten-paralleluniversum/

78 Der dazugehörige Youtube-Kanal hat über 160 000 Abonnenten und wurde bisher rund 40 Millionen Mal aufgerufen. Nach eigenen Angaben finanziert sich *KenFM* über Mitgliedsbeiträge und Spenden. Vgl. Bensmann et al S. 182.

79 Vgl. Bensmann, Markus et al.: »Schwarzbuch AfD. Fakten Figuren Hintergründe.«, S. 166/167.

80 Der Artikel basiert auf einer Datenrecherche von Ende 2016: »Rechtes Netz« Niels Ringler, Kira Schacht, Oliver Schnuck, Robert Schöffel (BR Data) http://web.br.de/interaktiv/rechtes-netz/ (eingesehen zuletzt am 5. 5. 2017).

81 Die Nachrichtenseite des Kopp Verlags ist seit Anfang 2017 eingestellt, nach eigenen Erklärungen aus finanziellen Gründen. Der Kopp Verlag wurde 1994 gegründet und versendet nach eigenen Angaben 15 000 Bücher am Tag. Vorrangig verschwörungstheoretische Abhandlungen. *Correctiv* ordnet den Verlag wie folgt ein: »Politisch lässt sich der Verlag nicht zu hundert Prozent der Neuen Rechten zuordnen. Aber viele Denkmuster sind gleich. Auch in der Welt des Kopp-Verlags arbeiten die USA, die CIA, die US-Notenbank Fed und diverse Geheimbünde an der Zerstörung Europas. Ihre Waffen: Migration, Finanzkrise, Manipulation der öffentlichen Meinung. Deutsche Politiker, Unternehmen und Medien sind nur willenlose Handlanger. Die Opfer der aggressiven amerikanischen Politik, das sind die einfachen Bürger, die entmündigt werden.«: https://correctiv.org/recherchen/neue-rechte/artikel/2017/01/03/medien-kopp-verlag/

82 Zu einem ähnlichen Ergebnis kommt auch die *Süddeutsche Zeitung* bei ihrer Datenanalyse, die sie gemeinsam mit dem Social-Media-Monitoring-Tool »Storyclash« durchgeführt hat. http://www.sueddeutsche.de/politik/mein-facebook-dein-facebook-wie-es-in-den-echokammern-von-links-bis-rechts-aussieht-1.3576513

83 Lisa-Maria Neudert, Bence Kollanyi and Philip N. Howard: »Junk News and Bots during the German Parliamentary Election: What are German Voters Sharing over Twitter?« Data Memo 2017.7. Oxford, UK: Project on Computational Propaganda. comprop.oii.ox.ac.uk.
http://comprop.oii.ox.ac.uk/publishing/junk-news-and-bots-during-the-german-parliamentary-election-what-are-german-voters-sharing-over-twitter/

84 https://www.fes.de/de/index.php?eID=dumpFile&t=f&f=15002&token=b0e0303aa9e08744190db33cbc6bb90ec53ed5c6

85 https://www.buzzfeed.com/karstenschmehl/die-top-fake-news-ueber-angela-merkel?utm_term=.thvW2JzK0#.mgMlqL2QA

86 Vgl. z. B. die entsprechenden Ergebnisse von Analysen von Twitter-Accounts anlässlich der Bundespräsidentenwahl in Deutschland http://comprop.oii.ox.ac.uk/wp-content/uploads/sites/89/2017/03/German-What-Were-German-Voters-Sharing-Over-Twitter-v9.pdf sowie die Studie zum Einfluss von automatisierten Meldungen auf die Meinungsbildung in Deutschland. Neudert, Lisa-Maria: »Computational Propaganda in Germany: a cautionary tale«, Working paper 7. 2017, Computational Propaganda Research Project der Oxford University.

87 Man spricht von Traffic – in der hier zitierten Studie sind damit Tweets gemeint, die über Stichworte und Verschlagwortung – sogenannte Hashtags – einen klar erkennbaren Bezug zu den Kandidaten haben.

88 http://comprop.oii.ox.ac.uk/wp-content/uploads/sites/89/2017/03/German-What-Were-German-Voters-Sharing-Over-Twitter-v9.pdf

89 https://www.journalistenkolleg.de/lexikon-journalismus/sorgfaltspflicht

90 http://www.anonymousnews.ru/2017/01/09/ungarischer-geheimdienst-migranten-bereiten-buergerkrieg-in-deutschland-vor/

91 http://mzwnews.com/politik/anschlag-in-london-video-beweist-fake-terror/

92 http://www.mittelbayerische.de/politik-nachrichten/merkel-rente-reicht-nicht-fuer-alle-21771-art1158368.html

93 Am 25. 8. 2016 stürmen 200 Polizisten ein Grundstück in Reuden bei Zeitz, um es zwangszuräumen. Der Einsatz führt zu einem Schusswechsel, ein Polizist wird angeschossen, der ehemalige Mister Germany und Reichsbürger Adrian Ursache erleidet lebensgefährliche Verletzungen. Der Prozess am Landgericht Halle gegen Adrian Ursache dauerte über Monate an und war zu Redaktionsschluss dieses Buchs noch nicht abgeschlosssen. Vgl. https://www.mdr.de/nachrichten/vermischtes/prozess-adrian-ursache-landgericht-halle-100.html
Sowie http://www.mz-web.de/burgenlandkreis/schuesse-bei-raeumungsversuch-polizeieinsatz-im--koenigreich-ur--eskaliert-24644132

94 http://www.anonymousnews.ru/2017/05/21/cia-chef-michael-hayden-erwartet-buergerkrieg-in-deutschland/

95 http://www.washingtonpost.com/wp-dyn/content/article/2008/04/30/AR2008043003258.html?nav=rss_wor

96 http://www.anonymousnews.ru/2017/01/09/ungarischer-geheimdienst-migranten-bereiten-buergerkrieg-in-deutschland-vor/

97 https://www.facebook.com/Keineinzelfall01/

98 https://www.facebook.com/unzensuriert.einzelfall/

99 Der Nutzer E. S. am 2. 3. 17 »Drüben bei Twitter solidarisieren sie sich auch grad zu hunderten. Keine #Zensur für Regierungskritik! #XYeinzelfall hat

nichts unrechtes getan. Es wurde nur zu #Polizei Meldungen + Zeitungen verlinkt! Das ist Qualitäts-Journalismus mit viel Arbeit, Zeit & Mühe.
Tabellen, Auflistungen, Diagramme, Prognosen. Auch die Einzelfall-Map ist hier jeden bekannt. Zuckerberg und Dorsey. Heiko Maas du Polit-Justiz-Kasper. Geb die Seite *XY Einzelfall* gefälligst frei! 😟😫 😟😫 😟😫 😟😫 😟😫 😟😫 😟😫 #FreeXYEinzelfall!«

100 http://www.refcrime.info/

101 Kommentare am 17.6. auf der Seite http://www.anonymousnews.ru/2017/01/09/ungarischer-geheimdienst-migranten-bereiten-buergerkrieg-in-deutschland-vor/

102 https://www.youtube.com/channel/UCZ8uFo1RKSgEg-od3Yu10Pw

103 Diese Titel stammen alle aus »anonymous.ru« Newslettern im Juni/Juli 2017.

Die Grenze des Sagbaren verschieben

1 Elsässer, Jürgen. *Compact* 10/2016, S. 27.

2 Zitiert nach Sellner, Martin »Ein Ziel, viele Strömungen«, in: *Compact*, 9/2016, S. 47.

3 Welchen Einfluss das Schaffen von Deutungsrahmen über Sprache hat, das hat die Kognitionsforscherin Elisabeth Wehling untersucht. Vgl. Wehling, Elisabeth. »Politisches Framing. Wie eine Nation sich ihr Denken einredet – und daraus Politik macht« von Halem Verlag o. A. des Jahres (2016).

4 Der ehemalige stellvertretende Chefredakteur der *Bild am Sonntag* trat 2016 der AfD bei. Fest hatte den Springer Verlag verlassen, nachdem ihn der Presserat für einen Kommentar rügte, in dem er den Islam als Integrationshindernis bezeichnete. Zur Einordnung der Person und seiner politischen Position vgl. Otto, Ferdinand: »Ein neuer Scharfmacher für die AfD«, *Die Zeit*, 6. 10. 2016, http://www.zeit.de/politik/2016-10/nicolaus-fest-journalist-afd-beitritt-islam

5 AfD-nahe Facebook-Gruppen teilen diesen und andere Beiträge, zum Beispiel auch den hetzenden Meinungsbeitrag von Martin Sellner in dessen Identvlog (am 31. 5. 17).

6 Tweet von Patrick Lenart, 19. 12. 2016, retweetet u. a. von Martin Sellner. Die Identitäre Bewegung teilt auch das Youtube-Video von Paul Joseph Watson, englischsprachiger Online-Kommentator, dessen zentrale Forderung hier wie auch an anderer Stelle ist »Stop importing terrorists«. Am Beispiel Watson lässt sich die enge Zusammenarbeit unterschiedlicher rechter Plattformen belegen – Er ist der Editor-at-Large von *Infowars.com*, einer Nachrichtenseite im Internet, die Verschwörungstheorien zur amerikanischen und internationalen Politik verbreitet. Er trägt auch zur *Alex Jones Show* bei. Dies ist ein Radioprogramm, das Watson entweder alleine oder mit anderen Moderatoren oder auch gemeinsam mit Alex Jones leitet. Zu finden unter: https://www.youtube.com/watch?v=rGsFGvLNEGA

7 http://www.epochtimes.de/politik/deutschland/so-hart-kommentieren-leser-

berliner-lkw-anschlag-bundesregierung-politisch-erledigt-a2004397.html?print=1

8 Vorstand der Gruppe ist der Islamwissenschaftler Hans Thomas Tillschneider, der auch Landtagsabgeordneter der AfD in Sachsen-Anhalt ist und als intellektueller Kopf der Rechten in der Partei gilt.

9 Solche »großen Erzählungen« werden auch als Narrative bezeichnet. Gemeint sind Erzählungen, welche unsere Welt ordnen und erklären. Sie beschreiben, aus welchem Blickwinkel ich die Gesellschaft, oder aktuelle Geschehnisse, betrachte. Auf den Philosophen Jean-François Lyotard geht der Begriff »große Erzählungen« zurück. Sie wecken Emotionen, können aktivieren und motivieren.

10 Die in diesem Buch beschriebenen Narrative wurden quantitativ vom Politikwissenschaftler Josef Holnburger vor der Wahl noch einmal ausgewertet. In seinen Netzwerkanalysen ist zu sehen, dass sie in den Echokammern der AfD breit zum Einsatz kamen, ebenso wie auf verschwörungstheoretischen Plattformen und Medien.

11 Grandt, Michael: »11 Gründe warum Deutschland am Abgrund steht«. https://www.facebook.com/WATERGATE.TV/ sowie als Text bei http://www.watergate.tv/wp-content/uploads/2016/10/WGTV-7-Deutschland-Abgrund.pdf (29. 9. 2016).

12 https://www.facebook.com/WATERGATE.TV/

13 Vgl. »Der Aufschwung geht weiter« Beitrag in *FAZ*, 12. 1. 2018, S. 1.

14 Zahl aus Dezember 2017, https://www.arbeitsagentur.de/presse/2018-01-der-arbeitsmarkt-im-dezember-2017.

15 Punkt Sieben der Untergangsliste von Watergate TV – das Armutsrisiko – ist eine Schwachstelle, wenn man der Bertelsmann Studie folgt: »Überraschend mäßig schneidet Deutschland bei der Vermeidung von Armut und sozialer Ausgrenzung ab – der guten Wirtschafts- und Beschäftigungslage zum Trotz.« Und eine »besondere sozialpolitische Herausforderung in der Integration von Flüchtlingen« sieht die Studie unter anderem auch weil interessierte Gruppen das Thema für eine verstärkte Polarisierung in Politik und Gesellschaft nutzen würden – und dazu zählen sicher zuerst die Populisten, die Autoritären und die Medienplattformen der Neuen Rechten. https://www.bertelsmann-stiftung.de/de/themen/aktuelle-meldungen/2016/august/sustainable-governance-indicators-2016/
Regelmäßig bewertet diese Studie die Regierungsführung in den OECD-Staaten, die Daten stammen vom August 2016.

16 http://ef-magazin.de/2017/03/14/10681-aufloesung-deutschlands-der-letzte-akt

17 http://www.anonymousnews.ru/2017/02/09/der-letzte-akt-offener-brief-des-generals-reinhard-uhle-wettler-an-die-regierung/

18 Das Video wird mit hoher Frequenz und über einen langen Zeitraum geteilt. So unter anderem bei Facebook von der Seite »Patriotischer Aufbruch. Familie,

Heimat, Zukunft.« Und dann auch in AfD-Gruppen wie z. B. »Afd – 51 % das ist unser Ziel«.

19 http://www.watergate.tv/2017/05/27/die-deutsche-medien-populismus-luege/

20 In einer datenjournalistischen Studie der GfK wurde die Bedeutung des Themas in deutschsprachigen Twitter-Accounts genau analysiert, vgl. GfK Verein Gesellschaft für Konsum, Markt und Absatzforschung e. V. Nürnberg. »Das Thema Zuwanderung und Integration im Fokus – Netzwerkanalyse auf Twitter« http://www.gfk-verein.org/sites/default/files/medien/1083/dokumente/150825_challenges_2015_netzwerkanalyse.pdf, (1. 5. 2017).

21 Eine missverständliche Pressemitteilung des zuständigen Polizeipräsidiums Aalen war der Auslöser, tatsächlich hatte es nur vereinzelte Sachbeschädigungen an Hauswänden und Polizeifahrzeugen gegeben und vier Männer mit Migrationshintergrund sollen Mädchen sexuell belästigt haben.

22 Wolters, Katja: »Silvester 2016: Feiern wie in Aleppo«, 1. 1. 2017, https://www.compact-online.de/silvester-2016-feiern-wie-in-aleppo/

23 Weitere Beispiele, wie die Silvesternacht auf den Sozialen Medien und auch von AfD Accounts kommentiert wird, vgl. http://www.br.de/puls/themen/netz/filterblasen-silvester-soziale-netzwerke-100.html

24 https://www.facebook.com/RefugeeCrimeMap2/

25 https://twitter.com/RefugeeCrimeMap

26 Entsprechende Zahlen zur Herkunft von mutmaßlichen Tätern in der im Netz verfügbaren polizeilichen Kriminalitätsstatsistik des Bundeskriminalamts 2016: file:///C:/Users/schaefferu/Downloads/pks2016ImkBericht.pdf

27 Vgl. die durch das Bundesinnenministerium angegebenen Zahlen der polizeiliichen Kriminalitätsstatistik: http://www.bmi.bund.de/SharedDocs/Pressemitteilungen/DE/2017/04/pks-und-pmk-2016.html. Die Statistik meldet auch einen Anstieg bei den politisch motivierten Straftaten (PMK), die 2016 einen neuen Höchststand erreicht haben. Insgesamt wurden 41 549 Straftaten (+6,6 %) und 4311 Gewalttaten (-2,1 %) registriert. Während sich die Zahl der Straftaten in den Bereichen PMK-links und PMK-rechts insgesamt ungefähr auf dem Vorjahresniveau bewegt hat (PMK-rechts: 23 555; PMK-links: 9389), wies die Entwicklung der Gewalttaten deutliche Unterschiede auf: Rechtsmotivierte Gewalttaten sind um 14,3 % (auf 1698) angestiegen. Im Bereich der PMK-links ging die Zahl der Gewalttaten um 24,2 % auf 1702 zurück.

28 https://philosophia-perennis.com/2017/06/15/wochenrueckblick-kw24/

29 Es waren vor allem sehr viele Amateurvideos, die schnell im Netz landeten. Auch die russische Agentur Ruptly verbreitete wie andere diese Videos, weitgehend ohne Kommentar, die große Reichweiten erzielten und noch über Monate in den Sozialen Medien geteilt wurden https://www.youtube.com/watch?v=rfL3l_L2DpF

30 Kommentar auf ein auf Youtube durch *Patriotenfunk* geteiltes Video: https://www.youtube.com/watch?v=v3sBISM81Vg

31 Ergebnisse hier zitiert nach http://www.sueddeutsche.de/panorama/unter

suchungsauschuss-abschlussbericht-zur-koelner-silvesternacht-seiten-vorwuerfe-1.3423966

32 Eine gute Darstellung der vielen Fehler und Abstimmungsthemen aus dieser Nacht bietet dieses Dossier der *ZEIT*, 28. 6. 2016. http://www.zeit.de/zeit-magazin/2016/27/silvesternacht-koeln-fluechtlingsdebatte-aufklaerung. Dass es erst ein halbes Jahr nach den Vorkommnissen erscheint, zeigt, wie schwierig es ist, die Situation rückwirkend zu rekonstruieren und zu recherchieren.

33 https://www.welt.de/vermischtes/article163272751/Hussein-K-wegen-Mordes-an-Freiburger-Studentin-angeklagt.html
sowie http://www.suedkurier.de/nachrichten/baden-wuerttemberg/Mordfall-Maria-L-in-Freiburg-Hussein-K-soll-in-Tatnacht-auch-Kontakt-zu-anderen-Frauen-gesucht-haben;art417930,9226751

34 Das Verfahren gegen Hussein K. wurde Anfang September 2017 eröffnet. Die Anklage lautet auf Mord. Er wurde sieben Wochen nach der Tat festgenommen und gab an, 17 Jahre alt zu sein. Zwei von der Staatsanwaltschaft in Auftrag gegebene Altersgutachten gehen jedoch davon aus, dass er zur Tatzeit mindestens 22 Jahre alt war. Da Zweifel jedoch nicht ausgeräumt werden konnten, werde er nach Jugendstrafrecht angeklagt https://www.bo.de/nachrichten/nachrichten-regional/mord-maria-l-verfahren-gegen-hussein-k-ab-5september

35 Vgl. http://www.pi-news.net/2016/12/buxtehude-vergewaltiger-gefasst-freiburg-moerder-von-maria-l-sass-im-griechischen-knast/

36 Bries, Pierre. »Eyes wide shut« beim Freiburg-Mord«, geteilt von *Compact* am 4. 12. 2016 https://www.compact-online.de/eyes-wide-shut-beim-freiburg-mord/

37 Clemens Ladenburger ist EU-Beamter

38 http://meedia.de/2016/12/05/regionale-bedeutung-wieso-die-tagesschau-nicht-ueber-den-mord-an-maria-aus-freiburg-berichtete/

39 Zit. nach http://www.focus.de/politik/videos/tagesschau-berichtete-nicht-ueber-fall-maria-l-user-empoert-ueber-schweigen-der-ard_id_6301613.html

40 Vgl. http://www.pi-news.net/buxtehude-vergewaltiger-gefasst-freiburg-moerder-von-maria-l-sass-im-griechischen-knast/

41 Dort wurde angegeben, dass dieser Videobeitrag zunächst von Serge Menga auf dessen Facebook-Seite *Serge Menga Klartext* geteilt wurde, die 60 000 Abonnenten hat. https.//facebook.com/SergeMengaKlartext/ Serge Menga kandidierte als parteiloser Kandidat 2017 für den Landtag NRW und die Bundestagswahl – ohne Erfolg. Er bemühte sich vergeblich um einen Beitritt zur AfD, die ihn als Mitglied nicht aufnehmen wollte.

42 Vgl. Sellner, Martin: »Aufstand der Wütenden«, in *Compact*: 5/2017, S. 41.

43 www.freiezeiten.net/fuenf-neue-auslaender-fuer-jeden-neuen-deutschen

44 Martin Sellner in *Compact* 9/2016, S. 48.

45 http://www.truth24.net/jordanisches-tv-diskutiert-offen-deutschlands-unterwerfung-unter-den-islam/

46 Ebd.

47 https://www.compact-online.de/pervers-sex-dschihad-im-internet/

48 Als Autorin wird Gaby Kraal genannt, als Veröffentlichungsdatum der 29. 5. 17. https://schluesselkindblog.wordpress.com/2017/05/29/wie-wir-islam-und-sei nen-terror-zuegig-wieder-loswerden/

49 »Deutsche als Menschen II Klasse. Flüchtlinge erhalten mehr Geld als Hartz-IV-Empfänger«. 15. 4. 2017, http://www.anonymousnews.ru/2017/04/15/dis kriminierung-von-deutschen-fluechtlinge-erhalten-mehr-geld-als-hartz-iv-empfaenger/

50 http://www.pi-news.net/2017-vier-kaempfe-vier-fronten/

51 https://www.journalistenwatch.com/2017/05/28/hamburg-weltoffene-und-to lerante-stadt-mit-endloser-faehigkeit-den-uebernaechsten-zu-lieben/ Das geteilte Video bei Youtube https://www.youtube.com/watch?v=aehZVbUxmG4

52 http://www.journalistenwatch.com/2017/05/28/hamburg-weltoffene-und-to lerante-stadt-mit-endloser-faehigkeit-den-uebernaechsten-zu-lieben/

53 https://deutsch.rt.com/inland/44802-staatsanwaltschaft-leipzig-csu-darf-hetzen/

54 https://deutsch.rt.com/meinung/54523-rauchzeichen-fuer-bundestagswahl kampf/

55 *Russia Today* vergleicht die Bilder vom Polizeieinsatz in Hamburg an anderer Stelle mit den Polizeieinsätzen in Russland, die von westlichen Medien und Politikern wegen des Einsatzes von Gewalt gegen gewaltfreie Demonstrationen stark kritisiert werden. https://deutsch.rt.com/inland/53684-wuerde-hamburg-in-russland-liegen-polizeieinsaetze-mediales-echo/

56 http://www.watergate.tv/2017/07/08/hamburg-deutschland-am-abgrund-was-passiert-hinter-den-kulissen/

57 Z. B. *Russland News.*

58 Florian, Istvan: »Sind wir alle Weicheier?«, in: *Compact*, 7/2017. S. 21.

59 Selbstbeschreibung bei Facebook: »Aufgabe: Abseits vom Mainstream und den Erziehungsmedien. Gutmenschen und Realitätsverweigerern die andere Seite zeigen.«

60 Artikel vom 14. 6. 17. »Wieder muss ein Gastwirt nach linksextremen Attacken schließen« von Lukas Steinwandter: https://jungefreiheit.de/politik/deutschland/2017/wieder-muss-ein-gastwirt-nach-linksextremen-attacken-schliessen/

61 Elsässer, Jürgen: »Die letzten Tage im Kanzlerbunker«, in: *Compact*, 1/2017, S. 3 (Printversion).

62 Elsässer, Jürgen: »Bautzen: der Osten wehrt sich«, in: *Compact*, 1/2017, S. 3 (Printversion)

63 https://kenfm.de/rainer-mausfeld/ – Zitate aus dem Ankündigungstext zum Interview mit dem Psychologieprofessor Rainer Mausfeld – auch auf Facebook wird dieser Beitrag von *KenFM* verbreitet, u. a. 9. 12. 2016.

64 https://kenfm.de/rainer-mausfeld/ Zitate aus dem Ankündigungstext zum Interview mit dem Psychologieprofessor Rainer Mausfeld – auch auf Facebook wird dieser Beitrag von *KenFM* verbreitet, u. a. 9. 12. 2016.

65 Elsässer, Jürgen: »Bautzen: Der Osten wehrt sich«, in: *Compact*, 10/2016, S. 3.

66 *Compact* 4/17, Seite 12.

67 http://www.journalistenwatch.com/2017/07/20/ehemaliger-polizist-angela-merkel-das-schlimmste-das-deutschland-und-europa-jemals-passieren-konnte/, auf Facebook geteilt in der Gruppe »Erfurt sagt nein« am 23.7.17 unter dem Titel »Ehemaliger Polizist: Angela Merkel das Schlimmste das Deutschland und Europa jemals passieren konnte.«

68 Die Erstbelege für das Wort »Volksverräter« finden sich übrigens in der *Eudämonia, oder Deutsches Volksglück. Ein Journal für Freunde von Wahrheit und Recht*, das zwischen 1795–98 entstand – einer gegenrevolutionären Propaganda-Zeitschrift, man wollte der »jakobinisierten Stimmung der öffentlichen Meinung« entgegentreten. Vgl. Seidler, John David. »Die Verschwörung der Massenmedien. Eine Kulturgeschichte vom Buchhändler-Komplott bis zur Lügenpresse«, Bielefeld 2016, S. 155, 156.

69 Dassen, Marc: https://www.compact-online.de/maas-marschiert-razzia-bei-afd-vize/ berichtet wird über die Beschlagnahmung von technischem Gerät beim AfD-Pressesprecher in Schleswig-Holstein, Volker Schnurrbusch.

70 Ebd.

71 http://bit.ly/1MivFWC

72 https://deutsch.rt.com/34728/meinung/ist-der-deutsche-mainstream-am-ende-das-grosse-bild-hinter-den-taeglichen-nachrichten/, S. 9.

73 Ewen-Unger, Gert: »Ist der deutsche Mainstream am Ende? Das große Bild hinter den täglichen Nachrichten. https://deutsch.rt.com/34728/meinung/ist-der-deutsche-mainstream-am-ende-das-grosse-bild-hinter-den-taeglichen-nachrichten/ 21. 10. 2015, S. 9.

74 http://www.epochtimes.de/politik/welt/ines-laufer-die-fluechtlings-kriminalitaet-zwischen-fakten-und-medienluegen-a2132375.html?fb=1

75 Eva Herman ist eine deutsche Autorin und ehemalige Fernsehmoderatorin. Sie war von 1989 bis 2006 Nachrichtensprecherin der Tagesschau und moderierte bis September 2007 verschiedene Fernsehsendungen für den Norddeutschen Rundfunk.

76 www.bing.com/videos/search?q=eva+herman+preis+der+information+&&view=detail&mid=FABA02928C23D67A6927&FORM=VRDGAR

77 https://de.wikipedia.org/wiki/L%C3%BCgenpresse#Verwendung_durch_die_NSDAP

78 Renate Köcher: Allensbach-Studie: »Mehrheit fühlt sich über Flüchtlinge einseitig informiert«, in: *Frankfurter Allgemeine Zeitung*, 16. Dezember 2015.

79 https://www.compact-online.de/skandal-facebook-sperrt-elsaesser/

80 Zu Deutschland heißt es bei ROG: »Insgesamt ist das Arbeitsumfeld für Journalisten in Deutschland gut. Aber auch hier wurden in den vergangenen Jahren Journalisten staatlich überwacht, etwa, wenn sie in der rechtsextremen Szene recherchierten«. https://www.reporter-ohne-grenzen.de/rangliste/2017/

81 https://www.reporter-ohne-grenzen.de/russland/ Dazu heißt es im Länderprofil von ROG: »Seit der Wahl Wladimir Putins im Jahr 2 000 zum russischen Prä-

sidenten hat der Kreml die landesweiten Fernsehsender weitgehend unter seine Kontrolle gebracht. Kritische Medien wie Radio Moskwy oder TV Doschd geraten regelmäßig unter Druck, Journalisten müssen mit Gewalt oder gezielten Anschlägen rechnen, die meist straffrei bleiben. Strenge Internetgesetze ermöglichen das schnelle und unbürokratische Sperren unliebsamer Webseiten.«

82 *RT Deutsch* 31. 10. 2016, https://deutsch.rt.com/inland/42363-mainstreampresse-im-jammertal-verkaufszahlen-brechen/

83 *RT Deutsch* 30. 10. 2016, https://deutsch.rt.com/gesellschaft/42567-internet-setzt-mainstream-zu-cdu/

84 *RT Deutsch* Beitrag vom 14. 6. 2017, https://deutsch.rt.com/meinung/52318-westl-medien-kummern-sich-nicht/

85 *RT Deutsch* Beitrag vom 13. 12. 2016, https://deutsch.rt.com/meinung/44227-fake-news-kampagne-stimmungsmache-rt-zensur/

86 *RT Deutsch* Beitrag, https://deutsch.rt.com/34728/meinung/ist-der-deutsche-mainstream-am-ende-das-grosse-bild-hinter-den-taeglichen-nachrichten/ (1. 5. 2017)

87 *RT Deutsch* Beitrag, 30. 10. 2016, https://deutsch.rt.com/gesellschaft/42567-internet-setzt-mainstream-zu-cdu/

88 *RT Deutsch* Beitrag, 30. 10. 2016, https://deutsch.rt.com/gesellschaft/42567-internet-setzt-mainstream-zu-cdu/

89 *RT Deutsch*, 31. 10. 2017, https://deutsch.rt.com/gesellschaft/59838-ende-der-redefreiheit-in-sozialen-medien-video/

90 *Journalistenwatch*, 14. 6. 2017: »Heiko Maas – im eigenen Netz (Gesetz) verfangen?« https://www.journalistenwatch.com/2017/06/14/heiko-maas-und-schon-wieder-auf-ganzer-linie-versagt/

91 www.contra-magazin.com/2016/12/fake-news-hysterie-ein-bailout-fuer-die-mainstreammedien/11. 12. 2016

92 www.contra-magazin.com/2016/12/fake-news-hysterie-ein-bailout-fuer-die-mainstreammedien/11. 12. 2016

93 http://www.watergate.tv/2017/05/27/die-deutsche-medien-populismus-luege/ *Watergate.tv* am 27. 5. 17

94 http://www.pi-news.net/2017-vier-kaempfe-vier-fronten/

95 http://www.pi-news.net/2017-vier-kaempfe-vier-fronten/

96 https://tagebucheinesdeutschen.wordpress.com/2016/10/21/leben-in-hitler-deutschland-ein-brief-von-hans-schmidt/

97 Offener Brief des Brigadegenerals a. D. Reinhard Uhle-Wettler: »Der letzte Akt«, http://ef-magazin.de/2017/03/14/10681-aufloesung-deutschlands-der-letzte-akt

98 Von Flocken, Jan: »Die Dresden-Lügen«, in: *Compact*, 3/2017, S. 61, 62.

99 Der Beitrag wurde in der Facebook Gruppe »AfD 51 % – das ist unser Ziel« am 7. 5. 17 geteilt.

100 Den Sachverhalt und Hintergrund fasst die Nachrichtenagentur AP wie folgt zusammen: »Die muslimischen Rohingya werden im mehrheitlich buddhis-

tischen Myanmar seit Jahrzehnten systematisch unterdrückt. Ende August 2017 war der Konflikt eskaliert, als Rohingya-Rebellen Soldaten und Polizisten angriffen und dutzende Sicherheitskräfte töteten. Das Militär reagierte mit brutaler Gegengewalt. Seither wurden durch das Militär hunderte Rohingya getötet, rund 655 000 Rohingya flüchteten ins verarmte Nachbarland Bangladesch. Die UNO, Washington und Menschenrechtsorganisationen sprechen von »ethnischen Säuberungen«.

101 http://peymani.de/myanmar-am-pranger-der-wehrhafte-staat-als-zielscheibe-der-journalisten/
Vom 11. 9. 17

102 https://www.journalistenwatch.com/2017/05/03/europa-ist-dem-untergang-geweiht-bruessel-fordert-keine-grenzkontrollen-mehr/

103 Ebd. Bezug genommen wird hier auf den britischen nationalkonservativen *Daily Express* (express.co.uk.), der seit Anfang 2015 die Positionen der UKIP in Großbritannien unterstützt.

104 http://www.watergate.tv/2017/04/29/aufgedeckt-die-grosse-inflationsluege-der-ezb-kommt-jetzt-heraus/

105 Müller-Mertens, Martin: »Angriff auf die deutschen Sparer«, in: *Compact*, 11/201 ich, S. 11.

106 http://www.nachrichten365.com/58837521aec10/polen-tritt-mit-sofortiger-wirkung-aus-der-eu-aus.html

107 https://www.compact-online.de/berlin-ab-2020-eu-hilfen-nur-fuer-gehor same-mitglieder/

Die »Wir-gegen-die!«-Kommunikation der AfD: Provokation und Protest statt Prgramm und Problemlösung

1 http://media-control.de/wahl-2017-parteien-im-media-control-social-media-check-der-kw31.html
Über Media Control konnte man das Ranking der Interaktion in den Sozialen Medien während des Wahlkampfs verfolgen. Lisa-Maria Neudert untersuchte den Twitter Traffic von Parteien und Kandidaten vor der Bundespräsidentenwahl und kam zu einem ähnlichen Ergebnis: http://comprop.oii.ox.ac.uk/wp-content/uploads/sites/89/2017/03/German-What-Were-German-Voters-Sharing-Over-Twitter-v9.pdf

2 Diese Zahlen datieren von September 2017. Für dieses Buch wurde gemeinsam mit dem Politikwissenschaftler Josef Holnburger eine Netzwerkanalyse zur AfD-Präsenz auf Facebook und Twitter in der Zeit von Juni 2016 bis zur Bundestagswahl am 24. 9. 2017 durchgeführt. Dabei ging es um die Frage: Wie ist die AfD, über welche Gruppen und Accounts, bei Facebook und Twitter präsent? Wie viele Interaktionen – Likes, Shares und Kommentare – erreicht sie bei Facebook, wie viele Follower bei Twitter? Welche Narrative werden wie

intensiv geteilt? Die Datensätze von Josef Holnburger, die sich auf offizielle Partei-Accounts beziehen, sind somit eine wichtige Grundlage für die quantitativen Aussagen in diesem Kapitel. Untersucht wurden folgende AfD-Facebook-Seiten: Alternative für Deutschland, Alice Weidel, Frauke Petry, Beatrix von Storch, Jörg Meuthen, Björn Höcke.

Alexander Gauland ist derzeit nicht mit einer eigenen Seite auf Facebook und auch nicht mit einem offiziellen Account auf Twitter vertreten (Stand 23. 2. 18). Bei den Personenaccounts konnten Jörg Meuthen und Alice Weidel ihre Reichweite vor der Bundestagswahl stark ausbauen. Frauke Petry, Beatrix von Storch und Björn Höcke hingegen nicht.

Verglichen wurde die AfD auch mit den Facebook-Auftritten der CDU, CSU, SPD, FDP, Grüne und Linke.

Bei Twitter wurden folgende Profile in den Netzwerkanalysen ausgewertet: Alice Weidel, Frauke Petry, Beatrix von Storch, Jörg Meuthen, Björn Höcke

3 Neudert, Lisa-Maria et al. »Junk News and Bots during the German Parliamentary Election: What are German Voters Sharing over Twitter?« Eine Analyse der Universität Oxford, September 2017. Aus ihr geht folgende Verteilung hervor, bezogen auf die Zahl der Twitter-Einträge zu den verschiedenen Parteien und deren Spitzenkandidaten: 30,1 % des Traffics bezog sich auf die AfD, CDU/Merkel: 18,2 %, SPD/Schulz: 8,9 %, FDP 2,6 %, Bündnis 90/Die Grünen 1,6 %, Die Linke 1,5 %, 29 % auf die Bundestagswahl allgemein. http://comprop.oii.ox.ac.uk/publishing/junk-news-and-bots-during-the-german-parliamentary-election-what-are-german-voters-sharing-over-twitter/

4 Reichweite vom 1. 5. 2017.

5 Diese Angaben beziehen sich auf August 2017. Zu verfolgen sind diese Trends über den gemeinsamen Twitter-Account der Hochschule Hof und Goethe-Universität Frankfurt @politwi: Untersucht werden politische Top-Themen aus Tweets in Echtzeit.

6 https://blendle.com/i/frankfurter-allgemeine-zeitung/im-hinterkopf-der-provokateure/

7 https://www.google.de/amp/s/amo.focus.de/politik/deutschland/alternative-zu-fake-news-afd-startet-eigenen-newsroom_id_8445068.html

8 »AfD-Manifest 2017« wurde als Wahlkampfkonzept vom Bundesvorstand der Partei gebilligt. Es handelt sich um einen auf den 22. Dezember 2016 datierten Text, der federführend von dem Berliner Landesvorsitzenden Georg Pazderski formuliert wurde. https://blendle.com/i/frankfurter-allgemeine-zeitung/im-hinterkopf-der-provokateure/

9 Frauke Petry zu Politik und Medien bei dbate, 7. 4. 2017: https://www.youtube.com/watch?v=KUCsSHngTG8

10 http://www.zeit.de/politik/deutschland/2017-08/alexander-gauland-afd-aydan-oezoguz-kritik-alice-weidel

11 https://www.welt.de/politik/deutschland/article168080531/Perfide-reden-Boeses-meinen-so-radikalisiert-sich-die-AfD.html

12 Arab, Adrian. »Welche Parteien die meisten Stimmen an die AfD verloren«, in: *Die Welt*, 24. 9. 2017.

13 Sendung am 5. 9. 17, https://www.zdf.de/politik/wahlen/wie-gehts-deutschland-120.html

14 Gegen Höcke läuft wegen mutmaßlicher Nähe zur NS-Ideologie ein Parteiausschlussverfahren, das derzeit aber ruht. In einer Rede hatte er im Januar 2017 eine »erinnerungspolitische Wende um 180 Grad« gefordert und unter Anspielung auf das Berliner Holocaust-Mahnmal von einem »Denkmal der Schande« gesprochen. Gauland habe Höcke als »Seele der AfD« bezeichnet, »für mich ist er einfach ein Rechtsradikaler«, sagte Scheuer.

15 https://www.facebook.com/aliceweidel/posts/1680477248630170:0

16 Buzzfeed berichtete als einer der ersten darüber, dass hinter solchen Twitter-Wellen geheime Chatgruppen stecken, deren Ziel es ist, Wahlkampf für die AfD und gegen die anderen Parteien zu machen. Schmehl, Carsten: Diese geheimen Chats zeigen, wer hinter dem Meme-Angriff #Verräterduell aufs TV-Duell steckt. 3. 9. 2017, https://www.buzzfeed.com/karstenschmehl/willkommen-in-der-welt-von-discord-teil1?utm_term=.mkw15mr3l#.veaRGM29O

17 Der Kanal ist inzwischen über Internetsuchen in Deutschland gesperrt und nicht zugänglich, die früher zugängliche URL lautete https://www.youtube.com/user/ReconquistaGermany

18 Discord ist eine Software, mit der sich Nutzer in Chat-Räumen verabreden oder in Sprach-Chats treffen können.

19 Vgl. den Aufruf des »Machers« von »Reconquista Germania« an die Abonnenten des Youtube-Kanals, sich dem Discord-Server anzuschließen.

20 Ebd.

21 Diese Äußerung fiel nach den Anfeindungen gegen Flüchtlinge im sächsischen Clausnitz im Februar 2016, http://www.rp-online.de/politik/deutschland/afd-vize-alexander-gauland-koennen-uns-nicht-von-kinderaugen-erpressen-lassen-aid-1.5792033.

22 Dalkowski, Sebastian: »Der typische AfD-Wähler. Arbeiter, männlich, ostdeutsch.« *RP Online* vom 26. 9. 2017. Der Artikel bezieht sich auf Ergebnisse von infratest dimap nach der Bundestagswahl.

23 Diese Zielgruppenbeschreibung findet sich in der Wahlkampfstrategie der AfD, die im Netz verfügbar ist:
http://www.talk-republik.de/Rechtspopulismus/docs/03/AfD-Strategie-2017.pdf

24 Zahl der Fans Anfang Oktober 2017.

25 Großekathöver, Maik: »Ein junger Mann, der Populist werden will«. In: *Der Spiegel* 41/2016 Seite 58. Fragt man deren Vorsitzenden Markus Frohnmaier, was die Jugendorganisation von der Mutterpartei unterscheide, so antwortet er: »Bei der AFD gibt es auch schlichtere Typen. Die JA ist akademischer. Viel von dem, was wir denken, denkt bald auch die Mutterpartei.«

26 Leif, Thomas/Gensing, Patrick: »AfD-Strategiepapier Provokation statt Problemlösung«, *tagesschau.de*, 23. 1. 17, https://www.tagesschau.de/inland/afd-strategiepapier-101.html. Dort heißt es u. a.: »Bei für die AfD bislang für Wahlerfolge nicht erforderlichen Themen (das gilt insbesondere für die wirtschaftsnahe Sozialpolitik) muss sehr sorgfältig darauf geachtet werden, dass sich die Anhängerschaft der AfD nicht auseinander dividiert. Während Teile des liberal konservativen Bürgertums auf der einen und Arbeiter und Arbeitslose auf der anderen Seite bei Themen wie Euro/Europa, Sicherheit, Migration/Islam, Demokratie, nationale Identität oder Genderismus durchaus ähnliche Positionen vertreten, kann es Differenzen bei Fragen wie Steuergerechtigkeit, Rentenhöhe, Krankenkassenbeiträge, Mietbremsen oder Arbeitslosenversicherung geben.«

27 Zitiert nach Leif/Gensing.

28 http://meedia.de/2017/07/14/keine-verbindung-zur-afd-deutschland-kurier-chef-david-bendels-widerspricht-kritikern/

29 http://meedia.de/2017/07/05/neue-wochenzeitung-fuer-afd-waehler-ex-bild-chef-peter-bartels-schreibt-fuer-geplanten-deutschland-kurier/

30 http://www.deutschlandfunk.de/deutschland-kurier-keine-verbindung-zur-afd.2907.de.html?dram:article_id=391033

31 http://www.deutschland-kurier.org/gehoert-merkel-hinter-gitter/

32 An derartige Social-Media-Erfolge kann die Partei mittlerweile nicht mehr anknüpfen: Die Anzahl an Interaktionen ist auf ihrer Facebook-Seite in den vergangenen 15 Monaten konstant gesunken, ergeben die Analysen. Während auf einen Facebook-Post der AfD in den ersten Monaten des Jahres 2016 noch 10 000 Likes, Shares und Kommentare fielen, haben sich diese mittlerweile halbiert. Demnach haben die Botschaften der Partei inzwischen eine geringere Durchschlagskraft auf Facebook https://www.wr.de/politik/fuer-die-afd-geht-es-auf-facebook-und-twitter-bergab-id211332459.html

33 Zitiert nach Leif/Gensing 2017.

34 Amann, Melanie, »Angst für Deutschland«; München 2017, S. 101.

35 http://www.deutschland-kurier.org/milliardengeschaeft-asylindustrie/

36 Vehrkamp, Robert, Wegschaider, Klaudia: »Populäre Wahlen. Mobilisierung und Gegenmobilisierung der sozialen Mileus bei der Bundestagswahl 2017.« Die Studie dokumentiert das Ergebnis einer repräsentativen Befragung in der Woche nach der Bundestagswahl vom 24. 9. 2017. https://www.bertelsmann-stiftung.de/de/publikationen/publikation/did/populaere-wahlen/

37 Vgl. Fußnote 10, S. 332 und http://blog.holnburger.com/

38 »AfD-Manifest 2017«, 22. Dezember 2016, zitiert nach https://blendle.com/i/frankfurter-allgemeine-zeitung/im-hinterkopf-der-provokateure/iJ9

39 https://blendle.com/i/frankfurter-allgemeine-zeitung/im-hinterkopf-der-provokateure/bnl-faz-

40 http://www.talk-republik.de/Rechtspopulismus/docs/03/AfD-Strategie-2017.pdf

41 Vgl. entsprechenden Artikel in der *Gründerszene* https://www.gruenderszene.de/allgemein/afd-wahlkampf-digital-agentur-harris

42 https://www.youtube.com/watch?v=aDMZRiYrcuE Die Agentur Harris hat das Video für die als gemeinnützig anerkannte konservative Lobbyorganisation »Secure America Now« erstellt, die nach eigenen Angaben fast vier Millionen Mitstreiter hat. https://www.morgenpost.de/web-wissen/web-technik/article208629285/Trump-Lager-wirbt-mit-Gaga-Video-von-islamischem-Deutschland.html

43 Wienand, Lars: »Trump wirbt mit Gaga Video vom islamischen Deutschland«, in: Berliner Morgenpost, 1. 11. 2016, https://www.morgenpost.de/web-wissen/web-technik/article208629285/Trump-Lager-wirbt-mit-Gaga-Video-von-islamischem-Deutschland.html

44 Ebd.

45 AfD-Manifest, https://de.scribd.com/document/338294054/AfD-Strategie-2017, Seite 10.

46 https://de.scribd.com/document/338294054/AfD-Strategie-2017, S. 11.

47 https://twitter.com/twittschler/status/810960775061848064

48 Bei Youtube 27. 9. 16 https://www.youtube.com/watch?v=F1TrrckUqok

49 Zitiert nach http://faktenfinder.tagesschau.de/inland/afd-fake-maas-101.html

50 Deckers, Daniel: »Rechts? Rechtspopulistisch? Rechtsradikal? Rechtsextrem? Was ist die AfD?«, in: *FAZ*, 15. 9. 2016
Amann, Melanie: »Angst für Deutschland«, München 2017, S. 99.

51 Dass es an dieser Distanz oft fehlt, zeigt das Beispiel von Holger Arppe. Die Karriere des stellvertretenden Fraktionsvorsitzenden der AfD in Mecklenburg-Vorpommern war noch vor der Bundestagswahl zu Ende, weil er unter anderem sexuell ausfallende Einträge in Chats und Gewaltfantasien geäußert habe. Die entsprechenden Chat-Protokolle liegen der *taz* und dem *NDR* vor, die Arppe zu einer Stellungnahme aufforderten. Nach dieser Aufforderung war Arppe zurückgetreten. Nach diesen Protokollen sprach Arppe davon, »erst mal das ganze rot-grüne gescheit aufs Schafott schicken. Und dann das Fallbeil hoch und runter, dass die Schwarte kracht!« Gefolgt von einem Eintrag am 11. August 2015: »Wir müssen ganz friedlich und überlegt vorgehen, uns gegebenenfalls anpassen und dem Gegner Honig ums Maul schmieren, aber wenn wir endlich soweit sind, dann stellen wir sie alle an die Wand. (…) Grube ausheben, alle rein und Löschkalk oben rauf.« Die Chat-Einträge dokumentieren außerdem, dass Arppe zur rechtsextremen Identitären Bewegung in Kontakt stand. Bereits 2015 wurde er vom Amtsgericht Rostock verurteilt wegen eines volksverhetzenden Internetkommentars gegen Muslime. Vgl. Speit, Andreas: »Rücktritt wegen Chats«, in: *taz*, 1. 9. 17, S. 6.

52 https://blendle.com/i/frankfurter-allgemeine-zeitung/im-hinterkopf-der-provokateure/

53 Dessen Bundesvorsitzender ist der ehemalige Pressesprecher der CSU München, Michael Stürzenberger, der zugleich auch den islamfeindliche Blog *PI-*

News verantwortet und dessen islamfeindliche Parolen dafür sorgten, dass die Partei 2013 im Verfassungsschutzbericht erwähnt wurde. http://www.endstation-rechts.de/news/kategorie/sonstige-1/artikel/die-freiheit-islamfeindliche-partei-loest-sich-auf.html

54 http://www.endstation-rechts.de/news/kategorie/sonstige-1/artikel/die-freiheit-islamfeindliche-partei-loest-sich-auf.html

55 Die Republikaner wurden 1983 in München von ehemaligen Mitgliedern der CSU gegründet. Die Kleinpartei versteht sich selbst als rechtskonservativ und bezeichnet sich auch als »Demokratische Rechte«. Sie wurde ab 1992 vom Bundesamt für Verfassungsschutz unter dem Verdacht einer rechtsextremistischen Bestrebung aufgeführt und beobachtet; 2006 wurden nicht mehr die Gesamtpartei, sondern nur noch Kräfte in ihr als rechtsextrem geführt. Seit 2007 wird die Partei nicht mehr im Verfassungsschutzbericht aufgeführt. Seit 2001 ist sie nur noch auf kommunaler Ebene politisch vertreten. https://de.wikipedia.org/wiki/Die_Republikaner

56 Vgl. Amann, Melanie: »Angst für Deutschland«, München 2017, S. 123

57 Die NPD kam bei dieser Wahl nicht in den Landtag.

58 Diese Beispiele zitiert nach Amann, 2017, S. 116.

59 http://www.bundestagswahl-bw.de/wahlprogramm_afd_btwahl2017.html, S. 30.

60 Frauke Petry sagte der Wochenzeitung *Zeit*: »Wir sind dafür, dass das Asylrecht nach Artikel 16a geändert wird und dass es in ein Gnadenrecht des Staates umgewandelt werden muss.« Reuters Deutschland, 25. 1. 17.

61 http://www.deutschland-kurier.org/wer-hat-die-richtige-familienpolitik-fuer-deutschland/

62 http://www.bundestagswahl-bw.de/wahlprogramm_afd_btwahl2017.html, S. 40. »Gender Ideologie marginalisiert naturgegebene Unterschiede zwischen den Geschlechtern und stellt geschlechtliche Identität in Frage. (…) Wir lehnen daher Bestrebungen auf nationaler wie internationaler Ebene ab, diese Ideologie durch Instrumente wie Gender-Studies, Quotenregelungen z. B. für Frauen, Propagandaaktionen wie den ›Equal Pay Day‹ oder die ›geschlechterneutrale Sprache‹ umzusetzen.«

63 http://www.bundestagswahl-bw.de/wahlprogramm_afd_btwahl2017.html, S. 37

64 http://www.bundestagswahl-bw.de/wahlprogramm_afd_btwahl2017.html, S. 34

65 http://www.bundestagswahl-bw.de/wahlprogramm_afd_btwahl2017.html, S. 34

66 Reuter, Markus: »Treue Gefolgschaft – so twittert die AfD«, 18.04.2017, https://netzpolitik.org/2017/treue-gefolgschaft-so-twittert-die-afd/ (1. 5. 2017)

67 https://twitter.com/AfDKompakt/lists/unterst-tzer/members

68 Alle diese Accounts tauchen als Unterstützer im offiziellen AfD-Account @afdkompakt auf. Wie eng die Zusammenarbeit beim Teilen von Inhalten

zwischen diesen Accounts ist, dazu Reuter, Markus, 28. 4. 2017: Auf Linie: Das inoffizielle Unterstützernetzwerk der AfD https://netzpolitik.org/2017/auf-linie-das-inoffizielle-unterstuetzernetzwerk-der-afd/

69 Die netzpolitik/*Tagesspiegel*-Rechercheure wurden während ihrer Arbeit am Thema blockiert. Ein Hinweis, dass Blocklisten zwischen den Betreibern ausgetauscht werden. »Hintergrund der Blocklisten ist es, Gegenrede unter den Tweets zu verhindern und so einen relativ geschlossenen Paralleldiskurs zu ermöglichen. Nach Auskunft von @mundaufmachen sollen mit dieser Methode, die auch in anderen politischen Strömungen genutzt wird, die AfD-Twitter-Neulinge vor einer angeblichen #NoAfD-Troll-Armee geschützt werden. Reuter, 2017.

70 https://netzpolitik.org/2017/twitter-datenanalyse-bei-der-afd-die-falsche-balleryna/

71 Ebd.

72 Reuter, Markus und *Tagesspiegel* DATA: »Twitter-Datenanalyse bei der AfD: Die falsche Balleryna« https://netzpolitik.org/2017/twitter-datenanalyse-bei-der-afd-die-falsche-balleryna/

73 In der Botforschung wird zwar eine regelmäßige Anzahl von mehr als 50 Tweets pro Tag als Beleg genommen, dass ein Account ein Bot ist, dennoch geht Netzpolitik aufgrund der Zahl originärer Inhalte von einem durch Personen geführten Account aus.

74 http://faktenfinder.tagesschau.de/social-bots-bundestag-wahl-101.html

75 http://www.deutschlandfunk.de/meinungsmache-im-netz-wie-social-bots-falschmeldungen.724.de.html?dram:article_id=373940

76 http://comprop.oii.ox.ac.uk/2017/06/19/computational-propaganda-worldwide-executive-summary/

77 Interview mit Lisa-Maria Neudert im August 2017 für dieses Buch.

78 https://www.fes.de/de/index.php?eID=dumpFile&t=f&f=15002&token=b0e0303aa9e08744190db33cbc6bb90ec53ed5c6

79 http://comprop.oii.ox.ac.uk/publishing/junk-news-and-bots-during-the-german-parliamentary-election-what-are-german-voters-sharing-over-twitter/

80 Interview mit Lisa-Maria Neudert im August 2017 für dieses Buch.

81 https://www.socialmediadaily.de/youtube_views_kaufen_schnell_g%C3%BCnstig

82 Ein AfD-naher Online/Radiosender *Radio Blau* ist im Aufbau. Dabei sucht die AfD die Zusammenarbeit mit so bezeichneten »alternativen« Medienpartnern.

83 https://de.sputniknews.com/politik/20170204314399371-afd-tv-leitmedien/

84 Götz Kubitschek: »Björn Höcke und das Denkmal der Schande«, in: *Sezession*, 18. 1. 2017, https://sezession.de/56961/

85 Auf *Ein Prozent* am 20. Januar 2017, https://einprozent.de/bjoern-hoecke-in-dresden-reaktionen-und-fazit/

86 Das hat den Effekt, dass der russische Präsident Wladimir Putin bei vielen AfD-Anhängern beliebter ist als Bundeskanzlerin Angela Merkel. Einer Um-

frage aus 2017 zufolge vertraut fast ein Drittel der AfD-Anhänger Putin mehr als der Kanzlerin. Auf den gleichen Wert kommen die Anhänger der Linkspartei, wie die Forsa-Umfrage für die Wochenzeitung *Zeit* ergab. Befragt wurden 1003 Bundesbürger. Hohe Zustimmung bei AfD-Anhängern gab es auch auf die Frage, ob Putin mit seiner Einschätzung recht habe, der Westen behandle Russland wieder so feindselig wie im Kalten Krieg. Dies bejahten 78 % derjenigen, die die AfD wählen würden. Bei den Linken-Anhängern waren es 62 %. Von allen Befragten teilten nur 34 % diese Einschätzung.

87 Eine russische Stiftung hat für den AfD-Politiker Markus Pretzell, Abgeordneter des Europaparlaments, die Reisekosten einer Krim-Reise übernommen. Darüber berichtete unter anderen der *Spiegel*. Im April 2016 hatte Pretzell am dreitägigen »Yalta International Economic Forum« teilgenommen. Die jährlichen Konferenzen werden von einer russischen Stiftung ausgerichtet und von der Moskauer Regierung unterstützt. http://www.spiegel.de/politik/deutschland/marcus-pretzell-russische-stiftung-bezahlte-krimreise-des-afd-politikers-a-1130921.html

88 AfD-Manifest, Seite 9.

Rechtsextremer Flashmob – die Identitäre Bewegung

1 Eintrag am 25. 7. 17 https://www.facebook.com/search/str/identit%C3%A4re+bewegung/keywords_blended_posts

2 In Deutschland war ein wichtiges Initial für die Bildung der IB das von Thilo Sarrazin in Umlauf gebrachte Buch »Deutschland schafft sich ab«, das im Netz für größere kulturrassistische Diskussionen sorgte. Die IB Deutschland ist Ableger der Organisation »Génération identitaire«, die in Frankreich als Jugendgruppe des »Bloc Identitaire« entstanden war. Dieser wiederum ist die Nachfolgeorganisation der rechtsextremistischen Unité Radicale (UR), die 2002 nach einem Attentat eines ihrer Mitglieder am Nationalfeiertag auf den französischen Präsidenten Chirac als staatsgefährdende Vereinigung verboten wurde.

3 https://www.verfassungsschutz.de/de/aktuelles/zur-sache/zs-2016-001-maassen-dpa-2016-08

4 Diese Daten von 2016. Vgl. Zick 2016, S. 143.

5 Wo immer es Gelegenheit gibt, blasen die Identitären zum Angriff auf den Journalismus, die öffentlich-rechtlichen Medien (»GEZ-Medien«). Diese Mainstream-Medien würden einen Informationskrieg gegen die Identitären führen. Es gäbe keine Meinungsfreiheit in Deutschland. »Sie wissen ganz genau, dass sie keine Meinungsfreiheit gewähren. Sie wissen ja ganz genau, dass sie andere ausgrenzen.« https://www.youtube.com/watch?v=qWuJNfRANoY, 3:29.

6 Ein Grund, warum Martin Sellner immer wieder von unterschiedlichen Plattformen gesperrt wird, so z. B. im Januar 2018 bei Youtube.

7 So die Identitäre Bewegung Deutschland auf ihrer Website: https://www.identitaere-bewegung.de/

8 Die Nähe zum Rechtsextremismus ergibt sich aus dieser Verbindung, denn der »Bloc Identitaire« ist die Nachfolgeorganisation der rechtsextremistischen Unité Radicale (UR), die 2002 nach einem Attentat eines ihrer Mitglieder am Nationalfeiertag auf den französischen Präsidenten Chirac als staatsgefährdende Vereinigung verboten wurde.

9 Stand 1. 8. 17. Anfang 2018 sperrte Facebook den Account Sellner, auch Youtube sperrte seinen Kanal.

10 Vgl. Graf, Johannes. »AfD-Rechte fordern Bekenntnis zu Identitären«. *NTV* 15. 6. 2016, http://www.n-tv.de/politik/AfD-Rechte-fordern-Bekenntnis-zu-Identitaeren-article17951556.html

11 Vgl. dazu Hafeneger, Benno: »Die Identitären. Vorübergehendes Phänomen oder neue Bewegung?«, in: Friedrich-Ebert-Stiftung: Expertisen für Demokratie, 1/2014.

12 im Januar 2015

13 Zick 2016, S. 143.

14 9. 2. 2013 Besetzung der Wiener Votivkirche, die von Asylbewerbern genutzt wurde. September 2015: IB-Aktivisten blockieren A 4 in Österreich, um gegen Flüchtlinge zu demonstrieren. Spielfeld/Österreich, 15. 11. 2015: Protestmarsch der IB Österreich gegen Flüchtlinge. Graz/Österreich, April 2016: Identitäre klettern auf das Dach der Parteizentrale der Grünen in Graz, befestigen ein Banner mit der Aufschrift »Islamisierung tötet« und lassen Kunstblut herunterfließen. Wien, April 2016: An der links dominierten Universität wird ein Pro-Asyl-Stück gezeigt. 40 Aktivisten kapern die Bühne und entrollen ein Transparent mit der Aufschrift »Heuchler«. Wien, 27. 4. 2016: Aktivisten der IB besteigen das Theater in Wien, wo das Theaterstück erneut aufgeführt werden sollte, und entrollen ein Banner. Berlin, 21. 7. 2016: Berliner Aktivisten der Identitären »besuchen« die Amadeu Antonio Stiftung, die sich als Nichtregierungsorganisation gegen Rassismus einsetzt. 2016, Berlin: Besetzung des Brandenburger Tors und Entrollen eines Banners. August 2017, Köln: Als Protestaktion gegen öffentlich-rechtliche Sender, die von der IB als »Propagandamedien« gesehen werden, besetzt die IB das Funkhaus des WDR in Köln und entrollt ein Banner mit der Aufschrift »Die Verleumdung ist schnell, die Wahrheit ist langsam«. Dezember 2017, Berlin: Vor dem Brandenburger Tor lädt die IB Steine mit Aufschriften ab wie »Kein Opfer ist vergebens« oder »Den Opfern des Islamistischen Terrors« – was bei anderen Medien in der rechten Echokammer als »das erste internationale Denkmal für die Opfer multikultureller Gewalt und islamischen Terrorismus in ganz Europa« bewertet wird, wie von *PI-News* http://www.pi-news.net/2017/12/identitaere-setzen-denkmal-fuer-islamopfer-am-brandenburger-tor/

15 Vgl. http://www.zeit.de/gesellschaft/zeitgeschehen/2016-03/sachsen-anhalt-landtagswahl-migranten-probe-wahllokal-halle-zugemauert

16 https://www.facebook.com/identitaere/posts/1177256648959059

17 http://www.pi-news.net/2016/03/halle-ib-mauert-migranten-wahllokal-zu/

18 https://www.facebook.com/identitaere/posts/1177256648959059

19 Verhassel ist Wortführer der regionalen IB-Gruppe für die französische Region Flandre-Artois-Hainaut; http://www.nordactu.fr/6950/politique/entretien-exclusif-avec-aurelien-verhassel-leader-de-generation-identitaire-flandre-artois-hainaut/ Auch beim französischen Ableger ist Kommunikation der Schlüssel zum Erfolg. »Kommunikation ist unser Beruf, das ist die Marke der identitären Fabrik. Wir verfügen über eine perfekte Strategie in Medien und sozialen Netzen.« (« La communication est notre métier, c'est la marque de fabrique identitaire. Nous avons une parfaite maîtrise des médias et des réseaux sociaux […]«).

20 Der 1989 geborene Sellner führt die IB Österreich gemeinsam mit Patrick Lenart.

21 https://juergenelsaesser.wordpress.com/2016/11/06/compact-konferenz-ein-voller-erfolg-hier-das-komplette-video-von-gestern/ (nach 3:30)

22 Auf Facebook und auf Youtube wurden Sellners Accounts Anfang 2018 gesperrt. Er wich mit seinen Videos auf andere Videoplattformen aus. In diesem Kapitel wird dennoch an manchen Stellen auf inzwischen gesperrte Videos verwiesen – mit entsprechendem Kurzvermerk »Video/Beitrag geblockt seit Anfang 2018.«.

23 Interview mit Martin Sellner (aus: *Compact*-Magazin 9/2016) https://www.compact-online.de/die-identitaeren-kommen-am-19-9-zu-compact-live-in-berlin/

24 Mit diesem Text wirbt die IB Österreich um neue Aktivisten.

25 Sellner zu IB: »In unseren Aktionen können die an den Rand gedrängten Patrioten, die heute die gesellschaftlichen Verlierer sind, auch einmal Sieger sein und sich freuen, wie die Multikultis veräppelt werden.« Aus: »Wir stehen in der Tradition der Rebellion« Interview mit Martin Sellner in *Compact*, September 2016, https://www.compact-online.de/die-identitaeren-kommen-am-19-9-zu-compact-live-in-berlin/

26 Martin Sellner auf der *Compact*-Konferenz in Berlin im November 2016. https://www.youtube.com/watch?v=qWuJNfRANoY 3:31–3:33

27 Die deutsche Fassung über diesen Link https://www.youtube.com/watch?v=yrVQUBhklEA

28 Video eingestellt am 8. 12. 2016, https://www.youtube.com/watch?v=fI79d52XFYg

29 https://www.youtube.com/watch?v=yrVQUBhklEA

30 http://www.ibladen.de/home/77-rundaufkleber-lambda-unser-land-unsere-werte.html

31 https://www.youtube.com/watch?v=IPs5VNN0z58

32 https://www.youtube.com/watch?v=qWuJNfRANoY, 37:25

33 https://www.youtube.com/watch?v=qWuJNfRANoY, 41:47
34 https://www.youtube.com/watch?v=qWuJNfRANoY, 3:39
35 https://www.identitaere-bewegung.de/kampagnen/identitaet/
36 Ebd.
37 Zitate in diesem Absatz aus der Rede Martin Sellner während der *Compact*-Konferenz 2016, https://www.youtube.com/watch?v=qWuJNfRANoY, ab 3:31:41
38 https://www.youtube.com/watch?v=IPs5VNN0z58, Video/Beitrag geblockt seit Anfang 2018
39 Dieser Passus geht aus einem geleakten Grundsatzpapier der IB hervor, über das *Zeit.de* berichtete: http://blog.zeit.de/stoerungsmelder/2017/02/28/identitaere-bewegung-leak-straff-organisiert23168_23168
40 Sellner auf der *Compact*-Konferenz im November 2016, https://www.youtube.com/watch?v=IPs5VNN0z58 und https://www.youtube.com/watch?v=qWuJNfRANoY (35:52): »Wer von euch in diesem Raum glaubt ernsthaft, dass die Macht heute in diesem Staat im Bereich der Gesetze, der Politik und der Verfassung liegt? Ich hoffe keiner. Wir haben heute einen Ideologiestaat, einen antidemokratischen ideologischen Staat, der die Macht in diesem Land übernommen hat und die Politik in Geiselhaft setzt. (…) dieser Staat ist Wachs in den Händen eines ideologischen, nie gewählten antidemokratischen und volksfeindlichen Meinungsklimas geworden. Und das müssen wir beenden.«
41 Sellner auf der *Compact*-Konferenz im November 2016, https://www.youtube.com/watch?v=IPs5VNN0z58
42 http://blog.zeit.de/stoerungsmelder/2017/02/28/identitaere-bewegung-leak-straff-organisiert23168_23168
43 »Wir stehen in der Tradition der Rebellion«, Interview mit Martin Sellner (aus: *Compact*-Magazin 9/2016) https://www.compact-online.de/die-identitaeren-kommen-am-19-9-zu-compact-live-in-berlin/
44 Z. B. dass das Konzept Ethnopluralismus kein rassistisches sei. Die Tür für Flüchtlinge in Europa sei aber geschlossen zu halten, denn der große Austausch bedeute das »Ende der Geschichte«. Das Erklärvideo wird allein bei Youtube mehr als 50 000 Mal abgerufen. Stand 2. 8. 17. https://www.youtube.com/watch?v=Dk_J8OukGfM
45 Bruns et al, 234
46 https://www.compact-online.de/die-identitaeren-kommen-am-19-9-zu-compact-live-in-berlin/, 10. 9. 16
47 Zitiert nach Sellner, Martin: »Ein Ziel, viele Strömungen«, in: *Compact*, 9/2016, Seite 47–49. https://www.compact-online.de/die-identitaeren-kommen-am-19-9-zu-compact-live-in-berlin/
48 Vgl. das Video von Sellner dazu, dass die IB nicht rassistisch sei. https://www.youtube.com/watch?v=HskhznVkBfg, vgl. Dazu auch Bruns et al. S. 231
49 https://www.youtube.com/watch?v=6ma8Pzr0kck. Video/Beitrag geblockt seit Anfang 2018
50 Das Video hat den Titel »Generation Haram«, wurde am 11. 2. 2017 bei You-

tube hochgeladen. https://www.youtube.com/watch?v=6ma8Pzr0kck und bis zum 3. 8. 17 mehr als 34 000 Mal abgerufen. Video/Beitrag geblockt seit Anfang 2018

51 https://www.youtube.com/watch?v=qWuJNfRANoY, 34:03

52 Was die deutsche IB darunter versteht, lässt sich auf der Website nachlesen: https://www.identitaere-bewegung.de/kampagnen/grosser-austausch/#more-76 Ursprünglich aus Frankreich stammend, ist die Idee des »grand remplacement« gemeint. Der Begriff wurde durch den französischen Schriftsteller Renaud Camus aufgebracht, der als Vordenker des Front National gilt, auch wenn die Partei diese Verbindung zurückweist. Der 1946 geborene Camus engagierte sich zunächst bei den französischen Sozialisten und in der Schwulenbewegung. Seit den Neunzigerjahren äußert er sich mit rechtsextremen Positionen. Vgl. in dt. Sprache: Camus, Renaud: »Revolte gegen den großen Austausch«, 2016, Antaios Verlag.

53 Sellner selbst erklärt das so: »Statt Camus ›remplacement‹ wörtlich mit ›Ersetzung‹ zu übersetzen, wählten wir das elegantere ›Austausch‹. Einerseits unterstreicht es die Gleichgültigkeit und Verdinglichung, mit der die Politiker ihre Bevölkerung schlichtweg gegen Importware austauschen. Gleichzeitig war dieser Begriff eine bewusste Anspielung auf die Phrase vom kulturellen Austausch, die zum Grundvokabular der BRD Sprache gehört.« Damit wurde die ursprüngliche Idee der »Ersetzung«, des Austauschs der indigenen Bevölkerung durch fremde Siedler des französischen Schriftstellers Renaud Camus, auf die Zielgruppen in anderen Ländern angepasst.

54 Zitiert nach Sellner, Martin: »Ein Ziel, viele Strömungen«, in: *Compact*, 9/2016, Seite 47–49

55 Interview mit Sellner, *Compact* 9/2016, S. 48

56 Da die Seite grenzhelfer.in nicht mehr online verfügbar ist – ähnlich formuliert nach wie vor auf der Website der IB Deutschland: https://www.identitaere-bewegung.de/kampagnen/grosser-austausch/#more-76

57 http://www.grenzhelfer.in/#section-warum-grenzhelfer-2 Eine Auffassung, die sich in Variationen durch die digitale Kommunikation der IB zieht, wie z. B. auch auf der Website der deutschen IB: »Sichere Grenzen sind die Grundvoraussetzung für eine sichere Zukunft. Grenzen sind Ausdruck staatlicher Souveränität und garantieren den Frieden und die Sicherheit eines Volkes. (…) Der Beginn der Asylkrise im Sommer 2015 markiert eine historische Zäsur weltweiter Staats- und Regierungsgeschichte. Erstmals hat eine Regierung ohne Rücksicht auf die Nachbarländer und die eigene Bevölkerung die Kontrolle und Hoheit über die eigenen Grenzen vollends aufgegeben und damit eine ungebremste Massenzuwanderung aus völlig fremden Kulturkreisen forciert, wie sie ebenfalls einmalig sein dürfte. (…) Unser Anspruch ist es, dass wir den Protest genau an die Stellen tragen, wo sich die Fehlentwicklungen und ihre dafür Verantwortlichen zentralisieren. Wenn die Politik nicht willens ist, unsere Grenze zu schützen, werden wir selbst aktiv, um auf den Vollzug

von Recht und Gesetz hinzuweisen.« https://www.identitaere-bewegung.de/kampagnen/sichere-grenzen-sichere-zukunft/

58 http://www.grenzhelfer.in/#section-warum-grenzhelfer-2 Da die Seite nicht mehr online ist, lässt sich auch auf der Website der deutschen IB nachlesen, was sie unter Heimat verstehen: »Wir schaffen Kultur und wollen unsere Heimat nicht aufgeben. Wir erfüllen den Begriff des Patriotismus mit Leben (…). Wir wollen unsere Wurzeln wiederentdecken und unsere eigenen Traditionen fortführen«. https://www.identitaere-bewegung.de/kampagnen/identitaet/#more-74

59 http://www.grenzhelfer.in/#section-warum-grenzhelfer-2

60 Bruns et al, S. 231

61 »Frauen – Was ist los mit Euch?«, Vlog von Martin Sellner am 17. 12. 2016 bei Youtube hochgeladen und bis zum 3. 8. 17 von mehr als 78 000 Nutzern angesehen, ursprünglich war das Video auf Youtube zu sehen nun https://www.youtube.com/watch?v=GRHk09qHxo4. Youtube sperrte Anfang 2018 den Kanal von Sellner, Facebook ebenfalls. Sellner wich auf andere Videoplattformen aus. Das hier erwähnte Video war am 19. 1. 2018 u. a. einsehbar bei: http://www.dailymotion.com/video/x5z32ss

62 Das hier erwähnte Video war am 19. 1. 2018 einsehbar bei: http://www.dailymotion.com/video/x5z32ss

63 https://www.vice.com/de/article/8gbz44/identitaere-frauenhaus-graz

64 Ebd.

65 Bonvalot, Michael: »Aufrißplatz Frauenhaus«, wie Identitäre über Frauenschutzeinrichtungen denken
https://www.vice.com/de/article/8gbz44/identitaere-frauenhaus-graz

66 Entsprechend äußert sich Sellner, Martin: »Ein Ziel, viele Strömungen«, in: *Compact*, 9/2016, Seite 47–49.

67 Website zur Aktion Grenzhelfer.in, auf der Website der Identitären Bewegung Österreichs.

68 Sellner im eigenen Youtube-Video am 15. 6. 2015 https://www.youtube.com/watch?v=RLpJq-_fXvc

69 https://iboesterreich.at/die-asylkrise/

70 http://www.grenzhelfer.in/
Inzwischen führt die URL auf eine gewerbliche russischsprachige Seite und ist inaktiv. Ein Video zur Aktion ist nach wie vor (Stand 19. 1. 2018) auf Youtube verfügbar: https://www.youtube.com/watch?v=Lr0g8OfLMs4

71 Ebd.
Inzwischen führt die URL auf eine gewerbliche russischsprachige Seite und ist inaktiv. Ein Video zur Aktion ist nach wie vor (Stand 19. 1. 2018) auf Youtube verfügbar: https://www.youtube.com/watch?v=Lr0g8OfLMs4

72 Inzwischen führt die URL auf eine gewerbliche russischsprachige Seite und ist inaktiv. Ein Video zur Aktion ist nach wie vor (Stand 19. 1. 2018) auf Youtube verfügbar: https://www.youtube.com/watch?v=Lr0g8OfLMs4

73 Bruns et al, S. 232

74 Vgl. van Praet, Douglas: »Unconscious Branding. How Neuroscience can empower (and inspire) Marketing«. New York 2012, S. 228. »When we motivate people into physical action, engaging more than just their perception, cognition and emotion, we involve more of their neurology, impressing the brand deeper into long-term memory.«(...) »The goal of marketing is to generate sales intention through positive, repetitive brand experiences, which include but also go beyond the product itself.«

75 Interview mit Martin Sellner (aus: *Compact*-Magazin 9/2016) https://www.compact-online.de/die-identitaeren-kommen-am-19-9-zu-compact-live-in-berlin/

Bericht aus der Echokammer – Erfahrungen nach zwei Jahren Selbstversuch

1 https://deutsch.rt.com/programme/der-fehlende-part/53835-g20-gipfel-kontraste-krawalle-beethoven/

2 Zahlen aus der jährlichen weltweiten Studie des Reuters Institute for the Study of Journalism von 2017, https://reutersinstitute.politics.ox.ac.uk/sites/default/files/Digital%20News%20Report%202017 %20web_0.pdf, zu den USA S. 102–104.

3 Vgl. die vom Hans-Bredow-Institut veröffentlichten Zahlen zum Reuters Report: Sascha Hölig/Uwe Hasebrink: »Reuters Institute Digital News Survey 2017 – Ergebnisse für Deutschland«. https://www.hans-bredow-institut.de/uploads/media/Publikationen/cms/media/2d87ccdfc2823806045f142bebc42f5f039d0f11.pdf
Zum Zuwachs der Nutzung von Social Media in Deutschland vgl. die ARD-ZDF-Online-Studie http://www.ard-zdf-onlinestudie.de/whatsapponlinecommunities/ Der Social-Media-Atlas 2015/2016 geht insgesamt von einer Social-Media-Nutzung von 80 % aller deutschen Internetnutzer aus. Allerdings zählt die Studie im Gegensatz zur ARD-ZDF-Online-Studie auch Youtube und WhatsApp zu den Kanälen. Vgl. http://social-media-atlas.faktenkontor.de/2015/index.php. Wertvolle Hinweise zur Nutzung Sozialer Medien in Deutschland auch in dem am 22. 12. 2017 aktualisierten Webartikel von Keil, Maximilian: »Statistiken zur Social Media Nutzung in Deutschland«, https://blog.hubspot.de/marketing/social-media-in-deutschland.

4 »Das moralische Bauchgefühl«, Interview mit Elsabeth Wehling in: *Süddeutsche Zeitung*, 31. 12/1. 1. 2017 S. 9.

5 https://www.facebook.com/170949770141205/videos/213141372588711/

6 Mit diesem Thema befasst sich die Medienwirkungsforschung. Vgl. zur Wirkung hochfrequenter Information Scherner, Christian: »Priming, Framing, Stereotype«. In: Schweiger, Wolfgang. Fahr, Andreas: »Handbuch Medienwirkungsforschung«, Wiesbaden 2013, S. 155. Schemer weist auch auf neuere

Forschungen hin, die belegen, dass stereotype Darstellungen in den Medien nicht nur kognitive Reaktionen aktivieren, sondern auch Gefühle hervorrufen. Vgl. ebd. S. 165.

TEIL 2: AKTEURE VON AUSSEN

Alte Methoden, digitale Technik und eine Botschaft der Stärke: Die (Des)informationsarbeit des Kreml

1 *Russia Today* sendet außerdem auf Englisch, Arabisch und Spanisch. Webportale gibt es auf Französisch und Russisch. Wie *RT* selbst mitteilt, hat sich die russische Regierung den Sender 2016 rund 270 Millionen Euro kosten lassen. Nach eigenen Angaben erreicht *RT* weltweit 700 Millionen Menschen in über 100 Ländern. Doch diese hohe Zahl ist zweifelhaft. Wahrscheinlich beschreibt sie lediglich die theoretische Reichweite. Die verschiedenen Internetseiten von *RT* besuchen nach Schätzungen des Online-Dienstes *Alexa* weltweit knapp 12 Millionen Menschen täglich. Die Seiten von *CNN* und *BBC*, mit denen sich *RT* gern vergleicht, haben knapp dreimal so viele Besucher. https://correctiv.org/recherchen/neue-rechte/artikel/2017/01/04/medien-RT-RTdeutsch-russia-today/

2 *Sputnik* gehört wie *Russia Today* zum staatlichen russischen Medienunternehmen Rossija Sewodnja. Der Name geht auf die russisch-internationale Zeitschrift *Sputnik* zurück, die sich als publizistisches Sprachrohr der ehemaligen Sowjetunion verstand. *Sputnik* gab 2015 an, Redaktionen an 130 Standorten in 34 Ländern zu haben und in 30 Sprachen zu senden. Am 10. 11. 2014 wurde *sputniknews* in deutscher Sprache gelauncht.

3 Vgl. Spahn, Susanne. »Das Ukraine-Bild in Deutschland: Die Rolle der russischen Medien. Wie Russland die öffentliche Meinung in Deutschland beeinflusst«. In: Russland Analysen, Nr. 317, 3. 6. 2016, S. 3, http://www.laender-analysen.de/russland/pdf/RusslandAnalysen317.pdf Am 3. Juli 2015 beschloss die russische Duma eine mehr als 120 Millionen Dollar starke Erhöhung des Etats von Kanal Eins und VGTRK, den zwei größten russischen Fernsehsendern. Der Auslandssender *Russia Today* und die TASS Nachrichtenagentur erhielten Budget-Anhebungen in Höhe von 95 bzw. 17 Millionen Dollar.

4 Übertragen von *sputniknews*, Facebook Newsfeed vom 9. 7. 17

5 Die Frage lautete ganz konkret: Versucht die russische Regierung, die öffentliche Meinung in Deutschland zu manipulieren? Das Ergebnis wurde im Februar 2017 öffentlich bekannt gegeben. Vgl. *Tagesspiegel*, 20. Februar 2016, Seite 4.

6 Laut Berichten verschiedener deutscher Zeitungen stellt der Geheimdienstbericht seit 2014 einen »konfrontativeren Kurs« Russlands gegenüber Deutschland fest »und nennt die Berichterstattung russischer Medien und deren deutscher Ableger wie *RT Deutsch* und *sputniknews* feindselig. Die Verantwortung sieht der Bericht in der Präsidialadministration des Kreml.« Der Bericht weist aber auch darauf hin, dass es schwer sei, »die Grenze zwischen überzogener oder falscher Berichterstattung und gezielter Desinformation zu ziehen«. http://www.zeit.de/politik/deutschland/2017-02/bnd-russland-desinformationskampagne-wladimir-putin-geheimdienste

7 https://www.tagesschau.de/inland/deutsche-geheimdienste-russland-101.html
8 Das Forschungszentrum erstellt Studien über die Rolle von Propaganda und Desinformation. Es wird von elf NATO-Staaten unterstützt, darunter Deutschland. Vgl. Wehner, Markus: »Merkel ist das Hauptziel«, Interview mit Janis Sarts. In: FAZ, 27. 4. 17. Sarts war zuvor, von 2008–2015, Staatssekretär im Verteidigungsministerium Lettlands.
9 Interview mit Janis Sarts, CEO Stratcom vom 21. 07. 2017: »They look at the countries, see the vulnerable issues. This might be different, minorities, migration. It can be a social inequality, it can be a corruption. And then they exploit some of those which can be legitimate issues but they – a kind of – highjack it.«
10 https://deutsch.rt.com/meinung/57466-wahlen-in-deutschland-gefahr-fur/
11 https://deutsch.rt.com/meinung/58043-merkels-tage-sind-wohl-gezahlt/
12 Begonnen hat diese Informationspolitik Russlands im unmittelbaren »nahen« Ausland. Es geht der russischen Regierung um die Beeinflussung der Öffentlichkeit, in Deutschland, aber zunächst und vor allem auch in der ganz unmittelbaren Nachbarschaft, im ex-sowjetischen Ausland: Die Propaganda-Arbeit des Kreml hat hier sehr praktische Folgen: In Bulgarien wird ein Mann zum Präsidenten gewählt, der für klare, pro-russische Positionen steht. In Estland gehörte der Ministerpräsident zu einer Partei, die ein Kooperationsabkommen mit der Kremlpartei »Einiges Russland« hat. Indizien sprechen dafür, dass in Ungarn militante Rechtsextremisten vom russischen Geheimdienst unterstützt werden. Der Front National erhält Geld aus Russland.
13 http://www.spiegel.de/spiegel/print/d-127194954.html
14 https://de.sputniknews.com/politik/20170109314038822-ungleichheit-deutschland-ersparnisse-kritik/
15 https://de.sputniknews.com/politik/20170109314049145-afd-sicherheitspro gramm/
16 Der Chef der AfD-Jugendorganisation, Markus Frohnmaier, war früher Sprecher der Parteichefin Frauke Petry und machte im Wahlkampf 2017 für Spitzenkandidatin Alice Weidel die Medienarbeit. Das »Zentrum für Eurasische Studien« wurde als Verein in Berlin registriert und soll die Menschen- und Bürgerrechte überall in Europa durchsetzen, heißt es in der Satzung. Tatsächlich organisiert werden Wahlbeobachtungsreisen, z. B. in die von Separatisten besetzte ostukrainische Donezk-Region.
17 Mitbegründer dieses Thinktanks ist nach Recherchen von WDR, NDR und *Süddeutscher Zeitung* auch ein mutmaßlicher Spion des russischen Nachrichtendienstes FSB, der polnische Politiker Mateusz Piskorski, dem der polnische Generalstaatsanwalt bezahlte Spionage für Russland vorwirft und der deshalb in Untersuchungshaft kam. Vor Redaktionsschluss zu diesem Buch wurde seine Untersuchungshaft am 17. 1. 18 um weitere sieben Wochen verlängert. Auch deutsche Sicherheitsbehörden stufen Piskorski in einem geheimen Bericht als bezahlten prorussischen Agitator ein. http://www.sueddeutsche.de/politik/afd-eurasische-studien-reisen-1.3629871 Die AfD wies Kontakte zu

Geheimdienstvertretern zurück und ließ über Parteisprecher Lüth im August 2017 verbreiten, entsprechende Medienberichte entbehrten jeglicher Grundlage. »Kontakte zu Geheimdiensten bestehen selbstverständlich nicht.« Zitiert nach Nachrichtenagentur AFP, 17. 8. 17.

18 In der AfD bildete sich hingegen ein Netzwerk der Russlanddeutschen, unter dem Namen »Russlanddeutsche wählen AfD« will es gezielt diese Zielgruppe für die Partei gewinnen https://russlanddeutsche-afd.nrw/aktuelles/2017/04/russlanddeutsche-waehlen-die-afd/
Latz, Christian: »Bundestagswahl: Einwanderer wenden sich von SPD, CDU und Grünen ab«, in: *Neue Ruhr-Zeitung*, 18. 8. 2017, https://www.nrz.de/politik/einwanderer-wenden-sich-von-spd-cdu-und-gruenen-ab-id211625469.html

19 Kaleta, Philip et al. »Wir wollen Deutsche sein«, in: *Der Spiegel*, 24/2017, S. 44/45.

20 In dieses Erzählmuster passt auch die Berichterstattung zum Sturz des ukrainischen Präsidenten Janukowitsch vom Februar 2014. Es sei ein von den USA finanzierter Putsch, der Faschisten oder radikale Nationalisten an die Macht gebracht habe – und damit einem ähnlichen Muster folge wie zuvor der arabische Frühling. Russland ist das Opfer.

21 So formuliert es der Chefideologe des Kreml und enge Berater für die Informationspolitik Vladislav Surkow in Garadza, Nikolaj (Hg.) »Suverenitet«, Moskau 2006, S. 43–79.

22 Verstärkt wird diese Akzeptanz durch die persönliche oder familiäre Erinnerung an die chaotischen Neunzigerjahre unmittelbar nach dem Zerfall der Sowjetunion. Diese werden auch in den Medien als »Zeit der Wirrungen« dargestellt. Mit diesem Begriff wird angespielt auf die Zeit von 1598 bis 1613, in der eine ganze Reihe von Kriegen, ausgelöst durch unterschiedlichste Gruppen, die russische Staatlichkeit verwüstete. Erst mit der Wahl von Michail Fjodorowitsch Romanow zum neuen Zaren ist das Chaos endlich vorbei. Die Erzählung vom Erfolg Putins bei der Wahl im Jahr 2 000 knüpft genau daran an: Die Post-Perestroika-Zeit der Wirrungen findet mit seiner Wahl zum neuen Präsidenten ihr Ende. Blankenagel, Alexander: »Russland: vom Scheitern der Reformen.« In: *Merkur*, deutsche Zeitschrift für europäisches Denken, Dezember 2016, S. 22.

23 Dieses Zitat und die folgenden aus dem Interview mit Janis Sarts, 21. 7. 2017.

24 Interview mit Janis Sarts, 21. 7. 2017.

25 Vgl. Bonnell, Victoria »Iconography of Power: Soviet Political Posters under Lenin and Stalin«.

26 2013 wurde auch *Ria Novosti* aufgelöst, das 1941 als das sowjetische Informationsbüro gegründet wurde, zwei Tage nachdem Nazideutschland in die Sowjetunion eingefallen war. Es verfügte zum Schluss über Reporter in 45 Ländern, die Nachrichten in 14 Sprachen bereitstellten. Radio Moskau, langjährige Vorläuferorganisation der »Stimme Russlands«, war in den Achtzigern eine Supermacht im Äther. 2094 Programmstunden [wöchentlich]soll der Aus-

landssender in den Achtzigerjahren produziert haben, verglichen mit 1901 Programmstunden der amerikanischen Konkurrenz – Voice of America (VoA), Radio Free Europe/Radio Liberty und Radio Martí zusammengenommen. Noch größer war die Diskrepanz in Sendeanlagen und Kilowatt gerechnet: 300 russischen Sendeanlagen standen laut dem *Spiegel* im März 1984 gerade einmal 110 Sender der VoA gegenüber, deren finanzielle Mittel obendrein auf nur ein Zwanzigstel des Sowjetbudgets hinausliefen. https://www.freitag.de/autoren/justrecently/stimme-russlands-flach-wie-eine-marke

27 Nelson, Elizabeth, Orttung, Robert, Livshen, Anthony: »Welche Wirkung erzielt *Russia Today* über youtube?«, in: Russland Analysen, Nummer 317, 3. 6. 2016, S. 7, http://www.laender-analysen.de/russland/pdf/RusslandAnalysen317.pdf

28 Vgl. Pörzgen, Gemma: »Informationskrieg in Deutschland? Zur Gefahr russischer Desinformation im Bundestagswahljahr«, in: *Aus Politik und Zeitgeschichte*, 21–22/2017, S. 17.

29 https://www.youtube.com/channel/UCp9ci2cnPMUfDnmjEJeEUYQ

30 Laut Statistischem Bundesamt (Stand 2014) leben in Deutschland 2 927 000 Menschen erster und zweiter Generation aus den Gebieten der ehemaligen Sowjetunion. Ethnische Minderheiten sind ein guter Hebel, um Zugang zu schaffen für Informationen aus russischer Sicht. Das gilt für die Separatisten in der Ost-Ukraine, für die russischen Minderheiten im Baltikum und nun offensichtlich auch für die Deutschland-Russen, als deren Schutzmacht sich Russland versteht. Deutschland ist in der EU neben den baltischen Staaten das Land mit der größten russischsprachigen Diaspora.

31 Hinter solchen Content-Partnerschaften stehen i. d. R. Personen, die diesen Austausch redaktionell mitgestalten. Nach Recherchen des Magazins *ZAPP* ist für die Facebook-Gruppe »NewsFront auf Deutsch« u. a. der Blogger Johannes Normann (auch unter Hannes Normann im Netz zu finden) als Administrator tätig – sowie für andere, die rechtspopulistische Inhalte teilen, wie *journalistenwatch*, »Johannes Normann«, »AfD-Würzburg/Unterfranken«. Johannes Normann war Bundestagskandidat mit Listenplatz 22 der Landesliste AfD in Bayern. Er hat weitgespannte Aktivitäten auf Sozialen Medien – ist auf Twitter, Facebook und Youtube präsent – aber auch im russischen sozialen Netzwerk VKontakte. Das Reportagemagazin *Fakt* berichtete über NewsFront https://www.youtube.com/watch?v=sZj51j6oQqc. Auf einer seiner Facebook-Seiten gibt Johannes Normann an, »Widerstandskämpfer » der rechten Partei AfD zu sein. Seit dem 28. Januar 2015 ist er auf dem Portal *NewsFront* (mit einem ersten Eintrag) aktiv https://matrochka.wordpress.com/2017/09/18/newsfront-auf-deutsch-und-die-afd-mit-admin-johannes-normann/

32 https://deutsch.rt.com/inland/45063-fluchtlingsbuergschaften-buergen-kosten-jobcenter-verpflichtung-geld-syrien-deutschland/

33 http://de.news-front.info/2017/01/10/deutschland-burger-werden-wegen-merkels-fluchtlingspolitik-gnadenlos-zur-kasse-gebeten/

34 https://de.news-front.info/

35 Vgl. dazu die Recherchen des Reportagemagazins *Fakt* aus 2017 file:///C:/Users/schaefferu/Downloads/newsfront-100.pdf sowie die Recherchen der *Zeit* KollegInnen:
Beuth, Patrick, Brost, Marc, Dausend, Peter, Dobbert, Steffen, Hamann, Götz: »Krieg ohne Blut«, in: *Die Zeit*, 26. 2. 2017. http://www.zeit.de/2017/09/bundestagswahl-fake-news-manipulation-russland-hacker-cyberkrieg

36 Ebd.

37 https://de.news-front.info/2017/03/04/die-propaganda-der-deutschen-medien-schoss-einen-bock/

38 https://de.news-front.info/2017/02/25/die-frontlinie-vom-24-02-2017-wochentliche-rundschau/ vgl. das Video ab 5:20–6:10

39 https://de.news-front.info/2016/08/04/freunde-von-merkel-habet-eine-massenschlagerei-in-dortmund-angezettelt/

40 Ebd.

41 http://www.1tv.ru/news/2016/10/26/312768-v_avstrii_sud_opravdal_bezhentsa_kotoryy_byyl_priznan_vinovnym_v_iznasilovanii_rebenka Im Bericht heißt es: » И это – уже не первый случай, когда европейское правосудие занимает необоснованно мягкую позицию по отношению к мигрантам. »Das ist nicht das erste Mal, dass die europäische Justiz unbegründet weich in Bezug auf Migranten entscheidet.«

42 Die Mitschrift der Sitzung: http://kremlin.ru/events/president/news/53173

43 OGH-Urteil vom 23. 5. 2017.

44 Meinungsumfrage zitiert nach Mandraud, Isabelle: »L'offensive mediatique russe vise l'Europe«, 12. 2. 2016, S. 2.

45 Die Informationspolitik Russlands hat einen klaren Zweck: Russland, zumindest in den Augen und Ohren der Nutzer russischer Medien, wieder zu dem zu machen, was es sein sollte: eine globale Supermacht. Nirgendwo gelang diese Informationskampagne besser als in Syrien. Nicht nur medial, auch politisch hat Russland dort erreicht, worum es geht: Auf Augenhöhe mit den USA entscheidet Russland über Krieg oder Waffenstillstand.

46 Vgl. Blankenagel, Alexander: Russland: »Vom Scheitern der Reformen.« In: *Merkur*, deutsche Zeitschrift für europäisches Denken, Dezember 2016, S. 19.

47 U. a. im Morgenmagazin, zit. bei AfP, sowie im *Kölner Stadtanzeiger*, 8. 9. 2017: https://www.ksta.de/politik/wahlkampf-gauland-bestreitet-afd-finanzierung-aus-russland-28378784

48 Zitiert nach dpa, 21. 8. 17.

49 Ebenfalls dpa, 21. 8. 17.

50 https://deutsch.rt.com/meinung/38661-wer-ist-schuld-und-was/

51 Das ist ein Beispiel dafür, wie »Framing« funktioniert, dazu mehr in Kapitel IV. Ausführlich erklärt Elisabeth Wehling diesen Prozess in ihrem Buch »Politisches Framing: Wie eine Nation sich ihr Denken einredet – und daraus Politik macht.« 2016. http://www.halem-verlag.de/politisches-framing/

52 Deshalb verhindert Russland an vielen Stellen die unabhängige Berichterstat-

tung durch westliche Journalisten, die im Osten der Ukraine recherchieren wollen. Wer kritisch berichtet, landet auf einer Stoppliste und wird nicht mehr akkreditiert. Die Nachrichtenagenturen Reuters und AP sind ausgemachte Feinde Russlands. Auch Kollegen des ZDF und der *Zeit* sind davon betroffen. Es gibt aber auch eindeutig gekennzeichnete »Freunde« unter den westlichen Journalisten. Mark Bartalmai gehört dazu. Hinter diesem Pseudonym steckt Mirko Möbius aus Sachsen-Anhalt. Der gelernte Marketingkaufmann dreht in der Ostukraine Filme, ohne Unterstützung aus Moskau, wie er beteuert. Sein Film »Ukrainan Agony« zeichnet dennoch ein ausschließlich russisches Bild. Auch die Regierung der Volksrepublik Donezk vermarktet und bewirbt den Streifen. In einem Rückblick auf das Jahr 2015 gelten die breite Präsentation und das Echo, was »Ukrainian Agony« ausgelöst habe, als großer Erfolg, als das bisher »schlagkräftigste« Projekt. 5 Millionen Zuschauer hätten den Film gesehen, auch Manuel Ochsenreiter, Chefredakteur des deutschen Nachrichtenmagazins *Zuerst!* Und bei Vertretern der Neuen Rechten in Deutschland ist Möbius ein gern gesehener Gast.

53 Interview mit Janis Sarts, CEO Stratcom, 21. 7. 17.

54 Desinformation hier verstanden als eine nach objektiven Maßstäben falsche Information, von der der Urheber oder diejenigen, die sie verbreiten, selbst wissen, dass sie falsch ist.

55 http://www.focus.de/panorama/fall-lisa-in-berlin-24-jaehriger-wegen-missbrauch-und-kinderpornografie-verurteilt_id_7263558.html

56 Die damals 13-jährige Lisa F. aus Berlin-Marzahn verschwand am 11. Januar 2016 auf dem Weg zur Schule, die deutsch-russischen Eltern meldeten sie als vermisst. Am Folgetag tauchte sie wieder auf und berichtete zunächst, dass sie von drei Unbekannten verschleppt, in einer Wohnung festgehalten und vergewaltigt worden sei. Bei den angeblichen Entführern handle es sich um »Südländer«. Im Zuge weiterer Vernehmungen wich Lisa von dieser ersten Version ab und sagte, sie sei freiwillig mit den Männern mitgegangen. Anhand von Mobilfunkdaten rekonstruierte die Polizei, dass sich Lisa in der fraglichen Nacht bei einem Freund aufgehalten hatte. Rechtsmedizinische Untersuchungen ergaben keine Vergewaltigungsspuren. Später wurden Ermittlungsverfahren gegen zwei Männer von 20 und 23 Jahren eingeleitet, die bereits früher zwar einvernehmliche, aber strafbare sexuelle Kontakte zu dem Mädchen unterhielten. Gegen einen der Tatverdächtigen wurde im Februar 2017 aufgrund der Kenntnis ihres Alters und wegen schweren sexuellen Missbrauchs von Kindern und Herstellung kinderpornografischer Schriften Anklage erhoben.

57 http://www.1tv.ru/news/world/300073

58 Versandt wurde diese deutsche Fassung von einer falschen Facebook-Gruppe unter dem Titel »Anonymous«

59 Freytag, Peter: »Vereint im Propagandakrieg«, in: *Kontext:* Wochenzeitung Nummer 253, Samstag 6. Februar 2016, Seite 1.

60 Vgl. NTV, »Lawrow will Steinmeier anrufen«, 29. 1. 2016, www.n-tv.de/politik/Lawrow-will-Steinmeier-anrufen-article16888251.html
61 Zu den Ergebnissen der Studie vgl. Kapitel »Perspektivwechsel« – die Studie selbst: http://de.ejo-online.eu/qualitaet-ethik/wer-misstraut-den-medien
62 https://deutsch.rt.com/inland/40485-neue-untersuchung-wer-misstraut-mainstremmedien/
63 http://de.ejo-online.eu/qualitaet-ethik/wer-misstraut-den-medien
64 Zu den Ergebnissen der Studie vgl. Kapitel »Perspektivwechsel« – die Studie selbst: http://de.ejo-online.eu/qualitaet-ethik/wer-misstraut-den-medien
65 Vgl. Kap I. 2 und http://www.spiegel.de/kultur/gesellschaft/luegenpresse-ist-unwort-des-jahres-a-1012678.html
66 Satter, David: »The Less You Know, the Better You Sleep. Russia's Road to Terror and Dictatorship under Yeltsin and Putin.« Yale 2013. Bereits im Jahr 2 000 begann die Kampagne gegen unabhängige Medien, zunächst gegen den damals kritischen Fernsehsender NTV, gefolgt von der Übernahme des staatlichen ersten Kanals (ORT), damals finanziert durch Boris Beresovsky. Es folgte TV6, dem 2002 die Ausstrahlung untersagt wurde.
67 Aus Anlass der Parlamentswahl im Juni 2016 rückte Reporter ohne Grenzen die Zensur und den Druck auf Journalisten erneut in den Fokus. Die vollständige und ausführliche Meldung auf der ROG-Website: http://t1p.de/solm
68 http://ogy.de/33hr
69 Wenige Monate vor der Wahl blockierte die Behörde im Mai 2016 die von Radio Free Europe/Radio Liberty betriebene regierungskritische Seite krym.realii, als dort ein Interview mit einem Vertreter der Krimtataren erschien. Die Seite rufe zu Hass und Extremismus auf, so die Staatsanwaltschaft (http://ogy.de/17nd).
70 http://t1p.de/de4p
71 Ende Dezember 2015 wurde der Blogger Wadim Tjumenzew in Tomsk zu fünf Jahren Haft verurteilt, weil er zwei Videos zum Thema Ukraine veröffentlicht hatte (http://ogy.de/59y8).
72 http://ogy.de/9hhq
73 Surkow, Vladislav: »Suverenitet«, in: Garadza, Nikolaj (Hg.) »Suverenitet«, Moskau 2006, S. 43–79, hier S. 44.
74 Schmid, S. 95.
75 #mustread zu Manipulationen und Falschinformationen in den russischen Medien: Schmid, Ulrich: »Technologien der Seele. Vom Verfertigen der Wahrheit in der russischen Gegenwartskultur«, Berlin 2015, S. 93.
76 Ebd. (Schmid) S. 94.
77 Auf der Website des russischen Verteidigungsministeriums ist die Strategie Russlands im Informationskrieg beschrieben, vgl. http://function.mil.ru/news_page/country/more.htm?id=10845074@cmsArticle In englischer Übersetzung: https://ccdcoe.org/strategies/Russian_Federation_unofficial_translation.pdf
78 Im Glossar zum Konzept wird der Begriff »Informationsraum« erklärt: »Infor-

mationsraum – ein Bereich, in dem die Informationen formiert, geschaffen, transformiert, weitergeleitet, genutzt und gelagert werden, die Individuen und Gesellschaft, Informationsinfrastruktur und Information selbst beeinflussen.«

79 Die Strategie von 2011 verweist auf die bereits im Jahr 2 000 verfasste »Doktrin zur Informationssicherheit«.

80 http://function.mil.ru/news_page/country/more.htm?id=10845074@cmsArticle In englischer Übersetzung: https://ccdcoe.org/strategies/Russian_Federation_unofficial_translation.pdf

81 Auslöser für die strategische Neuaufstellung der Informationspolitik für das Ausland war die Erfahrung im Konflikt mit Georgien um Südossetien. Auch dieser Konflikt war nicht nur eine militärische Auseinandersetzung, sondern auch ein Kampf um die Informations- und Deutungshoheit: Georgiens Präsident Michail Saakaschwili begründete den Einmarsch in Südossetien damit, dass die konstitutionelle Ordnung wiederhergestellt werden müsse. Russland sprach von einer humanitären Intervention, um ethnische Säuberungen zu stoppen. Allerdings begann Russland in Südossetien vergleichsweise spät mit der Propaganda-Arbeit. Man habe zu spät mit der Kommunikationsarbeit begonnen und Fehler in der Informationsarbeit begangen, so die Kritik. Begleitet worden seien diese militärischen Operationen von einer ausgeklügelten Informationspolitik, sagt Steffen Dobbert: »Im Georgien-Krieg etwa bestätigte Russland noch Wochen nach dem offiziellen Kriegsende die Zugehörigkeit des umkämpften Südossetiens zu Georgien. Dabei hatte die Duma bereits am 21. März 2008 – lange vor dem offiziellen Kriegsbeginn – eine Erklärung verabschiedet. Darin wies das russische Parlament den Staatspräsidenten an, nach einer Option zu suchen, die den beiden Gebieten die Unabhängigkeit von Georgien ermöglicht.« https://www.tagesschau.de/ausland/georgien366.html

82 Der Artikel vom Vladymyr Ryshkov erschien in der *Moscow Times* vom 24. 3. 2014 unter dem Titel: »The Kremlin's War Propaganda« und wurde von Timothy Thomas zusammengefasst, zit. N. »Russia's 21st century information War: working to undermine and destabilize Populations http://www.stratcomcoe.org/academic-journal-defence-strategic-communications-vol 1, S. 23/24.

83 Gutschker, Thomas: »Putins Schlachtplan«, in: *FAZ* 7. 9. 2014 http://www.faz.net/aktuell/politik/ausland/europa/putin-hat-invasion-der-ukraine-seit-2013-geplant-13139313.html.

84 Im Juli 2014 gab Putin gegenüber russischen Diplomaten die Parole aus, in der Ukraine-Krise stehe »alles auf dem Spiel«, was sich Russland »seit den Zeiten Zar Peters des Großen Anfang des 18. Jahrhunderts erkämpft« hätte. Im selben Zusammenhang äußerte er sich über die Russen im Ausland: Mit »Russen« seien nicht nur ethnische Russen gemeint, sondern alle Menschen, »die sich selbst als Teil der sogenannten weiten russischen Welt« empfänden. In: Scherrer, Jutta: »Russland verstehen? Das postsowjetische Selbstverständnis im Wandel.« *Aus Politik und Zeitgeschichte*, APuZ, November 2014, https://

www.bpb.de/system/files/dokument_pdf/APuZ_2014-47-48_online.pdf, S. 17ff., hier S. 24.

85 Putin selbst sprach mehrfach davon, dass Russen und Ukrainer »eigentlich ein Volk« seien.
Putin: »Rossia i Ukraina predstavliaut odin narod« (Putin: Russland und Ukraine sind ein Volk), 4. 9. 2013, www.rg.ru/2013/09/04/ukraina-anons.html (22. 10. 2014)
Wenn er diesen Anspruch formuliert, bezieht er sich auf eine große, historisch wichtige Debatte um eine »große russische Nation«. Putin knüpft zudem daran an, dass die Ukraine, vor allem die Hauptstadt Kiew, eine zentrale Bedeutung für die russisch-orthodoxe Kirche hat und deren Vorstellung einer orthodoxen »russischen Welt«. Diese Ideen sind in Russland selbst sehr mehrheitsfähig und haben großen Rückhalt. 1997 betrachteten 56 % der Russen die Ukraine und Russland als eine Nation, 2002 waren es 76 %, 2004 sogar 79 %. 2005 beurteilten 61 % der Russen die Idee einer »Wiedervereinigung« mit der Ukraine als positiv. Vgl. https://www.bpb.de/system/files/dokument_pdf/APuZ_2014-47-48_online.pdf
Hier spiegelt sich auch die Schwierigkeit des postsowjetischen Russlands, eine neue, nichtimperialistische Identität zu finden.

86 Interview mit Janis Sarts, Stratcom 21. 7. 17.

87 Stefan Meister, Jana Puglierin: »Russlands nicht-militärische Einflussnahme in Europa«, in: DGAP *Compact*, September 2015, https://dgap.org/de/article/getFullPDF/27110.

88 Auch in einem Strategiepapier des russischen Verteidigungsministeriums von 2011 wird die militärische Bedeutung des »Informationskrieges« hervorgehoben. http://function.mil.ru/news_page/country/more.htm?id=10845074@cmsArticle.

89 Zitiert nach der Übersetzung aus der Analyse des Journals des NATO Strategic Communications Centre of Exellence http://function.mil.ru/news_page/country/more.htm?id=10845074@cmsArticle In englischer Übersetzung: https://ccdcoe.org/strategies/Russian_Federation_unofficial_translation.pdf.

90 https://www.nytimes.com/2016/10/28/world/europe/ukraine-russia-emails.html?emc=edit_ee_20161028&nl=todaysheadlines-europe&nlid=74530472&_r=4

91 http://cyberhunta.com/news/kiberhunta-peredaet-privet-surkovu/

92 Bittner, Jochen, Ginzel, Arndt, Hock, Alexej: »Glückspropaganda«, in: *Die Zeit*, 29. 9. 2016, S. 6ff.

93 *New York Times* und *Zeit* berichten über enge Verbindung und direkte Mails von Putin Berater Surkow mit den Aufständischen im Donbass. http://www.zeit.de/politik/ausland/2016-10/ukraine-wladislaw-surkow-emails-russland-wladimir-putin-kreml. Die Veröffentlichung beinhaltet Tausende E-Mails an und von Surkows dienstlichem Account prm_surkova@gov.ru. So findet sich in der Korrespondenz ein Finanzierungsplan für eine Zeitung in Donezk. Eine andere E-Mail informierte Surkow im Juni 2014 über gefallene Kämpfer, darunter

ein Paramilitär aus Nordrussland. Russland hatte zu dieser Zeit abgestritten, dass russische Soldaten in dem Gebiet kämpfen würden. Surkow wurde auch darüber informiert, welche Kandidaten sich für Ämter in der Separatistenregierung bewerben – bevor diese Bewerbungen öffentlich gemacht wurden. Die E-Mails hat eine ukrainische Hackergruppe veröffentlicht, Link auf deren Website http://cyberhunta.com/news/kiberhunta-peredaet-privet-surkovu/

94 Link zum 41-seitigen Strategiepapier https://www.documentcloud.org/documents/3114533-%D1%81%D1%82%D1%80%D0%B0%D1%82%D0%B5%D0%B3%D0%B8%D1%8F-%D0%BB%D1%83%D0%B3%D0%B0%D0%BD%D1%81%D0%BA.html
Deutschsprachiger Version: https://www.documentcloud.org/documents/3119797-Strategie-Luhansk-komplett.html

95 Dieses und die folgenden Zitate aus der Informationsstrategie: https://assets.documentcloud.org/documents/3119797/Strategie-Luhansk-Komplett.pdf

96 Der sogenannte »Donezk Leak« ist eine etwa 11 GB große Datenmasse, die von mutmaßlich proukrainischen Aktivisten ins Internet gestellt wurde. Diese enthält den Schriftwechsel zwischen der Informationsministerin und mehreren Beratern aus Russland, die wie Vorgesetzte der Separatisten auftreten. Autoren von ZDF und *Zeit* haben die russischsprachigen Mails über Monate übersetzt und ausgewertet. Die Journalisten von *Zeit* und ZDF haben die in diesem Mailverkehr erwähnten Fakten und Ereignisse überprüft.

97 Dieses und die folgenden Zitate aus der Informationsstrategie – hier S. 11. https://assets.documentcloud.org/documents/3119797/Strategie-Luhansk-Komplett.pdf

98 Diffamierungskampagnen dieser Art finden sich auch schon früher, z. B. anlässlich der Maidan-Proteste ab November 2013. Der Sturz des 2014 aus dem Amt gejagten korrupten ukrainischen Präsidenten Viktor Janukowitsch wurde von Anfang an in den russischen Medien als Putsch einer russlandfeindlichen Junta dargestellt, welche die Ukraine in Gewalt und Anarchie gestürzt habe. Die Demonstrationen seien das Werk von Faschisten und Banditen, die Ukraine dürfe nicht Nazis überlassen werden. Diese Erzählung wird im russischen Informationskrieg in der Ukraine weitergesponnen.

99 Bericht im 1. Kanal: https://www.1tv.ru/news/2014/07/12/37175-bezhenka_iz_slavyanska_vspominaet_kak_pri_ney_kaznili_malenkogo_syna_i_zhenu_opolchentsa. Inzwischen ist das dazugehörende Videomaterial auf vielen Plattformen gelöscht – aktive Links im Januar 2017: https://ok.ru/video/14529598602 http://3rm.info/main/48908-bezhenka-iz-slavyanska-vspominaet-kak-pri ney-kaznili-malenkogo-syna-i-zhenu-opolchenca-video.html

100 http://nbnews.com.ua/ru/news/139341/ 22. 12. 2014

101 ТРК Звезда, Bericht vom 27. 4. 2015, http://tvzvezda.ru/news/vstrane_i_mire/content/201504242108-kekc.htm Der Sender gehört zur Mediengruppe der Russischen Streitkräfte (wie der Radiosender Звезда sowie Internetmedien tvzvezda.ru und radiozvezda.ru). Der TV-Sender wurde im Februar 2005

mit Sitz in Moskau gegründet und sendet über Transmitter und Kabel im ganzen Russland, tagsüber auch auf der Krim. Der Sender selbst gibt seine Reichweite mit 100 Millionen Zuschauern an.

102 Dazu passt die Deutung, die ebenfalls immer wieder transportiert wird, Russland sei von der westlichen Welt seit dem Kollaps der Sowjetunion gedemütigt, hintergangen, betrogen worden. Aus diesem Grund sei die selbstbewusste, aggressive, interventionistische Außenpolitik Moskaus berechtigt. Sie sei nur eine Reaktion auf das 1989 gegebene – und vom Westen gebrochene – Versprechen, dass sich die NATO nicht nach Osten ausdehnt.

103 Andrei Malgin »Russia is Following in Nazi germany's Footsteps«, 13. 3. 2014, in: *The Moscow times online* https://themoscowtimes.com/articles/russia-is-following-in-nazi-germanys-footsteps-32922

104 Schmid, S. 159.

105 Link zum 41-seitigen Strategiepapier https://www.documentcloud.org/documents/3114533-%D1%81%D1%82%D1%80%D0%B0%D1%82%D0%B5%D0%B3%D0%B8%D1%8F-%D0%BB%D1%83%D0%B3%D0%B0%D0%BD%D1%81%D0%BA.html

Deutschsprachige Version: https://www.documentcloud.org/documents/3119797-Strategie-Luhansk-komplett.html

106 Тролль heißt es auf Russisch.

107 Seine Reportage http://www.nytimes.com/2015/06/07/magazine/the-agency.html?_r=0

108 Die *Nowaja Gaseta* berichtet darüber ebenfalls. Der neue Sitz im Geschäftszentrum »Lachta-2« befindet sich in der Optikov Straße 4. Geführt wird die Medienholding von Milliardär Jewgeni Prigoschin, der wegen seiner Restaurants und den guten Kontakten zum russischen Präsidenten den Spitznamen »Putins Koch« erhalten hat. http://www.t-online.de/nachrichten/ausland/id_83030876/bericht-russische-trollfabrik-in-st-petersburg-vergroessert-sich.html

109 лидер общественного мнения – so lautet die russische Auflösung der Abkürzung LOM – übersetzt »Meinungsführer« oder auf den Sozialen Medien eben »influencer«.

110 Der Artikel beschreibt die Aufgaben der Trolle http://longread.strana.ua/territoriya_botov

111 Vgl. Bischof, Burkhard. »Verwirren, zersetzen: Putins Informationskrieg«, in: *Europäische Rundschau*, drei 2016, Seite 44.

112 Zusammengesetzt aus dem Verb ворчать », d. h. knurren, muffeln, grummeln und dem Wort борец, d. h. Kämpfer.

113 Ursprünglich beschrieb Gudkow das am 16. 12. 2015 in einem Interview auf russisch mit der Zeitschrift *The Village* http://www. the-village.ru/village/city/city-news/228271-society

Der Beitrag findet sich auch auf der Homepage des Levada-Zentrums http://www.levada.ru/2015/12/16/lev-gudkov-ob-effektivnosti-propagandy-v-rossii/print/. In deutscher Sprache wurde das Interview von der Bundeszentrale für politische Bildung publiziert: http://www.bpb.de/internationales/europa/russland/analysen/219422/interview-ueber-die-wirksamkeit-der-propaganda-in-russland

114 Nicht nur Medien, sondern auch Stiftungen und Thinktanks sind wichtige Akteure der russischen Informationspolitik im Ausland – dazu gehört z. B. das 2016 in Berlin eröffnete Institut »Dialog der Zivilisationen« des Putin-Vertrauten, Ex-KGB Generals und Ex-Eisenbahnministers Wladmir Jakunin.

115 Im August 2016 geriet Gudkows Lewada-Zentrum auf die Liste der Institutionen, welche als »ausländische Agenten« galten. Das legte die Arbeit des Instituts lahm. Gudkow fasste das wie folgt zusammen: »Das russische Justizministerium hat im Zeitraum vom 12.–31. August 2016 eine außerplanmäßige Überprüfung des Levada-Zentrums durchgeführt, bei der dessen Tätigkeiten seit der letzten Überprüfung im Februar 2014 dokumentiert werden sollten. Daraufhin hat das Ministerium, ohne dem Zentrum die gesetzlich vorgesehene Möglichkeit zum Einspruch zu geben, bereits am 5. September erklärt, dass das Levada-Zentrum in das Verzeichnis der Organisationen aufgenommen wird, welche die Funktion eines ausländischen Agenten erfüllen.« Gudkows Analysen zur russischen Informationspolitik u. a. in der *Wirtschaftswoche* http://www.wiwo.de/politik/ausland/warum-das-volk-hinter-putin-steht-vielen-russen-fehlt-es-an-kritischem-denken/10657292.html

Deutschland ist der Feind der Türkei – wie Erdoğan über seine Medien die deutsche Öffentlichkeit polarisiert

1 Der mutmaßlich islamistische Attentäter Khalid Masood hatte am 22. März 2017 auf der Westminster-Brücke in London mit seinem Auto Fußgänger angefahren. Der 52-Jährige, der zum Islam konvertiert war, tötete dabei vier Menschen und verletzte Dutzende weitere. Er selbst wurde von der Polizei erschossen. Die Dschihadistenmiliz Islamischer Staat (IS) reklamierte die Tat für sich. Es war der erste Anschlag in Großbritannien, den der IS für sich in Anspruch nahm. Die Polizei vermutet dagegen, dass es sich bei Masood um einen Einzeltäter handelte, der »vom internationalen Terrorismus« inspiriert wurde.

2 Der türkische Staatschef Recep Tayyip Erdoğan rechnet mit der Einführung der Todesstrafe in der Türkei nach dem Verfassungsreferendum im April 2017. Er denke, »dass das Parlament das Notwendige tun« werde, sagte Erdoğan mit Blick auf Forderungen nach einer Wiedereinführung der Todesstrafe. In diesem Fall werde er das Gesetz »ohne Zögern« unterzeichnen.

3 Es handelt sich um ein Video der Plattform *infowars*: https://www.youtube.com/watch?v=QMzatTq8Q98

4 Bundestagspräsident Norbert Lammert nennt diese Repressionen, die auf den 15. Juli 2016 folgten, den »zweiten Putsch der Regierung gegen die Verfas-

sungsordnung«. Entsprechend hat er sich im Interview mit Can Dündar, Chefredakteur des deutsch-türkischen Online-Magazins *Özgürüz* geäußert. https://ozguruz.org/de/2017/03/31/norbert-lammert-die-turkei-hat-zwei-putschversuche-in-folge-erlebt/

5 Bei dem Referendum am 16. 4. stimmten in Deutschland 63,1 % der Türken, die an der Abstimmung teilgenommen haben, mit Ja. Das entspricht etwas mehr als 400 000 Menschen. Damit stimmten sie für ein Präsidialsystem, in dem der Präsident – Erdoğan – noch mehr direkte Macht bei Parlamentsentscheidungen, Regierungsbildung, Besetzungen für Richterposten etc. bekommt. Die Gewaltenteilung wird deutlich eingeschränkt. In der Türkei stimmten 51,4 % mit Ja für diese Veränderung. Auch wenn die Wahlbeteiligung in Deutschland insgesamt niedrig war, so zeigt das, dass viele Deutschtürken die Politik der AKP unterstützen.

6 Stand September 2017: »Türkei: zwei weitere Deutsche im Gefängnis.« In: www.merkur.de, 1. 9. 2017, https://www.merkur.de/politik/tuerkei-laesst-zwei-weitere-deutsche-aus-politischen-gruenden-inhaftieren-zr-8646194.html

7 Am 12. 3. 2017 veröffentlichte Videobotschaft auf *Sabah.com* http://www.sabah.com.tr/webtv/turkiye/cumhurbaskani-erdogandan-hollanda-aciklamasi

8 *Yeni Akit* ist eine AKP-nahe Tageszeitung, die sich häufig aggressiv über Juden, Armenier oder Griechen auslässt oder Menschen aufgrund abweichender Lebensweisen, politischer Haltungen und religiöser Überzeugungen beschimpft, u. a. Atheisten, Homosexuelle, Sozialisten, Kemalisten. Im Mai 2011 veröffentlichte *Yeni Akit* einen langen wertschätzenden Artikel zu Osama bin Laden.

9 Aydemir, Fatma: »Vorwurf: Nazi-Praktiken«, in: *taz*, 6. 3. 2017, S. 2 EU.

10 Zitat aus einer Rede Erdoğans, die er in der Provinz Afyon hielt, vgl. http://www.hurriyet.com.tr/erdogan-fasizmin-ruhu-avrupa-sokaklarinda-kol-40396191

11 In anderen Ländern der Europäischen Union nimmt die Türkei massiv Einfluss auf die Wahlen. So zum Beispiel bei der Parlamentswahl in Bulgarien am 26. März. Dort gibt es mit der »Bewegung für Rechte und Freiheit« eine Partei der türkischen Minderheit, die sich später gespalten hat und die neue Partei DOST hervorbrachte. Diese gilt als AKP-nah und Ankara näher als ihrer Mutterpartei. Deshalb empfahl der türkische Minister für Arbeit und Soziales, Mehmet Müezzinoglu, den Türken mit Doppelpass in Bulgarien für die DOST zu stimmen. DOST wurde von der türkischen Regierung von Anfang an unterstützt, hohe Funktionäre der AKP waren bei der Parteigründung anwesend. Andreev, Alexander. »Ankara will in Bulgarien mitmischen«, *Deutsche Welle*, 16. 3. 2017. Vgl. http://www.dw.com/de/ankara-will-in-bulgarien-mitmischen/a-37964014. Auch die schwedische Außenmisterin Wallström war verschiedentlich Opfer von AKP-Troll-Kampagnen, z. B. als sie die gesetzliche Herabsetzung des Heiratsalters für Mädchen in der Türkei kritisierte. Vgl. Saka, Erkan: »Social Media in Turkey as a space for political battles. An introduction to AK trolls and other politically motivated trolling«, S. 22. Unveröffentlichte Studie, Erkan Saka arbeitet an der Istanbul Bilgi Universität.

12 Die Rede datiert vom 19. 3. 2017 und wurde von den TV-Sendern ATV und A-Haber gemeinsam ausgestrahlt. Zit. n. der türkischen Agenturmeldung: http://www.iha.com.tr/haber-erdogandan-merkele-sana-yaziklar-olsun-630302

13 hurriyet.com.tr; »Die deutsche Kanzlerin stellt sich an die Seite von Holland. (…) Schande über dich!« (14. 03. 2017) http://www.hurriyet.com.tr/erdogan-dan-almanya-ve-hollandaya-cevap-40394022

14 Das war auch schon so im Juni 2016, als der Bundestag eine Resolution zum Völkermord an den Armeniern verabschiedete. Damals wurden die Mitglieder des Bundestags auch zur Zielscheibe des türkischen Präsidenten, der behauptete, ihr Blut sei unrein. Steckbriefe der Abtrünnigen oder der Landesverräter, wie sie genannt wurden, kursierten im Internet. Einzelne Abgeordnete brauchten Personenschutz, weil sie unmittelbar bedroht wurden.

15 Hackenbroich, Jonathan: »Ende der Debatte«, in: *FAZ*, 29. 3. 2017, S. 2.

16 Am 16. April 2017 stimmten die Türken in einer Volksabstimmung über eine Verfassungsänderung für ein Präsidialsystem ab. Die Bundesregierung genehmigte die Abstimmung hierzulande. Im Bundesgebiet wurden dazu 13 Wahllokale eingerichtet. In Deutschland und in den Niederlanden leben knapp zwei Millionen wahlberechtigte Türken. Erdoğan hielt den Europäern vor, gegen das Präsidialsystem zu »mobilisieren«.

17 https://twitter.com/search?q=%23nazialmanya%20%23nazihollanda&src=typd

18 Vgl. *Hamburger Abendblatt*, 16. 3. 2017, »Berlin: Cyber-Angriff aus der Türkei« http://www.abendblatt.de/politik/article209948873/Cyber-Angriff-aus-der-Tuerkei.html

19 Alle diese Twitter-Konten waren mit der zusätzlichen App »The Counter« verknüpft, über die sich die Hacker Zugang zu den Accounts verschafften. Es handelt sich dabei um eine Analyseanwendung, durch die sich Nachrichten bei Twitter platzieren lassen.
http://www.abendblatt.de/politik/article209948873/Cyber-Angriff-aus-der-Tuerkei.html

20 Dokumentiert ist das in einer Reihe von Artikeln zum Thema, z. B. Pfahler, Lennart: »Wir erleben eine radikale Abkehr der Deutschtürken: Wieso Erdoğans Schatten über der Bundestagswahl liegt.« In: *Huffington Post*, 21. 09. 17, http://www.huffingtonpost.de/2017/09/21/deutsch-tuerken-bundestag_n_18059728.html
2016 war die SPD unter türkischstämmigen Befragten nach einer Studie des Sachverständigenrats deutscher Stiftungen für Integration und Migration mit 69,8 % die mit Abstand beliebteste Partei. »Schwarz, rot, grün. Welche Parteien bevorzugen Zuwanderer?« https://www.svr-migration.de/wp-content/uploads/2017/05/SVR_FB_Parteipraeferenz.pdf

21 Das ist die Zahl der *wahlberechtigten* Türken in Deutschland. Insgesamt liegt die Zahl türkischstämmiger Menschen in Deutschland bei 2,9 Millionen. Das entspricht 4 % der Gesamtbevölkerung und 18 % aller Einwohner Deutschlands »mit Migrationshintergrund«. Davon haben 61 % keine deutsche Staats-

bürgerschaft, 19 % haben sich einbürgern lassen, 21 % sind bereits gebürtige Deutsche – und etwa 19 % haben beide Pässe. http://blog.initiativgruppe.de/2014/06/04/statistik-4-turkischstammige-in-deutschland/

22 Im Ausland sind insgesamt rund 2,9 Millionen Wahlberechtigte registriert, rund die Hälfte davon in Deutschland. Auslandstürken machten etwa 5 % aller Wahlberechtigten aus. Für das Referendum zur Verfassung am 16. 4. 2017 waren diese wichtig, da der Ausgang als knapp galt.

23 Seine Texte lassen sich unter anderem über die Serie »Türkei unzensiert« des WDR finden, die auch Texte anderer Journalistinnen und Journalisten veröffentlicht, die in der Türkei nicht mehr arbeiten dürfen: http://www1.wdr.de/radio/wdr3/programm/sendungen/wdr3-hoerspiel/tuerkei-unzensiert-102.html

24 Mumay, Bülent: »Deutschland will Erdoğan zum Sultan machen. Brief aus Istanbul«, in: *Frankfurter Allgemeine Zeitung*, 23. 3. 2017, vgl. http://www.faz.net/aktuell/feuilleton/brief-aus-istanbul/wie-europa-erdogan-auf-dem-weg-zum-sultan-unterstuetzt-14937535.html?printPagedArticle=true#pageIndex_2

25 Zit. n. Krüger, Karen: »Vom Ende eines Landes« in: *Frankfurter Allgemeine Sonntagszeitung*, 26. Februar 2017, Seite 41.

26 Diese vergleichsweise geringe Zahl ergibt sich aus einer geringen Wahlbeteiligung der Deutschtürken am Referendum von etwas mehr als 49 %.

27 Vgl. Sebastian Kemnitzer und Ahmet Senyurt/ARD REPORT München: »Spitzelvorwürfe gegen Imame: Die fragwürdige Rolle der Ditib in Deutschland.« 15. 2. 2017, http://www.br.de/nachrichten/imame-ditib-report-100.html

28 Gülen gilt dem türkischen Präsidenten Recep Tayyip Erdoğan und seiner Regierung als Drahtzieher des Putschversuchs im vergangenen Sommer.

29 Darunter auch die SPD-Bundestagsabgeordnete Michelle Müntefering

30 dpa-Meldung 28. 3. 2017

31 Diese Zahl wurde von der Bundesregierung auf eine aktuelle Kleine Anfrage der Fraktion Die Linke nicht offiziell bestätigt, da den Bundessicherheitsbehörden keine verlässlichen Angaben vorlägen. Vgl. Sehl, Markus: »Todesgrüße aus Ankara«, in: *taz*, 18./19. 2. 2017.

32 Zit. n. Sehl, Markus: »Todesgrüße aus Ankara«, in: *taz*, 18./19. 2. 2017, S. 8/9.

33 Die UETD wurde zu Beginn der AKP-Herrschaft in der Türkei gegründet, im Jahr 2004 in Köln. Sie ist in 15 Ländern Europas vertreten. 250 lokale Filialen sorgen dafür, dass Räume angemietet werden, in denen türkische Politiker sprechen können, und organisieren deren Anreise. Die meisten Filialen befinden sich in Deutschland, vor allem in Nordrhein-Westfalen und Baden-Württemberg.

34 Erdoğan selbst trat als Regierungschef dreimal in Deutschland öffentlich auf: Er sprach 2008 in Köln, 2011 in Düsseldorf und 2014 erneut in Köln.

35 So äußerte sich u. a. der UETD Vorsitzende Zafer Sirakya, 1974 in Herne geboren, der nach einem Studium der Politikwissenschaft in Ankara zunächst in Deutschland in der Tourismusbranche gearbeitet hatte, bevor er 2014 zum Leiter des UETD-Büros in Brüssel wurde. Offiziell ist die UETD eine gemein-

nützige und überparteiliche Organisation aller in Europa lebenden türkischen und türkischstämmigen Bürger, es gebe keine juristischen Verbindungen mit der AKP, betonen deren Vertreter. Vgl. Bannas, Günter, Hermann, Rainer, Soldt, Rüdiger: »Absage und Ansage« in *FAZ*, 4. 3. 2017, S. 2.

36 Das private Berliner Marktforschungsinstitut Data 4U erforscht den Medienkonsum türkischer Migranten seit mehr als 15 Jahren. In Deutschland lebende Türken nutzen 80 % ihrer Zeit, in der sie auf Medien zugreifen, mit türkischsprachigen Sendern, sagt Joachim Schulte, Geschäftsführer von Data 4U. Nach einer repräsentativen Befragung von Data 4U ist Super RTL, das Kinderprogramm, bei Deutschtürken mit 4 % Marktanteil der meistgesehene deutsche Fernsehsender. Vgl. Maisch, Andreas. »Deutsche Sender? Nein danke!« In: *Tagesspiegel*, 3. 8. 2011 http://www.tagesspiegel.de/medien/mediennutzung-von-migranten-deutsche-sender-nein-danke/4461896.html

37 Beide gehören zur Doğan-Mediengruppe, die bereits zur Zeit der Gezi-Proteste ihre politische Abhängigkeit im Programm offenlegte. Als die Proteste auf Istanbuls Straßen eskalierten, stellte sie ihre Berichterstattung dazu ein und sendete stattdessen eine Tierdokumentation zu Pinguinen. Als nach dem Putsch 2016 der Druck auf Medienhäuser anwuchs, wurden mehrere führende Mitarbeiter der Doğan-Gruppen als mutmaßliche Anhänger der Gülen-Bewegung verhaftet. Vgl. http://www.zeit.de/politik/ausland/2013-06/medien-tuerkei-proteste-fernsehen sowie http://www.spiegel.de/politik/ausland/tuerkei-polizei-nimmt-mitarbeiter-der-dogan-mediengruppe-wegen-guelen-verdacht-fest-a-1128646.html

38 Im Herbst 2016 trat der Chef der Doğan-Gruppe, Mehmet Ali Yalçındağ, zurück, nachdem eine Hackergruppe namens Redhack E-Mails von ihm an den türkischen Energieminister Berat Albayrak geleakt hatte. In denen soll sich Yalçındağ bereit erklärt haben, im Sinne der Regierung zu berichten. Er bestreitet die Echtheit der Mails. Der Gründer der Doğan-Gruppe, Aydin Doğan, verurteilte die »ungesetzlichen und unmoralischen Angriffe« auf Yalçındağ, er betrachte es als Straftat, sich persönliche Daten auf illegalem Wege zu beschaffen und sie in manipulierter Form zu präsentieren, sagte Doğan. http://www.zeit.de/politik/ausland/2016-09/tuerkei-ruecktritt-dogan-mediengruppe. Die Mediengruppe ist nicht familiär mit Erdoğan verbunden. Die Holding hält auch Beteiligungen an Finanz-, Energie- und Tourismusunternehmen.

39 Zu den beliebtesten türkischen TV-Sendern gehören:

- **Euro D:** Auf diesem Sender kann man rund um die Uhr neben neuen Blockbustern, Serien und Talkshows auch Nachrichten und Sport sehen, Musik rundet das Programm ab. Inhalte sind spezifisch auf die Interessen in Europa lebender Türken ausgerichtet.
- **NTV Avrupa:** Schwerpunktmäßig Nachrichten und Reportagen aus den Bereichen Wirtschaft, Finanzen und Politik, aber auch aktuelles Geschehen aus Kunst und Kultur sowie Sport sind abgedeckt.

- **Euro Star:** Pures Entertainment. Der Ableger des türkischen Senders Star TV bietet neben Talk-Shows, Filmen, Serien, Sport und Nachrichten auch viele Programme speziell für Kinder.
- **Kanal 7 Avrupa:** Dieser Kanal sorgt mit einem Komplettprogramm aus Entertainment, Nachrichten, Sport, Film und Musik für ein ausgewogenes Familienprogramm.
- **TRT TÜRK:** Ein Ableger der nationalen Fernsehanstalt mit einem umfassenden Angebot an Nachrichten sowie Inhalten aus den Bereichen Bildung und Unterhaltung.
- **Show Turk:** Das Programm dieses Kanals steht ganz im Zeichen der Unterhaltung für die ganze Familie, rund um die Uhr. Neben Shows stehen Spielfilme, Serien, Sport, Kinderprogramme und Nachrichten auf dem Sendeplan.
- **Samanyolu TV AVRUPA:** Dieser Sender zeigt Nachrichten, Filme, Sport, Shows, Talkshows und Kultursendungen; Inhalte für Kinder runden das Programm ab.
- **TGRT EU:** Der Nachrichtensender bringt aktuelle nationale und internationale Beiträge und Reportagen.
- **TV8:** Der Sender TV8 Int zählt zu den beliebtesten türkischen Programmen, der Schwerpunkt liegt auf Unterhaltung und Shows.
- **Power Turk TV:** Der Musiksender bietet 24 Stunden am Tag türkische und internationale Musikvideos sowie Reportagen und Nachrichten rund um die türkische Popmusik-Szene.
- **Kral TV:** Einer der populärsten und auch ältesten Sender ist der Musiksender Kral TV. Er bietet einen Mix aus traditioneller Musik und den neuesten Hits.

40 http://www.zeit.de/politik/ausland/2013-06/medien-tuerkei-proteste-fernsehen

41 Das hatte Erdoğan schon im Jahr 2011 deutlich gemacht in seinen »Zielen für 2023«– den 100sten Geburtstag der Republik: Die Türkei sollte zu den zehn stärksten Industrienationen gehören und zur »führenden Nation im Nahen Osten« aufsteigen. Auch der Beitritt zur Europäischen Union war damals noch ein Ziel.

42 Wer sich in der Türkei als deutscher Journalist oder deutsche Journalistin zu erkennen gibt, der wird auch von der Bevölkerung manchmal als »Spion« bezeichnet. Nach den Nazi-Vorwürfen Erdoğans häufen sich Drohungen und Beschimpfungen, wenn jemand zu erkennen gibt, dass er oder sie für ein deutsches Medium arbeitet. Durch die politische Eskalation des Konflikts mit Deutschland habe sich die medienfeindliche Haltung in der türkischen Bevölkerung weiter verstärkt, berichten Journalisten-KollegInnen, die in der Türkei arbeiten.

43 Barometer von Reporter ohne Grenzen, Stand 3. 2. 18, https://www.reporter-ohne-grenzen.de/tuerkei/

44 Vgl. Yücel, Deniz: »Und morgen die ganze Türkei. Der lange Aufstieg des Re-

cep Tayyip Erdoğan«, in: *FAZ*, 23. 2. 2017, S. 13 (gekürzte Fassung eines Textes von Yücel, der ursprünglich im *Kursbuch* Nummer 188 erschienen ist).

45 Yücel, Deniz: »Die geheime Troll-Armee des Recep Tayyip Erdoğan«, *welt.de*, veröffentlicht am 13. 12. 2016.

46 Seit Juni 2015 ist Albayrak Mitglied im türkischen Parlament und seit November 2015 Minister für Energie und Bodenschätze im Kabinett Davutoğlu III. Er ist verheiratet mit Esra Albayrak, geborene Erdoğan, und damit der Schwiegersohn von Recep Tayyip Erdoğan. Zur Calik-Holding gehört u. a. auch die Mediengruppe Turkuvaz und mithin die einflussreiche Tageszeitung *Sabah* sowie Nachrichtensender A Haber. vgl. https://de.wikipedia.org/wiki/Berat_Albayrak Albayrak blieb CEO des Unternehmens bis 2013. 2015 übernahm sein älterer Bruder Serhat Albayrak die Führung der Mediengruppe Turkuvaz.

47 Sein Account wurde durch türkische Hacker – eine Gruppe namens »Red Hack« – geknackt.

48 Dieser Leak war Grundlage für viele weitere kritische Berichte in türkischen Medien, u. a. dass die türkische Regierung über Waffentransporte des IS zumindest informiert war.

49 Das betrifft vor allem den mehrheitlich kurdischen Südosten der Türkei, der seit dem Ende eines Waffenstillstands zwischen der PKK und der Armee im Juli 2015 nicht mehr zur Ruhe kommt. Bei Auseinandersetzungen und Terrorakten wurden mehr als 600 Mitglieder der Sicherheitskräfte und mehr als 7 000 PKK-Kämpfer getötet. Vgl. http://www.taz.de/Kurden-in-der-Tuerkei/!5352908/#

50 Dieses und alle anderen Zitate in diesem Absatz aus einem Interview mit Erkan Saka am 11. 5. 17.

51 Albayrak and Parkinson: »Turkey's Government forms 6 000 member social media team«, *The Wall Street Jounal*, 16. 9. 2013.

52 Interview mit Erkan Saka am 11. 5. 17.

53 https://www.youtube.com/watch?v=XCa_SblktOI
Zit. n. Saka, Erkan, S. 15.

54 Der Troll Veli Dağoğlu fokussiert sich stark auf den Islam. Er postet immer wieder Fotos von toten muslimischen syrischen oder palästinensischen Kindern.
Beispiele für Tweets: »Der Islam wächst nicht an den Feiglingen, sondern an den mutigen und abenteuerlichen Schultern der Muslime.« Zum Referendum: »Wenn das Ergebnis Ja wird, dann wird das Land sich teilen, sagt die sich teilende CHP. Wirklich sehr interessant.« – »Wir haben schon wieder nichts verstanden.« (In Bezug auf eine Rede vom Vorsitzenden der CHP, Kemal Kilocdaroglu.)
»Am wichtigsten ist, dass du bis jetzt der Einzige bist, der unsere Türkei durch ihre schwierigen Zeiten getragen hat. Möge Allah dich beschützen, Reis«. (Mit Reis ist Erdoğan gemeint)

55 Stand vom 3. 2. 18: Der Accountname lautet »@b__i___«, vgl. https://twitter.com/b__i___

56 https://twitter.com/Biyikbay, Seite zuletzt eingesehen im Juli 2017, Anfang 2018 nicht mehr verfügbar

57 https://twitter.com/search?q= %40gafebesi&src=typd, Stand der Followerzahl vom 3. 2. 2018

58 https://twitter.com/detroitlikizil, Followerzahlen vom 3. 2. 18

59 Der Account @gafebesi wurde inzwischen eingestellt. Die beiden anderen Accounts teilen überwiegend »weiche« Themen auf Twitter (Stand 1. 5. 2017). @detroitlikizil teilt mal einen Aufruf zur Hilfe für Ostafrika, mal einen Aufruf zu einem Gedicht-Festival oder einem Marathon und kurz danach Fotos oder Artikel und Reden von Erdoğan. Nach dem Referendum-Ergebnis twitterte er: »Nein-Sager sind schockiert!« Der inzwischen ebenfalls nicht mehr verfügbare Account @anatolianstream teilte unter anderem Fotos von Erdoğan als jungem Politiker. Oder allgemeine Werbebotschaften wie: »Vergesst nicht, Erdoğan war auch mal ein Handwerker.«

60 Zu den genannten Firmen gehören die Zeitungen *Sabah*, *Türkiye*, *Takvim*, *Habertürk*, *Milliyet*, *Yeni Şafak*, *Güneş*), vier TV-Kanäle (ATV, A Haber, SHOW TV, Star TV, NTV), vier Radiosender (A Haber Radyo, Kral FM, NTV Radyo, TGRT FM) und vier große Websites (sabah.com.tr, milliyet.com.tr, haberturk.com, gazetevatan.com).
http://turkey.mom-rsf.org/en/findings/political-affiliations/

61 http://turkey.mom-rsf.org/en/findings/political-affiliations/

62 https://www.reporter-ohne-grenzen.de/themen/mom/alle-meldungen/meldung/kontrolle-durch-wirtschaftliche-verflechtung/

63 In Deutschland herausgegeben vom Rechercheverband »Correctiv« und seit Januar 2017 verfügbar. http://www.deutschlandradiokultur.de/tuerkisch-deutsches-onlinemagazin-oezgueruez-weitermachen.1008.de.html?dram:article_id=380239

64 In der Türkei selbst wird der Zugang zu Seiten, die nicht auf Regierungslinie liegen, technisch geblockt. So z. B. Wikipedia Ende April 2017: Die türkische Regierung warf der Internetplattform vor, Texte zur Verfügung zu stellen, die Terror propagieren und die Türkei auf eine Stufe mit Terroristen stellen würden. Wenn sich die Website wieder an die Lesart der Regierung halte, dann werde die Blockierung aufgehoben. Nach Angaben von Wikipedia selbst besteht diese Blockierung der Seite bis heute (Stand 3. 2. 2018). https://de.wikipedia.org/wiki/Sperrung_der_Wikipedia_in_der_T%C3%BCrkei_seit_2017

65 Vgl. http://www.faz.net/aktuell/politik/inland/yildirim-wirbt-in-oberhausen-fuer-praesidialsystem-14884526.html

66 Trotzdem hat die Facebook-Seite des Magazins *Özgürüz* fast 30 000 Fans, auf Twitter folgen ihm mehr als 40 000 Menschen. Laurin, Stefan: »Pressefreiheit: Erdoğan mag sie nicht – weder in der Türkei noch in Deutschland«, in: *correctiv*, 18. 2. 2017, https://correctiv.org/blog/2017/02/18/pressefreiheit-erdogan-mag-sie-nicht-weder-der-tuerkei-noch-deutschland/

67 Zit. nach Youtube https://www.youtube.com/watch?v=qY52kEMQyBA

68 gazetevatan.com; Titel: »Erdoğan: Ein leidenschaftlicher Reisender in der Demokratie-Straßenbahn« Erdoğan: Demokrasi tramvayında ihtiraslı bir yolcu (06. Nov. 2012), zit. n. http://www.gazetevatan.com/rusen-cakir-491426-yazar-yazisi-erdogan--demokrasi-tramvayinda-ihtirasli-bir-yolcu/

69 Das Auswärtige Amt in Berlin wollte eine Einbestellung des deutschen Botschafters indes nicht bestätigen. Dort hieß es lediglich, es habe »in dieser Sache telefonischen Kontakt« gegeben.

70 Laut Polizei waren zahlreiche Fahnen und Plakate mit Abbildungen verbotener Symbole sowie Bilder des Chefs der ebenfalls verbotenen PKK, Abdullah Öcalan, zu sehen. Die Polizei verzichtete aber nach eigenen Angaben auf Beschlagnahmungen, um einen friedlichen Verlauf zu gewährleisten.

71 3. 3. 2017, entsprechend dpa-Meldung

72 *milliyet.com.tr*; »Erdoğan wiederholt seine Aussage in Deutschland: Ja zur Integration, nein zur Assimilation.« (24. 05. 2014) (Wahlkampf in Köln für Präsidentenwahl) http://www.milliyet.com.tr/erdogan-almanya-da-olay-yaratan/siyaset/detay/1887306/default.htm

73 *Hürriyetdailynews.com*; »Turkish PM Erdogan slams German media, calls for ›integration‹ but ›no assimilation‹ in Cologne.« (25. 05. 2014) http://www.hurriyetdailynews.com/turkish-pm-erdogan-slams-german-media-calls-for-integration-but-no-assimilation-in-cologne.aspx?PageID=238&NID=66901&NewsCatID=510

74 Ebd.

75 So verbreiten verschiedene türkische Medien die Meinung, dass es zu antitürkischen Kampagnen in deutschen Medien käme. Insbesondere seit der Berichterstattung zu den Protesten im Gezi-Park sei es hier zu Fehlinformationen gekommen. Westliche Medien würden gezielt versuchen, den Wahlkampf um das Präsidentenamt in der Türkei zu manipulieren. Yenisafak schreibt: »Das deutsche Magazin *Der Spiegel* ist schon wieder hinter einem hässlichen Spiel her (…)« *Yenisafak.com*: »Der *Spiegel* schon wieder bei der Arbeit!« (3. 8. 2014) (Gezi Park), http://www.yenisafak.com/politika/der-spiegel-yine-is-basinda-673962

76 Erdoğan in einer öffentlichen Rede am 12. 3. 2017 – der Videomitschnitt bei *Sabah.com*, vgl. den Videomitschnitt https://www.sabah.com.tr/gundem/2017/03/12/cumhurbaskani-kocaelide-konusuyor?paging=2 – sowie Artikel dazu https://www.sabah.com.tr/gundem/2017/03/12/cumhurbaskani-erdogan-istanbulda-canli

77 Binali Yildirim zit. n. *sabah.com.tr*, 18. 2. 2017 http://www.sabah.com.tr/gundem/2017/02/18/basbakan-almanyada-canli

78 Vgl. *milliyet.com.tr* zur Wahlkampfveranstatlung anlässlich der Präsidentenwahl, 24. 5. 14: »Erdoğan wiederholt seine Aussage in Deutschland: Ja zur Integration, nein zur Assimilation.« http://www.milliyet.com.tr/erdogan-almanya-da-olay-yaratan/siyaset/detay/1887306/default.htm, Hintergrundinformationen

dazu im *Spiegel*: http://www.spiegel.de/politik/ausland/erdogan-in-koeln-auftritt-vor-deutschtuerken-kritik-an-medien-a-971530.html

79 https://www.facebook.com/GermanyDirectorsCut/?fref=hovercard Der Videoclip zur Türkei wurde über die Facebook-Seite von Germanys Director's Cut verbreitet und ist insgesamt 19 Minuten lang. Er besteht aus einer satirischen Zusammenfassung des aktuellen Geschehens und dem weitaus längeren Dokuteil, der für das wirtschaftliche Wachstum in der Türkei wirbt. Auf Youtube sind weitere Episoden verfügbar, vgl. z. B. https://www.youtube.com/watch?v=UKYWKN4GA1c

80 So z. B. im Jahresrückblick 2016, der die deutsche Presseberichterstattung des Jahres 2016 als unglaubwürdig, herabwürdigend und unprofessionell darstellt: https://www.facebook.com/GermanyDirectorsCut/videos/368138653558611/

81 Germany Director's Cut stellt sich selbst als alternatives Medium zur deutschen »Lückenpresse« dar und erkärt seine digitale Strategie in einem Video von Januar 2017 https://www.facebook.com/GermanyDirectorsCut/videos/373209053051571/

82 Video vom 27. 3. 2017, https://www.facebook.com/GermanyDirectorsCut/videos/394025457636597/

83 Video vom 27. 3. 2017, https://www.facebook.com/GermanyDirectorsCut/videos/394025457636597
Im Übrigen finden sich dort Videos, in denen Abgeordnete des Bundestags als Sympathisanten der »Terrororganisation PKK« tituliert und persönlich beschimpft werden: https://www.facebook.com/GermanyDirectorsCut/videos/527071794331962/
https://www.facebook.com/GermanyDirectorsCut/videos/516203602085448/

84 Vgl. dieses Video von März 2017, https://www.facebook.com/GermanyDirectorsCut/videos/394033954302414/

85 Video vom 27. 3. 2017, https://www.facebook.com/GermanyDirectorsCut/videos/394025457636597/

86 *Sabah.com.tr*; Erdoğan: »Naziler bitti sanıyorduk! Bunları dünyaya rezil edeceğiz« Giriş Tarihi: 5. 3. 2017 16:06 Güncelleme Tarihi: 5. 3. 2017 18:44
»Präsident Erdoğan: Wir werden sie vor der Welt blamieren.« (5. 3. 2017) http://www.sabah.com.tr/gundem/2017/03/05/erdogan-naziler-bitti-saniyorduk-bunlari-dunyaya-rezil-edecegiz

87 Vgl. dpa-Meldung vom 5. 3. 2017

88 12. 3. 2017, http://www.sabah.com.tr/webtv/turkiye/cumhurbaskani-erdogandan-hollanda-aciklamasi

89 *sabah.com.tr*; zit. n. http://www.sabah.com.tr/gundem/2017/02/18/basbakan-almanyada-canli

90 Quelle: http://www.milliyet.com.tr/chp-nin-neye-evet-dedigini--siyaset-2398890/

91 Das Interview wurde mit dem Online-Magazin *Migration* am 26. 5. 2015 geführt.

http://www.migazin.de/2015/05/26/so-fuehlen-viele-muslime-und-tuerken-in-deutschland/

92 https://twitter.com/myeneroglu

93 https://twitter.com/myeneroglu

94 https://twitter.com/myeneroglu

95 Der Gründer und Inhaber von haberbayern, Adnan Tokuc, der in Izmir geboren und in München aufgewachsen ist, schreibt auch für die *Yeni Posta*.

96 *Daily Sabah Deutsch* bringt eigene Beiträge und Meldungen der türkischen Nachrichtenagentur Anadolu. »Aktuelle Nachrichten aus der Türkei und der Welt«, so lautet die Selbstbeschreibung. Ganz überwiegend waren es vor dem Referendum Beiträge zur Ja-Kampagne und zu den Erfolgen der Politik des Staatspräsidenten. Auch *News Special 24* verbreitet Pro-Erdoğan-News und erreicht Zehntausende Nutzer.

97 https://www.dailysabah.com/deutsch

98 https://www.dailysabah.com/deutsch/politik/2017/04/12/deutschland-steuerlich-finanzierte-propaganda-gegen-ja-beim-referendum

99 Ebd.

100 https://www.dailysabah.com/deutsch/kolumne/ozan-ceyhun/2017/09/12/wahlkampfdebatten-in-deutschland-und-luegen-ueber-die-tuerkei

101 Wirbt für sich selbst als »mutige Stimme des Volkes« und gehört zur Esmedya-Gruppe. Vorsitzender des Vorstandes von Esmedya ist Ahmet Bayraktutar. CEO von *Günes.com* ist ebenfalls Ahmet Bayraktutar. Als dieser im Januar 2016 seine Frau Beyza Korkmaz heiratete, war Erdoğan Trauzeuge. Vgl: Artikel »Erdoğan: für eine starke Nation muss die Einwohnerzahl ansteigen«. http://m.star.com.tr/guncel/guclu-millet-icin-nufus-artmali-haber-1084233/.

Die enge Beziehung zur Regierung ist damit mehr als deutlich. Chefredakteur von *Günes.com* ist Turgay Güler. Auch dieser ist mit Erdoğan verbunden, vgl.: http://t24.com.tr/haber/akp-medyasinda-cemaat-tartismasi-erdoganin-ucagindaki-turgay-guler-gulenin-elestirilmesini-sansurledi-mi,354208

102 http://www.gunes.com/gundem/disi-hitler-ayarlarini-bozdu-772748

103 Ebd.

104 http://www.euroturknews.com/english/

105 https://www.facebook.com/TCCumhurbaskaniRTE/?fref=ts

106 https://twitter.com/b__i___

107 https://twitter.com/hashtag/AvrupayıBaşınızaYıkarız?src=tren, Trend-Hashtag am 15. 3. 2017.

108 Die »Osmanische Generation« beschwört in ihren Posts die historische Bedeutung und Größe des osmanischen Reichs als Vorgänger der heutigen Türkei herauf.

109 Die Facebook-Seite verbreitet u. a. Informationen zum militärischen Einsatz gegen die Kurden und zu den Erfolgen der Regierung. Sie informiert ihre Nutzer bei Facebook über sich selbst wie folgt: »Mit dieser Seite möchten wir eure

Aufmerksamkeit hinter die Kulissen lenken, in der die eigentlichen Akteure im Spiel gegen die aufstrebende Türkei zwischen Ost und West stehen.«

110 Die Seite, die sich selbst als »konservativ« einordnet, informiert ihre Nutzer auf Facebook folgendermaßen über ihr Ziel: »Diese Seite steuert der gegenwärtigen medialen Desinformationskampagne entgegen, die den türkischen Präsidenten im Visier hat.«

111 Vgl. hierzu den Artikel in *Der Spiegel* 14/2017, S. 36/37. Djahangard, Susan. Elger, Katrin: »Verstörende Gedankenwelt«.

112 *Unchained New Turkey* am 3. 4. 17, https://twitter.com/search?q=%23keepdeniz&src=typd

113 Das Video ist auch auf dem Youtube-Kanal von Üretmen zu finden: https://www.youtube.com/watch?v=40EAs-IDKsw

114 Z. B. am 4. 3. 2017 auf der Seite des »Neuen Türken-Komitees in Deutschland«: »Seid ihr bereit für den größten europäischen türkischen Marsch? Es ist an der Zeit, den Spielen und dem Terror ein Ende zu setzen.« https://www.facebook.com/AYTK-Almanya-Yeni-Turk-Komitesi-1004762422889709/?fref=ts

115 Erdoğan selbst ist, wie andere türkische Spitzenpolitiker auch, auf Twitter (https://twitter.com/RT_Erdogan) und Facebook (https://www.facebook.com/RecepTayyipErdogan/?fref=ts) aktiv. Auf Twitter bereits seit 2009 – er twittert täglich. Erdoğan postet jeden Tag Beiträge bei Facebook, vorrangig über Termine, Wahlkampfveranstaltungen und die politischen Ziele der AKP. Über seine Staatsbesuche und seine Auftritte, z. B. Pressekonferenzen mit anderen Staatspräsidenten. Zum Referendum rief er die Türken zum »Ja« auf, fragte sie z. B. »Bist du bereit (…) für die Nation, für die Flagge, für das Volk, für den Staat? (Bist Du bereit) ja zu sagen?« Und versprach positive Veränderungen durch die Verfassungsänderungen: Zuspitzungen wie in seinen mündlichen Reden gibt es auf den offiziellen Accounts nicht, genauso wenig wie bei den Posts und Tweets des türkischen Ministerpräsidenten Binali Yildirim, seit Mai 2016 Vorsitzender der Partei für Gerechtigkeit und Aufschwung, früherer Ministerpräsident der Republik Türkei. Er ist Gründungsmitglied der regierenden AKP. Allerdings werden die Reden Erdoğans beispielsweise auf Twitter live via Periscope gepostet. Diese mündlich vorgetragenen Beschimpfungen erreichten über die sozialen Netze dann auch als »Live-Provokationen« die Nutzer.

Der Medien-Dschihad des IS – Informationen als Werkzeug des Terrors

1 Arid Uka, Kosovo-Albaner, geboren am 8. Februar 1990 in Mitrovica, einer Stadt im Kosovo, lebt seit 1991 mit seiner Familie in Frankfurt.

2 Der Generalbundesanwalt beim Bundesgerichtshof. Pressemitteilung Nr. 24/2011 vom 7. 7. 2011 http://www.generalbundesanwalt.de/de/showpress.php?newsid=406

3 Zu den biografischen Details: Obert, Mark. »Der Rätselhafte«, in: *Frankfurter Rundschau*, 9. 3. 2011, zit n. http://www.fr.de/panorama/arid-u-der-raetselhafte-a-935279

4 http://www.fnp.de/rhein-main/Wie-Arid-Uka-am-Flughafen-zum-Moerder-wurde;art801,407224

5 Welche Bedeutung Propaganda im Internet für die Rekrutierung des IS hat, zeigt sich auch bei einer Studie in den USA: Die 71 Personen, die 2015 in den USA angeklagt wurden, Straftaten in Verbindung mit dem Islamischen Staat begangen zu haben, waren zu 40 % Konvertiten. Sie waren meistens jung, das Durchschnittsalter lag bei 26. Die überwiegende Mehrheit waren US-Amerikaner bzw. hatte eine legale Aufenthaltserlaubnis. Nur 14 % waren Frauen. Fast alle hatten täglich viele Stunden im Internet verbracht und sich zum Thema Islamischer Staat mit Englisch sprechenden Nutzern in anderen Ländern ausgetauscht, fast alle wurden verhaftet, nachdem ihre Posts die Aufmerksamkeit des FBI auf sich gezogen hatten.

6 Ein 17-jähriger Flüchtling aus Afghanistan attackiert bei Würzburg in einem Regionalzug Fahrgäste mit einer Axt und einem Messer. Mehrere Menschen werden schwer, z.T. lebensgefährlich verletzt. Der Täter wird auf der Flucht von der Polizei erschossen. Der Angriff ist offenbar islamistisch motiviert. Vgl. dazu Hermann, Rainer: »Wege der Rekrutierung«; *FAZ*, 21. 12. 2016, S. 8. Im Zimmer des Jugendlichen stellte die Polizei eine »handgemalte IS-Flagge« sicher. Die dem IS nahestehende Agentur Amak veröffentlichte nach der Tat ein angebliches Bekennervideo des Jugendlichen. Darin hält der 17-Jährige ein Messer in der Hand und bezeichnet sich als »Soldat des ›Islamischen Staates‹«. Er kündigte eine »heilige Operation« in Deutschland an: »Ihr kommt in unsere Länder, um unsere Männer, Frauen und Kinder zu töten. (…) So Gott will, werdet ihr in jeder Straße, in jedem Dorf, in jeder Stadt und auf jedem Flughafen angegriffen.« https://www.cicero.de/innenpolitik/wuerzburg-is-flagge-im-zimmer-des-attentaeters-gefunden.

7 Der Syrer Mohammad D. plant, im bayerischen Ansbach auf einem Musikfest eine Bombe hochgehen zu lassen. Er wird vom Sicherheitsdienst am Eingang abgewiesen, da er keine Eintrittskarte hat. Die Splitterbombe in seinem Rucksack geht in der Nähe des Festivalgeländes hoch. Dabei wird der 27-Jährige getötet, 15 Menschen werden verletzt. Das von der *Süddeutschen Zeitung* dokumentierte Chat-Protokoll zeigt, wie er sich die Tat vorgestellt hatte. https://www.shz.de/deutschland-welt/panorama/chat-protokolle-so-wurden-attentaeter-von-bayern-vom-is-ferngesteuert-id14840986.html – Der »Islamische Staat« beansprucht die Tat für sich.

8 Die Missionierung »dahwa« erfolgt in der salafistischen Lehre durch Anhänger, die andere für die salafistische Mission gewinnen wollen.

9 https://www.shz.de/deutschland-welt/panorama/chat-protokolle-so-wurden-attentaeter-von-bayern-vom-is-ferngesteuert-id14840986.html

10 Er nimmt Verbindung zum Hildesheimer Hassprediger Abu Walaa auf, der

zahlreiche deutsche Dschihadisten zur IS-Terrororganisation geschleust haben soll und inzwischen in U-Haft sitzt. Zudem verkehrte er im Umfeld der salafistischen Prediger Hasan C. in Duisburg und Boban S. in Dortmund. Vgl. http://www.spiegel.de/politik/deutschland/anschlag-in-berlin-anis-amri-und-sein-weg-in-den-terror-a-1127269.html

11 http://www.zeit.de/2017/15/anis-amri-anschlag-berlin-terror-staatsversagen/komplettansicht

12 https://www.youtube.com/watch?v=y5oAMfPrDa4 Das Video von Anis Amri mit deutscher Übersetzung.

13 Es gibt eine Reihe von viel frequentierten IS-Quellen im Netz, die stark genutzt werden:
-Salafistische Gefangenenhilfe:http://al-asraa.com/en/https://web.telegram.org/#/im?p=@dawapics
-Dawapics (Sabri Ben abda), https://www.facebook.com/genislam1/?fref=ts
(Hizb ut-Tahrir)-Salafistischer Youtube-Channel
https://www.youtube.com/user/WachtAufMuslime/videos

14 Bis Mitte 2016 ist deren Zahl drastisch zurückgegangen und soll sich nach Schätzungen zwischen 15 000 und 25 000 bewegen. Vgl. https://www.welt.de/politik/ausland/article156327012/Dem-IS-gehen-die-auslaendischen-Kaempfer-aus.html
Zulauf erhielt der IS vor allem zwischen Mitte 2014 und März 2015. https://www.brookings.edu/blog/techtank/2015/09/24/on-social-media-isis-uses-modern-cultural-images-to-spread-anti-modern-values/

15 Die Zahl ist nur eine Schätzung, da die Zählweise in allen europäischen Ländern unterschiedlich ist.
http://www.ffgi.net/files/pub/Radikalisierung-Abou_Taam.pdf

16 Zwischen 3922 und 4294 Menschen seien bislang aus Ländern der Europäischen Union nach Syrien und in den Irak aufgebrochen, um für die Terrororganisation »Islamischer Staat« zu kämpfen. Diese Zahl nennt der Report des International Centre for Counter Terrorism, ICCT vom April 2016 »The Foreign Fighters Phenomenon in the European Union. Profiles Threats & Policies«. https://www.icct.nl/wp-content/uploads/2016/03/ICCT-Report_Foreign-Fighters-Phenomenon-in-the-EU_1-April-2016_including-AnnexesLinks.pdf »Zwei Drittel davon kommen aus vier Ländern: Belgien, Frankreich, Großbritannien und Deutschland. Zwischen 90 und 100 % stammten aus Großstädten oder deren Vororten, zwischen 6 und 23 % seien Konvertiten und nur 17 % Frauen.

17 Der Verfassungsschutz rechnet mehr als 43 000 Menschen zur islamistischen Szene in Deutschland. Diese ist in den vergangenen Jahren stetig gewachsen – vor allem durch den starken Zulauf bei der Gruppe der Salafisten, die einer besonders konservativen Strömung innerhalb des Islam anhängen. Rund 10 000 Personen werden inzwischen der Salafisten-Szene zugerechnet. Die Sicherheitsbehörden stufen viele Islamisten als gefährlich ein. Mehr als

1600 Menschen in Deutschland werden dem »islamistisch-terroristischen« Spektrum zugeordnet. Zit. n. dpa 29. 5. 17.

18 Viele der Attentäter verkehrten zuvor in salafistischen Kreisen, wobei es keine unmittelbare oder zwangsläufige Verbindung zwischen Salafismus und Gewalt gibt: »Salafisten orientieren sich vorgeblich am Lebensstil des Propheten Mohammed, verklären die Frühzeit des Islam und geben vor, zurück zu den Wurzeln der Religion zu wollen. Entwicklungen der islamischen Religionsgeschichte lehnen sie als verbotene ›Neuerungen‹ (*bida*) ab. Sie erheben den Anspruch, dass ihr Verständnis des Islam das einzig legitime ist. Damit versuchen sie, die äußerst heterogene Religion des Islam für sich zu vereinnahmen. Durch ihren Exklusivitätsanspruch werten sie nicht nur andere Glaubensgemeinschaften ab, sondern auch die große Mehrheit der Muslime, die den Islam anders interpretieren als sie selbst. (...) Sie arbeiten (...) daran, eine Staats- und Gesellschaftsordnung zu errichten, in der das salafistische Verständnis des islamischen Rechtssystems gilt, also eine extremistische Interpretation der Scharia. Dieses Ziel verfolgen sie nicht mit Gewalt.« Zit. n. http://www.bpb.de/politik/extremismus/radikalisierungspraevention/211610/die-salafistische-szene-in-deutschland

19 Interview mit Fouad, Hazim für dieses Buch. Landesamt für Verfassungsschutz Bremen, August 2017.

20 Marwan Abou Taam: »Radikalisierung –Eine Einordnung«, vgl. http://www.ffgi.net/files/pub/Radikalisierung-Abou_Taam.pdf

21 Aladin El-Mafaalani, Professor für politische Soziologie an der FH Münster, hat in einem Aufsatz erklärt, warum die Rückbesinnung auf religiöse Regeln und ein asketisches Leben für viele Jugendlich wichtig ist: »In ihrem Selbstverständnis ist die Tatsache, dass sie die Religiosität deutlich radikaler praktizieren als die eigenen Eltern, ein Ausdruck von Eigenständigkeit und Selbstbestimmung. Diese selbstbestimmte Abgrenzung wird als *Autonomie* erlebt. (...) Die asketische Orientierung gegen den Mainstream hat nicht nur erkennbare Züge von Gesellschaftskritik, sondern stärkt zudem das Kollektiv.« Vgl. http://www.ufuq.de/wenn-konformitaet-zur-rebellion-wird-der-salafismus-als-jugendkulturelle-provokation/

22 So z. B. bei Anschlägen durch Minderjährige 2016 – u. a. der zweier türkischstämmiger islamistischer Jugendlicher auf den Sikh-Tempel im Februar 2016 in Essen, das Messerattentat einer 15-Jährigen auf einen Polizisten in Hannover im März 2016, den versuchten Sprengstoffanschlag durch einen 12-jährigen Deutsch-Iraker u. a. auf einen Weihnachtsmarkt in Ludwigshafen Ende 2016. In allen diesen Fällen ist nachgewiesen, dass die Straftäter in einer virtuellen Kommunikation zu IS-Kadern standen. Der IS baut über das Netz virtuelle Instrukteure auf, die gezielt potenzielle Attentäter in Europa anwerben. Vgl. Interview mit Fouad, Hazim, Landesamt für Verfassungsschutz, Bremen, August 2017.

23 »Bei den Ausreisenden handelt es sich oft um Jugendliche mit Identitätspro-

blemen auf der Suche nach starken Gruppenerlebnissen und Lebenssinn. Sie wollen eine Rolle in der Gesellschaft haben, die ihnen oft – so ihre eigene Wahrnehmung – verwehrt wird. Von ihren Eltern bekommen sie den Vorwurf zu hören ›wie die Deutschen zu sein‹, von der Gesellschaft werden sie als ›Muslime‹ problematisiert.« Vgl. http://www.ffgi.net/files/pub/Radikalisierung-Abou_Taam.pdf.

24 Vgl. ebd. El-Mafaalani und das salafistische Video auf dem Youtube-Kanal »Wacht auf!« https://www.youtube.com/watch?v=0mmjNogd8O8 weiterführend zur Radikalisierung vgl. u. a. http://www.derislam.at/deradmin/news/Radikalisierung.pdf.

25 Zwar werden die meisten Auslandskämpfer über persönliche Kontakte und Netzwerke ins Kriegsgebiet gelotst, doch das Internet spielt eine wichtige Rolle. Auch die Bundesregierung warnt: »Die Propaganda des IS und dessen Kämpfer, Unterstützer und Sympathisanten, die im Internet verbreitet wird, spielt eine zentrale Rolle bei der Rekrutierung neuer Kämpfer.« Vgl. http://icsr.info/wp-content/uploads/2014/04/ICSR-Report-Greenbirds-Measuring-Importance-and-Influence-in-Syrian-Foreign-Fighter-Networks.pdf.

26 Entsprechende Berichte wurden platziert bei »Dar al Islam«, 30. 11. 15, bei »Istok« 30. 11. 2015, bei »Konstantinye« 2. 12. 15 sowie in *Dabiq* Heft 12/2015.

27 Dieses und andere Videos von *al Hayat* vgl. http://heavy.com/news/2016/01/new-isis-islamic-state-news-pictures-videos-kill-them-wherever-you-find-them-et-tuez-les-ou-que-vous-les-rencontriez-french-english-translation-paris-attacks-full-uncensored-youtube/

28 http://www.dailymail.co.uk/news/article-4532662/ISIS-fans-celebrate-Manchester-terror-attack.html

29 Zitiert nach Mostafa Hashem: »Manchester explosion: Isis supporters share messages celebrating explosion«. In dt. Übersetzung http://www.mena-watch.com/is-anhaenger-feiern-anschlag-von-manchester/

30 Offiziell wurde der »IS im Irak« am 15. Oktober 2006 gegründet. Er verfügte in den Jahren 2006 bis 2008 über militärische Einheiten und Stützpunkte in Mossul und in den Provinzen Bagdad, Al Anbar und Diyala. Die Stadt Bakuba wurde zur Hauptstadt des IS ausgerufen. Die neue Gruppe wurde im Irak zu diesem frühen Zeitpunkt noch als Al-Kaida bezeichnet. Gründer war der jordanische Terrorist Abu Musab az-Zarqawi (1966–2006), der seine Anhänger 2003 in den Irak führte, wo er und seine Nachfolger die amerikanischen Besatzungstruppen und den neuen irakischen Staat bekämpften. Bis Mitte 2014 gehörten der militanten Organisation maximal 10 000–20 000 Kämpfer an. http://www.bpb.de/politik/extremismus/islamismus/190499/der-islamische-staat-im-irak-und-syrien-isis

31 https://icct.nl/publication/lighting-the-path-the-evolution-of-the-islamic-state-media-enterprise-2003-2016/ S. 24

32 Vgl. http://www.zeit.de/politik/ausland/2015-12/islamischer-staat-syrien-kaempfer-westen-typologie-motivation/komplettansicht

33 Im Interview mit der Autorin im Mai 2017. Loay Mudhoon leitet das Portal *qantara.de*, wo sich viele wertvolle Beiträge finden lassen, u. a. auch ein Dossier zum Thema Radikalisierung https://de.qantara.de/topics/radicalisation. Bei *Qantara* publizieren sowohl liberale wie konservative muslimische Autoren, vgl. zum Thema Islam und Gewalt den Beitrag von Bülent Ucar, der die mangelnde Differenzierung bei der Schilderung von gewaltbereiten Muslimen kritisiert: https://de.qantara.de/inhalt/islam-und-gewalt-fehlende-differenzierung

34 Vgl. Lesaca, Javier, der sich nicht nur mit der Zahl, sondern auch der Erzählweise der Informationsstrategie des IS befasst hat. https://www.brookings.edu/blog/techtank/2015/09/24/on-social-media-isis-uses-modern-cultural-images-to-spread-anti-modern-values/

35 Studie der Georgetown University über das Phänomen »einsamer Wölfe« http://georgetownsecuritystudiesreview.org/wp-content/uploads/2015/08/NCITF-Final-Paper.pdf

36 In diesem Kapitel geht es ausschließlich um die Medienarbeit des IS. Selbstverständlich sind im Netz eine Reihe von Seiten und Youtube-Kanälen mit salafistischen Inhalten zu finden, so unterhält u. a. der salafistische Kölner Prediger Piere Vogel einen deutschsprachigen Youtube-Kanal, der sich allerdings gegen den Terror des IS ausspricht. Weitere Youtube-Kanäle, z. B. »Botschaft des Islam«, »Der Islam verbindet«, »Realität Islam«, in denen es überwiegend um Verständnis und Auslegung des Koran mit Blick auf ein im Sinne der Religion korrektes Leben im Alltag geht.

37 Vgl. dazu Salazar, Philippe-Joseph: »Die Sprache des Terrors«; München: Pantheon 2016, S. 37.

38 Von Januar 2014-April 2017 untersuchte Javier Lesaca die Medienproduktion des IS und ermittelte diese Zahl.

39 https://icct.nl/publication/lighting-the-path-the-evolution-of-the-islamic-state-media-enterprise-2003-2016/S. 23.

40 Javier Lesaca hat die fremdsprachigen Sprachfassungen der Videoinhalte zwischen 2014 und 2017 ausgewertet: 33 % waren auf Englisch, 24 % auf Russisch, 22 % auf Französisch, 5 % auf Deutsch, 5 % auf Somali, 4 % auf Türkisch …

41 https://icct.nl/publication/lighting-the-path-the-evolution-of-the-islamic-state-media-enterprise-2003-2016/

42 http://jihadology.net/2016/04/06/new-book-from-the-islamic-state-media-man-you-are-a-mujahid-too-second-edition/

43 Die Bundeszentrale für politische Bildung in Deutschland warnt explizit vor *Telegram* als Propagandaplattform. Die Zahl der deutschsprachigen Kanäle sei auf 130 angewachsen. Zwei Drittel davon könnten dem dschihadistischen Spektrum zugeordnet werden. In einigen Kanälen würden 100 Beiträge am Tag geteilt. Telegram, mit derzeit mehr als 100 Millionen Nutzern, hat keinen festen Standort. Es ist schwierig, bei Telegram mit begründeten offiziellen Beschwerden weiterzukommen, was bei Facebook und Twitter im Vergleich

besser funktioniert. Vgl. Scholz, Kay-Alexander: »Islamisten ködern per Smartphone«.
http://www.dw.com/de/islamisten-k%C3%B6dern-per-smartphone/a-36555523

44 Media Operative, »You Are a Mujahid Too«, Salahuddin Province Media Office, May 2015. Zunächst als Broschüre der Al-Himma-Edition.

45 Vgl außerdem das Papier von 2009: »A Course in the Art of Recruiting von Abu Amru«. https://archive.org/stream/ACourseInTheArtOfRecruiting-RevisedJuly2010/A_Course_in_the_Art_of_Recruiting_-_Revised_July2010_djvu.txt

46 http://icsr.info/wp-content/uploads/2017/02/Media-jihad_web.pdf, S. 8

47 Media Operative, p. 3. 17 Ibid, p. 4. 10 Media Jihad: »The Islamic State's Doctrine for Information Warfare«.

48 Arabische Originalquelle: https://dawaalhaq.com/post/40858

49 Dabei geht es auch um eine »ehrliche« Darstellung des IS im Unterschied zu den negativen Kampagnen westlicher Medien: »They are not calling upon media operatives to speak the ›Truth‹ specifically to counteract ›Crusader‹ lies. Rather, they are encouraging them to ›steer‹ their audiences and ›open their eyes‹ to the Islamic State's alternative offer of existence. The authors give particular attention to this concept in a section entitled ›Giving Glad Tidings to the Believers‹, in which they explain how the ›Truth‹ – an overtly positive message – brings ›pleasure‹ and ›delight‹ to any of those who ›read the pamphlets and books of the Islamic State‹ and listen to its ›audio materials‹. With this in mind, ›by clarifying their Creed, methodology and intentions‹, the organisation's propagandists hope to offer an appealing brand – a lifestyle, even – and thereby establish a system of belief that ›bridges the intellectual gap‹ between it and would-be supporters.«

50 2004 veröffentlichte der IS sein erstes Video. Vgl. Whiteside, Craig: »Lighting of the path. The evolution of the Islamic state media enterprise«.

51 Vgl. Bunzel, Cole: »From Paper State to Caliphate: The Ideology of the Islamic State«, März 2015
https://www.brookings.edu/wp-content/uploads/2016/06/The-ideology-of-the-Islamic-State.pdf

52 Telegram bietet für die Übertragung von Nachrichten eine normale Verschlüsselung an und eine Ende-zu-Ende-Verschlüsselung, bei der die Nachrichten nur auf dem Endgerät des jeweiligen Nutzers gespeichert werden.

53 Rita Katz: »Any messaging will do if you're isis«, Motherboard, Jul 14 2016, https://motherboard.vice.com/en_us/article/isis-messaging-apps

54 Das Magazinformat »Sali las Sawarim 2« ist hochwertig produziert, in sehr gutem Arabisch präsentiert. Es appelliert an Emotionen und soll nach Ruhm, Würde und Autarkie der islamischen »Umma«, der Gemeinschaft der Muslime, wiederbeleben. Link dazu: vom 12. 8. 2012 https://archive.org/details/sleel_alswarem2. Sali las Sawarim – Original Sound – 531 595 Aufrufe auf

Youtube: https://www.youtube.com/watch?v=KiGuyCtoISI. Fester Teil der Präsentation ist auch die Musik. Zum Einsatz kommen Naschids, heroische Kampflieder, deren treibende Melodien und markante Texte sich ins Gedächtnis prägen und die als Hymnen der radikal-islamistischen Szene gelten. Oft kommen sie in Kombination mit Propaganda-Videos: vermummte Kämpfer mit IS-Fahne bei Kampfhandlungen, bei Gräueltaten oder mit verklärtem Blick in Richtung Sonnenaufgang. Vgl. zu deren Bedeutung: http://www.ufuq.de/naschids-der-mitreissende-sound-des-salafismus/. Ggf. zum Weiterlesen: Said, Behnam T., Hymnen des Jihads. Naschids im Kontext jihadistischer Mobilisierung, Ergon-Verlag, 2016

55 In diesem Video wird das neue Branding der Medienstrategie des IS ab 2013/14 deutlich, meint Fernandez, Alberto, in seiner Studie: »Here to stay and growing: Combatting ISIS propaganda networks«; the Brookings Project on US relations with the Islamic World, US Islamic forum Papers 2015, Oktober 2015. https://www.brookings.edu/wp-content/uploads/2016/06/IS-Propaganda_Web_English.pdf

56 In arabischer Sprache http://jihadology.net/2013/11/12/al-iti%E1%B9%A3am-media-presents-a-new-video-message-from-the-islamic-state-of-iraq-and-al-sham-a-window-upon-the-land-of-epic-battles-25/

57 Dieses Zitat stammt aus einem Brief aus dem Jahr 2005 des damaligen al-Quaida Emirs Ayman al-Zavahiri an Abu Musab al-Zarqavi, der damals IS-Führer gewesen war und als dessen führender ideologischer Kopf galt.

58 Vgl. dazu auch Nibras Kazimi's Westminster Institute talk. »How Jihadists Weaponize Islamic History and How to De-Weaponize It«, June 2016.

59 Ebd. S. 30/32: »To every media operative brother in the Islamic State, you should know and be convinced of the following fact, [that] the media is a jihad in the way of Allah [and that] you, with your media work, are therefore a mujahid in the way of Allah.« (…) »the media jihad against the enemy is no less important than the material fight against it.«

60 http://www.zeit.de/politik/ausland/2014-06/mossul-irak-isis-angriff

61 Allein in Mosul beliefen sich die sogenannten Steuern auf acht Millionen Dollar pro Monat, wie die libanesische Journalistin Mona Alami in einer Studie für die Carnegie Stiftung schreibt.

62 Die Terrormiliz hatte bis Herbst 2014 faktisch alle größeren Ölfelder im Osten Syriens, darunter das landesweit größte namens Omar, mit einer Förderkapazität von 75 000 Barrel pro Tag erobert. Der IS nahm die Produktion teilweise auf und finanzierte sich auch über den Verkauf von Rohöl unter Marktpreisen. Das geförderte Öl wurde über Mittelsmänner an die Türkei und den Irak geliefert.

Nach dem Geländeverlust von Tikrit gingen diese Einnahmen, die sich zu Hochzeiten auf etwa 2 Millionen Euro am Tag belaufen haben sollen, drastisch zurück. http://www.handelsblatt.com/politik/international/wie-sich-is-finanziert-wie-der-handel-mit-oel-funktioniert/10686800-2.html

63 Stand der Kampfhandlungen nach Sydow, Christoph: »Endstation Euphrat«; in *Spiegel Online*/http://www.spiegel.de/politik/ausland/islamischer-staat-is-nach-fall-von-mossul-und-rakka-endstation-euphrat-a-1138083.html
»In den vergangenen zwei Jahren hat der IS nicht nur einen Großteil seines Führungsstabs verloren, sondern auch fast zwei Drittel seines Territoriums. Das US-Militär ist zuversichtlich, dass die Terrormiliz innerhalb der nächsten sechs Monate aus allen größeren irakischen Städten vertrieben sein wird. Neben Mossul und Tall Afar hält der IS im Nordirak noch die Stadt Hawidscha, westlich von Kirkuk, unter seiner Kontrolle. (...) In Syrien rückt das kurdisch-arabische Bündnis ›Demokratische Kräfte Syriens‹ (SDF) immer weiter auf die IS-Hochburg Rakka vor. (...) Das US-Militär rechnet damit, dass sich die Dschihadisten dann in ihr Kerngebiet entlang des Euphrat im syrisch-irakischen Grenzgebiet zurückziehen werden: von der Großstadt Deir al-Sor über die Kleinstädte Majadin und Abu Kamal bis nach Qaim. (...) Die Strategie des IS konzentriert sich jedoch darauf, sicherzustellen, dass der Fall von Mossul und Rakka nicht das Ende der Terrororganisation bedeutet.«

64 Messbar ging die Medienproduktion des IS nach Geländeverlusten in Syrien und dem Irak zurück, von Januar 2015-Oktober 2016 waren es dennoch insgesamt 90 000 Bilder und Videos. Vgl. Milton, David: »Communication Breakdown. Unraveling the Islamic State's Media Efforts«; Studie des Combating Terrorism Centers at West Point, Oktober 2016, https://www.ctc.usma.edu/v2/wp-content/uploads/2016/10/ISMedia_Online.pdf
Sowie vgl. https://news.vice.com/story/the-islamic-states-latest-brutal-propaganda-videos-show-the-organization-is-failing

65 Zahlen nach der Studie von Milton, David: »Communication Breakdown. Unraveling the Islamic State's Media Efforts«, Studie des Combating Terrorism Centers at West Point, Oktober 2016, https://www.ctc.usma.edu/v2/wp-content/uploads/2016/10/ISMedia_Online.pdf S. 30.

66 http://icsr.info/wp-content/uploads/2017/02/Media-jihad_web.pdf

67 Vgl. die Studie vom ICSR aus 2017 dazu: Winter, Charly: »Media Jihad«, http://icsr.info/wp-content/uploads/2017/02/Media-jihad_web.pdf

68 https://news.vice.com/story/the-islamic-states-latest-brutal-propaganda-videos-show-the-organization-is-failing

69 »ISIS has established a new kind of terrorism, using marketing and digital communication tools not only for ›socializing terror‹ through public opinion as previous terrorist groups did, but also for making terror popular, desirable, and imitable.«

70 http://www.businessinsider.com/isis-propaganda-is-failing-2016-11?amp;utm_medium=referral&IR=T vgl. Dazu auch https://news.vice.com/story/the-islamic-states-latest-brutal-propaganda-videos-show-the-organization-is-failing

71 Diese Korrespondentenbüros befinden sich im Jemen, in Syrien, dem Irak, Saudi-Arabien, Ägypten, Nigeria, Libyen, Afghanistan/Pakistan. Milton,

David, 2016, S. 30 https://www.ctc.usma.edu/v2/wp-content/uploads/2016/10/ISMedia_Online.pdf
Vgl. dazu https://news.vice.com/story/the-islamic-states-latest-brutal-propaganda-videos-show-the-organization-is-failing

72 Deren Zahl sei, entgegen der allgemeinen Wahrnehmung, deutlich kleiner, betont Javier Lesaca. Sie liege bei etwa 15 %. Vgl. http://www.businessinsider.com/isis-propaganda-is-failing-2016-11?amp;utm_medium=referral&IR=T vgl. Dazu auch https://news.vice.com/story/the-islamic-states-latest-brutal-propaganda-videos-show-the-organization-is-failing

73 Javier Lesaca untersuchte die IS-Medieninhalte von Januar 2014 bis September 2016 und kam zu folgendem Ergebnis: Beiträge aus dem »Inneren« des Kalifats, die das normale Leben und das Funktionieren des Staates illustrieren, machen mit den Interviews zusammen etwa die Hälfte der IS-Beiträge aus. Vgl. die Äußerungen von Javier Lesaca in folgendem Artikel: http://www.businessinsider.com/isis-propaganda-is-failing-2016-11?amp;utm_medium=referral&IR=T vgl. Dazu auch https://news.vice.com/story/the-islamic-states-latest-brutal-propaganda-videos-show-the-organization-is-failing

74 http://www.businessinsider.com/isis-propaganda-is-failing-2016-11?amp;utm_medium=referral&IR=T vgl. Dazu auch https://news.vice.com/story/the-islamic-states-latest-brutal-propaganda-videos-show-the-organization-is-failing

75 https://www.ctc.usma.edu/v2/wp-content/uploads/2016/10/ISMedia_Online.pdf

76 Informationen und kritische Einordnung zu aktuellen *Al-Hayat*-Beiträgen über die Website: https://ent.siteintelgroup.com/index.php?option=com_customproperties&view=search&task=tag&tagId=613&Itemid=1095, vgl. auch die Website des Medienzentrums mit Beiträgen in unterschiedlichen Sprachfassungen: https://alhayatmedia.wordpress.com/media/

77 *Al Hayat* trägt wie andere ISIS-Medien auch zur Legitimierung der eigenen politischen und ideologischen Vorstellungen bei. Mehr vgl. http://www.dw.de/kommentar-kein-ende-des-nah%C3%B6stlichen-staatensystems/a-17728408

78 Video eingebettet in https://news.vice.com/article/isis-has-a-really-slick-and-sophisticated-media-department

79 So z. B. Mujatweet 6, eingesehen am 30. 5. 17, download über die Seite von alhayat. https://alhayatmedia.wordpress.com/media/

80 http://www.spiegel.de/politik/ausland/islamischer-staat-abu-bakr-al-bagdadi-schickt-durchhalteparolen-a-1069579.html

81 Beim Clarion Project sind alle Ausgaben einsehbar – hier zit. nach der 1. Ausgabe http://clarionproject.org/wp-content/uploads/Rumiyah-ISIS-Magazine-1st-issue.pdf

82 *Rumiyah*, Issue 1, S. 3

83 Vgl.: https://clarionproject.org/islamic-state-isis-isil-propaganda-magazine-dabiq-50/

84 Der historische Begriff geht dabei auf die Auswanderung Mohammeds von Mekka nach Medina zurück und seine Ankunft dort am 24. September 622. Das Datum markiert den Beginn der islamischen Zeitrechnung. Das macht die Bedeutung dieses Begriffs deutlich.

85 Qualitativ, in Stilistik und Bildsprache ist das Magazin einem Vorgängermodell der Al-Qaida nachempfunden, das online unter dem Namen *Inspire* erschien.

86 Nach Recherchen der *Times of India* war die App, die dafür benutzt wurde »Threema«, ein von Ende-zu-Ende verschlüsselter Messenger-Dienst: »Just one day after the A'maq statement, ISIS's official media unit released a video about »the truth« of the U. S.-Peshmerga raid, culminating in the featured execution of four Peshmerga fighters.« Vgl. Kassirir, A. »The Rise of an ISIS affiliated Media Unit: A'maq«. Flashpoint (2016), https://www.flashpoint-intel.com/the-rise-of-an-isis-affiliated-media-unit-amaq/

87 Vgl. https://www.newyorker.com/news/news-desk/how-will-bangladesh-respond-to-the-isis-inspired-attack-in-dhaka. Sowie den entsprechenden Bericht des Independent, http://www.theindependentbd.com/home/printnews/50089

88 Vgl. http://securityaffairs.co/wordpress/43578/intelligence/amaq-android-app.html Vertiefend zur Nachrichtenagentur: Kassirer, Alex: »The Rise of an ISIS Affiliated Media Unit«: A'maq; In: *Flashpoint*, 25. 5. 2016 zit. n. https://webcache.googleusercontent.com/search?q=cache:URKBtEQsmcsJ:https://www.flashpoint-intel.com/the-rise-of-an-isis-affiliated-media-unit-amaq/+&cd=1&hl=de&ct=clnk&gl=de

89 Diese Aufzählung richtet sich nach neuen amerikanischen Forschungen https://news.vice.com/story/the-islamic-states-latest-brutal-propaganda-videos-show-the-organization-is-failing

90 http://cjlab.memri.org/lab-projects/tracking-jihadi-terrorist-use-of-social-media/isis-affiliated-nashir-media-foundation-releases-android-app-posting-isis-news-visual-releases-pictorial-reports-from-islamic-state/

91 Milton, David: »Communication Breakdown. Unraveling the Islamic State's Media Efforts«; Studie des Combating Terrorism Centers at West Point, Oktober 2016, https://www.ctc.usma.edu/v2/wp-content/uploads/2016/10/ISMedia_Online.pdf

92 Die hinter dieser Zielgruppenbeschreibung stehende Typologie stammt vom Gesellschaftspsychologen Hammad Sheikh, der am Center on Terrorism der City University of New York (John Jay College) und am Centre for the Resolution of Intractable Conflict der Universität Oxford (Harris Manchester College) arbeitet. Sein Artikel in der *Zeit* von 2015 ist für diese Beschreibung wichtige Grundlage: »Die drei Grundformen des Dschihad«, 15. 12. 2015, http://www.zeit.de/politik/ausland/2015-12/islamischer-staat-syrien-kaempfer-westen-typologie-motivation/komplettansicht

93 So adressiert das bekannte Video der Hinrichtung von James Foley, das bisher 1,3 Millionen Mal angesehen wurde, Nutzer im Westen. Es sorgte 2014 mit

einem Schlag dafür, dass der IS im Westen wahrgenommen wurde. Foley macht in orangener Guantanamo-Kluft die USA für seinen Tod verantwortlich, bereute, als Amerikaner geboren zu sein, und sprach andere von jeder Schuld frei. Nach diesen Worten setzte der maskierte Killer, der Englisch mit britischem Akzent sprach, dem Journalisten das Messer an die Kehle und bewegt es. Dann verdunkelt sich das Bild. Es fließt kein Tropfen Blut. Die Enthauptung vor laufender Kamera ist wahrscheinlich vorgetäuscht.

94 Vgl. Neumann, Peter R.: »Die neuen Dschihadisten«; Berlin, 2016, S. 113. Es gibt hingegen kein gemeinsames demografisches oder sozioökonomisches Merkmal. Was Deutschland und Skandinavien angeht, so kommt die große Mehrheit allerdings aus prekären Verhältnissen und ist häufiger ohne Schulabschluss, Ausbildung und Aussicht auf einen Arbeitsplatz. Nach einer Studie des Bundesinnenministeriums sind fast 90 % der Deutschen Kämpfer vorbestraft.

95 Raphael Cohen-Almagorl, University of Hull (United Kingdom): »Jihad online: how do terrorists use the Internet?«, in: Francisco Campos Freire, Xosé Rúas Araújo, Valentín Alejandro Martínez Fernández, and Xosé López García (eds.), Media and Metamedia Management (Dordrecht: Springer, 2017), pp. 55–66, zit. n. http://www.hull.ac.uk/rca/docs/articles/Jihad%20online%20-%20how%20do%20terrorists%20use%20the%20Internet.pdf

96 Lesaca, Javier: »On social media, ISIS uses modern cultural images to spread anti-modern values«, September 2015 https://www.brookings.edu/blog/techtank/2015/09/24/on-social-media-isis-uses-modern-cultural-images-to-spread-anti-modern-values/

97 Interview mit Fouad, Hazim. Landesamt für Verfassungsschutz Bremen. August 2017.

98 Vgl. dazu Zelin, Aaron Y.: »European Fighters in Syria«, ICS, Insight, 2. April 2013, http://icsr.info/2013/04/icsr-insight-european-foreign-fighters-in-syria-2/ sowie Neumann, Peter R. »Die neuen Dschihadisten«, S. 115–117.

99 Die jordanischen Dschihadismusforscher Hassan Abu Hanieh und Mohammad Abu Rumman sehen die antisunnitische Politik im Irak und in Syrien als eigentliche Geburtshelferin für den sunnitischen Dschihadismus an. Vgl. Hassan Abu Hanieh, Mohammad Abu Rumman: »IS und Al-Qaida. Die Krise der Sunniten und die Rivalität im globalen Dschihad«. Aus dem Arabischen übersetzt von Günther Orth, Verlag J. H. W. Dietz, Bonn 2016, sowie Christoph Günther: »Ein zweiter Staat im Zweistromland? Genese und Ideologie des ›Islamischen Staates Irak‹« 2014.

100 https://www.brookings.edu/wp-content/uploads/2016/06/IS-Propaganda_Web_English.pdf, S. 10.

101 Zit. n. https://clarionproject.org/docs/isis-isil-islamic-state-magazine-Issue-1-the-return-of-khilafah.pdf, S. 10.

102 Aus *Dabiq*, Nummer 15, 2014, https://clarionproject.org/factsheets-files/islamic-state-magazine-dabiq-fifteen-breaking-the-cross.pdf, S. 28.

103 Aus *Dabiq*, Nummer 15, 2014, https://clarionproject.org/factsheets-files/islamic-state-magazine-dabiq-fifteen-breaking-the-cross.pdf, S. 29.

104 Ebd.

105 Vgl. Magazin *Rumiyah*, Heft 1, https://clarionproject.org/wp-content/uploads/Rumiyah-ISIS-Magazine-1st-issue.pdf.

106 Januar 2016 https://www.facebook.com/IBewusstsein/posts/475052872703149

107 https://www.facebook.com/dewl0/posts/1100187213327083:0

108 Lageeinschätzung des Berliner Verfassungsschutzes vom 18. 1. 2018 file:///C:/Users/schaefferu/Downloads/lageanalyse-hintergruende-zu-den-angehoerigen-des-salafistischen-spektrums-in-berlin.pdf

Big Data, Microtargeting, Profiling – wie mit Donald Trump ein Populist Präsident wurde

1 *NZZ*, 11. 11. 2016, S. 7 »Trump macht mit der Politik das, was das Internet mit dem Politischen macht. Er verdrängt Geduld und Anstrengung mit Spaß und Intensität, er überspielt Inkompetenz mit grobschlächtiger Meinungsbereitschaft, erschafft eine Stimmung der Intoleranz und des Cyberbullying.«

2 Tweet Donald Trumps vom 21. 9. 2016 – im englischen Original: »It is a movement not a campaign. Leaving the past behind, changing our future. Together we will make America safe and great again.«

3 Zit. n.: »Donald Trump erklärt seine Twitter-Nutzung«, Meedia.de, 3. 4. 2017. http://meedia.de/2017/04/03/donald-trump-erklaert-twitter-nutzung-in-der-financial-times-bei-hunderten-von-tweets-leistet-man-sich-schon-mal-einen-patzer/

4 Seine eigene Seite bringt es bei Facebook auf 21,9 Millionen Fans, während @realDonaldTrump bei Instagram auf 6,4 Millionen Anhänger und der gleichlautende Account bei Twitter auf 27,7 Millionen Follower kommt. Twitter-Phänomen Donald Trump: 28 % seiner Follower sind Fake-Accounts, Trolle und Novizen.
Zit. n. Meedia.de, 11. 4. 2017, http://meedia.de/2017/04/11/donald-trump-und-die-faulen-twitter-eier-28-prozent-seiner-follower-sind-fake-accounts-trolle-und-novizen/

5 Mosendz, Polly: »The seven types of people who tweet at Trump«. Studie von Bloomberg zu den Bots und Trollen, die auf Twitter zu den Followern von Trump zählen. https://www.bloomberg.com/features/2017-who-replies-to-trumps-tweets/

6 Zit. n.: »Twitter-Phänomen Donald Trump: 28 % seiner Follower sind Fake-Accounts, Trolle und Novizen«, Meedia.de, 11. 4. 2017, http://meedia.de/2017/04/11/donald-trump-und-die-faulen-twitter-eier-28-prozent-seiner-follower-sind-fake-accounts-trolle-und-novizen/

7 Facebook 23. 1. 2017, Nutzername Kinderstern Wanderstern

8 Die Einträge stammen aus Facebook-Gruppen der AfD, datieren vom 28. 2. 2017 und sind eine Reaktion auf die groben satirischen Darstellungen des amerikanischen Präsidenten auf den Wagen im Düsseldorfer Karneval.

9 Reaktionen auf einen am 14. 11. 17 von Klardenken TV geposteten Beitrag zu einer Wahlkampfrede von Trump, http://quer-denken.tv/eine-rede-von-trump-mit-deutschen-untertiteln/ Nutzernamen Karin Braun, Shilo Rage

10 Ein entsprechendes Video wurde von Medienunternehmen aus dem Umkreis von Donald Trump wie »Ingraham Media Group« produziert und vertrieben.

11 AFP-Meldung 28. 11. 2016

12 An dieser Stelle sei darauf hingewiesen, dass große Teile der Republikaner seit langem bestimmte Fakten und wissenschaftliche Erkenntnisse negieren: Sie leugnen den Klimawandel und setzen die biblische Schöpfungsgeschichte mit der Evolutionstheorie gleich. Auch das entspricht nicht den Fakten. Dieses Misstrauen gegenüber wissenschaftlichen Erkenntnissen, die Bestrebungen, Fakten zu relativieren oder gar »alternative Fakten« zu kreieren, davon ist auch Trumps politische Kommunikation geprägt.

13 Conway rechtfertigte beim Sender NBC die Äußerungen von Trumps Sprecher Sean Spicer im Januar 2017 zur Zuschauerzahl bei Trumps Amtseinführung damit, dieser habe lediglich »alternative Fakten« präsentiert. Spicer hatte zuvor bei seiner ersten Presseunterrichtung im Weißen Haus von einer »absichtlich falschen Berichterstattung« der Medien gesprochen. »Das war die größte Zuschauerzahl, die jemals einer Amtseinführung beigewohnt hat«, sagte er. »Punkt.« Die Versuche, die Begeisterung bei Trumps Amtseinführung zu schmälern, seien »beschämend und falsch«. Er drohte gar damit, die Medien dafür »zur Rechenschaft zu ziehen«. Zuvor hatten einige Medien Bilder der Veranstaltung veröffentlicht, auf denen zu erkennen war, dass die Zuschauerzahl bei der Amtseinführung des neuen US-Präsidenten wesentlich geringer war als noch zur Amtseinführung Barack Obamas.

14 James Comey, Chef des FBI, widersprach dem Präsidenten im März 2017 bei seiner Anhörung vor dem Geheimdienstausschuss des US Senats öffentlich: »Ich habe keine Informationen, die nahe legen, dass diese Tweets richtig sind.« Vgl. Wetzel, Rupert: »Es fehlt nur das Wort Lüge«, in: *Süddeutsche Zeitung*, 21. 3. 2017, S. 6.

15 Sein erstes Interview als Präsident mit einem deutschen Medium gab Trump der Bildzeitung – aus diesem Interview stammt das Zitat. http://www.bild.de/politik/ausland/donald-trump/das-grosse-bild-interview-49790140.bild.html

16 http://money.cnn.com/2016/06/14/media/donald-trump-media-blacklist/index.html

17 Diese Rede von Trump veröffentlicht am 24. 10. 16 bei Youtube, am 14. 11. 224 212 Aufrufe bei Youtube (#TrumptheEstablishment), dann geteilt am 14. 11. bei Facebook von *querdenken tv.* http://quer-denken.tv/eine-rede-von-trump-mit-deutschen-untertiteln/

18 geteilt am 14. 11. bei Facebook von *querdenken tv* http://quer-denken.tv/eine-rede-von-trump-mit-deutschen-untertiteln/

19 Dionne Jr., E. J: »Bannon's dangerous deconstruction«, in: *Washington Post*, 26. 2. 2017, https://www.washingtonpost.com/opinions/bannons-dangerous-deconstruction/2017/02/26/0d1aab0e-fad2-11e6-be05-1a3817ac21a5_story.html?tid=a_inl&utm_term=.d16d42b59355

20 https://www.welt.de/politik/ausland/article167816597/Steve-Bannon-Diese-Trump-Praesidentschaft-ist-vorbei.html

21 August 2017. Bannon behauptet, er sei selbst zurückgetreten. Es ist wahrscheinlich, dass er damit einem Rauswurf, wegen seiner Kritik an Trumps Nordkorea-Politik und dessen Äußerungen dazu, zuvorkam. Trump war zuvor auf Distanz zu Bannon gegangen. Zwar erklärte er, dass er Bannon schätze. Dieser sei »ein Freund, kein Rassist«. Zugleich erwähnte er aber, dass Bannon erst »spät« zu seinem Team gestoßen sei und abzuwarten bleibe, was aus ihm werde. Schon vorher hatte der 63-Jährige den begehrten Platz im Nationalen Sicherheitsrat verloren. Berichten zufolge war Trump wütend, als ihm sein Chefstratege im Zusammenhang mit Nordkorea widersprach. Es gebe »keine militärische Lösung« des Atomkonflikts mit Pjöngjang, zitierte die Internetseite »American Prospect« Bannon. Die Konfrontation mit Nordkorea sei »nur ein Nebenschauplatz«. In Wahrheit drehe sich alles um den Handelskonflikt mit China. Trump hatte zuvor mit einem militärischen Angriff auf Nordkorea gedroht.

22 https://www.welt.de/politik/ausland/article167816597/Steve-Bannon-Diese-Trump-Praesidentschaft-ist-vorbei.html

23 Wolff, Michael: Fire and Fury, 2017.

24 Washington (dpa, 23.11.) – Der Name Alt-Right ist eine Abkürzung der Website AlternativeRight.com und bedeutet in etwa »alternative Rechte«. Die ultrarechte Bewegung zählt einige Tausend Anhänger. Sie ist offen rassistisch und bedient sich rechtsradikaler Ideologien. Die Alt-Right spricht von einer auch intellektuellen »Überlegenheit einer weißen Rasse«, die sie gleichwohl von Nicht-Weißen bedroht sieht. Sie spricht sogar von einem Genozid an Weißen und hat einen rein weißen »Ethnostaat« zum Ziel. Die Alt-Right sehen die USA von sogenannten Kulturfremden unterwandert. Sie beklagt ein Schrumpfen christlicher Weltanschauungen. Das Weltbild ist auch antisemitisch. Rassismus hat in der amerikanischen Kultur tiefe Wurzeln, aber seit dem Beginn der Bürgerrechtsbewegung hat es in den USA keine offen rassistische Bewegung größeren Umfangs mehr gegeben.

25 Nirgendwo zeigt sich die Polarisierung der amerikanischen Gesellschaft so stark wie beim Vertrauen in Medien. Unter den Trump-Anhängern vertraut nur jeder vierte (27 %) TV-Sendern und Zeitungen. Unter den Anhängern der Demokraten sind es noch zwei von drei (61 %). Das sind aktuelle Zahlen von Anfang 2018. Grundlage ist eine repräsentative Studie der Kommunikationsagentur Edelmann Ergo, die seit 18 Jahren anlässlich des Weltwirtschafts-

forums in Davos vorgestellt wird. Ähnliche Tendenzen beobachtet die Agentur auch in Deutschland, wo das Misstrauen in die Institutionen massiv zugenommen hat. Noch nie in den vergangenen 17 Jahren haben die Institutionen in Deutschland in so kurzer Zeit so massiv an Vertrauen eingebüßt. Vor der Bundestagswahl zeigen sich die Deutschen zu der Frage tief gespalten, ob sie politische Kontinuität oder einen Führungswechsel wollen. Das sind zentrale Ergebnisse der aktuellen Sonderausgabe Deutschland des Edelman Trust Barometers, der größten globalen Umfrage zum Thema Vertrauen in Regierungen, Nichtregierungsorganisationen (NGOs), Wirtschaft und Medien. https://www.presseportal.de/pm/63507/3721166 Für die USA gilt: Auch vor der Wahl von Trump war das Vertrauen in professionelle, neutrale und umfassende Berichterstattung durch Medien nicht sehr ausgeprägt.Immerhin Dreiviertel der Amerikaner sind der Meinung, dass diese Medien zu parteiisch seien. Insbesondere in der Kritik standen die Medien, als sie 2003 die Behauptungen und Lügen der Bush-Regierung zum Irak übernahmen.

26 https://theintercept.com/2016/11/26/laura-ingraham-lifezette/

27 Das ausführliche Porträt von Jones im *Spiegel*: Medick, Veit: »Der Informationskrieger«, in: *Der Spiegel* 9/2017.

28 Angaben von Qantcast, Reichweitenmess-Institut.

29 https://www.n-tv.de/politik/Trump-schuetzt-seine-rechte-Seite-article19165401.html

Trump bestritt und bestreitet, rechte Gruppierungen in den USA zu unterstützen. »Ich gebe ihnen keinen Auftrieb, und ich will mit ihnen nichts zu tun haben.« Er verteidigte seinen Strategiechef im Weißen Haus, Stephen Bannon, gegen Kritik, dieser sei ein Rassist. »Wenn er Rassist oder ein Rechter oder was auch immer in dieser Richtung wäre, würde ich überhaupt nicht darüber nachdenken, ihn zu beschäftigen.« Nach der Wahl hatten Rechtsextremisten und weiße Nationalisten den Sieg Trumps auch im Netz gefeiert.

30 Das *Bloomberg Magazine* schrieb, Bannon habe für die ultrakonservative Bewegung eine ähnliche Rolle gespielt wie Leni Riefenstahl für Adolf Hitler. Das meldete die Nachrichtenagentur dpa, hier zit. n. http://www.zeit.de/news/2017-02/24/regierung-stephen-bannon-trumps-rechte-hand-24151005

31 Eine Reihe großer deutscher Wirtschaftsunternehmen hat einer Zusammenarbeit mit Breitbart eine Absage erteilt https://www.theguardian.com/world/2016/dec/08/breitbart-looks-to-france-and-germany-another-alt-right-victory-steve-bannon?CMP=Share_iOSApp_Other

32 https://www.washingtonpost.com/lifestyle/style/how-breitbart-has-become-a-dominant-voice-in-conservative-media/2016/01/27/a705cb88-befe-11e5-9443-7074c3645405_story.htm

33 Interview mit der Journalistin Sarah Posner im Juli 2016, zitiert in einem Artikel vom 22. 8. 16: https://www.motherjones.com/politics/2016/08/stephen-bannon-donald-trump-alt-right-breitbart-news

34 In jedem Fall vertritt *Breitbart* Trumps Positionen – auch im Kampf gegen die

politischen Medien – http://www.breitbart.com/big-government/2017/01/22/fake-news-three-big-media-lies-trumps-first-day-office/

35 Vgl. https://www.washingtonpost.com/lifestyle/style/how-breitbart-has-become-a-dominant-voice-in-conservative-media/2016/01/27/a705cb88-befe-11e5-9443-7074c3645405_story.html?utm_term=.874d6f88447a Die Nutzerzahlen wurden von ComScore erhoben. Die *Breitbart*-Website kam auf 17 Millionen Besucher und konnte sich damit den Spitzenplatz erobern. Zu den konservativen Internetplattformen gehören u. a. das *Independent Journal*: 15,6 Millionen Besucher; *Blaze*: 13,1 Millionen; *Daily Caller*: 7,4 Millionen; *Washington Free Beacon*: 2,44 Millionen.

36 https://de.statista.com/statistik/daten/studie/666947/umfrage/anzahl-der-visits-pro-monat-von-breitbart/

37 Die Geschichte hatte insofern eine Fortsetzung, als dass der Londoner Breitbart-Chef Raheem Kassam zur Gegenattacke »Fake Fake News aus Germany« aufrief. Zwar sei die Kirche nicht die älteste in Deutschland, doch ansonsten stimme der Bericht. Sowohl was die Anzahl der Menschen, was ihre Religion oder das Alter der Kirche angeht. Die *Ruhr-Nachrichten* hätten sich einer Zusammenarbeit verweigert und das sei typisch für gelenkte Medien. »Wem soll man denn nun glauben?«, fragt Kassam. Und beantwortet die Frage selbst: »Das müssen Sie entscheiden, die Leser.«

38 »Mephistos Plan«, in: *Der Spiegel*, 6/2017, S. 11.

39 Zakaria, Fareed. Stephen Bannon's words and actions don't add up. In: *Washington Post* 9. 2. 2017, https://www.washingtonpost.com/opinions/stephen-bannons-words-and-actions-dont-add-up/2017/02/09/33010a94-ef19-11e6-9973-c5efb7ccfb0d_story.html?tid=a_inl&utm_term=.0861c128469c

40 Trump hat sich von der rechtsextremen Alt-Right-Bewegung distanziert, die seinen Wahlsieg mit Nazi-Sprüchen und dem Hitlergruß gefeiert hat. »Ich will dieser Gruppe keinen Auftrieb geben, und ich erkenne diese Gruppe nicht an«, sagte Trump gegenüber der »New York Times«.

41 Ab 2004 produzierte er Dokumentationen wie »In the Face of Evil: Reagan's War in Word and Deed«, »Border War: The Battle Over Illegal Immigration« oder »Occupy Unmasked«.

42 Der offiziellen Disney-Website ist zu entnehmen, welchen Charakter Darth Vader in den Star-Wars-Episoden hat: »Verkörperung der dunklen Seite der Macht, wurde von Rebellen und imperialen Offizieren gleichermaßen gefürchtet. (…) Seine großen Fähigkeiten im Umgang mit der Macht und seine Unheil verkündenden Atemgeräusche jagten jedem Gegner Angst und Schrecken ein.« http://www.disney.de/star-wars/charaktere/darth-vader

43 http://www.spiegel.de/spiegel/stephen-bannon-und-seine-dokumentation-generation-zero-filmkritik-a-1135279.html

44 Feder, J. Lester: »This Is How Steve Bannon Sees The Entire World«. https://www.buzzfeed.com/lesterfeder/this-is-how-steve-bannon-sees-the-entire-world?utm_term=.ogxxZG01M#.ieG3D0by2

45 Ebd.

46 https://www.buzzfeed.com/lesterfeder/this-is-how-steve-bannon-sees-the-entire-world?utm_term=.ogxxZG01M#.ieG3D0by2

47 Ebd.

48 Der Film ist in ganzer Länge bei Youtube zu sehen https://www.youtube.com/watch?v=k3SLtP10NQ8

49 Mitte August 2017 kam es in Charlottesville bei einem rechtsextremen Aufmarsch, bei dem eine Gegendemonstrantin durch ein in die Menge rasendes Auto eines mutmaßlichen Neonazis getötet worden war, zu schweren Auseinandersetzungen. Trump hatte zunächst undifferenziert von Gewalt auf »vielen Seiten« gesprochen. Zwei Tage später verurteilte er die Gewalt rechtsextremer Gruppen zwar als »abstoßend« – kehrte am nächsten Tag aber zu seiner vorherigen Rhetorik zurück, mit der er das Verhalten der Rechtsextremisten und der Gegendemonstranten auf eine Stufe stellte.

50 Laut AfP dauerte die Schimpftirade des amerikanischen Präsidenten etwa eine halbe Stunde, unter anderem sagte er: »Sie geben die Fakten nicht wieder.« Die »sehr unehrlichen« Medien hätten sich geweigert zu berichten, dass er rassistische Gruppen nach den Ausschreitungen in Charlottesville scharf verurteilt habe, beklagte Trump. »Sie erfinden Geschichten, in vielen Fällen haben sie keine Quellen.« Er warf den Medien vor, die Gesellschaft zu spalten.

51 https://www.youtube.com/watch?v=HgPybiYNe-A. In deutscher Übersetzung: https://www.youtube.com/watch?v=4Kp4B6kXE88

52 http://money.cnn.com/2016/06/14/media/donald-trump-media-blacklist/index.html

53 Unter anderem hätten die Medien einen Streit zwischen ihm und den Geheimdiensten erfunden. Vor seiner Amtseinführung hatte Trump die Geheimdienste beschuldigt, falsche Informationen über ihn an die Medien durchgestochen zu haben, und ihnen Nazimethoden vorgeworfen. Nun versicherte er, die Agenten hätten seine volle Unterstützung. Trump zitiert nach: http://www.zeit.de/politik/2017-01/usa-donald-trump-amtseinfuehrung-besucherzahl-kritik

54 Sie beschränken sich auf nationaler Ebene auf den TV-Sender Fox News. Fox News berichtet nicht nur einseitig, sondern vermischt Kommentar und Reportage. Fakten und Meinungen wurden zunehmend gleichgesetzt. Für Trump sind »Fox & Friends« »… ehrbare Leute mit einer sehr ehrlichen Morgensendung« (»honourable people … most honest morning show«) https://www.youtube.com/watch?v=KaYRi6pPDXI

55 Spencer führt heute das National Policy Institute.

56 Beran, Dale. 4chan: »The Skeleton Key to the Rise of Trump«. 14. 2. 2017 https://medium.com/@DaleBeran/4chan-the-skeleton-key-to-the-rise-of-trump-624e7cb798cb#.n5zj5tz6b

57 https://medium.com/@DaleBeran/4chan-the-skeleton-key-to-the-rise-of-trump-624e7cb798cb#.n5zj5tz6b

58 Im März 2016 publizierten Milo Yiannopoulos und Allum Bokhari eine 5 000 Wörter starke Analyse, in der sie die Alt-Right-Bewegung verteidigten, und ihr eine intellektuelle Verwurzelung in der neo-reaktionären und ethnonationalistischen Bewegung zuschrieben. Vgl. dazu: »How the alt-right checkmated the media«. Columbia Journalism Review. http://www.cjr.org/analysis/alt_right_media_clinton_trump.php

59 So beschreibt Breitbart selbst das Entstehen der Bewegung: http://www.breitbart.com/tech/2016/03/29/an-establishment-conservatives-guide-to-the-alt-right/

60 #removes kebab #remove kebabs #kebab removal #ethnic cleansing #bigotry #hate #immigration

61 Bezug ist u. a. das Massaker von Srebrenica, bei dem in der Nähe von Srebrenica im Juli 1995 mehr als 8 000 muslimische Bosniaken umgebracht wurden – ein Kriegsverbrechen während des Bosnienkriegs, das durch die UN als Genozid klassifiziert wurde.

62 Der in Los Angeles lebende Comiczeichner Matt Furie veröffentlichte 2005 im Webcomic *Boy's Club* eine Zeichnung einer Froschfigur mit der Sprechblase »feels good, man«. 2006 erschien die gedruckte Ausgabe des Comics.

63 https://www.youtube.com/user/ReconquistaGermany

64 https://discord.gg/DQpuqXU

65 Kantner, Julia. US-Wahl 2016: »Wer gewinnt den Social-Media-Wahlkampf?« 7. 11. 2016, http://blog.spinnwerk.at/2016/11/07/us-wahl-2016-wer-gewinnt-den-social-media-wahlkampf/
Plattformübergreifend – d. h. Facebook, Youtube, Instagram und Twitter zusammen – ergibt sich, dass seit 1. Juli 2016 in Summe 294 512 528 Interaktionen in Form von Shares, Retweets, Reactions, Dislikes und Kommentaren auf beide Kandidaten entfielen. Rund 66 % davon kann Donald Trump für sich verbuchen. Katie Meyer errechnete in einem Artikel vom 13. September 2017 folgende Reichweiten für die beiden Kandidaten: Über Facebook, Twitter und Instagram kam Donald Trump auf 23 815 576 Fans und Follower, Clinton auf 15 990 082.«Social Media will make Donald Trump our next president«, 13. 9. 2016, https://socialmediaexplorer.com/content-sections/cases-and-causes/social-media-makes-trump-the-next-president/

66 Vgl. Müller von Blumencron: Mathias. »Im neuen Propagandazeitalter«, *FAZ*, 6. 12. 2016, S. 8.

67 Diese Zahlen aus dem Bericht des renommierten amerikanischen Medieninstitut, dem Pew Research Center, bezogen auf 2017, http://www.journalism.org/2017/05/10/americans-attitudes-about-the-news-media-deeply-divided-along-partisan-lines/pj_2017-05-10_media-attitudes_a-05/

68 Diese Zahlen beziehen sich auf 2016: 68 % aller erwachsenen US-Amerikaner nutzen Facebook, 28 % nutzen Instagram, 26 % Pinterest, 25 % LinkedIn und 21 % Twitter. http://www.pewinternet.org/2016/11/11/social-media-update-2016/

69 Twitter hat in Europa einen weit schwereren Stand als in den USA: Nur 13 %

der niederländischen Internetnutzer sind einmal im Monat bei Twitter, gerade einmal 6 % der Italiener, 5 % der Franzosen. Zugleich vertrauen nach wie vor 54 % der Niederländer und 52 % der Deutschen den konventionellen Nachrichten. In Italien und Frankreich hingegen ist dieses Vertrauen in die traditionellen Medien drastisch gesunken. Es liegt in Italien bei 42 % und in Frankreich bei 32 %. Die Nutzerzahlen zititert nach: »Twitter Harvest« in: *The Economist*, 4. 3. 2017, S. 20.

70 http://www.ksta.de/28137720. Die Wahlkampfbudgets der Parteien 2017: Die Linke beziffert ihren Etat auf 6,5 Millionen Euro, die Grünen auf 5,5 Millionen Euro, die FDP auf 5 Millionen Euro.

71 Vgl. Scherfig, Leon: »Wie die Parteien 2017 in den digitalen Wahlkampf ziehen«, in: *Morgenpost*, 26. 1. 2017, https://www.morgenpost.de/politik/article209403515/Wie-die-Parteien-2017-in-den-digitalen-Wahlkampf-ziehen.html

72 Sokolov, Daniel A. USA: »Republikaner stellten Daten aller Wähler online, ohne Passwort«, 20. 6. 2017. https://www.heise.de/newsticker/meldung/USA-Republikaner-stellten-Daten-aller-Waehler-online-ohne-Passwort-3747865.html

73 Republican National Committee (RNC)

74 Van de Laar war 2008 als *Youth Vote Director* im Bundesstaat Missouri dafür zuständig, die Stimmen von Schülern und Studenten für den damaligen Präsidentschaftskandidaten Obama zu sichern. 2012 arbeitete er wieder für das Obama-Lager, diesmal als Koordinator für den Wahlkampf im entscheidenden Bundesstaat Ohio. Chris Köver: »Was können deutsche Parteien aus dem US-Netzwahlkampf lernen?«, in *Wired*, 8. 5. 2017, https://www.wired.de/collection/life/julius-van-de-laar-interview-republica-wahlkampf-online-internet-obama

75 Vgl. Bornschein, Christoph. Jansen, Stephan A. Mahrenholz, Peter John. Dunkle digitale Mächte?, In: *Brand Eins*, 2/2017, S. 184.

76 Die Kontakte wurden zusammengekauft bei zertifizierten Facebook-Partnern wie Experian, Datalogix, Epsilon, Acxiom und Camrifge Analytica. Monatlich wurden 70 Millionen US-Dollar in die digitalen Operation investiert und später 275 Millionen US-Dollar Spenden über Facebook eingenommen. Vgl. Bornschein, Christoph, Jansen, Stephan A., Mahrenholz, Peter John: »Dunkle digitale Mächte?«, in: *Brand Eins*, 2/2017, S. 185.

77 Vgl. http://www.forbes.com/sites/stevenbertoni/2016/11/22/exclusive-interview-how-jared-kushner-won-trump-the-white-house/#47e67f9a2f50 und Knaup, Horand, Müller, Ann-Katrin, Pfaffenzeller, Martin, Rosenbach, Marcel, Traufetter, Gerald: »Gläserne Wähler«, in: *Der Spiegel* 9/2017, S. 30.

78 Destabilisiert werden sollten vor allem die idealistisch liberal eingestellten weißen Wähler, Afroamerikaner und junge Frauen. So wurden zum Beispiel Afroamerikaner an den Clinton-Kommentar von 1996 erinnert, als sie schwarzen Jugendgangs Gewissen und Empathie absprach.

79 Vgl. Bornschein, Christoph, Jansen, Stephan A., Mahrenholz, Peter John: »Dunkle digitale Mächte?«, in: *Brand Eins*, 2/2017, S. 185.

80 Diese gehört zum britischen Beratungskonzern SCL Group, einem komplizierten Firmenkonstrukt mit Ablegern in Steuerparadiesen. Unter anderem waren sie beteiligt an Umstürzen in Entwicklungsländern oder entwickelten für die NATO Methoden zur psychologischen Manipulation der Bevölkerung in Afghanistan. Vgl. Grassegger, Hannes, Krogerus, Mikael: »Diese Firma weiß was Sie denken«, in: *Tagesanzeiger*, 4.12.2016, http://www.tagesanzeiger.ch/ausland/amerika/diese-firma-weiss-was-sie-denken/story/25805157. Vgl. Dehaye, Paul-Olivier: »The (dis)information mercenaries now controlling Trump's databases«, https://medium.com/@pdehaye/the-dis-information-mercenaries-now-controlling-trumps-databases-4f6a20d4f3e7#.cpyg7jhk1 und, kritischer zu dem Effekt, den der Einsatz der Technologie gehabt hat: Nicholas Confessore and Danny Hakim. »Data firm says ›secret sauces‹ aided Trump, Many Scoff«, in: New York Times, 6.3.2017, https://www.nytimes.com/2017/03/06/us/politics/cambridge-analytica.html?_r=0

81 Erfolgreich kam diese Cambridge Analytica Technologie bei der radikaleren der beiden »Wechsel-Kampagnen« »leave.eu« zum Einsatz, getragen von Nigel Farage. Es bestehen auch persönliche Verbindungen zum amerikanischen Präsidenten: Der Chef von Cambridge Analytica ist der Milliardär Robert Mercer, der Trump offen unterstützt und u.a. in *Breitbart* investiert hat. Stephen K. Bannon, Berater von Trump, war bis zum Sommer 2016 Vize-Präsident im Aufsichtsrat der Firma.

82 Behavioural Dynamics Institute http://www.bdinstitute.org/

83 Zusammengefasst von Dehaye, Paul-Olivier. »The (dis)information mercenaries now controlling Trump's databases«, 2.1.2017, S.3. https://medium.com/@pdehaye/the-dis-information-mercenaries-now-controlling-trumps-databases-4f6a20d4f3e7#.9eu2jpkfo

84 Dahinter steckt die in der modernen Psychologie entwickelte sogenannte Ocean-Typologisierung: In den Achtzigerjahren war der Nachweis gelungen dass jeder Charakterzug eines Menschen sich anhand von fünf Persönlichkeitsdimensionen messen lässt: Offenheit (Wie aufgeschlossen sind Sie gegenüber Neuem?), Gewissenhaftigkeit (Wie perfektionistisch sind Sie?), Extraversion (Wie gesellig sind Sie?), Verträglichkeit (Wie rücksichtsvoll und kooperativ sind Sie?) und Neurotizismus (Sind Sie leicht verletzlich?). Für den Wahlkampf von Trump unterscheidet die Firma 32 Persönlichkeitstypen und konzentriert sich nur auf 17 der 50 US-Bundesstaaten. Vgl. Grassegger, Hannes, Krogerus, Mikael: »Diese Firma weiß, was sie denken«, in: *Tagesanzeiger*, 4.12.2016.

85 Vgl. Grassegger, Hannes, Krogerus, Mikael: »Diese Firma weiß, was sie denken«, in: *Tagesanzeiger*, 4.12.2016.

86 Silverman, Craig/Alexander, Lawrence. »How Teens In The Balkans Are Duping Trump Supporters With Fake News«. *Buzzfeed*, 4.11.2016, https://www.buzzfeed.com/craigsilverman/how-macedonia-became-a-global-hub-for-pro-trump-misinfo?utm_term=.gvNeJvZX2#.clLOGDQrg

87 Alle hier zitierten Schlagzeilen aus dem Artikel Lazarevic, Krsto: »Die Trolle vom Balkan«, 30. 11. 2016. In: *Die Presse*, zit n. https://diepresse.com/home/panorama/welt/5125029/Die-Trolle-vom-Balkan

88 Ursprünglich wurde dieser Artikel von der Satire und Nachrichtenseite Therightist.com gepostet. Dort wurde behauptet, das Zitat stamme aus einer Rede Hillary Clintons von 2013 für das Bankhaus Goldman Sachs. Vgl. http://www.businessinsider.de/fake-presidential-election-news-viral-facebook-trump-clinton-2016-11?op=1
Die Fake Story wurde zum Teil im Netz gelöscht, am 24. 1. 2018 war sie u. a. noch nachzulesen: http://therightists.com/hillary-clinton-in-2013-i-would-like-to-see-people-like-donald-trump-run-for-office-theyre-honest-and-cant-be-bought/
Zum Vergleich dazu löste die Exklusiv-Recherche der *New York Times*, dass Trump 916 Millionen Dollar Verluste in seiner Steuererklärung 1995 geltend machte, gerade einmal 175 000 Interaktionen bei Facebook im ersten Monat aus. Silverman, Craig/Alexander, Lawrence: »How Teens In The Balkans Are Duping Trump Supporters With Fake News«. *Buzzfeed*, 4. 11. 2016, https://www.buzzfeed.com/craigsilverman/how-macedonia-became-a-global-hub-for-pro-trump-misinfo?utm_term=.gvNeJvZX2#.clLOGDQrg

89 Lazarevic, Krsto: »Die Trolle vom Balkan«, in: *Die Presse*, 30. 11. 2016, http://diepresse.com/home/ausland/welt/5125029/Die-Trolle-vom-Balkan

90 Geld wird verdient mit der Werbung, die auf stark genutzten Seiten platziert wird: Für jeden Klick auf eine der Lügenseiten bekommen die Betreiber eine Gutschrift bei der Internetsuchmaschine Google. Deren Anzeigenableger GoogleAds schaltet Werbung auf den Seiten, und je mehr sie aufgerufen werden, desto mehr zahlt Google. Der Inhalt der Seite ist dabei egal, es zählt nur die Menge der Klicks. Vgl. http://diepresse.com/home/ausland/welt/5125029/Die-Trolle-vom-Balkan

91 https://www.theguardian.com/technology/2016/aug/24/facebook-clickbait-political-news-sites-us-election-trump

Digitales Marketing – wie das Netz mir hilft, an den Faktoren vorbeizusehen

1 sponsored posts. Facebook bietet eine Vielzahl von Werbeformaten an: https://www.facebook.com/business/products/ads

2 Knaup, Horand, Müller, Ann-Katrin, Pfaffenzeller, Martin, Rosenbach, Marcel, Traufetter, Gerald: »Gläserne Wähler«, in: *Der Spiegel* 9/2017, S. 29. Facebook hat mitgeteilt, in Zukunft transparenter als bisher auf jeder Seite anzuzeigen, welche Werbung geschaltet wird. https://www.srf.ch/kultur/netzwelt/meinungs-manipulation-facebook-und-twitter-wollen-politische-werbung-offenlegen

3 https://www.connect17.de/ Bekannt ist auch, dass die FDP mithilfe von dimap

Daten über vergangenes Wahlverhalten und soziodemographische Informationen wie Alter und Einkommen für den Wahlkampf evaluierte. Die gesamte Recherche von Netzpolitik.org nachzulesen: Dachwitz, Ingo. »Wahlkampf in der Grauzone: die Parteien, das Microtargettting und die Transparenz https://netzpolitik.org/2017/wahlkampf-in-der-grauzone-die-parteien-das-microtargeting-und-die-transparenz/

4 Knaup, Horand, Müller, Ann-Katrin, Pfaffenzeller, Martin, Rosenbach, Marcel, Traufetter, Gerald: »Gläserne Wähler«, in: *Der Spiegel* 9/2017, S. 28–30

5 Gottfried, Jeffrey/Shearer, Elisa »News Use across social media platforms 2016«, Studie des Pew Research Centers, 26. Mai 2016, http://www.journalism.org/2017/09/07/news-use-across-social-media-platforms-2017/

6 Zit nach: http://www.journalism.org/2016/05/26/news-use-across-social-media-platforms-2016/,
Grundlage dieser Daten ist eine Studie des Pew research Centers im Mai 2016. Interessant sind die Ergebnisse der Studie zur demografischen Struktur der NutzerInnen: Die Nutzung ist in den Gruppen unter 49 Jahren weit höher als in den älteren Nutzergruppen und es sind mehr Männer und mehr weiße Amerikaner als solche mit hispanophonem Hintergrund, welche ihre Nachrichten über Soziale Medien konsumieren http://www.journalism.org/2016/05/26/social-media-and-news-2016-appendix-a-2013-and-2016-trends/

7 Vgl. dazu auch Lobell, Kylie Ora: »Ranking in Google's Knowledge Graph in 2017: How artificial intelligence plays its part«, 22. 2. 2017. https://boomtrain.com/ranking-in-google-knowledge-graph-how-artificial-intelligence-plays-a-part/

8 Auch bei den bezahlten Ads wird über einen Algorithmus entschieden, welche Anzeigen oben gezeigt werden. Google verkauft seine Werbeplätze über Auktionen. Dabei ist nicht nur das Zahlungsgebot des Kunden entscheidend, sondern die »Qualität« und Relevanz der Seite.

9 Vgl. https://www.google.com/intl/de/search/howsearchworks/algorithms/

10 Auch 2012 waren bereits 84 % aller US-Wähler auch Internetnutzer. Vgl. Epstein, Robert. Robertson, Ronald. »The search engine manipulation effect (SEME) and its possible impact on the outcomes of election«, in: PNAS, 4. August 2015. http://www.pnas.org/content/112/33/E4512.full

11 Diesen Suchmaschineneffekt nennt man SEME – search engine manipulation effect. Die Ergebnisse der gesamten Studie bei Epstein, Robert, Robertson, Ronald. »The search engine manipulation effect (SEME) and its possible impact on the outcomes of election«, in: PNAS, 4. August 2015. www.pnas.org/cgi/doi/10.1073/pnas.1419828112

12 Solon, Olivia, Levin, Sam: »How Google's search algorithm spreads false information with a rightwing bias«, in: *Guardian*, 16. 12. 2016, zit n. https://www.theguardian.com/technology/2016/dec/16/google-autocomplete-rightwing-bias-algorithm-political-propaganda

13 Der Algorithmus bewertet zum Beispiel die Zahl von Interaktionen und Zugriffen auf den jeweiligen Inhalt. Gemessen wird also vor allem, wie Menschen

reagieren – nicht ob der Inhalt eine wahrheitsgemäße Information oder Fake enthält. Interaktionsstarke Angebote sorgen für Reichweite – auch auf den sozialen Plattformen selbst. Je mehr Nutzer ein Anbieter hat, desto besser lässt sich Werbung verkaufen. Was die Auflage bei redaktionellen Medien ist, sind die aktiven Nutzer digitaler Plattformen.

14 »China invests the digital totalitarian state«, in: *The Economist*, 17. 12. 2016, http://www.economist.com/news/briefing/21711902-worrying-implications-its-social-credit-project-china-invents-digital-totalitarian

15 Als solches wird das Recht des Einzelnen verstanden, grundsätzlich selbst über die Preisgabe und Verwendung seiner personenbezogenen Daten zu bestimmen. Das Recht auf informationelle Selbstbestimmung ist im Grundgesetz nicht ausdrücklich geregelt. Das Bundesverfassungsgericht hat es in seinem Volkszählungsurteil aus dem allgemeinen Persönlichkeitsrecht (Art. 2, Abs. 1 GG) entwickelt und versteht es als eine besondere Ausprägung des allgemeinen Persönlichkeitsrechts. https://www.grundrechteschutz.de/gg/recht-auf-informationelle-selbstbestimmung-272

16 Auf diese Fragen machte das Digitalmanifest schon 2015 zu Recht aufmerksam: Dirk Helbing, Bruno S. Frey, Gerd Gigerenzer, Ernst Hafen, Michael Hagner, Yvonne Hofstetter, Jeroen van den Hoven, Roberto V. Zicari und Andrej Zwitter: »Digitale Demokratie statt Datendiktatur.« http://www.spektrum.de/news/wie-algorithmen-und-big-data-unsere-zukunft-bestimmen/1375933

17 Sogenannte »Dark Posts« – Botschaften, die nur an ausgewählte Zielpersonen über deren Newsfeeds ausgespielt werden. Sie sind für andere Nutzer nicht sichtbar und auch nicht auf dem Facebook-Profil der werbenden Partei.

18 Kramer, Adam D. I. et al.: »Experimental evidence of massive-scale emotional contagion through social networks.« In: PNAS, 17. Juni 2014. www.pnas.org/cgi/doi/10.1073/pnas.1320040111

19 Zum Einsatz kamen Bots im US-Wahlkampf vor allem auch bei den TV-Debatten. Laut einer Studie der Oxford University hatten Bots hier einen beträchtlichen Teil der Nachrichten zur Unterstützung der Kandidaten auf Twitter abgesetzt. Bei Trump war jeder dritte Unterstützer-Tweet gefaked, jeder vierte bei Clinton.

20 Gegenüber dem *Spiegel* sagte Bundesvorstandsmitglied Alice Weidel: »Gerade für junge Parteien wie unsere sind Social-Media-Tools wichtige Instrumente, um unsere Positionen unter den Wählern zu verbreiten.« Wenig später geht die Partei auf ihrer Website auf Abstand: »Entgegen anderslautenden Berichten plant die AfD keinen Einsatz sogenannter Social Bots im Wahlkampf«, heißt es da. »Wir überlegen selbstverständlich, welche Tools im Social-Media-Bereich für unsere Öffentlichkeitsarbeit sinnvoll sind,« wird wiederum Weidel zitiert. »Jedoch werden wir natürlich keine Social Bots einsetzen, die auf Seiten Dritter im Namen der AfD automatisiert posten oder ähnliches.«

21 Die Schnittstellen stellen die sozialen Netzwerke öffentlich und kostenlos zur Verfügung, um die Entwicklung von Apps für die Plattform voranzutreiben.

22 Zitiert nach dem Artikel von »Fearless Democracy«, der am 15. 9. 17 beim Medienblog »Übermedien« erneut publiziert wurde. http://uebermedien.de/20286/wie-russische-bots-fast-unbemerkt-im-deutschen-wahlkampf-mitmischten/

Kein Algorithmus der Welt wird uns das kritische Denken abnehmen

1 Durch unterschiedliche Trends, die durch das Netz – aber nicht nur dadurch – ausgelöst sind: eine Vielzahl von Quellen, neue Verbreitungskanäle von Information, wenig Ressourcen für Journalismus und dessen Produktion, weniger gate-keeper, Konsumenten im Netz sind oft auch Prduzenten (»Prosumer«), Automatisierung von Information.

2 Am Beispiel von Twitter konnte vor der Bundestagswahl gezeigt werden, dass nur jede fünfte Information, die in deutschen Accounts verbreitet wurde, eine »junk news«, Falschinformation, war. Im US-Wahlkampf war das jede zweite! Vgl. die Studie der Oxford University: Neudert, Lisa-Maria et.al. http://comprop.oii.ox.ac.uk/2017/09/19/junk-news-and-bots-during-the-german-parliamentary-election-what-are-german-voters-sharing-over-twitter/

3 Ihre Einflussnahme zielt insbesondere auf die Zuwanderungsgruppen in unserem Land. Jeder Zehnte der 61,5 Millionen deutschen Wahlberechtigten hat einen Migrationshintergrund.

4 »Schwarz, rot, grün – welche Parteien bevorzugen Zuwanderer?« Studie des Sachverständigenrats deutscher Stiftungen für Integration und Migration, November 2016, https://www.svr-migration.de/publikationen/parteipraeferenzen/

5 Vgl. dazu: Sängerlaub, Alexander. »Measuring Fake News«, Studie der Stiftung Neue Verantwortung. August 2017, S. 13.

6 Daniel Kahnemann hat diese Phänomene beschrieben in seinem Buch ›Thinking, Fast and Slow‹. Farrar, Straus and Giroux, 2011, ISBN 978-0-374-27563-1. Auf Deutsch erschienen als: Schnelles Denken, langsames Denken. Siedler Verlag, 2012, ISBN 978-3-88680-886-1. Das von Kahnemann beschriebene schnelle, instinktive und emotionale System wird durch Reizworte und Stereotype aktiviert und macht diese kognitive Bequemlichkeit aus. Demgegenüber steht das langsame, analysierende und logische System.

7 Das Zitat stammt von Georg Pazderzki, dem Vorstitzenden der Alternative für Deutschland in Berlin, zitiert nach DPA, 22. 9. 2016.

8 Vgl. *anonymous.ru*, 27. 1. 2017, »Aufgedeckt: Vater von SPD-Kanzlerkandidat Martin Schulz liquidierte im KZ Mauthausen«

9 Als »Wort des Jahres durch die Gesellschaft für deutsche Sprache« gewählt. Gemeint ist, dass es in politischen und gesellschaftlichen Diskussionen zunehmend um Emotionen als um Fakten geht.

10 Arendt, Hannah. Das Buch erschient in den USA 1950 unter dem Titel »The

Aftermath of Nazi-Rule. Report from Germany« und 1993 in dt. Übersetzung und unter dem Titel »Besuch in Deutschland« im Rotbuch-Verlag. Das Zitat in ganzer Länge: »Der wohl hervorstechendste und auch erschreckendste Aspekt der deutschen Realitätsflucht liegt jedoch in der Haltung, mit Tatsachen so umzugehen, als handele es sich um bloße Meinungen. Auf allen Gebieten gibt es unter dem Vorwand, dass jeder das Recht auf eine eigene Meinung habe, eine Art Gentlemen's Agreement, dem zufolge jeder das Recht auf Unwissenheit besitzt – und dahinter verbirgt sich die stillschweigende Annahme, dass es auf Tatsachen nun wirklich nicht ankommt. Dies ist in der Tat ein ernstes Problem, nicht allein, weil Diskussionen dadurch oftmals so hoffnungslos werden, sondern vor allem, weil der Durchschnittsdeutsche ganz ernsthaft glaubt, dieser allgemeine Wettstreit, dieser nihilistische Relativismus gegenüber Tatsachen sei das Wesen der Demokratie.« http://www.denkwege-zuluther.de/toleranz/detail/ahrend-zitate.asp?bURL=de/anregungen_dwl.asp

11 Arendt, Hannah: »Elemente und Ursprünge totaler Herrschaft«, Piper, München 2013, Seite 748.

12 Vgl. Arendt, Hannah: »Elemente und Ursprünge totaler Herrschaft«. Im englischen Original »The Origins of Totalitarianism«, zit. n. https://www.goodreads.com/work/quotes/23497-elemente-und-urspr-nge-totaler-herrschaft

13 Wirsching, Andreas: »Appell an die Vernunft«, in: *FAZ*, 24. 4. 2017, S. 8.

14 Die CDU kam gerade einmal auf 18 % des Twittertraffics, die SPD auf knapp 9 % – was im Verhältnis zur Twitter-Reichweite der AfD gering ist. Die Studie des Oxford Internet Institutes leitet u. a. diese Zahlen im September 2017 empirisch her, Junk News and Bots during the German Parliamentary Election: »What are German Voters Sharing over Twitter?« http://comprop.oii.ox.ac.uk/2017/09/19/junk-news-and-bots-during-the-german-parliamentary-election-what-are-german-voters-sharing-over-twitter/

15 Zahlen und Zitate in diesem Absatz sind Ergebnisse einer Allensbach-Umfrage in der FAZ-Serie »Deutsche Fragen – Deutsche Antworten«, Köcher, Renate, Institut für Demoskopie Allensbach, »Interessen schlagen Fakten«, in FAZ, 22. 2. 2017.

16 Das geschieht auch darüber, die Grenze des Sagbaren zu verschieben, z. B. durch Begriffe aus dem nationalsozialistischen Sprachgebrauch, z. B. wenn das Wort völkisch oder das der Volksgemeinschaft von AfD-Vertretern wieder eingesetzt wird – »Wir sollten uns nicht länger die eigene deutsche Sprache mit Verweis auf einen Teil der deutschen Geschichte verbieten lassen. Die Gesinnungswächter erfahren zunehmend Widerstand, denn das deutsche Volk will sich nicht länger bevormunden und gängeln lassen.« Poggenburg am 20. 8. 2016.

17 So im Beitrag von anymousnews.ru: http://www.anonymousnews.ru/2017/06/23/voelkermord-durch-migration-in-europa-findet-ein-bevoelkerungsaustausch-statt-aufwachen/

18 Am 3. September hatten sich Bundeskanzlerin Angela Merkel (CDU) und

SPD-Kanzlerkandidat Martin Schulz den Fragen der vier Moderatoren von ARD, ZDF, RTL und ProSiebenSat.1 gestellt. Mehr als 16,2 Millionen Zuschauer verfolgten die Live-Sendung. Die Sender hatten zunächst zwei Duelle zwischen Merkel und Schulz vorgeschlagen. Vertreter der Kanzlerin lehnten jedoch eine neue Dramaturgie der Veranstaltung, ein Publikum im Studio und ein zweites Aufeinandertreffen mit Schulz ab. Merkels Ablehnung eines rundumerneuerten Formats stieß ebenso auf Kritik wie die Entscheidung der Sender, dennoch ein Duell auszustrahlen.

19 In Deutschland nutzen 30 % Soziale Medien zur Informationsbeschaffung.

20 Umfrage von PWC dazu: 71 % der Deutschen nutzen die öffentlich-rechtlichen TV-Sender, wenn sie sich über Politik informieren wollen, Zeitungen folgen mit 53 % auf Platz 2. Vertrauen in den Wahrheitsgehalt ist riesig im Vergleich mit den USA: ARD und ZDF kommen auf 80 %, Facebook hingegen nur auf 15 %, Twitter liegt bei gerade einmal 10 %. Und in dieser Studie sagen 61 %, es sei in erster Linie die Aufgabe von Zeitungen, Magazinen, TV- oder Radiosendern, die Öffentlichkeit über Fake News und Social Bots aufzuklären. http://www.presseportal.de/pm/8664/3728768

21 Andere internationale Factchecking Initiativen: www.bellingcat.com, www.stopfake.org

22 http://faktenfinder.tagesschau.de/

23 https://correctiv.org/

24 https://www.mimikama.at/

25 Vgl. Hillgruber, Christian: »Die Meinungsfreiheit als Grundrecht der Demokratie«, in: *JuristenZeitung* (JZ) 2016, S. 495–501. S. 495. In diesem Aufsatz wird herausgearbeitet, dass das Menschenrecht auf Meinungsfreiheit in Deutschland auch durch das Bundesverfassungsgericht sehr starken Schutz genießt. Erst wenn die Schwelle zur individualisierbaren, konkret fassbaren Gefahr einer Verletzung von Rechtsgütern Einzelner oder Belangen der Allgemeinheit überschritten sei, insbesondere bei Aufforderungen zur Gewalt oder sonstigem Rechtsbruch oder durch verbale Aggressivität, durch die bei Dritten die Bereitschaft zur Gewaltanwendung oder sonstigen Rechtsverletzungen ausgelöst werden kann, werden Meinungsäußerungen juristisch strafverfolgt bzw. entsprechend geprüft und bewertet. Ebd. S. 496.

26 Am Beispiel der Berichterstattung über die Flüchtlingskrise machte das Michael Haller in seiner Studie für die Otto-Brenner-Stiftung deutlich, Juli 2017. »Die Flüchtlingskrise in den Medien«, https://www.otto-brenner-stiftung.de/fileadmin/user_data/stiftung/Aktuelles/AH93/AH_93_Haller_Web.pdf

27 Sechs von zehn Deutschen haben Angst vor Fake News, mit denen unter anderem Wahlen manipuliert werden könnten. Gleichzeitig sagen 54 % der Deutschen, dass sie nicht wissen, wie sie Falschinformationen von Qualitätsjournalismus unterscheiden sollen. 46 % der Menschen in unserem Land sind der Meinung, dass Nachrichtenorganisationen mehr an einer großen Reichweite interessiert seien als an faktischen Informationen. Für 47 % haben

diese zudem eine politische Agenda und informieren nicht neutral über die Geschehnisse auf der Welt. Medien verlieren deshalb an Nutzung und Glaubwürdigkeit: In Deutschland nutzen 67 % weniger als einmal pro Woche Nachrichtenangebote. Nur 15 % beschäftigen sich mehrfach wöchentlich mit internationalen Nachrichten. Vgl. repräsentative Umfrage der Kommunikationsagentur Edelman Trust, veröffentlicht Anfang 2018, basierend auf Daten von Oktober 2017 bis Ende 2017. https://www.edelmanergo.com/newsroom/studien-insights/edelman-trust-barometer-2018/ Im internationalen Vergleich sind die Zahlen für Deutschland nicht dramatisch. Vgl. https://www.hans-bredow-institut.de/uploads/media/Publikationen/cms/media/2d87ccdfc2823806045f142bebc42f5f039d0f11.pdf
Dass dieser Trend in Zukunft anhält und Medien weiter an NutzerInnen verlieren, ergibt sich aber auch aus dem Generationsunterschied: ›Denn Misstrauen gegenüber Medien ist vor allem bei jüngeren Befragten zwischen 24 und 35 ausgeprägter als bei Älteren. Dass Medienvertrauen in direkter Verbindung steht mit dem grundsätzlichen Vertrauen in demokratische Institutionen, zeigt sich in Umfragen: Ein Beispiel dafür ist das in Deutschland stark zunehmende Misstrauen gegenüber Parteien: 2015 gaben 71,4 % der Befragten an, den Parteien zu misstrauen. Das sind 0,5 % mehr als im Vorjahr. https://de.ejo-online.eu/qualitaet-ethik/wer-misstraut-den-medien

28 http://www.pwc.de/fakenews
In der Umfrage von PWC lag der Fokus auf Social Bots, welche über soziale Netzwerke vermeintliche Nachrichten verbreiten, um so die öffentliche Meinung zu manipulieren.

29 In der langen und vollständigen Bezeichnung heißt es: Gesetz zur Verbesserung der Rechtsdurchsetzung in sozialen Netzwerken. Es gilt für Betreiber sozialer Netzwerke wie Facebook, Twitter und Youtube, mit mehr als zwei Millionen registrierten Nutzern in Deutschland. E-Mail- und Messenger-Dienste, berufliche Netzwerke, Online-Spiele und Verkaufsplattformen fallen nicht darunter. Eine Clearingstelle für Beschwerden über voreilig gelöschte legale Inhalte, wie ursprünglich vom Bundesrat gefordert, gibt es nicht. Bei wiederholten und systematischen Verstößen gegen das Gesetz droht ein Bußgeld von bis zu 50 Millionen Euro. Dies ist nicht wie im ursprünglichen Gesetzentwurf schon ab dem ersten Verstoß gegen die Lösch- und Sperrpflicht möglich, sondern erst bei beharrlicher Weigerung eines Unternehmens, ein effektives Beschwerdemanagement einzuführen, oder wenn die Regeln systematisch missachtet würden. https://de.wikipedia.org/wiki/Netzwerkdurchsetzungsgesetz

30 Als rechtswidriger Inhalt im Sinne des NetzDG gilt demnach alles, was den Tatbestand der Paragrafen 86, 86a, 90, 90a, 111, 126, 130, 140, 166, 185 bis 187, 241 oder 269 des Strafgesetzbuchs erfüllt. Vgl. https://www.gesetze-im-internet.de/netzdg/BJNR335210017.html

31 Beuth, Patrick: »Auf Hass gezielt, die Meinungsfreiheit getroffen«, in: *Die Zeit*,

16. 3. 2017. http://www.zeit.de/digital/internet/2017-03/heiko-maas-gesetzentwurf-soziale-netzwerke-hass-falschnachrichten

32 Dieser verankert das Menschenrecht auf Meinungsfreiheit und Zugang zu Information in unserer Verfassung und lautet: »(1) Jeder hat das Recht, seine Meinung in Wort, Schrift und Bild frei zu äußern und zu verbreiten und sich aus allgemein zugänglichen Quellen ungehindert zu unterrichten. Die Pressefreiheit und die Freiheit der Berichterstattung durch Rundfunk und Film werden gewährleistet. Eine Zensur findet nicht statt. (2) Diese Rechte finden ihre Schranken in den Vorschriften der allgemeinen Gesetze, den gesetzlichen Bestimmungen zum Schutze der Jugend und in dem Recht der persönlichen Ehre.(…)« https://www.bundestag.de/parlament/aufgaben/rechtsgrundlagen/grundgesetz/gg_01/245122

Quellen

Die folgenden Quellen wurden für die Recherchen zu Teil 1 regelmäßig genutzt. Diesen Accounts folge ich auf den jeweiligen Social-Media-Plattformen (Twitter, youtube), wo sie ihre Inhalte platzieren. Ich erhalte ihre Meldungen und Inhalte regelmäßig in meinem Recherche-Newsfeed bei Facebook. Einige versenden außerdem regelmäßig Newsletter per Mail. Außerdem bin ich Mitglied diverser FB-Gruppen, von denen die wichtigsten hier ebenfalls genannt sind, sofern sie zitiert wurden.
Aufzählung in alphabetischer Reihenfolge – die Angaben zur Zahl der Abonnenten und Mitgliedern datieren von Anfang 2018.

1. Facebookseiten

Alternative Medien in deutscher Sprache: https://www.facebook.com/Alternative-Medien-in-deutscher-Sprache-AMIDS-1247693965323545/, ca. 2 600 Abonnenten

Compact-Magazin: https://www.facebook.com/Compact.Magazin/, ca. 92 000 Abonnenten

Der Punkt – Medienmanipulation: https://www.facebook.com/verdecktekommunikation/?hc_ref=NEWSFEED, ca. 10 000 Abonnenten

Ein Prozent für unser Land: https://www.facebook.com/einprozentfuerunserland/, ca. 75 500 Abonnenten

Hinter den Kulissen der Macht: https://www.facebook.com/groups/380236582171651/, die Gruppe hat ca. 23 000 Mitglieder, die dazugehörende Facebookseite https://www.facebook.com/HinterdenKulissenderMacht/, ca. 93 400 Abonnenten

Identitäre Bewegung Deutschland: https://www.facebook.com/identitaere/, ca. 68 000 Abonnenten

Identitäre Bewegung Österreich: https://www.facebook.com/identitaeroesterreich/, ca. 42 600 Abonnenten

Identitäre Bewegung NRW: https://www.facebook.com/IdentitaereNRW/, ca. 10 000 Abonnenten

Junge Freiheit: https://www.facebook.com/jungefreiheit/, ca. 132 000 Abonnenten

Ken FM: https://www.facebook.com/KenFM.de/, ca. 270 000 Abonnenten

Kopp-Verlag: https://www.facebook.com/kopponline/, ca. 70 300 Abonnenten

Merkel muss weg (politische Organisation): https://www.facebook.com/merkelmussweg.xyz/, ca. 3 000 Abonnenten

News Front: https://www.facebook.com/NewsFrontDE/, ca. 11 000 Abonnenten

News Special 24: https://www.facebook.com/NewsSpecial24/ , ca. 38 000 Abonnenten

Philosophia perennis: https://www.facebook.com/davidbergerblog/?hc_ref=ARRKsmo4owwjmpk1WWz01Nu5u_o6xNyVJ6f-ChuS5b063RldbMrlMgEJ5scIRoxuw2U, ca. 6 000 Abonnenten. Die FB-Seiten von Daniel Berger, dem Macher von PP haben bis zu 10 000 Abonnenten: https://www.facebook.com/davidbergerpublizist/

PI-News: https://www.facebook.com/PINEWSNET/, ca. 13 800 Abonnenten

Querdenken TV: https://www.facebook.com/QuerDenkenTV/, ca. 8 000 Abonnenten
Russland News: https://www.facebook.com/RussischeNachrichten/, ca. 39 000 Abonnenten
Russia Today: https://www.facebook.com/RTnews/?rf=106236469415613, ca. 5 Millionen Abonnenten
Sezession: https://www.facebook.com/sezession/, ca. 5 000 Abonnenten
Sputnik: https://www.facebook.com/SputnikNews/, ca. 1,2 Millionen Abonnenten
Unzensuriert.at: https://www.facebook.com/unzensuriert, ca. 60 000 Abonnenten
Wahrheitspresse: https://www.facebook.com/truth24news/, ca. 6 200 Abonnenten
Watergate.tv: http://www.watergate.tv, ca. 48 000 Abonnenten

2. Facebook-Seiten und -Gruppen der AfD

AfD-FB-Seite: https://www.facebook.com/alternativefuerde/, ca. 410 000 Abonnenten
AfD konservativ, verfassungskonform, demokratisch: geschlossene Gruppe, https://www.facebook.com/groups/1667987820155779/, ca. 10 000 Mitglieder
AfD – 51 % das ist unser Ziel: geheime Gruppe, https://www.facebook.com/groups/1384709344888074/, ca. 24 200 Mitglieder
AfD-Sympathisanten: geschlossene Gruppe, https://www.facebook.com/groups/1695517817357318/, ca. 23 000 Mitglieder
Dr. Frauke Petry- Fan-Club: geheime Gruppe, https://www.facebook.com/groups/981743351875484/, ca. 25 100 Mitglieder
Freunde und Verbündete der AfD: geschlossene Gruppe, https://www.facebook.com/groups/600855766651810/, ca. 20 000 Mitglieder
Sowie die FB-Seiten diverser AfD-Politiker, u. a.
Alice Weidel: https://www.facebook.com/aliceweidel/, ca. 156 000 Abonnenten
Jörg Meuthen: https://www.facebook.com/Prof.Dr.Joerg.Meuthen/, ca. 86 000 Abonnenten
Björn Höcke: https://www.facebook.com/Bjoern.Hoecke.AfD/, ca. 60 000 Abonnenten
André Poggenburg: https://www.facebook.com/poggenburg/, ca. 20 800 Abonnenten

3. Sonstige Facebook-Gruppen

Der Islam gehört nicht zu Deutschland: geschlossene Gruppe, https://www.facebook.com/derislamgehoertnichtzudeutschland/, ca. 20 841 Mitglieder
Die Systemkritiker: öffentliche Gruppe, https://www.facebook.com/groups/455672744570410/, ca. 13 800 Mitglieder
Die Welt wird belogen und verkauft – wir brauchen eine globale Revolution: geschlossene Gruppe, https://www.facebook.com/search/str/die+Welt+wird+belogen+und+verkauft+/keywords_search, ca. 41 100 Mitglieder
Dokumentierte Zeitgeschichte: geschlossene Gruppe, https://www.facebook.com/search/str/Dokumentierte+Zeitgeschichte+/keywords_search, ca. 11 000 Mitglieder
Hinter den Kulissen der Macht: geschlossene Gruppe, https://www.facebook.com/groups/380236582171651/, ca. 23 000 Mitglieder – die gleichnamige Facebook-Seite verzeichnet 93 000 Likes

KENFM – nur für Systemkritiker: öffentliche Gruppe, https://www.facebook.com/groups/kenfm.nur.fuer.systemkritiker/, ca. 37 000 Mitglieder

Klartext – vernetztes Vaterland: geschlossene Gruppe, https://www.facebook.com/groups/551315658412405/about/, ca. 28 000 Mitglieder

Patrioten Deutschlands – die geballte Kraft: geschlossene Gruppe, https://www.facebook.com/groups/1430534583906867/, ca. 5 000 Mitglieder

Politisches Chaos in Deutschland und Europa: öffentliche Gruppe, https://www.facebook.com/groups/politisches.chaos.deutschland.europa/about/, ca. 12 000 Mitglieder

Völker dieser Welt erheben sich: öffentliche Gruppe, https://www.facebook.com/search/str/V%C3%B6lker+dieser+Welt+erheben+sich+/keywords_search, ca. 16 000 Mitglieder

4. FB-Seiten der Pegida (Auswahl)

Pegida: https://www.facebook.com/pegidaevofficial/?ref=br_rs, ca. 57 000 Abonnenten

Pegida Hamburg, https://www.facebook.com/hhgida/, ca. 11 700 Abonnenten

Pegida Dresden, Seite wurde Ende 2017 von FB gelöscht wegen Hasseinträgen: https://www.facebook.com/pegidaevdresden/, ca. 4 400 Abonnenten

Pegida Thüringen / Thügida, https://www.facebook.com/thugida/, ca. 18 600 Abonnenten

Sowie NRW, Bodensee, Sachsen usw.

5. Personen der IB, ehemals AfD, Pegida sowie andere Publizisten, deren Beiträge häufig in den genannten FB-Gruppen und in meinem Newsfeed geteilt werden und Reaktionen auslösen, hier beispielhaft:

Serge Menga: https://www.facebook.com/pg/SergeMengaKlartext/about/?ref=page_internal, ca. 60 000 Abonnenten

Hendryk M. Broder: https://www.facebook.com/Henryk-M-Broder-27781289850/, ca. 12 000 Abonnenten

Lutz Bachmann: https://www.facebook.com/pegidalutz/, ca. 21 800 Abonnenten

Frauke Petry: https://www.facebook.com/Dr.Frauke.Petry/, ca. 200 000 Abonnenten

Martin Sellner: https://www.facebook.com/martin.sellner.71?lst=100012401520674%3A100000799816966%3A1522689710, ca. 6 600 Abonnenten

Algorithmen
oder auch »algorithmische Empfehlungssysteme« treffen aus einer großen Menge von Informationen im Internet eine Auswahl und sortieren diese nach Kriterien. Die Algorithmen selbst werden von den Internetkonzernen nicht transparent offengelegt. Sie sind in vielen Fällen, z. B. bei einer Suche über Google, auf das Internetnutzungsverhalten und die Interessen der jeweiligen NutzerInnen zugeschnitten.

Bots/Social Bots – Meinungsroboter
Durch Programme und Skripte gesteuerter Account, der automatisiert Aufgaben und Interaktionen in Sozialen Medien nach voreingestellten Kriterien übernehmen kann. Social Bots sind allerdings in der Regel nicht sofort oder nur schwer als Roboter zu erkennen, sie ahmen menschliche Kommunikation nach. Vor der Bundestagswahl 2017 spielten Bots im Wahlkampf in Deutschland nur eine untergeordnete Rolle.

Meinungsroboter oder Social Bots können eine Menge: Sie suchen auf Google oder auf anderen Suchmaschinen nach Artikeln und Nachrichten, die bestimmten Kriterien entsprechen. Diese Suchergebnisse veröffentlichen sie dann selbst oder verlinken sie automatisch in ihren Antworten/Kommentaren. Sie suchen nach Phrasen/Hashtags/Keywords und teilen bzw. retweeten diese. Sie können automatisch Nutzern folgen oder in Gruppen partizipieren.

Bots können die Nachrichten nach Stichworten durchscannen – und dann nach bestimmten vorher programmierten Kriterien weiterverteilen. Da Bots durch ihre Automatisierung eine hohe Frequenz und Reichweite erzielen können, lassen sich so Trends massiv verstärken oder schwächen. So können zum Beispiel massenhaft Inhalte zu politischen Kandidaten, Parteien oder anderen Akteuren verbreitet werden.

Bots sind also preiswerte digitale Propagandaverteiler: 1 000 gefälschte Profile bei Twitter kosten zwischen 50 und 150 $. Es lassen sich ganze Botsysteme im Netz kaufen. 500 $ kostet eine 10 000 Follower starke Twitter-Präsenz.

Darknet
Das Darknet ist ein Netzwerk zwischen verschiedenen Teilnehmern, die dieses untereinander manuell erstellen. Mitglieder müssen meist manuell hinzugefügt werden, da das Darknet ansonsten nicht zugänglich bzw. gar nicht zu finden ist, weil es nicht wie andere Seiten über bestimmte Server läuft.

Dark Posts
oder auch »unveröffentlichte Seiteneinträge« sind Werbebotschaften, die nur an ausgewählte Zielpersonen über deren Newsfeeds ausgespielt werden. Sie sind für andere Nutzer nicht sichtbar und auch nicht auf dem Facebook-Profil der werbenden Partei zu sehen. Im Digitalmarketing sind sie inzwischen ein wichtiges Instrument, um zielgruppensicher Umsätze zu steigern und »Konversionen« zu erzeugen. Eine solche »Konversion« ist eine Aktivität eines Nutzers auf einer Seite, z. B. die Bestellung eines Newsletters oder das Ausfüllen des Kontaktformulars – oder auch der Online-Kauf eines Produkts.

Digitaler Strukturwandel
Wenn in diesem Buch vom »digitalen Strukturwandel« unserer Öffentlichkeit die Rede ist, sind damit folgende gleichzeitig verlaufende Veränderungstrends gemeint, welche u. a. auch die Stiftung Neue Verantwortung (vgl. Sängerlaub, Meier, Rühl. »Fakten statt Fakes«: Das Phänomen »Fake News«, März 2018. https://www.stiftung-nv.de/sites/default/files/snv_fakten_statt_fakes.pdf) in ihren Studien nennt: 1. eine Vielzahl neuer Informationsquellen und -kanäle, 2. weniger Geld für journalistische Produktionen, obwohl mehr (digitale) Plattformen mit Inhalten bestückt werden müssen, 3. weniger Gatekeeper, welche Informationen nach Relevanz sortieren und präsentieren, 4. aus bisher eher passiven Nutzern von Informationen werden ProduzentInnen von Informationen (»prosumer«), 5. automatisierte Verbreitung von digitalen Informationen ermöglicht hohe Reichweite, 6.

wachsende Zahl an Akteuren, welche Desinformation zielgerichtet einsetzen.

Discord, Discord-Server
Discord ist eine Software, vergleichbar mit Kommunikationsservices wie Skype. Nutzer können mit Discord eigene Chatrooms öffnen und so mit anderen Leuten kommunizieren. Diese Chatrooms stehen dann nur angemeldeten Nutzern zur Verfügung. Die Software wurde ursprünglich für Gaming Communities entwickelt.

Echokammer
Damit ist ein abgegrenzter Bezugsraum gemeint, in dem Meinungen stetig widerhallen und verstärkt werden. Gemeint sind z. B. Gruppen auf Facebook oder anderen Sozialen Medien, in denen die Nutzer hauptsächlich mit denen in Kontakt und Austausch stehen, die eine ähnliche Meinung vertreten. In diesen Echokammern festigen und verstärken sich Meinungen und Überzeugungen.

Fake, Fake News
Gezielte Verbreitung von falschen oder irreführenden Informationen, um jemandem oder einer Sache (z. B. einem politischen Gemeinwesen, einer Institution) zu schaden. Dazu zählen a) völlig frei erfundene Inhalte, b) aus dem Kontext gerissene Informationen, c) bewusst falsche Interpretationen wahrer Informationen, d) Manipulation wahrer Informationen, z. B. auch von Bildern, Zitaten etc. In diesem Sinn ist »Fake« gleichbedeutend mit »Desinformation« und wird absichtsvoll und zielgerichtet produziert und verbreitet.

Fake-Accounts
Solche falschen Accounts sind in Sozialen Medien weit verbreitet. Bei Facebook sollen 12 bis 13 Prozent aller Konten Fake-Accounts sein. Diese nennt man dann auch »Fake Profile«. Auch bei Twitter soll es bis zu 20 Millionen solcher Accounts geben, was 9 % aller Twitter-Accounts entspräche. Personen agieren unter falschem Namen, verfälschen Angaben zur Person. Werden Fake-Accounts von professionellen Propagandateams betrieben – wie im Falle der russischen Troll-Agentur – dann lassen sich mithilfe von Scripten und redaktio-

nellen Tools solche Fake-Accounts automatisiert mit (Des)informationen bestücken und die Inhalte dann zeitlich gestaffelt weiter verbreiten. Eine Person kann verschiedene Fake-Accounts betreiben.

Filterblase
Beschreibt das Phänomen, dass wir von Algorithmen hauptsächlich Themen vorgeschlagen bekommen, die uns interessieren. Der Begriff wurde von dem Aktivisten Eli Pariser geprägt, der frühere Executive Director von MoveOn.org und jetzige Vorstandsvorsitzende dieser Nichtregierungsorganisation.

Frame
Sprachliche und kognitive Deutungsrahmen, die wir nutzen, um Informationen zu verstehen. »Wann immer Sie über Sprache Ideen in den Raum stellen, aktiviert das Gehirn automatisch, unbewusst und in Millisekunden einen Deutungsrahmen im Kopf. Dieser Deutungsrahmen hat alles, was wir zu einer Sache in der Welt wissen, abgespeichert. (…) Alles was Sie zu diesem Wort wissen aus der Welt, wird aktiviert.« So erklärt die Neurolinguistin Elisabeth Wehling den Prozess des »Framing« – also die Art und Weise, wie Frames wirken. Mehr dazu findet sich in ihrem Buch: »Politisches Framing: Wie eine Nation sich ihr Denken einredet – und daraus Politik macht«, Köln 2016.

Google
Führende Suchmaschine mit hoher Nutzungsquote. In den USA lag sie beim Kriterium »Anteil der Suchanfragen« im Februar 2017 mit 63,4 % auf der Spitzenposition – im März 2017 konnte Google einen Marktanteil von 80,44 % für sich verbuchen.

Interaktionen
Bezieht sich auf die Likes, die Shares und die Kommentare auf Facebook. Die Zahl der Interaktionen sagt weit mehr über die Nutzung von Inhalten aus, als die Zahl der Fans. Denn Interaktionen zeigen: dieser Post/Inhalt wird intensiver wahrgenommen, gelesen, geschaut. Er wird mit anderen geteilt und weiter empfohlen und gewinnt so an Reichweite.

Kognitive Linguistik
Untersucht, wie Sprache (Worte und Begriffe) auf Verhalten und Denken wirkt. Geht davon aus, dass Sprache körperliche und neurologische Reaktionen auslöst und erforscht mit neurologischen Methoden, wie das passiert.

Messengerdienste
Diese Direktnachrichtendienste stellen eine Kommunikationsmethode zur Verfügung, bei der sich zwei oder mehr Teilnehmer per Textnachrichten unterhalten. Austauschen lassen sich – je nach Anbieter – auch Fotos, Videos und Dokumente. Die Teilnehmer sind über ein Computerprogramm (*Client*), über ein Netz, wie das Internet, direkt oder über einen Server miteinander verbunden. Solche kostenlosen Sofortnachrichtendienste können auf Smartphones und Tablets genutzt werden. Zu den wichtigsten Messengerdiensten gehören u. a. WhatsApp, Facebook Messenger, Telegram, WeChat, QQ Mobile, Viber, LINE, Blackberry Messenger (BBM), Skype sowie Snapchat, z. Zt. laut ›Statista‹ in 2018 die führende globale Messenger App.

Der Messengerdienst Telegram ist ein kostenloser Cloud-basierter Instant-Messaging-Dienst, der u. a. die Option »Geheime Chats« anbietet. Durch diese sogenannte »Ende-zu-Ende-Verschlüsselung« werden die Nachrichten nur auf den Endgeräten der jeweiligen Benutzer gespeichert. Bei allen »normalen Nachrichten« werden die Nachrichten dauerhaft und auch für den Betreiber – und damit jeden, der Serverzugriff erlangt – lesbar auf dessen Servern gespeichert (»Cloud Chats«).

Microtargeting
Microtargeting ist eine Marketing-Strategie, mit der passgenaue Botschaften an ganz bestimmte und vorher genau differenzierte Zielgruppen ausgespielt werden. Ziel ist, deren Gedanken und (Wahl-) Verhalten zu beeinflussen. Grundlage sind umfangreiche Datensätze zur Demographie, u. a. zum individuellen Kaufverhalten, zum Internetnutzungsverhalten, aus telefonischen Befragungen und in den USA auch Aussagen über Wahlentscheidungen aus Wahlregistern. Microtargeting wird für Marketing- und politische Zwecke genutzt und wird in den USA schon seit 2008 in Wahlkämpfen verwendet.

Auch im Wahlkampf 2016 kam die Methode zum Einsatz. Die Firma Cambridge Analytica erstellte entsprechende Persönlichkeitsprofile und Microtargeting-Kampagnen für den Wahlkampf von Donald Trump. Auf deren Grundlage entstanden nicht nur zielgerichtete Werbebotschaften für Trump an bestimmte Wählergruppen, sondern es wurde auch Anti-Werbung zur Konkurrentin Clinton gezielt an Frauen oder andere Gruppen potenzieller Clinton-Wähler verschickt, um diese von ihrer Wahl abzuhalten. Im März 2018 wurde öffentlich, dass Cambridge Analytica dafür widerrechtlich die Facebook-Daten von rund 50 Millionen Usern genutzt haben soll.

Narrativ
In diesem Buch wird synonym der Begriff der »Erzählung« oder »großen Erzählung« eingesetzt: Geschichten, welche uns helfen, die Welt zu ordnen. Sie beschreiben, aus welchem Blickwinkel wir die Gesellschaft und das, was um uns herum passiert, betrachten und wie wir es deuten können.

Netzwerkanalyse
Eine Netzwerkanalyse ist eine qualitative und quantitative Analyse eines sozialen Netzwerks und/oder der sozialen Beziehungen der Nutzer dieses Netzwerks. Netzwerkanalysen messen Beziehungen zwischen verschiedenen Einheiten und deren Veränderungen, und bilden diese ab – im Netz z. B. zwischen Webseiten, Computern, Gruppen, Firmen und individuellen NutzerInnen.

Netzwerkdurchsetzungsgesetz
Das noch vor der Bundestagswahl 2017 verabschiedete deutsche Gesetz soll Hasskriminalität und strafbare Falschnachrichten aus den sozialen Netzwerken verbannen und die entsprechenden Betreiber der Plattformen dafür inhaltlich und finanziell zur Verantwortung ziehen. Die korrekte und vollständige Bezeichnung des sogenannten Netz-DG lautet: »Gesetz zur Verbesserung der Rechtsdurchsetzung in sozialen Netzwerken«.

Zu den strafbaren Falschmeldungen zählen: Volksverhetzung, Bedrohung, Verleumdung, die öffentliche Aufforderung zu sowie die Androhung und Belohnung von Straftaten, die Verbreitung von Propaganda verfassungswidriger Organisationen, aber auch die Verunglimpfung des Staates und seiner Symbole.

Anbieter sozialer Netzwerke wie Facebook, Youtube und Twitter sind seit Inkrafttreten des Gesetzes verpflichtet, offensichtlich rechtswidrige Inhalte innerhalb von 24 Stunden nach Eingang einer Beschwerde zu entfernen bzw. zu sperren. Für nicht offensichtlich rechtswidrige Inhalte beträgt die Frist 7 Tage.

Recht auf informationelle Selbstbestimmung

Das Recht des Einzelnen, grundsätzlich selbst über die Preisgabe und Verwendung seiner personenbezogenen Daten zu bestimmen. Das Recht auf informationelle Selbstbestimmung ist im Grundgesetz nicht ausdrücklich geregelt. Das Bundesverfassungsgericht hat es aus dem allgemeinen Persönlichkeitsrecht (Art.2, Abs.1 GG) entwickelt und versteht es als eine besondere Ausprägung des allgemeinen Persönlichkeitsrechts. https://www.grundrechteschutz.de/gg/recht-auf-informationelle-selbstbestimmung-272

Soziale Medien

Soziale Medien geben NutzerInnen im Internet eine Möglichkeit und eine Plattform, um sich zu vernetzen und »unter Gleichberechtigten« auszutauschen, mediale Inhalte zu erstellen und digital mit anderen NutzerInnen, mit Gruppen oder auch öffentlich zu teilen und weiterzugeben.

Zu den größten Plattformen zählt Facebook – 2,3 Milliarden Menschen nutzen das Netzwerk nach Angaben des Betreibers. In Deutschland lag die Zahl der Nutzer im Mai 2017 bei 30 Millionen.

Weitere populäre Soziale Medien sind Twitter, Instagram, Youtube, Tumblr, Qzone, reddit, Pinterest, LinkedIn.

Trolle

Aktivisten und PR-Agenten, welche im Auftrag einer politischen Partei oder anderer Auftraggeber bezahlte Propaganda und Desinformation im Netz verbreiten.

Dank

Ein Buch, das über zwei Jahre lang entsteht und ein Thema bearbeitet, das sich stetig entwickelt und interdisziplinär angelegt ist wie dieses, ist darauf angewiesen, dass kluge Fachmänner und -frauen, Kolleginnen und Kollegen mitdenken und beraten.

Dabei hat das Manuskript in besonderer Weise von den vielfältigen internationalen Erfahrungen und Kontakten meiner Kolleginnen und Kollegen in der *Deutschen Welle* profitiert. Mit ihrer journalistischen Arbeit setzen sie sich in 30 unterschiedlichen Sprachen dafür ein, dass professionelle und faktische Informationen auch Menschen in zensierten Märkten erreichen. Die DW-Akademie, für die ich arbeite, unterstützt weltweit die Entwicklung freier Mediensysteme, journalistischer Qualität und Medienkompetenz. Besonders danken möchte ich für ihren Rat bei kleinen und großen Fragen der Recherche: Baha Güngör, Loay Mudhoon, Jeanette Seiffert, Bartosz Dudek, Lena Perepadya, Kristin Zeier, Steffen Leidel, Senada Sokollu.

Viele längere Interviews und Gespräche halfen dabei, Aspekte zu fokussieren oder auch wegzulassen. Danken möchte ich Andreas Zick von der Universität Bielefeld; Michael Haller von der Universität Leipzig (emeritiert); Lisa-Maria Neudert vom »Computational Propaganda«-Forschungsprojekt der Universität Oxford; Andrée Thieltges, der an der Technischen Universität München zu »Political Data Science« forscht; Erkan Saka, Medienwissenschaftler an der Universität Istanbul; Behnam T. Said und Hazim Fouad, die als Islamwissenschaftler beim Verfassungsschutz Hamburg bzw. Bremen arbeiten, sowie Janis Sarts, der als Direktor des Nato-Zentrums für Strategische Kommunikation (Strategic Communications Center of Excellence) in Riga die Desinformationsstrategien Russlands in Europa analysiert. Der Politikwissenschaftler Josef Holnburger half dabei, die Rechercheergebnisse durch eine Netzwerkanalyse in vielen Zehntausend Datensätzen zu verifizieren – um so die digitalen Strategien der unterschiedlichen Akteure vor der Bundestagswahl genauer darzustellen.

Meine Familie hat mein Schreiben ermöglicht und mich immer wieder ermutigt. Dabei verdanke ich meiner Tochter Lynn, und deren Berufserfahrung als Social-Media-Marketingexpertin, dass das Kapitel über Marketing und Automatisierung im Netz verständlich und konkret wurde. Yannick Schaeffer half bei den Vorrecherchen, die unterschiedlichen französischen Quellen um den Front National zu sichten und zu gewichten – ein hochspannendes Kapitel, auf das wir zum Schluss aus Platzgründen verzichtet haben.

Ein großer Dank geht an dtv. Ein Verlag, der sich – zum Nutzen einer politisch interessierten breiteren Leserschaft – für aktuelle Sachbücher und strittige Themen starkmacht. Sachbuchchefin Andrea Wörle hatte Vertrauen in ein Projekt, das ebenso langfristig wie mit offenem Ende geplant wurde. Eva-Maria Prokop führte durch ihr umsichtiges und kluges Lektorat die Vielfalt der Aspekte zu einem großen Ganzen.

Ohne die kraftvolle, neugierige und interessierte Unterstützung der hier Genannten wäre das Buch nicht entstanden. Gewidmet ist es meinem Mann Peter, der meine journalistische Arbeit stets großzügig unterstützt.